高等学校法学教学丛书

GAODENG XUEXIAO FAXUE JIAOXUE CONGSHU

编委会

2009年国家级网络本科教育精品课程教材
2013年国家级精品资源共享课程教材

高等学校法学教学丛书

新编国际私法教程

主　编　金　明　王晓媛

撰稿人（以姓氏笔画为序）
王军杰　王晓媛　杜玉琼
金　明　黄力华　樊英杰

四川大学出版社

责任编辑：李勇军
责任校对：王　平
封面设计：墨创文化
责任印制：王　炜

图书在版编目(CIP)数据

新编国际私法教程 / 金明，王晓媛主编. —成都：四川大学出版社，2015.3
（高等学校法学教学丛书）
ISBN 978-7-5614-8384-8

Ⅰ.①新…　Ⅱ.①金…　②王…　Ⅲ.①国际私法—高等学校—教材　Ⅳ.①D997

中国版本图书馆 CIP 数据核字（2015）第 046614 号

书名　**新编国际私法教程**

主　　编　金　明　王晓媛
出　　版　四川大学出版社
地　　址　成都市一环路南一段 24 号 (610065)
发　　行　四川大学出版社
书　　号　ISBN 978-7-5614-8384-8
印　　刷　郫县犀浦印刷厂
成品尺寸　185 mm×260 mm
印　　张　18.75
字　　数　461 千字
版　　次　2015 年 3 月第 1 版
印　　次　2020 年 3 月第 2 次印刷
定　　价　48.00 元

◆读者邮购本书，请与本社发行科联系。
电话：(028)85408408/(028)85401670/
(028)85408023　邮政编码：610065
◆本社图书如有印装质量问题，请
寄回出版社调换。
◆网址：http://press.scu.edu.cn

目 录

第一章 概论

国际私法是一门完整的调整或规范不同国家之间民商事交往行为的规则体系。这套规则的建立非常久远，早在中世纪末叶的欧洲就已经产生，迄今已有近800年的历史。因此，我们今天学习国际私法，从理论上说，各国学者历经数百年的不懈研究和探索，已建立起了一个逻辑臻于严密、结构渐趋合理的理论体系；而从实践上说，当今任何一个国家的法院或仲裁机构在处理涉外案件时，无一例外地都会用到国际私法。所以，在我们今天所处的经济全球化时代，学习国际私法的重要性是不言而喻的。

国际私法既然是一个法律部门，而法律部门的分类是根据该法律所调整对象的特殊性而加以确定的。对象的特殊性决定了某一部门法律的调整方法、形式渊源乃至它应包含的内容，因此可以说，对象问题是某一部门法律的最基本问题。

第一节 国际私法的对象和方法

一、国际私法的对象

国际私法的对象是指国际私法作为一门法律所调整的特定社会关系。任何一门法律都有它特定的调整对象，国际私法调整的对象就是具有涉外因素的民商事法律关系，简称涉外民商事法律关系。也有学者称之为具有国际因素的民商事法律关系，那是从国际社会关系的角度讲，但其含义与涉外民商事法律关系是一样的。因此，涉外民商事法律关系又叫国际私法关系。

什么叫涉外民商事法律关系，它与其他法律关系有何不同呢？法理学认为，任一法律关系的构成均需有三个要素，即主体、客体和内容（权利和义务）。在这三个要素中，如果有一个或一个以上是外国的或位于外国的，则该民商事法律关系具有涉外因素（或国际因素）。在主体为外国因素的场合，主体一方或双方是外国人；在客体为外国因素的场合，作为民商事法律关系客体的物位于外国；在内容为外国因素的场合，产生、变更或消灭当事人之间权利义务的法律事实发生在外国。我国最高人民法院在2012年《关于适用〈中华人民共和国涉外民事关系法律适用法〉若干问题的解释（一）》第1条对“涉外民事关系”作了如下解释：“民事关系具有下列情形之一的，人民法院可以认定为涉外民事关系：（1）当事人一方或双方是外国公民、外国法人或者其他组织、无国籍人；（2）当事人一方或双方的经常居所地在中华人民共和国领域外；（3）标的物在中华人民共和国领域外；（4）产生、变更或者消灭民事关系的法律事实发生在中华人民共和国领域外；（5）可以认定为涉外民事关系的其他情形。”这就是涉外民商事法律关系的"涉外性"。

涉外民商事法律关系的另一特点是，它是一种"私"的关系，它既包括了一般意义上的民事关系，也包括了商事关系。在有的国家，民事法律关系仅包括物权、债权、知识产权、婚姻家庭和继承等关系，而将公司、票据、海商、保险和破产等关系作为商事法律关系，不属于一般意义上的民事法律关系。但他们也不否认，上述两类关系都属于私法关系。国际私法所调整的就是这一类私法关系，也有人称之为广义的民事法律关系。

由上可知，涉外民商事法律关系既有国际性或涉外性，又有私法性。它的国际性，使它区别于纯国内的民商事法律关系。它的私法性，又使它区别于国际公法所调整的国家与国家之间的政府关系。正因为涉外民商事法律关系既不同于国内的民法关系，又不同于国际上的公法关系，它才构成了一种独立的法律关系，需要一个专门的法律部门来调整。

二、法律冲突

国际私法上讲法律冲突，是指不同国家法律对同一涉外民商事法律关系，在适用结果上的抵触。

国际私法的对象既然是涉外民商事法律关系，就必然会涉及两个或两个以上国家的法律，这些国家的法律在同一问题上的具体规定往往是不同的，而且都主张适用于各自的法律关系，这就会产生法律冲突。比如，关于成年年龄的规定，瑞士规定 20 岁为成年，墨西哥规定 23 岁为成年，假定一个年满 20 岁的墨西哥人住在瑞士境内，与他人发生民事交往，那么他到底算已经成年因而具有行为能力，还是算没有成年因而不具有行为能力呢？这里就发生了瑞士法律与墨西哥法律之间的冲突。

在当今的国际民商事交往中，为什么会出现法律冲突，归纳起来主要有以下三方面原因：

1. 各国对同一问题有不同的法律规定。这是产生法律冲突的前提条件。由于各个国家的政治制度、经济基础、历史文化、风俗习惯、宗教信仰的不同，各个国家的民商事立法内容不可能完全一致。比如，关于结婚年龄，《日本民法》规定为男性 18 岁，女性 16 岁；《瑞士民法典》规定为男性 20 岁，女性 18 岁；而《中华人民共和国婚姻法》则规定为男性 22 岁，女性 20 岁。由于各国民商事法律规定互不相同，对同一涉外民商事法律关系，就会因适用不同国家的法律而导致不同的结果，从而产生法律冲突。如果各国法律对同一涉外民商事法律关系的有关规定相同，则不论适用何国法律都会得出同样的结果，当然就不会出现法律冲突了。

2. 各国承认外国人在内国的民商事法律地位，从而能进行民商事交往，建立涉外民商事法律关系。尽管各国民商事立法不同，但如果各国人民没有交往，民商事法律冲突也不会产生，因为如果没有民商事交往，内国人及其财产就不会到外国去，也不会在外国发生与内国人有关的法律事实；同时，外国人及其财产也不会到内国来，也不会在内国发生与外国人有关的法律事实。这样各国民商事法律关系都仅与其本国有关，没有涉外因素，不涉及外国法律，当然就不会出现法律冲突。

要使得国际民商事交往得以正常进行，一个重要的条件就是内国要赋予外国人在内国的民商事法律地位，要在法律上给外国人以民商事法律主体的资格，允许外国人在内国从事民商事活动。只有外国人的民商事法律地位得到内国的确认，外国人才可能在内国从事正常的民商事活动，从而能够建立涉外民商事法律关系，才能引起不同国家法律之间的冲突。

3. 各国在一定条件下承认外国民商事法律的域外效力。当代国际关系的基本原则是国家主权原则，根据这一原则，各国法律的效力范围可以表现为两方面。一方面是它的属地性，即域内效力，指一国法律对位于本国境内的一切人、物和行为都具有效力。如我国《民法通则》第 8 条规定："在中华人民共和国领域内的民事活动，适用中华人民共和国法律……本法关于公民的规定适用于中华人民共和国领域内的外国人、无国籍人，法律另有规定的除外。"

一国法律的效力范围还可表现为另一方面，即它的属人性，又称域外效力，指一国法律对一切本国人，不论该人是在境内还是境外都有效力。如 1804 年《法国民法典》第 3 条规定："有关个人身份及享受权利的能力的法律，适用于全体法国人。即使其居住于国外时亦同。"这又确定了法国关于个人身份与能力的法律在法国域外的效力。

根据国家主权原则，一国法律具有的域内效力是当然的、绝对的。同时，一国在制定法律时也都可以依照自己的主权确定自己的法律具有域外效力，但这种域外效力只是一种自设的或虚拟的域外效力，要使虚拟的域外效力变成现实的域外效力，还需要别的国家根据主权原则和平等互利原则加以承认。在长期的历史演变过程中，各国从国际正常的政治、经济和文化交往出发，从正常的对外民商事交往有利于本国经济发展这一规律出发，都相互承认他国的民商事领域立法具有域外效力。比如，一国承认根据他国法律而取得的对物的所有权，承认根据他国法律而发生的债权债务关系，承认根据他国法律而确定的婚姻、继承关系等等。正是由于各个国家的民商事立法既有域内效力，又有域外效力，所以才产生了法律冲突，即外国法律的域外效力与内国法律的域内效力的冲突，或者内国法律的域外效力与外国法律的域内效力之间的冲突。

但是，并不是任何国家的任何一种法律都同时具有域内效力和域外效力，除了民商事立法外，各国一般不承认外国的刑法、行政法、财政法等公法具有域外效力。因此，一般讲，在这些领域中是不会发生法律冲突的。

三、国际私法的调整方法

国际私法调整的是具有涉外因素的民商事法律关系，这是一种当事人之间的权利义务关系，因而调整的依据最终必定是某一实体法。又由于这种权利义务关系涉及数个国家，各有关国家的实体法律根据其效力原则均可适用，要解决当事人之间的权利义务问题，就只能要么在有关国家的国内实体法律中合理地选择一个以适用之，要么是有关的国家能就该领域问题达成或接受某个统一实体法以适用之。这两种方法正是国际私法的调整方法，前者称之为间接调整的方法，后者称之为直接调整的方法。

（一）间接调整方法

间接调整，又称冲突法调整，指在国内立法或国际条约中制定冲突规范，规定在什么情况下应该适用何国法，然后再依据所指定的那个国家的实体法具体确定当事人的权利和义务。例如，我国《涉外民事关系法律适用法》第 31 条规定："法定继承，适用被继承人死亡时经常居所地法律，但不动产法定继承，适用不动产所在地法律。”这里只指出了法定继承按什么法律来处理，而没有直接规定当事人之间在继承关系中的具体权利义务，这就是间接调整的方法。这种只规定某种涉外民商事法律关系应适用何国法律的规范就是“冲突规范”。

我们知道，法律冲突问题的实质，就是要在相冲突的几个国家法律中选择确定一个，以解决当事人的权利义务关系，而冲突规范的作用就是指明某种涉外民商事法律关系应当适用何种法律。就选择功能而言，它是具有明确性、预见性和针对性的。但是，国际私法要解决、要调整的是涉外民商事法律关系，冲突规范本身并不能明确当事人的权利和义务，而只是指出应当适用何种法律来解决。就此而言，它对涉外民商事法律关系的调整缺乏应有的明确性、预见性和针对性，只起到间接调整的作用。

（二）直接调整方法

直接调整，又称统一实体法调整，指在国际条约或国际惯例中制定统一实体规范，直接确定当事人的权利和义务。比如，1980 年《联合国国际货物销售合同公约》第 66 条规定：“货物的风险转移到买方后遗失和损坏，买方支付价款的义务并不因此而解除，除非这种遗失或损坏是卖方的行为或不行为所造成。”根据这一条款，只要是缔约国当事人之间签订的货物买卖合同，其风险责任即依此规定。双方当事人权利义务十分明确，当然就不会发生因当事人所属国法律规定不同而出现的法律冲突了。由此可见，直接调整的方法避免或消除了民商事法律冲突。

从 19 世纪末开始，为了更有效地解决法律冲突，克服冲突规范在解决法律冲突中的不彻底性，国际实践中逐渐兴起了直接调整的方法。有关国家通过制定国际条约或借助在实践中形成的国际惯例，把彼此某些方面的民商事法律统一起来，直接适用于有关当事人之间的涉外民商事法律关系。正因为统一实体法把有关国家的实体民商法统一起来，直接地规定了当事人的权利义务，故它对涉外民商事法律关系起着直接调整的作用。与冲突法比较起来，由于统一实体法从根本上起到避免或消除法律冲突的作用，因此在解决法律冲突方面是一种积极的方法，要优于冲突法的解决方法。

总的来讲，间接调整和直接调整都是为了调整和解决涉外民商事权利义务关系，但是它们的方法不同，所适用的法律规范也不同。在解决同一涉外民商事法律关系的有关问题时，有统一实体法的，首先适用统一实体法；只有在没有统一实体法可适用时，才适用冲突法。我们还应当看到，统一实体法在起调整作用时固然有其优越性，但在现实社会中，一是统一实体法存在的领域有限，二是现有的统一实体法公约的参加国也有限，三是统一实体法对于所要解决的问题不一定能做出全面而明确的规定。对于那些统一实体法效力不及或规定不到的问题，仍然要通过冲突法的方法来解决。可见，就调整涉外民商事法律关系而言，二者是相辅相成的。即使在处理同一涉外民商事案件时，也是如此。

第二节 国际私法的范围和定义

一、国际私法的范围

国际私法的范围问题，就是国际私法包括哪些规范。也就是说，在国际交往中产生的涉外民商事关系中的哪些问题应当由国际私法来调整。对这个问题在国内外都存在着争议，学者们有不同的说法，各国在立法和司法实践中也有不同主张。

法国的国际私法学者多数认为，国际私法不仅要解决涉外民商事关系的法律冲突问题，还需要解决与法律冲突紧密相连的外国人民事法律地位问题和国籍问题。他们认为，只有把国籍、外国人法律地位、法律冲突和法院管辖冲突归入同一类问题予以研究，才能对个人在各种国际私法关系中的法律地位给予一个完整的答复。因此，国际私法应包括这样几种规范：国籍法规范、外国人的法律地位规范、法律适用规范以及有关涉外民商事案件的管辖权规范。受法国法影响的其他国家的学者也支持这种观点。

德国、日本的多数学者以及受德国法影响的其他国家的学者认为，国际私法的任务只限于解决涉外民商事关系中的法律冲突问题，即只解决在涉外民商事法律关系中应当适用何国法律的问题。因此，国际私法仅包括了调整涉外民商事法律关系的冲突规范，或称法律适用规范，国际私法就是冲突规范的总称。

英美法系国家的学者大多主张，国际私法的中心任务是解决涉外民商事关系中的法律冲突，但同时还要解决与此相关的涉外民事案件的司法管辖权问题，以及对外国民商事判决的承认和执行问题。据此，他们认为，国际私法的范围由三种规范所组成：涉外民商事案件的管辖规范、冲突规范以及承认和执行外国法院判决的规范。

苏联及其他东欧各国的国际私法学者较普遍的观点，认为国际私法的任务是要规定涉外民商事法律关系。因此，无论是解决法律冲突的冲突规范，还是直接规定涉外民商事法律关系的统一实体规范，都是规定涉外民商事法律关系的方法。例如，苏联的隆茨认为，冲突规范和统一实体规范是规定具有涉外因素关系的两种不同方式，而在同一个法律部门内共同一致地看待这两种规定的方式，有助于解决哪一种方式在规定某种关系时具有相对优点的问题。他们主张，国际私法规范主要是冲突规范和统一实体规范，同时还包括了与调整涉外民商事法律关系紧密联系的外国人民事法律地位规范和国际民事诉讼和商事仲裁程序规范。

我们认为，国际私法的对象既然是具有涉外因素的民商事法律关系，它的任务就是调整或解决在涉外民商事领域里当事人之间的权利义务问题，因此，与解决此类问题相关的规范构成了国际私法规范的范围。具体来讲，它包括了外国人民事法律地位规范、冲突规范、统一实体规范以及国际民事诉讼和商事仲裁程序规范。

二、国际私法的规范

（一）外国人民事法律地位规范

这种规范是确定外国的自然人、法人甚至外国国家和国际组织在内国的民商事领域享有权利或承担义务的范围和资格的规范。一国赋予外国人以民事法律地位，才能在该国境内发生以该外国人为主体的某种涉外民商事法律关系。反之，如果一国立法在某一领域不赋予外国人以民事法律地位，则在该领域就不可能发生涉外民商事法律关系。所以，外国人的民商事法律地位问题，是国际私法调整涉外民商事法律关系的前提条件；外国人民事法律地位规范，也是国际私法的一个基本规范。

外国人民事法律地位规范从性质上讲是实体规范，它既可以被规定在国内立法中，如一国的宪法、民法、商法等法律；也可以规定在国际条约中。我国的《中外合资经营企业法》第 1 条规定："中华人民共和国为了扩大国际经济合作和技术交流，允许外国公司、企业和其他经济组织或个人，按照平等互利的原则，经中国政府批准，在中华人民共和国境内，同中国的公司、企业或其他经济组织共同举办合营企业。"这就是外国人民事法律地位规范。

（二）冲突规范

冲突规范是指出某种涉外民商事法律关系应当适用何国法律处理的规范。我们知道，涉外民商事法律关系会涉及两个以上国家的民商事法律，而这些国家的民商立法在同一问题上的具体规定往往是不一致的，要最后确定该法律关系中当事人的权利义务，就需要在有关国家的民商事立法中选择某一个国家的实体法适用之。冲突规范就起到了这种作用，因此它也被叫作"法律适用规范"或"法律选择规范"。

冲突规范的特点是，它仅能指出某民商事法律关系应该由何国法来处理，而不能直接确定当事人的权利义务。例如，我国《涉外民事关系法律适用法》第 27 条规定："诉讼离婚，适用法院地法律。"这一规定并没有指明诉讼离婚的要件和效果，而只是指出，诉讼离婚的具体条件和效果应当由法院地法律来确定。由此可见，冲突规范是一种间接规范，它只有与被其援用的某国实体法相结合，才能最终确定当事人的权利义务。运用冲突规范的结果，使得涉外民商事法律关系在某些场合下受内国实体法调整，在另一些场合受外国实体法调整，各国的法律利益由此达到一种平衡，国际民商事法律秩序得以建立。在 19 世纪以前，由于各国难以在某些民商事领域达成实体法上的协调一致，在这方面还没有国际统一实体规范时，冲突规范就是调整涉外民商事法律关系的唯一手段。当时的国际私法仅包括了冲突法（冲突规范的总称），直到现在，许多国家的国际私法学者还把冲突法视为国际私法的同义语。可见，冲突规范是国际私法的重要组成部分，国际私法学就是从研究冲突规范开始的。

（三）统一实体规范

统一实体规范就是在国际条约和国际惯例中直接规定涉外民商事法律关系当事人的具体权利义务的规范。例如，《关于统一提单的某些法律规定的国际公约》（又称《海牙规则》）第 4 条第 3 款规定："为了救助或企图救助海上人命或财产而发生的绕航，或者任何合理的绕航，都不得被认为是对本规则或运输契约的破坏或违反。承运人对由此而引起的任何灭失或损害，都不负责任。"从这一规定可以看出，该规范具体地规定了承运人与托运人在船舶运输过程中发生合理绕航时双方的权利义务。如果发生了合理绕航，双方当事人就照此规定具体处理，而不再发生应依托运人国法律，还是依承运人国法律来确定双方当事人权利义务的问题。可见，用这种统一实体规范来调整涉外民商事法律关系，比冲突规范更为直接，更为明确。

从整个国际私法调整涉外民商事法律关系的过程来看，统一实体规范的出现要晚于冲突规范。19 世纪末叶以前，由于各国主权利益难于达到平衡，在国际民商事领域就没有统一实体规范，有关问题只有单一地通过冲突规范解决。19 世纪末叶以后，由于资本主义市场经济的迅猛发展，国际社会特别是一些西方国家对外民商事交往的需求上升，迫切需要一个快捷、有效的国际民商事法律环境，才逐渐在某些问题上找到了国家主权利益的平衡点，这时出现了早期的如《巴黎公约》、《伯尔尼公约》等统一实体规范。20 世纪以后，统一实体规范的调整领域逐步扩展到贸易领域，又出现了 1924 年的《关于统一提单的某些法律规定的国际公约》，1930 年国际商会拟订的《商业跟单信用证统一惯例》，1936 年国际商会编订的《国际贸易术语解释通则》，直到 1980 年通过了《联合国国际货物销售合同公约》等一系列统一实体规范。

统一实体规范的特点是直接调整，这对于形成一个快捷、有效的国际民商事法律环境是有利的。但是，我们也要看到，在一段相当长的时间里，各国主权利益在民商事领域的各个方面要达到完全一致是困难的。同时还要看到，现有的统一实体规范尚未形成一完整独立的体系。首先，国际条约和惯例所规范的领域是有限的；其次，国际条约的效力所及仅限于缔约国，而不是所有国家的当事人；再次，国际条约和惯例所要解决的问题，其规定也不可能全面而无歧义。在这些统一实体规范的效力不及或涉及不到，或规定不明确的问题上，仍只能由冲突规范加以调整和解决。因此，冲突规范和统一实体规范相互补充并共同调整涉外民商事法律关系的局面将会长期存在。

（四）国际民事诉讼程序和商事仲裁程序规范

国际民事诉讼程序和商事仲裁程序规范是一国法院或仲裁机构审理涉外民商事案件时适用的专门程序规范。例如，《法国民法典》第 15 条规定：“法国人在外国订约所负的债务，即使对方为外国人的情形，得由法国法院受理。”这一规定所要解决的是法国法院对于某类涉外民商事案件是否具有管辖权的问题，而这类程序问题只有在一国法院或仲裁机构处理涉外民商事案件时才会发生。

一国法院在审理涉外民事案件时需要适用两套程序规范：一套是审理民事案件的一般程序规范，它既适用于一般国内的民事案件，也适用于涉外民事案件；另一套则是专门适用于审理涉外民事案件的程序规范，如上述《法国民法典》第 15 条。这类规范只调整法院与涉外民事案件当事人之间的关系，法院在审理涉外民事案件和执行相关判决时与外国国家之间的关系。这就是国际民事诉讼程序规范。

此外，有些涉外商事案件还经常提交仲裁机构审理。由于涉外商事法律关系的特殊性，仲裁机构在审理时也有许多专门的程序问题需要调整、规定。因此，国际上大多数国家还就涉外商事仲裁作了规定，这就是涉外商事仲裁程序规范。

上述两类规范的共同点在于，它们都是专门解决审理涉外民商事案件时的程序问题，而不解决涉外民商事法律关系当事人在实体上的权利义务。严格说来，它们不是调整涉外民商事法律关系的。但是，这些规范是为调整涉外民商事法律关系服务的，它们对涉外民商事关系中当事人的权利义务实行司法保护。没有这些规范，国际私法的调整功能就不能实现。同时，由于这些规范在国内法和国际法中尚未形成一个独立的法律部门。因此，把它纳入国际私法规范中加以研究是适当的。

三、国际私法的定义

由于国外和国内的不同学者对国际私法的目的、任务、调整对象和方法等问题的认识不同，对国际私法所下的定义也有所不同。根据我们对国际私法调整对象、方法以及规范组成的认识，我们认为，国际私法应是调整涉外民商事法律关系的法律部门。这一定义包含或说明了以下几个问题：

1. 说明了国际私法调整的是国际性（这里沿用习惯表述为“涉外”）的法律关系。由于这种关系是在国际交往中产生的，尽管它表现为不同国家的私人之间的关系，但实质上是不同国家之间的利益关系，每一个国际私法关系都必然与两个或两个以上的国家利益密切相关。正因为如此，各主权国家处理这类法律关系时，都要服从国家总的对外政策，都要受该国对外关系的制约。

2. 说明了这种关系是平等的个人主体之间的财产关系或与财产有关的人身关系，即民商事关系。这是一种私法关系，而不是主要体现政府权力与服从的公法关系。因此，它与一国之内主要是体现政府管理权力的涉外经济法，如对外贸易法、外汇管理法、海关法、商品检验法等法律相区别，也与调整各主权国家政府间关系的国际公法相区别。

3. 说明了国际私法要调整、要解决的问题是一种法律关系，即当事人之间的权利义务，而不仅仅是解决法律冲突问题。解决法律冲突只是确定当事人权利义务的一种手段，或是一个过程，它不是国际私法的全部目的。

4. 说明了国际私法的调整方法和范围。国际私法的对象既然是涉外民商事法律关系，它的调整方法就应当包括间接调整和直接调整这两种方法，因为这两种方法的最终结果就是解决民商事法律关系当事人的权利义务。此外，国际私法的两种调整方法又决定了冲突规范和统一实体规范是国际私法的主要规范，它们要达到调整的目的，还应包括外国人民事法律地位规范以及国际民事诉讼和商事仲裁程序规范。

由上述各项内容可知，国际私法由其调整对象的特殊性所决定，它是一个有别于其他法律部门的独立的法律部门。

第三节　国际私法的渊源和性质

一、国际私法的渊源

一般来讲，法的渊源就是法的表现形式。国际私法的渊源就是指赋予国际私法规范以法律效力的法律文件形式。研究这一问题的意义在于，一国法院在处理涉外民商事案件时所适用的国际私法规范，应当在何种类型的法律文件中去寻找，以及能否作为处理案件的法律依据。由于国际私法调整的涉外民商事法律关系既有内国因素，也有外国因素，因此国际私法的渊源也表现出两重性，既有国内渊源，也有国际渊源。具体讲，国际私法的渊源有国内立法、国内判例和国际条约、国际惯例。

（一）国内立法

国内立法是国际私法的主要渊源之一。为了促进和发展国际民商事交往，每一个主权国家都通过自己的国家立法对其境内外发生的涉外民商事法律关系进行管辖和调整。从内容上看，国际私法所包括的外国人民事法律地位规范、冲突规范、国际民事诉讼和商事仲裁程序规范，均可见之于国内立法中。

上述国际私法规范在各国的国内立法中又以不同的形式表现出来：

其一为散见式，即在民法或其他法典的有关章节中，分别列入有关的国际私法规范。如1804年《法国民法典》，在总则、权利能力、婚姻、继承等章节中就分别规定了有关的国际私法规范，其中第3条、第6条、第11条、第14条、第15条、第47条、第48条、第170条、第999条、第1000条、第2123条、第2128条等都是国际私法规范。法国的这一立法不仅在形式上而且在内容上对欧洲和其他地区的一些国家有很大影响，意大利、葡萄牙、西班牙、比利时、荷兰、希腊、巴西、墨西哥、埃及等国家都采取了法国的立法方式。这些国家也被称为法国法系。

其二为法典式，即以专门法典和单行法规的形式，系统而集中地规定国际私法规范。最早采取这种形式的是1896年的《德国民法施行法》和1898年的《日本法例》。1918年中国北洋政府所制定的《法律适用条例》，从形式和内容上都接受了德国和日本的影响。在国际上还有一些国家在立法内容和形式上受德国法影响或与德国法相近似，如奥地利、瑞士、日本、泰国、波兰等国家，被称之为德国法系。我国2011年颁布实施的《涉外民事关系法律适用法》也采用了这种形式。

其三为专编专章式，即在民法或其他法典中列入专编或专章，在该法典所涉范围内系统地规定国际私法规范。苏联采取了这种立法方式，如1961年苏联《民事立法纲要》第8章、《民事诉讼法立法纲要》第6章、《婚姻和家庭立法纲要》第5章等都是在相应领域内系统规定国际私法规范。其他一些东欧国家，如保加利亚的《婚姻、家庭和监护法典》，也是列入专章规定了有关的国际私法规范。我国1986年《民法通则》第8章是专门规定处理涉外民事法律关系的国际私法规范，2013年修订的《民事诉讼法》第4编则是关于涉外民事诉讼程序方面的特别规定。

除了上述三种国内立法方式之外，一些国家包括以判例为主要渊源的英美（普通）法系国家，还在单行法规中就该法规所调整的范围内规定相关的国际私法规范，如1882年《英国汇票法》。

（二）国内判例

在我国，判例只是司法文书，不具有立法性质，当然就不是国际私法的渊源。但是在普通法系国家，权威的法院判决作为先例，对下级法院具有拘束力，起着法律的作用，这时，判例就成为国际私法的渊源。

在普通法系国家，由于相关的国际私法规范散见于长期的法院判例中，内容零散，为了研究和司法实践的方便，一般是由国际私法学者或学术机构对之加以系统地整理并汇编成册。在英国，1896年由法学家戴西（A. V. Dicey）编辑和出版的《法律冲突法》，归纳了英国判例中所适用的冲突规范，并逐条加以解释。1949年又由莫里斯（J. H. C. Morris）加以续编和修订，莫里斯辞世后，考林斯（L. A. Collins）接任本书第三任主编，目前已经出版到14版。在美国，有关国际私法判例的汇编工作是由美国法学会承担的。1934年由比尔（J. H. Beale）任报告员出版了《冲突法重述》，1971年又以里斯（W. L. M. Reese）为报告员出版了《冲突法重述（第二次）》。

应当指出的是，即使在以成文法为主要渊源的大陆法系国家，当法律没有明确规定时，法院也会以司法判例作为判决的依据，这时判例也就成为国际私法的渊源之一。例如，法国最高法院的一些著名判例就成为法国国际私法的先例。在日本，1965 年和 1966 年先后出版的《判例体系中的国际私法》（1、2 卷）以及 1967 年出版的《涉外判例百选》等，也是作为成文法的重要补充而成为国际私法的渊源。

（三）国际条约

国际条约是指国家间所缔结并受国际法支配的书面协定。由于国际私法调整的涉外民商事法律关系是与各有关国家的政治、经济、文化和法律上的利益相联系的，因此，国家之间也通过订立国际条约的方式，制定国际私法规范，调整条约参加国之间的某些涉外民商事法律关系。于是，国际条约成为国际私法渊源的一种。

从法律效力上讲，国际条约的订立者是各主权国家的权力机构，因此，国际条约也是国家主权意志的表现，它在性质上同国内立法一样，对缔约国的当事人具有当然的法律拘束力。但如果发生国际条约和国内立法对同一问题做出不同规定的情况，则对缔约国来说，应依条约的规定而不适用国内法的规定。我国《民法通则》第 142 条第 2 款规定："中华人民共和国缔结或者参加的国际条约同中华人民共和国的民事法律有不同规定的，适用国际条约的规定，但中华人民共和国声明保留的条款除外。"这一规定又叫"条约优先"。

从国际条约的内容看，在国际私法领域，它可以是规定外国人民事法律地位的规范，如 1883 年《保护工业产权巴黎公约》中规定的缔约国之间实行国民待遇的条款；也可以规定统一冲突规范，如 1985 年《国际货物销售合同法律适用公约》的有关条款；还可以规定统一实体规范，如 1969 年《国际油污损害民事责任公约》的有关条款；以及规定国际民事诉讼和商事仲裁程序规范，如 1965 年《关于向外国送达民事和商事司法文书和司法外文书公约》和 1958 年《关于承认和执行外国仲裁裁决公约》的有关条款。

值得一提的是，20 世纪以来，一些重要的多边国际公约不仅对缔约国有约束力，而且对非缔约国也产生了一定影响。这是因为有些多边国际条约往往是各缔约国对某些国际民商事交往的习惯性做法予以采纳或认可，并使之条约化。所以，要了解现代国际私法，而不去了解有关的国际条约是行不通的。

（四）国际惯例

作为国际私法渊源的国际惯例是指在国际民商事交往中经反复实践所形成的有明确和固定内容的行为规则。这一定义表明，构成国际惯例须具备两个条件：一个是"普遍性"，即各国共同实践，重复类似行为，形成一种习惯性做法；另一个是"明确性"，即各国当事人都知道该行为规则的确切内容，而没有模棱两可的解释，否则就不能成为行为规则。

一般来讲，国际惯例大体可分为两类：一种是根据国际公法中的国家主权原则直接推导出的国际惯例，如经长期国际实践所形成的"国家及其财产豁免"原则。这类国际惯例是强制性的，即不需要当事人的选择也必须遵守的。另一种是在国际民商事交往中逐步形成的惯例，如国际贸易中存在的"离岸价格（FOB）"、"到岸价格（CIF）"等常见的贸易条件。这类国际惯例是任意性的，即只有经过当事人的同意或选择，才对其具有法律上的拘束力。作为国际私法渊源的国际惯例就是指的这一类。

由上述可知，国际惯例与国际条约在法律效力上是有区别的。主要表现在：国际惯例只有在当事人承认或在实践中采用时才对当事人有拘束力，而国际条约则在一国签订或加入后即对该国所有的人都有拘束力；国际惯例的具体内容可由当事人在采用时加以补充和更改，而国际条约则除了在参加时作保留声明外不得任意更改其内容。

在国际私法实践中，国际惯例的内容是多方面的。在外国人民事法律地位方面，有“国民待遇”原则等；在冲突法方面，有“属人法”原则、“物之所在地法”原则、“意思自治”原则以及“场所支配行为”原则等；在程序方面，有“程序问题依法院地法”原则等。但更多的是在长期商业实践基础上发展起来的，用于解决国际商事问题的实体法惯例，通常称之为“国际商事惯例”。例如，国际贸易方面的，有国际统一私法协会制定的 1994 年《国际商事合同通则》，国际商会制定的《国际贸易术语解释通则》（2010 年修订本）；在支付方面，有国际商会制定的《商业跟单信用证统一惯例》（2007 年修订本）和《托收统一规则》（1995 年修订本）；在担保方面，有国际商会制定的《合同担保统一规则》（1978 年）；在运输和保险方面，有国际海事委员会制定的《1974 年约克·安特卫普规则》和英国伦敦保险协会制定的《伦敦保险协会货物保险条款》等。

我国法律允许当事人选择适用国际商事惯例。在当事人没有选择适用时，则国际商事惯例的适用只发生于法律对有关事项未加规定之时。我国《民法通则》第 142 条第 3 款规定：“中华人民共和国法律和中华人民共和国缔结或者参加的国际条约没有规定的，可以适用国际惯例。”第 150 条规定，适用国际惯例“不得违背中华人民共和国的社会公共利益”。

二、国际私法的性质

所谓国际私法的性质，就是国际私法究竟属于国际法还是属于国内法的问题。由于各国学者对国际私法对象的认识不同，以及国际私法渊源两重性的现实存在，对于国际私法的性质问题历来有不同的看法。

（一）国内法学派

这一学派又称“民族主义学派”。他们认为国际私法是属于国内法的一个部门，其主要代表人物有：法国的博丹（Bartin）、尼波埃（Niboyet）、巴蒂福尔（H. Batiffol），德国的康恩（F. kahn）、沃尔夫（M. Wolff），英国的戴西（A. V. Dicey）、戚希尔（G. C. Cheshire）、莫里斯（J. H. C. Morris），美国的比尔（J. H. Beale）、库克（W. W. Cook）、里斯（W. L. M. Reese）等。他们的主要理由可以归纳如下：

1. 国际私法的主体和调整对象与国际法不同。国际法调整的是以国家为主体的主权者之间的关系；而国际私法调整的是非主权者之间的关系，其主体大多数情况下是自然人和法人。国际法调整的是国家之间的政治、军事、经济、外交关系，而国际私法调整的是不同国家的自然人、法人之间的民商事法律关系。

2. 国际私法的主要渊源是国内法。国内法学派认为，国际法的渊源主要是国际条约和惯例，其效力范围是世界性的；而国际私法的大多数规范是通过国内立法和国内判例来表现的，其效力范围仅及于一国之内。

3. 国际私法规范的制定和适用都取决于一国的意志。国际私法是一个国家确定“内外私法适用范围”的法的部门，是否适用外国法，完全取决于一国立法者自己的考虑；而国际法是各国公认的规范，它对各国都是有法律拘束力的。同时，国际私法的争议属民商事法律争议，对争议是通过一国法院或仲裁机构来解决的；而国际法上的争议，一般是通过国家之间的谈判、斡旋或通过国际调查委员会以及国际法院来解决的。

（二）国际法学派

这一学派又称“世界主义学派”。他们认为国际私法属于国际法性质，是国际法的一部分。其主要代表人物有：德国的萨维尼（K. Von. Savigny）、巴尔（L. Von Bar），法国的魏斯（A. Weiss），意大利的孟西尼（P. S. Mancini）等。他们的主要理由可以归纳如下：

1. 国际私法产生于国际社会，它所调整的关系与国际公法所调整的关系在本质上是共同的。他们认为，国际私法的基础在于各国之间相互依赖的现实，所以才有国际法律关系存在，才会相互适用别国的法律。还有人认为，在国际民商事交往中，每一个人、每一个商行都有其祖国作后盾，因此，民商事领域的任何争执和冲突，甚至于离婚的家庭纠纷，归根结底都会演变成国家间的冲突。

2. 国际条约和国际惯例已经成为国际私法的主要渊源。他们认为，国际私法的目的在于建立一套世界性的通用规则，以利于不同民法体系的共处与个人的国际生活。事实上，各国之间通过国际条约不但已规定了不少的统一冲突规范，而且规定了不少统一实体规范。国际条约和国际惯例已经成为国际私法的重要渊源。

3. 国际私法的作用在于划分国家之间主权扩及的范围。他们认为，国际私法是划分主权扩及范围的法的部门。冲突法就是限定某一国法律适用的范围，也就是限定国家主权所扩及的范围。因此，从根本上讲，国际私法是规范各国主权关系的。同样，国际民事诉讼程序是限定某一国法院审判权的适用范围，实际上也是限定一国主权的扩及范围以及与他国主权之间关系的。

（三）二元论者

二元论者又称“综合论者”。他们认为，国际私法调整的社会关系，既涉及国内，又涉及国际；国际私法的渊源既有国内立法，又有国际立法；国际私法本身既涉及一国国内利益，又涉及国际社会的公共利益。因此，不能简单说国际私法是国内法或国际法，而应是一个兼具国内法性质和国际法性质的独立的法律部门。他们甚至认为，应当把国际私法分为“国际的”国际私法和“国内的”国际私法，国际私法是这两部分的综合。这一学派的代表人物有德国的齐特尔曼（E. Zitelmann）和捷克的贝斯特里斯基（R. Bystricky）。

我们认为，国际私法的性质不是一个单纯的归类问题，而是一个对于今后的理论研究和司法实践都有着重要意义的基本理论问题。因此，对于国际私法的性质，一定要从现实的、发展的眼光去看，才可能有合乎实际的认识。要认清国际私法的性质，首先要明确两个问题：一个是划分国际法和国内法的依据或标准，另一个是国际法与国际公法的关系。关于第一个问题，我们知道，国际法和国内法的划分主要是以它们适用的范围和调整的社会关系为标准，而不是以调整方法、手段及其渊源形式为标准，一句话，是调整对象的性质决定了调整方法、手段和渊源形式，而不是相反。从适用范围来看，国内法是适用于一国领域内的全部法律总称，而国际法则是调整一切国际关系（不仅限于国家之间的政治、军事、外交关系）的具有法律约束力的行为规范的总和。可见，国际法是与国内法相对应的一个概念，它们的基本区别在于调整的对象关系是否是超越了一国国界的国际关系。

关于第二个问题，我们认为，国际法如同国内法一样，是一个大的体系的概念，而不是一个具体的部门法概念。凡是调整国际关系的法律都可以归之于国际法这个体系。我国著名国际法学者王铁崖教授在《国际法引论》一书中指出："国际关系有两种意义：一种是国家之间的正式关系——这是严格意义的国际关系；另一种是人和团体跨越国界的交流关系——这是扩大意义的国际关系。人和团体跨越国界的交往关系往往先于国家之间的正式关系而存在，而且，在国家的正式关系存在的同时，人和团体跨越国界的交往关系更加发展更加有意义。"历史的进程也印证了上述观点的成立。一般认为，调整国家之间正式关系的法律——国际公法起始于公元1648年《威斯特伐利亚和约》，而调整个人和团体跨越国界的交往关系的法律——主要是国际私法则是起始于14世纪意大利后期注释派法学家巴托路斯（Bartolus，1314—1357）的"法则区别说"。由于正式的国际关系须有相互承认的主权国家政府为条件，这种条件非两国间政治、经济关系发展到一定水平不能实现，而个人和团体之间的跨国境交往——主要是民商事交往则无须这一条件，只要有立法管辖的范围（如中世纪的城邦国家），就能形成国际私法意义上的跨国境交往关系。因此，国际私法关系的出现比国际公法关系的出现要早得多。但两种关系有一个共同基础，那就是国际社会的存在。各国之间有交往，就需要一套规则来协调。交往的领域不同，规则就相应地有所分别。

基于上述认识，我们认为，国际法与国内法各为不同的法律体系；国际公法和国际私法分别调整国际交往关系中的不同领域，是国际法体系中的不同法律部门。因此，国际私法属于国际法。

第四节　国际私法与国际私法学

一、国际私法与国际私法学的关系

提到国际私法，通常有两种不同的含义，一种是指一个法的部门，一种是指一个法律学科。前者就是国际私法本身，后者称之为国际私法学。

国际私法与国际私法学是两个既有区别又有联系的概念。它们的区别主要是：第一，国际私法是一个法律部门，是一类法律规范的总称；国际私法学是一个法律学科，是一门法学的名称，由学者的学说、理论和主张所构成。第二，国际私法调整的对象是涉外民商事法律关系；国际私法学的研究对象是国际私法规范本身。第三，国际私法是具有法律约束力的行为规范；国际私法学本身没有法律约束力。

但是，国际私法与国际私法学又有着内在的联系。它们的联系在于：第一，国际私法和国际私法学作为上层建筑，都是由一定社会经济条件所决定，同时又是为经济基础的发展服务的。第二，国际私法学是以国际私法作为研究对象，它就不能脱离国际私法，而必须以国际私法为依据。第三，国际私法学对国际私法进行研究的成果，反过来又可以为国际私法的制定和运用服务，并促进国际私法的发展。历史上，国际私法在早期形成时本来就是“学说法”，如14世纪的“法则区别说”；以后在其发展过程中，许多学者的理论观点又对国际私法规范的形成和发展产生过重大影响，如16世纪的“意思自治说”、19世纪的“法律关系本座说”等。

国际私法学对国际私法的研究不是对有关的规范进行简单的注释和说明，而应是科学地、系统地、全面地对其规范加以研究，要阐明国际私法规范及有关制度的产生、存在和发展的原因，并从中找出国际私法的内在规律性，以使我们能够自觉地运用国际私法，促进国际民商事交往的发展。

二、国际私法的基本原则

法律的基本原则一般指一个法律部门之所以产生并存在的基础，这种基础是解释、执行和发展该法律部门各种规定的指引。国际私法的基本原则就是指制定和实施国际私法规范，进行涉外民商事活动和处理涉外民商事法律纠纷的原则。国际私法的基本原则是由国际私法的各项原则、规则和制度归纳而来，同时又被引申和发展为这一部门的各项原则、规则和制度。

根据前面对国际私法性质的分析，国际私法与国际公法同属国际法体系，其产生和存在的基础是共同的，因此，国际私法的基本原则与国际公法的基本原则有些也是共同的。但由于它们又各自调整国际关系中的不同领域，基本原则也就不完全一样。我们认为，国际私法的基本原则应包括国家主权原则、平等互利原则和促进国际民商事交往原则。

（一）国家主权原则

不同国家间的民商事交往是以国际社会存在为前提条件的，而国际社会是由无数的主权国家所构成的。可以说，没有各个享有独立、完整主权的国家，就没有国际民商事交往，也就无须国际私法。因此，国家主权原则是国际私法的首要基本原则。

国家主权原则，意味着外国人在一国境内必须遵守当地的法律和法令，他们的一切民商事活动都不得有损于所在国的主权和独立。他们必须遵守所在国的领土完整以及对其自然资源的永久主权。他们应当遵守当地国有关进出口贸易、海关、税收和其他有关制度。

在法律适用方面，也应当符合国家主权原则。只有在不损害当地国家主权的情况下，外国法才能在该国境内得到适用。此外，根据国家主权原则直接引申出来的国家及其财产在国外的豁免权也应得到尊重。

（二）平等互利原则

国际私法调整的是涉外民商事法律关系。民商事法律关系，就是跨国境的平等个人或团体之间关于财产或与财产有关的人身关系。由于参与这种关系的当事人之间互不隶属、各自独立，因此他们之间的地位是平等的；又由于这种关系与财产有关，是有一定经济利益的，当事人参与这种交往就总是互有经济利益上的追求。因此，这种民商事关系的基本属性就是当事人的地位平等和经济上的等价互利，这一属性反映在法律上就是平等互利原则。

根据平等互利原则，国家在相互赋予对方公民以民事权利，相互适用对方国家法律，在司法协助以及相互承认和执行法院判决和仲裁裁决等方面，都有权要求对等和互惠。此外，互利也有相互的意思，在相互的基础上采取的报复措施，在国际私法上也被认为合法。

（三）促进国际民商事交往原则

国际私法是在各国人民进行民商事交往的过程中产生的。作为上层建筑，国际私法通过对这一特定的交往关系进行调整，从而起到推动和促进国际民商事交往的作用。这也是国际私法作为一个法律部门的价值基础。

要贯彻这一基本原则，就必须对外国人和国外侨民的正当权益给予应有的法律保护，因为民商事交往是通过自然人和法人来进行的，如果他们的正当权益得不到保护，这种交往就将成为不可能。因此，凡是违反该项基本原则而使外国人或国外侨民处于无权或特权地位的规定，都是有碍于国家间民商事交往的，不应得到国际私法上的承认。此外，各国法院在处理涉外民商事纠纷时，均在一定条件下适用国际惯例，这也是促进国际民商事交往原则的体现。

上述三项基本原则是互相联系、相辅相成的，它们贯穿于国际私法的各项制度之中。

三、国际私法学的体系

国际私法学的体系是将国际私法学的研究对象依照其内在的联系加以科学排列，也就是将国际私法所包含的问题和各种规范加以科学的分类与安排。由于国际私法学的体系是根据国际私法学者对国际私法规范的研究确定的，各个国家甚至不同学者都可以有自己的国际私法学体系。

本教材所采用的体系是根据我们对国际私法所调整的对象及其规范组成的认识而确定的。由于国际私法是要解决涉外民商事案件中当事人的权利义务，并对当事人权利义务的解决结果做出评估，以期实现法律的公正性和合理性，因此，它的内容不仅仅局限于只解决法律适用问题的冲突法。同时，又由于统一实体法目前尚未形成一完整、独立的体系，在其调整的领域内往往是统一实体法和冲突法交叉适用和调整，因此，国际私法的体系也不宜以调整方法为依据将内容进行分类和排列。本教材所采用的体系是依据法律关系的不同性质或特点来进行分类、排列的，同时也兼顾了调整方法。本教材的体系是：

第一，总论部分，包括：国际私法概论、国际私法学说史、冲突规范、与冲突规范适用有关的制度、国际私法主体。

第二，专论部分，包括：涉外物权、一般涉外合同之债、国际货物买卖、国际货物运输和保险、国际贸易支付、其他国际合同的法律制度、涉外侵权行为之债、知识产权的国际保护、涉外婚姻家庭关系、涉外继承。

第三，程序部分，包括：国际民事诉讼程序、国际经济贸易和海事仲裁。

四、国际私法与邻近部门法的关系

国际私法在调整涉外民商事交往关系时，与其他邻近的法律部门既有一定联系又有一定区别。明确他们之间的关系，有利于进一步理解国际私法的特点和作用。我们知道，法律部门的划分是以它们调整对象的不同为基本根据的，对象的不同决定了它们的调整方法、法律渊源乃至它们的规范范围和内容的不同。与国际私法的对象关系有一定联系的部门法有：民法、国际公法、国际经济法。

（一）国际私法与民法

民法是调整平等主体的私人之间财产关系和人身关系的法律，就其对象关系的私法性来讲，与国际私法是相同的，因此，它们有相同之处。首先，它们调整的对象关系的主体都是平等的，通常都是自然人或法人；其次，它们所调整的社会关系都是属于民事性质，是当事人之间的私人关系，这种关系建立的特点都在于平等、自愿、等价有偿和诚实信用；再次，基于上述性质，它们解决争议的途径都是通过民事诉讼程序或商事仲裁程序。

但是，它们之间也有明显的区别：首先，它们的调整对象不同，国际私法调整的涉外民商事法律关系有一个以上的涉外因素或国际因素，而民法调整的民商事法律关系则完全是国内因素，不含涉外因素；其次，国际私法的对象因为有涉外因素，所以有法律冲突的现象存在，而国内民法则没有；再次，国际私法对象的特殊性决定了其法律渊源具有多重性，既有国内立法、国内判例，又有国际条约、国际惯例，而国内民法的渊源则仅包括了国内立法和判例。

（二）国际私法与国际公法

国际公法是调整不同国家和政府之间正式关系的法律。国际私法与国际公法因它们调整对象的共同性而存在着内在的联系。首先，它们所调整的都是不同国家之间交往中产生的社会关系，因此它们的基本原则有些是共同的，比如国家主权原则、平等互利原则；其次，因为它们调整对象的共同性，有的法律渊源也是共同的，如国际条约、国际惯例既是国际公法的渊源，也是国际私法的渊源；再次，它们都是为国家对外政策服务的，一国法院审理的国际私法案件可能转化为国际公法案件或涉及国际公法的适用，比如20世纪80年代美国地方法院审理的“湖广铁路债券案”，以及现在仍在日本法院进行的中国公民对日民间索赔案等。

但是，它们之间也有区别：首先，在调整对象上，国际公法调整的是不同国家的政府之间的政治、经济、外交、军事等公法关系，因此它的主体是主权国家，而国际私法调整的是不同国家之间的私人交往关系，因此它的主体一般是自然人或者法人；其次，它们的渊源不完全相同，国际公法的渊源是国际条约和惯例，而国际私法则除此之外还有国内立法和国内判例；再次，它们解决争议的方式不同，国际公法主要解决国家之间的争议，采取的是外交途径或国际法院诉讼，而国际私法主要解决私人之间的争议，采取的方式是在某一国法院提起诉讼或提交国际商事仲裁。

（三）国际私法与国际经济法

国际经济法是20世纪二战以后形成的一个新兴的法律部门。在学术界，关于国际经济法的范围问题，正如同过去关于国内经济法的范围问题一样，一开始就存在着争论。最主要的观点，一种认为国际经济法是一门综合性的法律，是调整一切超越一国国界并涉及任何经济利益关系的法律规则和制度的总和。因此，其范围包括国际经济制度和相关机构的公法方面的法律，也包括国际经济贸易交易的私法方面的法律，还包括国内经济法中处理涉外经济贸易关系的涉外经济法部分。显然，这种观点打破了法律各部门之间的界限，实际上是把国际经济法视为超越各部门法律的一门综合性法律学科。由于这种观点模糊了各部门法律之间的界限，模糊了公法和私法、国际法和国内法的功能区别，所以国际私法与它的关系也就无从谈起。

另一种观点认为，国际经济法是调整不同国家之间经济贸易关系的法律。它是国际公法的一个分支，如同海洋法是国际公法的分支一样，它既具有国际公法的一般特征，又具有自身的某些特点，是国际经济关系在法律上的表现。这种观点的范围界限是清楚的，显然，国际私法与它有一定联系。首先，它们调整的对象都是国际关系的一种，都是在国际交往中产生，因此，它们的基本原则有些是一致的；其次，由于调整对象的共同性，其法律渊源也有相同的，如国际条约；再次，国际经济法里的许多双边、多边政府经济协定是通过无数国际私法合同来实现的，比如，世界贸易组织的各项协定是通过各国公司之间大量的私法合同的履行来实现。

当然，它们之间也有区别：其一，国际经济法的主体通常是国家或国家政府，而国际私法的主体则通常是私人；其二，国际经济法的渊源主要是不同形式的条约，而国际私法除此之外还有国际惯例、国内立法和判例；其三，国际经济法解决争议的途径通常依条约中的规定，如根据世界贸易组织章程建立的“争端解决机构（DSB）”及其程序、根据《华盛顿公约》组建的“解决投资争端国际中心”及其程序等，而国际私法解决争议的方式主要是通过在一国法院提起的诉讼或国际商事仲裁。

从以上比较分析可以看出，国际私法在调整涉外民商事关系的过程中与邻近的法律部门既有许多联系，也有一些区别，在整个法律体系中，特别是在国际法体系中与其他法律部门相辅相成，互为补充，起着独特的部门法律的作用。

思考题

1. 你认为哪一种国际私法定义方法比较恰当？你将如何给国际私法命名？
2. 为什么国际私法有两种调整方法？两种方法有何区别和联系。
3. 国内案件和国际私法案件有什么不同，为什么要做这种区分？
4. 学说能否成为国际私法的渊源？
5. 在国际私法范围问题上存在什么争论？你的看法和评价。
6. 国际私法、国际公法、国际经济法三者之间的联系和区别。
7. 有观点认为，国际私法既包括冲突法，又包括实体法和程序法。根据法理学关于法律部门的划分理论谈谈你的看法。

第二章 国际私法学说史

国际私法作为调整平等主体之间的跨国境民商事法律关系的一个法律部门，有着十分悠久的历史。早在古罗马时期，随着商业的发展和罗马征服地区的扩大，罗马公民与异邦人以及被征服地区的居民之间的民商事交往越来越多。异邦人和被征服地区的居民不能享有罗马公民权，不受罗马市民法（Jus civile）保护。为了调整他们的相互关系及他们与罗马公民之间的权利义务关系，公元前 3 世纪中叶产生了万民法（Jus gentium）。所谓万民法，名义上是“各民族共有的法律”，实际上并非处于罗马国家之外或罗马国家之上的法律，而是通过罗马外事裁判官的司法活动制定，并被罗马国家用强制力保证施行的适用于罗马公民与非罗马公民之间的法律。

我们不能因为万民法是调整罗马公民与非罗马公民之间民商事交往关系的法律，就认为它是国际私法的起源。在当时，特别是罗马由一个城邦国家（city state）扩张成为罗马帝国之后，它否认任何其他国家的独立平等，它与周边城邦国家之间的关系并不是近代意义上的平等和独立法域之间的关系，而是征服与被征服、保护与受保护的关系。然而，尽管不能说万民法是国际私法的起源，但它对于后来国际私法的产生是有重要影响的，因为它调整的法律关系具有“涉外”因素。只是我们应当认识到，那时的“涉外”与公元 11、12 世纪在欧洲地中海北岸广大地区出现的众多城邦国家之间相互交往产生的“涉外”关系有本质的区别。

国际私法作为一个法律部门的产生，最初是以学说和理论的形成出现的，故当时有“学说法”之称。从公元 13 世纪到 18 世纪的漫长时期里，作为“学说法”的国际私法一直居统治地位。在欧洲，真正的成文国际私法立法始于 1756 年的《巴伐利亚法典》，其后，再有 1794 年的《普鲁士邦一般法典》和 1804 年的《法国民法典》。然而，即使在这时，乃至以后，国际私法学说和理论对于国际私法的立法都有着深刻的影响。我们可以这么说，国际私法的每一步发展或改进都是与法学家的研究分不开的，国际私法的发展史在一定程度上就是国际私法学说史。

第一节 传统国际私法理论

公元 11—12 世纪的欧洲，随着罗马帝国实力的衰落，其所控制的地域日渐缩小。处于当时的社会、经济和政治因素的共同作用，在大致相同的一段时期里，地中海北缘往北的广大欧洲大陆地区有数以千计的城邦国家出现。这些城邦国家对外宣称自己是独立自治的，对内宣称在其之上没有任何更高的权利存在。各城邦国家从兴起到强盛，相互之间的民商事交往日益频繁。由于各城邦国家在法律地位上平等并相互给予承认，一种新型的、前所未有的涉外民商事交往关系就出现了，它需要新的法律理论、新的法律部门来指导、规范和调整这种新的交往关系，并解决因交往关系而产生的法律适用问题。

一、法则区别说

这一学说创始于13世纪意大利的后期法律注释学派的学者们，其主要代表人物是意大利著名法学家巴托路斯（Baltulus，1314—1357）。巴托路斯生前曾是波伦亚大学、比萨大学和佩鲁贾大学的教授，其理论主要为解决两方面问题：其一，一个城邦国家的法律是否适用于在该国域内但又不是它的居民的那些人；其二，一个城邦国家的法律效力是否及于在其域外的居民。当时在意大利北部，各城邦国家之间的贸易已很发达，但在法律上，一方面罗马法作为普通法在各城邦中仍然适用；另一方面，各城邦在取得自治权之后，也根据自己的习惯制定了作为特别法的“法则”（Statute）。这样，各城邦国家在处理涉外民事案件时，如果本城邦国家的“法则”有规定，则依该“法则”解决；如果本城邦国家的“法则”没有规定，则依罗马法。而当罗马法的规定与各城邦国家的“法则”的规定有矛盾时，按罗马法已形成的“特别法优于普通法”的原则，依特别法即各城邦国家的“法则”解决。但是，当各城邦国家的“法则”规定不一致时应适用何法律，罗马法并未谈到。如果根据当时的属地法主义来解决这个问题，显然对各城邦国家之间的商业贸易十分不利。

为解决这一问题，巴托路斯在总结前人研究成果的基础上提出：应从法则本身的性质入手，将一国所有的“法则”区分为“物的法则”（statuta realia）和“人的法则”（statuta personalia）。“物的法则”是属地的，其适用只能而且必须及于制定者领土之内的物；而“人的法则”是属人的，它不但适用于制定者管辖领土内的属民，而且其属民在别的主权者管辖领土内时，也应适用。巴托路斯创立法则区别说之后，意大利另一学者巴尔多（Baldus，1314—1357）继承并发展了他的学说。他不再将“人的法则”和“物的法则”在法律效力上的区分只针对法院地法律，而是从另一角度强调这一区分也同样决定外国法能否在法院地得以适用。这一观点从一种双边的意义上来探讨“人的法则”和“物的法则”的适用，对于“法则”冲突问题的解决就更为彻底。法则区别说的产生，标志着作为独立法律体系的国际私法从此诞生。

法则区别说作为国际私法的最早形态，其意义是十分重大的。首先，它纠正了绝对属地主义的弊端，抓住了法律的域内效力和域外效力这个法律冲突的根本点，首次站在双边的立场上来研究法律的适用问题，使国际私法从此能真正具有国际性。其次，法则区别说提出的一些有关物权、人的身份与能力以及行为等方面的法律适用原则，对后来国际私法的形成和发展产生了重大影响，有的规则至今仍为各国所采用。但是，从根本上讲，一切法律关系都是人与人的关系，在现实生活中并无纯粹关于物的法律，就如关于继承的法律，它也是既涉及物又涉及人的。因此，巴托路斯完全借助于“法则”的语法结构来划分“人的法则”与“物的法则”，是缺乏科学根据的。

二、国际礼让说

这一学说产生于17世纪的荷兰，其主要代表人物是优利克·胡伯（U. Huber，

1636—1694)，以及保罗·伏特（P. Voet，1619—1677）和约翰·伏特（J. Voet，1647—1714）。荷兰原是尼德兰的一部分。在16世纪以前尼德兰是西班牙的殖民地，由于其工商业较发达，资本主义萌芽发生最早，因与西班牙统治者之间的矛盾激化，于16世纪末爆发了资产阶级革命，17世纪初取得胜利并建立了世界上第一个资产阶级共和国，即称荷兰共和国。但是，荷兰资产阶级革命并不彻底，刚刚获得的独立也很脆弱。同时，资本主义制度的确立极大地解放了生产力，荷兰的纺织工业和造船业在当时已有盛名，航海业更是发达，其商船遍布全球各地，时称“海上马车夫”。当时的荷兰既需要维护、巩固其刚刚获得的独立和主权，也需要发展、扩大自己在航海贸易中的利益。

全面奠定国际礼让说的是胡伯，他曾任大学教授和法官。受当时另一荷兰学者——被誉为“国际公法之父”的格劳秀斯提出的“国家主权”概念的影响，他在其名著《论罗马法与现行法》一书中提出了解决法律冲突的“三原则”：

1. 一国的法律只在该国领域内有效，并拘束其全体臣民，在其他地方则无效；

2. 所有在其领域内的人，不论是常住的或临时的，都应视为该主权者的臣民；

3. 但是，根据国际礼让，每一国家的法律如已在其本国的领域内实施，则可随处保持其效力，只要这样做不至于损害另一国家主权者的权力及其臣民的权利。

上述第1条原则来自国家间立法权力的划分，指明任何国家的法律都只对其管辖范围内的人和物有约束力；第2条原则是通过立法管辖权的属地性将臣民的范围界定为所有位于其领土内的人，这些实际上都是对“国家主权”概念的解释；只有第3条原则才是具有国际私法性质的原则，它指出主权国家在一定条件下应考虑适用外国法。在这里没有说明适用外国法是出自一国对他国的礼貌还是出自一种法律义务。对此，胡伯在《现代法理论》一书中写道：“显然，一国是否适用外国法的决定是个国际法问题而不是国内法问题，因为它不是来自于一国高层权力的决定，而是来自于国家之间为相互便利主权权力的实施而达成的一种默示协议。”

从上述观点我们可以看出，“国际礼让说”是在“法则区别说”的基础上发展起来并有所创新。首先它确认，法律适用的范围是根据国家间立法权力的划分确定的；同时它又引入了国家主权的概念，认为无论“物法”、“人法”，都是属地的，只在制定它们的主权者领域内有效，适用外国法不是基于它本身有什么域外效力，而纯粹出于“国际礼让”的考虑。“国际礼让说”把适用外国法的问题放在国际关系和国家利益的基础上来考察，这在国际私法理论上无疑是一大进步，对后来国际私法的发展也产生了深远影响。但是，我们也要看到，该学说自身包含着不可解脱的矛盾性：一方面，它强调国家主权；另一方面，它又主张根据国际商业的要求，使在自己主权管辖之下能有效行使的权力，在别的主权管辖之下也能得到承认。

三、法律关系本座说

该学说代表人物是19世纪德国著名法学家冯·萨维尼（F. K. Von Savigny，1779—1861）。萨维尼出生于法兰克福，曾任柏林大学教授和普鲁士立法大臣。在19世纪以前，“法则区别说”在德国国际私法学界仍居统治地位，到19世纪初其地位开始动摇。1848年，德国爆发了资产阶级革命，这次革命虽然失败了，但此后德国的工业有了较快的发展，德国资产阶级的经济实力也增强了，对外经济、人员的交流日益扩大，这又进一步推动了国际私法理论的发展。

萨维尼的国际私法理论主要反映在他于 1849 年发表的《现代罗马法体系》一书第 8 卷。他认为，通过国家主权原则来论证适用外国法的义务是毫无意义的，因为严格的主权权力必然导致法官只根据内国法审理案件，而不论与案件有领土联系的外国法如何规定。他进一步指出：应该承认存在着一个“相互交往着的国家所组成的国际社会”。在国际交往中各国由于存在共同利益，就使得他们在处理涉外案件时做出让步从而取得公正的判决。为取得公正和一致的判决，国际私法在处理国家间的法律冲突中应寻求“大体统一”的方法，这是因为每一种法律关系在逻辑和理性上都有一个确定的“本座”，即它在性质上与某一特定法律制度相联系的地域，法院在进行法律选择时就应根据该法律关系的本座确定其所应适用的法律。据此，萨维尼认为：住所是人的归属之地，因此人的身份和能力问题应以住所为本座；物是可感知的，且占有一定空间，故物的所在地应为物权关系的本座；债为无体物，就只能借助其外观形态来寻求确定其本座，这种外观形态有两个，一个是债的发生地，一个是债的履行地，但履行地是更适于表现债权的外观形态，因为它是实现债权的场所，故应以履行地为其本座；同理，行为方式不论财产行为或身份行为，均应以行为地为本座；程序问题应以法院地为本座等等。

萨维尼的学说，反映了后起的德国资产阶级想与其他国家资产阶级共同参与国际自由贸易，分沾国际经济利益的要求。萨维尼的理论对国际私法发展的贡献主要表现在两个方面：其一，他一改传统法则区别说的分析法律性质的方法，转而以分析法律关系性质的方法取而代之，这不能不说是一个历史性的突破。其二，他创造性地提出解决法律选择问题的标准或称连接因素，这为国际私法的规范化和更具操作性起到了至关重要的作用。上述两个方面的贡献使萨维尼理论对欧洲国际私法成文立法的发展起到了巨大的推动作用，也对其他欧洲大陆国家以及英美国家的国际私法理论产生了深远影响。当今流行的“法律关系重心说”、“最密切联系说”等，无一不是在法律关系本座说的基础上发展起来的；但是，任何理论都不可能是绝对完美的。有人曾指出，按照萨维尼的方法，某些法律关系如双务契约就可能有两个本座；还有人认为，通过逻辑分析来寻找法律关系的本座是荒谬的，因为法律关系的中心所在是人的主观选择问题而非事实的逻辑推理问题等等。

四、既得权说

这一学说的代表人物是英国国际私法学者戴西（A. V. Dicey，1835—1922）。他生前曾是牛津大学的法学教授，在 1896 年出版的《冲突法》一书中全面阐述了他的观点。当时的英国正处于资本主义向帝国主义转变时期。作为老牌殖民主义国家，在海外殖民地的争夺过程中，英国一方面面临着后起帝国主义国家（如德国）与之竞争的威胁，另一方面又受到殖民地民族革命的打击，它需要竭力维护其海外的既得利益。

受国际礼让说中业已存在的既得权思想的影响，戴西从法律的严格属地性出发，认为英国法官既不能直接承认和适用外国法，也不能直接执行外国的判决，因为英国法院的任务只是绝对地适用内国法律。但是，为了保障涉外民商事法律关系的稳定性，对于根据外国法已设定的权利，除了与英国公共政策、道德原则和国家主权发生抵触外，都应获得承认和保护。戴西还认为，英国法官在根据本国冲突规则去承认并保护依外国法取得的权利时，他们并不是承认外国法的域外效力，而只是承认依外国法取得的权利。同时，这种权利须是在英国法院看来按照文明国家法律而正当取得的。

戴西的这一学说，显然是为了调和适用外国法和国家主权原则之间的矛盾而设想出来的。我们应该承认，该学说起到了推动国际私法理论发展的作用。首先，戴西批判了国际礼让说中关于适用外国法是依“礼让”这一准则的任意性和无常性，提出了另一更为明确的尺度，即依文明国家而正当取得的权利，只要不与内国道德原则和公共秩序抵触，都应予以承认。其次，戴西还指出了如下事实，即各国法院有时适用外国法，保护既得权利，是有利于维护涉外民商事法律关系的稳定性的。但是，既得权说又有其不可摆脱的理论缺陷，正如有的学者所评论：既得权说看上去似乎给法院处理涉外案件提供了指导原则，当有关案件的所有事实与某一特定国家相联系时，这样说可能不为过分；但当案件事实同时与几个国家发生联系时，既得权说就无法告知法院哪个外国权利应被承认和执行，比如法院为什么必须保护契约缔结地的权利，而不是履行地的权利呢？美国学者库克也指出：既得权说将权利视同“事物”，法律一旦将之创设，它就脱离该法律随人越过国境；但是，作为法律上的权利一旦脱离创设它的法律，它将不复存在，也就是说，权利不能抽象地、单独地存在，它必须依附于某个特定法律。

第二节　现代国际私法理论

美国是一个联邦制国家，各州有独立的管辖权和法律。随着经济的发展、交通工具的发达以及美国奉行的移民政策，在美国产生的法律冲突可以说比世界上任何一个国家都多，其中不仅有美国各州之间的法律冲突，也有美国和其他国家之间的法律冲突。面对如此纷繁复杂的有关法律冲突的判例实践，美国学者不能不进行分析和研究，不断提出新的理论来指导法院实践。在过去，美国国际私法理论主要受“国际礼让说”的影响。20 世纪初叶，在美国兴起了一股实用主义的哲学思潮，受此影响，美国的国际私法学界也掀起了一场“革命”，许多学者对传统的国际私法理论和制度提出了质疑并予以批判，提出了各种不同的理论主张，真正形成了“学派林立”的局面。可以说，西方现代国际私法理论主要形成于美国。

一、本地法说

本地法说由美国法学教授库克（W. W. Cook，1873—1943）提出。库克曾就读于美国哥伦比亚大学，后为多家大学聘为教授，他在 1942 年出版的《冲突法的逻辑和法律基础》一书中系统地阐述了其“本地法”思想。

库克在批判“既得权说”的基础上指出：“法院在审理含有涉外因素的案件时，总是适用自己的法律；但在这样做时，法院是把案件中某些或全部涉外因素所涉及的另一州或另一国法律体系中一致的或虽不一致但却十分相似的规则，作为自己的法律规则予以采用和执行的。除一些例外情况外，在大多数案件中法院如此选择适用的规则是外州或外国的类似但却是在纯国内案件中所适用的规则，而不是法院此刻审理的这类案件中所适用的规则。因此，为了方便起见，可以将这种规则并入法院地法律，称为外国的'内国规则'，以区别适用于涉外案件中的那些外国规则。因此，法院所执行的不是外国的权利，而是其自己法律所创设的权利。”库克的这些晦涩难懂的表述是要说明如下思想：法院在审理涉外案件时总是适用自己的内国法，只是如果该案件中有根据外国法产生的权利，则应当把这种权利转化为内国法产生的权利予以承认，即把该外国法“并入”内国法中去。按照这一思想，法院就不是使根据外国法产生的权利具有法律效力，而是使根据内国法产生的权利具有法律效力。

从库克的“本地法”理论中，我们可以看出，这种理论与“既得权说”不同，它主张法院既不适用外国法，也不承认根据外国法产生的权利，法院总是适用自己的法律。实际上，库克正是在发现了“既得权说”的不可解脱的矛盾之后，为克服这一矛盾而提出“本地法说”。此外，库克作为实用主义法学派的代表人物，主张不要从哲学家或法理学家的逻辑推理中去获取应适用的冲突原则，而应通过考察法官解决法律冲突的实际做法，来得出应适用的规则。他认为某一法律选择之所以正确，并不在于它符合某种“固有的原则”，而在于这代表了过去的司法态度，因而也就可以预示将来应该怎么做。库克的这一研究方法又开辟了以实用主义理论研究冲突法的道路，为此后美国众多现代国际私法理论的形成奠定了基础。但是，我们也要看到，库克理论的提出本来是想在领土主权原则和外国法律适用这二者之间进行调和，但由于他根本否定法院可以适用外国法，把国家主权原则与在一定条件下适用外国法截然对立起来，因此不能自圆其说。英国学者莫里斯（J. H. C. Morris）曾指出：该学说看来产生不了什么结果，因为实在没有必要将外国法的适用与领土主权原则调和起来。莫里斯认为，无可非议，在批判传统国际私法理论上，库克所取得的成就显而易见，但这些批判只是破坏性的，而不是建设性的。同时，我们还应当意识到，就整个理论体系来看，本地法说在批判了传统国际私法的哲学基础和方法之后，并没有对法律冲突的解决提出新的东西，反而把国际私法的发展引进了“内国规则”这样一条死胡同，因此有人认为，这是与萨维尼理论相悖的。

二、结果选择说

该学说代表人物是卡弗斯（D. Cavers，1902—?）。卡弗斯早年曾从事律师工作，并先后在美国几所大学法学院任教，1969年以后为哈佛大学名誉教授。当时的美国，以库克为先导的批判传统国际私法理论的运动激起了学术界在批判旧理论的同时创立新理论的热潮。1933年卡弗斯在《哈佛大学法学评论》上发表了一篇题为“法律选择问题批判”的文章，系统地提出了他的观点。

卡弗斯认为，传统的冲突法制度只作“法律管辖的选择”，而不问所选择的法律的具体内容是什么，这是不合理的。例如，在一个有关契约形式效力的案件中，冲突规范一般规定，契约形式效力其缔结地法律有管辖权，自然在该案中就要适用享有管辖权的缔结地法，至于法律如何具体规定，适用后对当事人会产生什么样的结果，法院在确定了法律管辖权之后就不再过问了。这种方法使法院忽视了真正适用到涉外案件中的实体法的内容，从而可能导致对当事人严重不公正的结果，本来法官就是以实现公正为使命，却对法律适用的公正结果难以驾驭和担保。因此，卡弗斯提出，法院面临选择本国法或外国法问题时，首先要认真研究导致有关问题产生的事实或交易行为；其次要将可能适用的法律规则及其适用结果与法院地规则及其效果进行仔细比较；最后是基于当事人之间公平正义，以及对冲突法律所引起的社会政策予以充分考虑，并评价各种适用法律可能产生的结果。卡弗斯指出，上述这种分析和评价的最终结果必然导致某一法律的适用。显然，准据法不是通过适用某个机械的选择规则或原则，而是通过追求公正判决得到确定的。

1965 年，卡弗斯又出版了《法律选择程序》一书，进一步提出了七项“优先选择原则”选择所应适用的法律，完善了他所倡导的“公正论”。

卡弗斯的学说在理论上有重大价值。首先，他揭示出了传统国际私法以研究法律选择方法为全部内容的理论缺陷，对传统理论不重视选择法律的实体内容、不重视对当事人实体权利义务的结果评判这一根本性问题进行了深入的批判。其次，他首次提出对实体法进行选择的大胆设想，并创造性地提出了一些进行法律选择的优先原则，这对后来美国国际私法理论的发展是有影响作用的。

然而，卡弗斯理论本身也有不少缺陷。首先，关于“公正”这个概念就是他虚构的一个抽象概念。我们知道，法官总是为了一定国家的利益服务的，不同国家的法官是根据自己所代表的不同利益来判断何为“公正”何为“不公正”；同时，不同国家的风俗习惯、文化传统和道德因素也会影响到“公正”概念的形成。正是由于这种现象，在很大程度上决定了不同国家法律冲突的存在，而卡弗斯以此作为法律选择的最后标准，对解决法律冲突是难以奏效的。其次，卡弗斯提出对有关的实体法律进行“直接选择”或“结果选择”，究竟如何操作，由于有关的各国法律的社会政策背景多种多样，实难进行比较，因此该学说缺乏可行性。

三、政府利益分析说

此学说代表人物为柯里（B. Currie，1912—1965）。柯里早年毕业于美国佐治亚州马萨大学，后历任德库大学、洛杉矶大学等学校的法律系教授。1963 年，柯里将以往发表的一些论文汇编成一本《冲突法论文选集》出版，该书系统地提出了“政府利益分析说”的观点。

柯里认为，每个州的法律背后都隐藏着这个州的政府利益，而这种利益是通过适用其法律来实现的，因此，冲突法的核心问题就在于如何调和或解决不同州之间的利益冲突。国家之间的法律也是如此。根据这一认识，柯里提出，解决法律冲突的最好方法就是对“政府利益”进行分析。关于“政府利益分析”的方法，柯里认为，在现实社会中存在着两种不同类型的法律冲突，即“虚假冲突”和“真实冲突”，而且绝大多数的法律冲突案件都是以“虚假冲突”的形式出现的，也就是说，在冲突的双方中只有一方有政府利益。所以，在审理涉外案件时，如果只有一个国家有合法利益，就应适用这个国家的法律；如果两个国家有合法利益，而其中一国为法院地国时，则无论如何应适用法院地法，即使外国的利益大于法院地国的利益；如果两个外国有合法利益，而法院地国家为无利益的第三国时，则可以适用法院地法，也可以适用法院依自由裁量认为应适用的法律。

显然，柯里是赞成尽可能地适用法院地法的，而且依照上述理论，法院在大多数情况下，也总是会认为自己的国家对在案件中适用自己的法律具有“合法利益”，这等于否定了冲突法存在的必要。因此，我们固然应当看到，柯里的学说，特别是他的关于“虚假冲突”的定义及其解决方法，是为法律冲突的解决开辟了一条新的途径，使法官能根据有关利益情况去直接选择实体法，排除了无利益国家法律在案件中被适用的不合理状况。这对法律冲突的合理解决无疑有着重要意义。但是我们也要看到，柯里的这一激进学说也存在着许多根本性的缺陷。美国法学教授朱恩格（Juenger）评论说：柯里所主张的对政策查明和对利益进行研究的做法是徒劳无益的，而且还将导致“法律军国主义”。这种建立在政府利益分析基础之上的法律选择方法，只不过是一种模糊而又任性的观点。英国国际私法学者莫里斯也曾指出，以为实体法规则所要实现的目的会如此清楚、明白、单一，因而在审判中能相当准确地识别这些目的，这种设想是很不现实的。法院地的实体法规则是如此，外国的实体法规则更是如此。因为一条法律规则通常是互相冲突的社会、经济、政治和法律等诸种压力的结果，它是互相冲突的各种利益的混合物，并不明确地体现单一的“政府利益”。所以，政府利益分析“是一种法院不可能有效行使的职能，因为法院不具备必要的条件”。莫里斯还指出：“柯里一方面宣称要对发生真实冲突的各方面即法院地法和外州法所体现的政策进行审慎而克制的分析以避免法律冲突，另一方面又认为对法院地的利益和外州的利益不能等同地加以衡量，即使外州的利益大于法院地的利益，也要适用法院地法。”这显然是以法院地的利益高于一切的考虑，与国际私法的结果一致性的目标背道而驰。

四、最密切联系说

该学说是美国学者里斯（W. Reese）所倡导的关于法律选择的一种理论。里斯是美国哥伦比亚大学教授，1971年在美国法学会主持下，以里斯为报告员出版了《冲突法重述（第二次）》，系统地提出了他的“最密切联系”思想。

《冲突法重述》是美国冲突法判例的汇编和注释。第二次《冲突法重述》的编纂历经近20年的时间才得以完成。该书共分14章，在第1章中就开宗明义指出：世界是由各自独立、具有互不相同的法律制度的国家所组成，在冲突法所涉及的领域中，任何事件、行为或争议，总是与两个以上国家有着重要联系，这就需要有一套特别的法律规则和方法对它们进行调整和处理。“冲突法就是规定与两个以上国家有着重要联系的案件应适用什么法律的一个法律部门。”

里斯在第二次《冲突法重述》的第6条中以规范的形式，指出法院在进行法律选择时应遵循的原则：

“1. 受宪法的限制，法院在选择法律时应遵循自己州成文法规的指导。

2. 在缺乏这种指导时，进行法律选择应考虑的因素包括：（1）州际和国际秩序的需要；（2）法院地的有关政策；（3）在决定具体问题时，其他利益州的有关政策及其相应利益；（4）公正期望的保护；（5）特别法律领域中所体现的基本政策；（6）结果的确定性、可预见性和统一性；（7）法律易于认定和适用。”

在上述原则之下，里斯制定了一系列适用于不同情况的法律选择规范，在这些规范中体现出了他所强调的灵活性。例如，关于合同领域的法律选择，按照《冲突法重述》第188条规定：在缺乏当事人有效的法律选择时，“法院应适用与当事人或交易有最密切联系的那个州的地方法；在依第 6 条原则决定应适用的法律时，需要考虑的因素包括：（1）合同缔结地；（2）合同谈判地；（3）合同履行地；（4）合同标的物所在地；（5）当事人的住所、居所、国籍、公司所在地以及营业地”。同样，对于侵权领域的法律选择问题，按照《冲突法重述》第 145 条的规定：“依照第 6 条规定的原则，侵权诉讼中当事人的权利义务，应适用与该案件和当事人有最密切联系的那个州的地方法。并在依第 6 条原则决定应适用的法律时，需要考虑的因素包括：（1）损害发生地；（2）导致损害发生的侵权行为地；（3）当事人的住所、居所、国籍、公司所在地、营业地；（4）当事人双方关系聚集地。”

里斯的“最密切联系说”实际上没有涉及有关外国法适用的理论，而只是阐明了关于法律选择的方法。就其法律选择的方法来说，我们不难看出，里斯的“最密切联系说”不仅吸收了卡弗斯的结果选择说、柯里的政府利益分析说等新理论的某些选择方法，同时也在一定程度上保留了传统国际私法中的某些选择方法。因此，有学者认为第二次《冲突法重述》实际上是各种新理论和传统法律选择方法相互妥协的产物。由于“最密切联系说”避免用某一种固定的连接点来确定准据法，它克服了传统方法所带来的那种既不顾案件实际情况，也不顾案件公正合理的处理结果的缺陷，因而这种方法具有明显的优越性。但是，也有学者认为，这一学说会赋予法官过大的自由裁量权，给国际私法所一直追求的适用法律的确定性、可预见性和一致性带来威胁。美国学者科宾（Corbin）就曾说：“修正后的《冲突法重述》开列了如此多的变化不定的因素，这将使法律选择变得非常任意。”

根据对上述各种国际私法学说的介绍，我们可以看出，为了适应不同历史条件下发展国际民商事交往关系的要求，在历史上，一些国际私法学者曾经提出过这样那样的理论，这些理论归结起来就是回答两方面的问题：一是内国法院为何在一定情况下适用外国法，二是应在什么情况下适用外国法。

对于第一个问题，我们认为，一国法院在处理涉外民商事案件时，考虑到有关外国法的不同规定，并在一定条件下允许适用这种规定，这是国际民商事交往发展到一定时期的需要，是保护国家间经济贸易和人民友好来往得以正常进行的条件。在涉外民商事法律关系中，只要外国法不与自己国家的公共秩序或基本政策相抵触，在必要时，承认根据外国法所创设的权利或适用外国法，是保护涉外民商事法律关系当事人正当权益和促进国家间平等互利交往所需要的。但从根本上讲，承认根据外国法所产生的权利或适用外国法，终究属于一国主权范围以内的事，因此，只应由各国自行决定。

对于第二个问题，我们认为，过去的国际私法理论都是围绕着法律选择方法来展开的。由于这些理论的倡导者囿于历史的原因而没有对国际私法的角色定位问题进行考察和研究，故在对国际私法的机制的认识上存在偏见，即认为国际私法仅具有法律选择功能。我们知道，国际私法通过解决法律冲突来调整涉外民商事法律关系，的确需要有一个选择过程才能完成，但其最终目的仍然是要确定涉外民商事法律关系双方当事人的实体权利义务。如果把国际私法的全部内容局限在具有选法功能的冲突规范上加以研究，则无论如何走不出既要追求法律结果的一致性、正确性，又要保证判决的结果符合各国的利益和公正观念这一怪圈，因为选择的前提是有关的各国实体法存在差异，即各国的法律利益不同，而选择的结果又只能是有联系的国家法律中的一个。更何况各国法律对

“公正”的评价如此不一。因此，我们应当认识到，国际私法的目的是要建立一个国际民商事交往的法律秩序，而不仅仅是解决法律冲突。解决法律冲突仅仅是建立国际民商事法律秩序的一种手段或者一个方法。就当前的国际私法发展进程而言，国际私法学要研究的不仅仅是“间接调整”方法，而更应从建立国际民商事法律秩序的宏观角度出发，对“直接调整”方法与“间接调整”方法之间的互动关系予以研究，以期实现公正、合理地调整当事人之间实体权利义务关系的目的。

思考题

1. 国际私法理论经历了哪几个主要的历史发展阶段?
2. 德国学者萨维尼的“法律关系本座说”对后世有何影响?
3. 比较分析并评价“结果选择说”与“最密切联系说”的优劣。
4. 你认为一国法院适用外国法的主要原因是什么?
5. 如何评价政府利益分析说，司法实践中如何运用该理论?
6. 国际私法理论发展的不同时期有何不同特点?

第三章　冲突规范

冲突规范是国际私法特有的法律规范，也是国际私法的基本规范。由于其功能是对相关国家的法律进行选择，这决定了它的独特结构。冲突规范并不直接调整当事人的实体权利义务关系，而只是起援引某国实体法的作用。这种被援引的，用来确定双方当事人具体权利义务的某国实体法，就叫作准据法。

第一节　冲突规范的概念和特点

一、冲突规范的概念

冲突规范（conflict rules），是指由国内法或国际条约规定的，指明某一涉外民商事法律关系应适用何种法律的规范。冲突规范的作用是解决法律适用问题，因此又称为法律适用规范或法律选择规范。例如，我国《涉外民事关系法律适用法》第 11 条规定："自然人的民事权利能力，适用经常居所地法律"，就是一条解决"自然人的民事权利能力"问题的冲突规范，它指明了应当适用"经常居所地法律"。

二、冲突规范的特点

冲突规范是国际私法特有的规范，与一般法律规范相比，有如下特点：

1. 从冲突规范的内容看，它既没有直接规定法律关系当事人的实体上的权利义务，也没有直接规定当事人程序上的权利义务，因而冲突规范既不同于一般实体法规范，也不同于一般诉讼法规范，而是特殊的法律适用规范，即仅指明某种涉外民商事法律关系应该适用何种法律，指导当事人或一国法院如何选择和适用法律，以公平、合理地处理该涉外民事法律关系，促进国际经济、文化和技术交流。

2. 从冲突规范的作用看，法官或当事人必须将冲突规范与其所援引的某一特定实体规范结合起来，才能最终确定当事人的权利义务。冲突规范本身不能直接构成当事人作为或不作为的准则，当事人也不能据之预见到法律关系的后果。因此，冲突规范不具有一般法律规范所具有的确定性和预见性，而是一种间接调整规范。例如，我国《涉外民事关系法律适用法》第 36 条规定："不动产物权，适用不动产所在地法律"。根据这一规定，有关不动产物权的争议，会因不动产地理位置不同而适用不同国家的法律，产生不同的法律后果，若不动产位于日本境内，则适用日本法；相反，若不动产位于中国境内，则适用中国法。所以，冲突规范本身并不确定不动产所有权的归属，而只起着援引法律的作用。根据冲突规范的这个特点，有些学者形象地将其比喻为"路标"或"指示器”，意即通过它来找到某一涉外民事法律关系所应适用的实体规范。

3. 从冲突规范的结构看，它是由“范围”和“系属”两大部分构成。其中，“范围”是将适用冲突规范的条件和行为模式两者有机结合在一起形成，而“系属”则仅指应适用何种法律，没有明确规定法律后果，这就形成了不同于一般法律规范的特殊结构。一般法律规范通常分为假定、处理和制裁三个部分，三者分别为法律规范中指示的适用该法律规范的条件部分，法律规范规定的内容和要求部分，以及违反该法律规范将招致何种后果的部分。

第二节　冲突规范的结构

冲突规范的任务是解决法律冲突，其功能是在有关的几个国家法律中选择一个，以适用将要调整的涉外民商事关系，冲突规范本身并不直接确定当事人的权利义务。冲突规范这一选择法律的功能决定了它结构的特殊性，即它只由“范围”和“系属”两个部分构成。

一、范围和系属

范围是指冲突规范所调整的对象，或者说要解决的法律问题。它可以是某种完整的法律关系，如涉外物权关系、涉外继承关系等；也可以是涉及法律关系的某个方面或某个问题，如人的行为能力、法律行为的方式、结婚的实质要件；还可以是法律事实，如侵权行为、合同履行等。

系属是指调整对象所应适用的法律，它指出了法院在处理具体涉外民事案件时应如何选择应当适用的法律。如“合同效力适用合同缔结地法”这一冲突规范中，“合同效力”就是它的范围，是该冲突规范所要调整的合同关系，而“合同缔结地法”就是它的系属部分，即该民事法律关系应当适用的法律。

冲突规范就是由范围和系属这两部分构成的。比如，我国《涉外民事关系法律适用法》第15条规定：“人格权的内容，适用权利人经常居所地法律”，该条冲突规范的“范围”就是“人格权的内容”，“系属”即为“权利人经常居所地法律”。

二、连接点

（一）连接点的概念

冲突规范的系属部分有一个十分重要的因素，叫作连接点（connecting points）或连接因素（connecting factors）。它是指将特定的民事关系和某国法律连接在一起的媒介或者纽带。从形式上看，连接点是一种把冲突规范中范围所指向的法律关系或法律问题、事实与一定地域的法律联系起来的媒介或者纽带；从实质上看，这种媒介或者纽带又反映了该法律关系或法律问题、事实与一定地域的法律之间存在着的内在的实质的联系或隶属的关系。例如，“物权适用物之所在地法”这一冲突规范中的“物之所在地”就具有这两方面的含义，而其中，后一种含义是起着决定作用的，这一冲突规范表明物权关系应该隶属于物之所在地的立法管辖。

（二）连接点的分类

对冲突规范的连接点，根据不同的标准可做不同的分类：

1. 按连接点能否发生变化，可分为静态连接点和动态连接点。静态连接点是指在法律关系成立后便不能改变的连接点，如不动产所在地、合同缔结地、婚姻缔结地、侵权行为地等。这类连接点一经确定，便不会发生改变。动态连接点是指可以变化的连接点，如动产所在地、住所地、居所地、国籍地等。这类连接点在法律关系成立后，可能随着时间的推移而发生变化。如同一法律关系，在不同时间可以出现多个"住所地"或者多个"动产所在地"，这时就需要解决依什么时候的连接点来确定应当适用的法律。

2. 按连接点是否具有灵活性，可分为硬性连接点和弹性连接点。硬性连接点表现为机械的空间连接点，不具有灵活性，法官不得随意对其进行解释，如物之所在地、住所地、侵权行为地、婚姻缔结地、国籍地等。弹性连接点表现为具有较大弹性的法律概念，其含义往往由法官根据具体情况来确定。如最密切联系因素便是一个弹性很大的连接点，法官可以根据具体案情来确定何地与案件关系最密切，从而找出应当适用的法律。

3. 根据确定连接点的主、客观因素可分为客观连接点和主观连接点。客观连接点是一种客观实在的标志，如国籍地、住所地、居所地、物之所在地、法院地。主观连接点是指根据人的意志确定的连接点，如选择性连接点和最密切联系地，前者是指当事人协商合意，后者是由法官根据多种因素来确定。主观连接点主要用于确定合同关系的准据法。

（三）连接点的选择

连接点的选择是在一个法律关系的诸多要素中选择一个最能反映"范围"中所要解决问题的本质，并且与之有重要联系的要素作为连接点，以指引准据法的适用，从而公正合理地解决涉外民商事纠纷。连接点的选择与确定是国际私法中，尤其是冲突法中最为重要的问题。在解决法律适用问题时，要通过选择一个或几个连接点来实现选法的任务；在程序法中，它又是确定管辖权的依据。

从连接点的形成和发展看，它与国家的政治、经济，特别是国际经济活动的发展密切联系。连接点的选择是在长期的国际私法实践的基础上形成并发展的，它并不是一成不变的。例如，在1804年《法国民法典》率先采用国籍作为属人法的连接点之前，欧洲自巴托路斯时代以来，把住所地法作为属人法。其原因主要是因为当时欧洲尚处于封建割据状态，内部法律因地而异，不得不用住所地确定一个人的属人法。然而，18世纪以来，以法、意、德为主的欧洲许多国家的内部政治形势有了改变，成了大量向外移民的国家，需要从法律上继续控制和保护这些移民，于是适用当事人的本国法有了可能且成了必要，从而相继改用国籍作为属人法的连接点。又比如，"物之所在地法"这一连接点过去只适用于不动产物权关系，因为在当时的历史条件下，动产的种类不多，价值不大，且常处于其所有人的住所地，适用属人法简便易行。然而，随着国际民商事交往日益发展，财产关系越来越复杂，动产的种类也不断增多，个人财产可能分布在多个国家境内，因而动产适用属人法存在许多困难，既不利于保护财产所有人的利益，也不利于维护财产所在国的利益。从19世纪中叶开始，不少国家逐渐放弃了"动产随人"的原则，而不分动产与不动产，一律适用物之所在地法。

近几十年来，随着国际民商事活动的繁荣，越来越多的国家主张对连接点进行软化处理（softening process），用开放性的、可供选择的多元连接点代替僵化的、单一的、封闭性连接点。目前，在世界范围内广泛流行的“最密切联系原则”就集中反映了这一变化。例如，1986 年《德国民法施行法》在家事法方面就规定：“婚姻的效力总体上可选择适用以下几种法律：配偶双方共同本国法、双方婚姻存续期间的最后共同本国法、双方共同（或最后）习惯居所地法以及与双方有最密切联系的法律”（第 41 条）。又如，1978 年《奥地利联邦国际私法法规》第 1 条开宗明义规定：“与外国有连接的事实，在私法上，应依与该事实有最强联系的法律裁判”，更是将最密切联系提到了基本原则的高度。按照这一原则，法院在审理具体涉外民事案件时，应全面分析与案件有关的各种因素，对相关的多个连接点进行综合考察，从而选择法律关系的“重力中心地”所在国法律。采用这一原则适用法律，适应了涉外民商事法律关系的复杂多变的需要，增强了法律适用的相对性和合理性。

第三节　冲突规范的类型

根据系属的不同规定，可以把冲突规范分为以下四种基本类型，即单边冲突规范、双边冲突规范、选择性冲突规范和重叠性冲突规范。

一、单边冲突规范

单边冲突规范，是指系属中直接指明适用内国法或直接指明适用外国法的冲突规范。这类冲突规范系属中只有一个连接点，且不需要推定就直接适用所指明国家的实体法。单边冲突规范具体表现为三种形式：

1. 直接指明适用内国法。单边冲突规范以成文法形式最早出现在 1804 年《法国民法典》第 3 条第 2 款、第 3 款中，“不动产，即使属于外国人所有，仍适用法国法”，“关于个人身份及享受权利的能力的法律，适用于全体法国人，即使其居住于国外时亦同”。又如，我国《合同法》第 126 条第 2 款规定：“在中国境内履行的中外合资经营企业合同、中外合作经营企业合同、中外合作勘探开发自然资源合同，适用中华人民共和国法律。”这一规定就是直接指明了适用内国法。

2. 直接指明适用外国法。例如，1926 年的英国《（非婚生子女）准正法》第 8 条规定：“子女是否因双亲的事后婚姻而准正，如果该婚姻缔结时生父的住所不在英国，适用该住所地法。”这里的系属指明了适用英国之外的住所地法。

3. 直接指明适用某特定国家的法律。如《中华人民共和国和津巴布韦共和国政府关于中国派遣医疗队赴津巴布韦工作的议定书》第 8 条规定：“中国医疗队在津巴布韦工作期间，如因工伤或车祸等原因造成丧失部分或全部工作能力或死亡时，津方将按照津巴布韦现行的法律或条例规定，负担由此发生的有关费用和给死者家属任何其他利益。”这一规定中所称的“按照津巴布韦现行的法律或条例”，便是适用于特定缔约国的法律。

二、双边冲突规范

双边冲突规范是指系属中只规定一个抽象的法律适用原则，必须结合具体情况来推定适用内国法还是外国法。例如，我国《涉外民事关系法律适用法》第 34 条“遗产管理等事项，适用遗产所在地法律”就属于双边冲突规范，根据案情如果遗产位于中国，则适用中国的实体法；遗产位于外国，则适用外国法。

单边冲突规范与双边冲突规范既有区别又有联系。两者的区别是，双边冲突规范一般解决的是普遍性的问题，而单边冲突规范一般只规定特殊问题应以什么法律为准据法。而两者的联系是，任何一个双边冲突规范在适用的过程中都可以分解为两条相对应的独立的单边冲突规范，而单边冲突规范通过有关机关的解释，也可以推导出与之相应的另一个单边冲突规范，并可将二者结合成一个双边冲突规范。

双边冲突规范体现了对内外国法的平等对待，适用方便、内容完备，是各国冲突规范的主要形式。但是，这类规范抽象灵活，如果所指向的某外国法不符合内国政策和需要，法院为避免被动，往往采用反致、转致及公共秩序保留等制度，以抵消该外国法的效力。

三、选择性冲突规范

选择性冲突规范是指在系属中规定两种或者两种以上的法律，并要求选择适用其中一种法律的冲突规范。这类冲突规范包含两个或两个以上的连接点，分别连着不同国家的实体法，但法院仅能选择其中一个实体法来调整有关的涉外民商事法律关系。按照选择法律的不同方式，可将这类冲突规范分为两类：

1. 无条件的选择性冲突规范。这类冲突规范中，系属规定的两种或两种以上的法律无先后和主次之分，法院可以任意选择适用其中一种法律。例如，我国《涉外民事关系法律适用法》第 28 条规定：“收养关系的解除，适用收养时被收养人经常居所地法律或者法院地法律。”据此规定，法院在判决收养关系解除时的法律适用可以在“被收养人经常居所地”和“法院地”的法律中选择适用一种。

2. 有条件的选择性冲突规范。在这类冲突规范中，对系属规定的两种或两种以上的法律不能任意选择，而是有先后、主次之分，只能在前一个连接点连接的法律无法适用时，才能选择后一个连接点的法律。如我国《涉外民事关系法律适用法》第 26 条规定：“协议离婚，当事人可以协议选择适用一方当事人经常居所地法律或者国籍国法律。当事人没有选择的，适用共同经常居所地法律；没有共同经常居所地的，适用共同国籍国法律；没有共同国籍的，适用办理离婚手续机构所在地法律。”选择的顺序也可以采用其他方式来规定，如我国《涉外民事关系法律适用法》第 29 条规定：“扶养，适用一方当事人经常居所地法律、国籍国法律或者主要财产所在地法律中有利于保护被扶养人权益的法律。”这种规定的选择顺序由案情来决定，其标准是看哪一个法律最有利于保护被扶养人的权益，具有鲜明的政策导向。

选择性冲突规范从法律上保证了法院在处理案件时既有相对的稳定性，同时又有一定灵活性，因而近年来被许多国家在立法中采用。

四、重叠性冲突规范

重叠性冲突规范是指系属指明必须同时适用两种或两种以上法律的冲突规范。这类冲突规范的系属中包含着两个或两个以上的连接点，这些连接点分别连接着不同国家的实体法，对同一涉外民商事法律问题，法院必须同时适用两国或两国以上的法律。如1902年的《海牙离婚公约》第2条规定："夫妇非依本国法及法院地法均许离婚时，不得为离婚之请求。"这条冲突规范说明，离婚的理由，必须同时符合夫妇的本国法和法院地法。我国《涉外民事关系法律适用法》第28条规定："收养的条件和手续，适用收养人和被收养人经常居所地法律。"这也是一条重叠性冲突规范，这一规定表明，收养的条件和手续，必须同时符合收养人和被收养人经常居所地法律。

重叠适用的冲突规范是在法律适用上最为严格的冲突规范，通常在涉及一国的重大利益或公共秩序的领域里才采用这种立法形式。在一般情况下，这类冲突规范所规定的必须重叠适用的两个或两个以上的准据法中，其中总有一个是法院地法。

上述冲突规范的四种类型中，双边冲突规范是最基本的类型。一个国家在立法上采用何种类型的冲突规范，主要取决于其内外政策和根本利益的需要。如某一涉外民商事法律关系适用外国法对内国利益无多大妨碍时，可以从宽掌握，采用双边冲突规范；反之，则应从严掌握，考虑采用单边或重叠性冲突规范，而且要求重叠适用法院地法。因此，冲突规范并不是一种抽象的公式，它与国家的政治、经济生活的实际需要密切相关，并常常取决于国家的实体政策。

第四节　系属公式

一、系属公式的含义

系属公式是指将双边冲突规范中的"系属"固定化，用于解决同类性质的涉外民商事法律关系的法律适用问题。这种公式化、固定化的系属，就叫冲突规范的"系属公式"。系属公式是通过双边冲突规范发展起来的，但系属公式本身并不是冲突规范，而是可以作为冲突规范的系属部分，只有与冲突规范的范围结合起来，才构成完整的冲突规范。

二、几种主要的系属公式

在长期的国际民商事交往实践中，国际私法领域形成的常用的系属公式主要有：属人法、物之所在地法、行为地法、当事人合意选择的法律、法院地法、最密切联系地国法、旗国法等。

（一）*属人法*（Lex Personalis）

属人法是以法律关系当事人的国籍、住所或习惯居所作为连接点的系属公式。属人法一般用于解决人的身份、能力及婚姻、亲属和继承等方面的法律冲突。目前，国际上对属人法有两种不同的理解。

1. 当事人的本国法，即当事人国籍所属国的法律。法国、德国、意大利等欧洲大陆法系国家在获得统一后都以本国法作为属人法。从历史上看，大陆法系的国家多是向外移民，以本国法作为属人法有利于扩大这些国家国内法的适用范围。

2. 当事人住所地法，即当事人的住所所在地国家的法律。英美法系各国普遍持这种主张。以英国、美国为代表的英美法系国家在历史上曾大量接受外国移民，为扩大本国法的适用范围，排斥移民的国籍所属国法，便以当事人住所地法作为属人法。

值得注意的是，2011 年 4 月 1 日起施行的我国《涉外民事关系法律适用法》不再仅仅强调国籍这一连接点，而是将“经常居所地”作为冲突规范的主要连接点引入立法，同时这规定“法人的经常居所地，为其主营业地”。国籍则成为该法所使用的辅助性连接点之一，在有些情况下规定应适用自然人的“国籍国法律”或“共同国籍国法律”。

此外，属人法中还有一种法人属人法，主要是指法人的国籍国法，常用来解决法人的成立、解散及权利能力和行为能力等方面的问题。

（二）物之所在地法（Lex Rei Sitae）

物之所在地法是以涉外民商事法律关系的标的物所在地作为连接点的系属公式，用以解决物权、所有权方面的法律冲突。目前，多数国家对于不动产物权和动产物权，除有特别规定外，一般都适用物之所在地法。

（三）行为地法（Lex Loci Actus）

行为地法是以法律行为所处场所作为连接点的系属公式，主要用于解决民事行为的方式、内容、效力等方面的法律冲突问题。尤其是解决行为方式的法律冲突时，各国普遍适用行为地法。该系属公式来源于法则区别说时代即已产生的“场所支配行为”这一法谚，即法律行为的方式受行为地国家法律的支配。由于法律行为从性质上可以作多种分类，这一系属公式又可以引申出下列一些具体的系属公式：

1. 合同缔结地法，通常用于解决合同方式、合同内容的合法性以及合同是否有效成立等方面的法律冲突问题。在各国的立法和判例中，对缔结地又有“承诺发出地”和“承诺接受地”两种理解。

2. 合同履行地法，通常用于解决合同履行中的各种具体问题，有时也用于解决合同内容的法律冲突问题。

3. 婚姻举行地法，也称婚姻缔结地法，通常指结婚登记地或结婚仪式举行地国家法律，常用于解决结婚的形式要件和实质要件方面的法律冲突。

4. 侵权行为地法，指侵权行为实施地或损害结果发生地的法律，常用于解决侵权行为法律冲突问题。

5. 遗嘱订立地法，指遗嘱人订立遗嘱的行为实施地的法律，主要用于解决遗嘱方式的法律冲突。

（四）当事人合意选择的法律（Lex Voluntatis）

当事人合意选择的法律是指以当事人选择法律的“意思自治”作为连接点的系属公式，用于解决涉外合同关系的法律冲突问题。近数十年来，“意思自治”原则已成为各国解决涉外合同法律冲突的首要原则，有些国家在合同以外的领域，如侵权、婚姻和继承领域也开始有限制地采用该原则。

（五）法院地法（Lex Fori）

法院地法是指审理涉外民事案件的法院所在地国家的法律，主要用于解决涉外民事诉讼程序方面的法律冲突，也常用于解决某些实体问题的法律冲突。尤其是在国内立法和国际条约中没有可资适用的实体法时，通常代之以法院地法。此外，对下列问题，各国通常也是依法院地法解决：(1) 识别的解决，一般依法院地法。(2) 外国法的适用违背法院地国的公共秩序时，通常代之以法院地法。(3) 应当适用的外国法不能查明时，多数国家的法院对案件处理时适用法院地法。

（六）旗国法（Law of the Flag）

旗国法是指以飞行器、船舶悬挂的国旗或特定标记旗作为连接点的系属公式，通常用于解决飞行器、船舶在运输过程中发生纠纷时的法律冲突问题。

（七）最密切联系地法（law of the Place of the Most Significant Relationship）

最密切联系地法是指以涉外民商事法律关系有联系的各种主客观标志为依据，适用与该法律关系联系最为密切的某一国家的法律。1978 年《奥地利联邦国际私法法规》将之称为“最强联系”，1971 年《美国冲突法重述（第二次）》称之为“最重要联系”。它既是一个法律选择原则，又作为一个系属公式出现在冲突规范中，是一个弹性很大的较新的系属公式，主要用于解决涉外合同及侵权行为或扶养等方面的法律冲突。

第五节 准据法及其确定

一、准据法的含义和特点

（一）准据法的含义

准据法（Lex Causae）是指为冲突规范所援引用以确定当事人具体权利义务的特定实体法，是国际私法的特有概念。例如，我国《涉外民事关系法律适用法》第 36 条规定：“不动产物权，适用不动产所在地法律”。在这一冲突规范中，若涉外民商事法律关系的客体——不动产，位于中国境内，则解决该不动产所有权应当适用中国法。这里的“中国法”中有关不动产所有权的实体规范，便是用于确定当事人权利义务的准据法。但是如果该不动产位于日本国境内，则日本法中关于不动产所有权的实体规范才是确定当事人权利义务的准据法。因此，准据法一定是某个国家的实体法，而不是一个抽象的法律概念，也不是冲突规范的系属部分。在单边冲突规范中，若系属已具体明确指明某国法时，虽然“某国法”也是准据法，但是只能说明“某国法”在这一单边冲突规范中同时具有两种作用而已。

（二）准据法的特点

1. 准据法必须经冲突规范援引，这是准据法的本质特征。如果未经冲突规范援引，就不能称之为准据法。那些直接适用于涉外民商事关系的法律，不论是统一实体法，还是国内法中的专用实体规范，都不能称为准据法。

2. 准据法必须是某一具体的实体法规范或法律文件，而不是笼统的法律制度或法律体系。因为法院在处理具体案件时根据冲突规范的连接点找到某国实体法或统一实体法后，并不能据此判案，而必须找到该实体法中具体的法律规范或法律条文才能判案。

因此，准据法只能是具体的法律规范。如果该实体法中无具体规定或无法查明时，大多数国家则以内国法中的具体规定作为准据法判案。

3. 准据法必须是能够确定涉外民商事法律关系当事人的具体权利义务的实体法。冲突规范之所以要援引准据法，是为了确定当事人的权利义务，而只有实体法才是规定权利义务的法律。因此，若在接受反致、转致的情况下，内国冲突规范所援引的外国冲突法就不是准据法。

4. 准据法不是冲突规范逻辑结构的组成部分。如前所述，冲突规范并不规定当事人实体的权利义务，其结构中只有范围和系属，而无具体实体规范，如“不动产所有权，适用不动产所在地法律”这条冲突规范中，“不动产所在地法律”是系属，而解决当事人权利义务的准据法作为依“不动产所在地”国家的实体法律中的具体规范尚未确定，这种“具体规范”并不出现在冲突规范中。

二、确定准据法过程中的几个问题

在一般情况下，根据冲突规范系属中的连接点可以顺利地确定准据法，但在下列情况下，确定准据法还需要解决许多问题。

（一）区际法律冲突下准据法的确定

当一国冲突规范指定适用外国法时，被指定的国家可能是单一法律制度国家，也可能是多法域国家。在多法域国家的情况下，究竟以该外国的哪一法域的法律作为准据法呢？根据各国的立法和实践主要有以下解决方法：

1. 由法院直接依据所适用的冲突规范的连接点，如住所、居所、行为或物之所在地等，将该连接点所处法域的法律作为准据法。例如，《日本法例》第 24 条第 3 款规定：“当事人本国内各地法律不同时，依其所属地方的法律。”多数国家采取了这种直接指定的方式。

2. 按被援引为准据法所属国的解决区际法律冲突的有关规定加以确定。一些多法域国家有解决区际法律冲突的区际私法。例如，1966 年的《波兰国际私法》第 5 条规定：“如被适用的法律所属的国家领土上有几种法律体系同时有效时，由该国法律决定适用何种法律体系。”这是一种简便易行的方法。

3. 依据最密切联系原则确定准据法。例如，2002 年《俄罗斯联邦民法典》第 1188 条规定：“若要适用一个国家的法律，而该国同时施行多个法律体系，则适用根据该国法律所确定的法律体系。如果不能根据该国法律确定哪一个法律体系应得以适用，则适用与该关系有最密切联系的法律体系。”这种做法是目前多数国家的立法所取的在无区际私法情况下应采取的补充做法。

2011 年 4 月 1 日我国《涉外民事关系法律适用法》实施之前，根据最高人民法院《关于贯彻执行〈中华人民共和国民法通则〉若干问题的意见（试行）》第 192 条的规定：“依法应当适用的外国法律，如果该外国不同地区实施不同的法律的，依据该国法律关于调整国内法律冲突的规定，确定应适用的法律。该国法律未作规定的，直接适用与该民事关系有最密切联系的地区的法律。”我国在司法实践中兼采了上述第二种和第三种解决方法，依次适用区际冲突规范和最密切联系原则解决区际法律冲突问题。

2011 年《涉外民事关系法律适用法》第 6 条规定：“涉外民事关系适用外国法律，

该国不同区域实施不同法律的，适用与该涉外民事关系有最密切联系区域的法律。”可见，我国对区际法律冲突的解决不再将适用多法域国家的区际私法作为前行性规则，而只规定了最密切联系原则。

(二) 时际法律冲突下准据法的确定

时际法律冲突是指新法和旧法对于同一涉外民商事法律关系的规定不同而产生的冲突，主要涉及三种情况：

1. 法院地国的冲突规则在涉外民商事法律关系成立后发生了变更。对此，各国一般依照“新法优于旧法”的原则，适用新的冲突规则。国家在改变冲突规则时，通常在立法中明确规定新冲突规则是否具有溯及力以及溯及的范围和条件。例如，1964年日本《关于遗嘱方式的准据法》规定：“本法也适用于施行本法之前所立的遗嘱，但遗嘱人在本法施行之前死亡的，其遗嘱仍依从前的规定。”

2012年最高人民法院《关于适用〈中华人民共和国涉外民事关系法律适用法〉若干问题的解释（一）》第2条规定：“涉外民事关系法律适用法实施以前发生的涉外民事关系，人民法院应当根据该涉外民事关系发生时的有关法律规定确定应当适用的法律；当时法律没有规定的，可以参照涉外民事关系法律适用法的规定确定。”可见，对《涉外民事关系法律适用法》的溯及力问题，我国在实践中是以“不溯及既往”为原则，以保证当事人对其行为有合理预期。

2. 法院地的冲突规则未变，但当事人的国籍、住所地或物之所在地等连接点在涉外民商事法律关系成立后发生了改变。各国一般依该民商事法律关系的性质和有利于案件公正合理解决出发，分别采用可变原则和不可变原则处理。可变原则是适用连接点变更后的国籍法或住所地法为准据法。如《日本法例》中关于婚姻效力、父母子女关系、扶养义务、动产物权等，都允许采用变更后的连接点，以保护人身关系和交易安全。不可变原则是指准据法不因连接点的变更而改变。如《日本法例》中关于离婚、婚姻的财产效力、亲子关系的确定、收养、继承等，均采取不许变更的态度，以防止当事人故意改变连接点，以达到改变准据法的目的。

3. 法院地的冲突规则未变，但依照该冲突规则所指定的准据法发生了改变。对此，一般分两种情况区别对待：(1) 如果该准据法非当事人自己选择，可以依据准据法国有关新法是否具有溯及力及溯及的范围和条件来决定适用新法还是旧法。(2) 如果该准据法是当事人根据“意思自治”原则协商选择的，则目前国际私法理论上有两种争议已久的观点：一种观点认为，当事人订立合同时选择法律的后果是经过考虑的，是有预见的，他们选择的是具体的法律；另一种观点认为，当事人订立合同时选择的是某国的法律制度，即当事人自愿把他们之间的法律关系交给这个国家的正在变化着的法律制度支配，因此，他们选择的是变化后的新法。

(三) 先决问题准据法的确定

先决问题是指为解决涉外民商事法律关系的主要问题所必须先行解决的问题。先决问题具有相对独立性。例如，某人以继承人身份向法院提起遗产继承的诉讼，法院在审理继承问题前，首先要确定原告与被继承人之间是否存在继承关系或亲属关系，如婚姻关系、收养关系或亲子关系等。这里，确认原告的继承人身份就是本案的“先决问题”，继承财产的问题有赖于原告与死者之间存在有效的亲属关系或继承关系的解决。

对于先决问题准据法的确定，目前国际上主要有两种主张，即准据法说和法院地法说。

1. 准据法说。它是指依“主要问题”准据法所属国的冲突规范来确定“先决问题”的准据法。这样做使案件的“主要问题”和“先决问题”都依据了同一国家的法律，避免了人为地将两者割裂开，从而使“先决问题”和“主要问题”的判决结果一致。但该主张忽视了“先决问题”的独立性，使有关先决问题的判决缺乏合理性和针对性。

2. 法院地法说。它是指依法院地的冲突规范来确定“先决问题”的准据法。这样虽然顾及了“先决问题”的独立性，但人为地割裂了两个问题的有机联系，法院对同一案件两次适用冲突法，而且可能导致做出结论相反的判决。

上述两种立法各有利弊，有些学者主张视案件的具体情况确定，即看“先决问题”究竟与法院地联系密切还是与“主要问题”准据法所属国的法律联系密切，简言之，是根据最密切联系原则来确定“先决问题”的准据法。对此，2012 年最高人民法院《关于适用〈中华人民共和国涉外民事关系法律适用法〉若干问题的解释（一）》第 12 条规定：“涉外民事争议的解决须以另一涉外民事关系的确认为前提时，人民法院应当根据该先决问题自身的性质确定其应当适用的法律。”

思考题

1. 冲突规范的概念、特点和种类有哪些？

2. 什么是连接点，有何法律意义？

3. 冲突规范的基本类型有哪些？单边冲突规范和双边冲突规范的不同点是什么？选择性冲突规范和重叠性冲突规范的不同点是什么？

4. 常用的系属公式有哪些？它们都适用于什么领域？

5. 准确把握“准据法”概念需要注意它的哪些特点？

6. 区际法律冲突和时际法律冲突的解决办法有哪些？

7. 是不是所有需要先行解决的问题都构成国际私法上的先决问题？你认为对于先决问题应当如何解决？

第四章 与适用冲突规范有关的制度

各国法院在运用冲突规范来处理涉外民商事法律关系的长期实践过程中，逐渐形成了一些与适用冲突规范有关的制度。这些制度包括识别、反致与转致、公共秩序保留、法律规避和外国法内容的查明。运用这些制度可以起到限制或排除适用外国法的作用。下面依次论述。

第一节 识别

一、识别的概念

法院在适用冲突规范处理涉外案件时，首先要明确所处理的问题是属于什么类型的问题。比如，是属于合同问题还是属于侵权行为问题，是属于结婚能力问题还是属于婚姻形式问题，是属于实体问题还是属于程序问题等等。只有先明确了这一点，才能进一步去适用有关的冲突规范，进而选择应适用的准据法。可见，识别就是对将要处理的事实情况或有关问题进行定性和分类，把它划归特定的法律范畴，从而确定应当对其适用哪一条冲突规范的过程。在这一语境下，“识别（qualification）”与“定性（characterization）”、“分类（classification）”实际指的是同一概念。

一般说来，识别作为一个法律认识过程，包含了两方面内容：一方面是对涉外案件所涉及的事实或问题进行分类或定性，把它纳入特定的法律范畴，比如该案件是合同问题还是侵权问题，是实体问题还是程序问题等，只有明确了这一点，才能确定应当适用哪一条冲突规范；另一方面是对有关的冲突规范所使用的名词术语予以解释，即法官认为该冲突规范的“范围”部分是否与案件的事实情况相对应。

有的学者认为，法官在对冲突规范所使用的名词术语进行解释的时候，不仅仅是对“范围”部分予以解释，还包括了对“连接点”的解释。比如，对一件与产品责任有关的事实，经识别后认定其为侵权行为，因而应适用冲突规范“侵权行为的赔偿依侵权行为地法”，但何谓侵权行为地？是加害行为实施地，还是损害结果发生地？如果案件中的这两个地方分别位于不同国家，则按照不同国家的法律解释侵权行为地，确定的准据法就会不同。对于识别是否应当包括对冲突规范中“连接点”的解释，学界尚有争论。我们认为，连接点的解释发生在已经确定了应该适用的冲突规范之后，它属于对准据法的选择问题，因此，本节所述的识别，主要是指为确定适用哪一条冲突规范的识别。

二、国际私法中识别的意义

本来，一国法院在处理纯国内案件时，也同处理涉外案件一样，存在着对有关事实进行识别的过程。比如，有一起死亡事件，法院首先要区分这起死亡的性质，如果把死亡识别为刑事性质，要通过刑事诉讼适用刑事方面的法律；而如果把死亡识别为自然死亡，那就只能适用民事方面的法律解决有关问题。可以说，法官在审理案件时，首先要找出发生的事实与有关法律规则之间的对应关系，从而确定这是一个什么性质的事实，最适合于适用哪一类法律规范，这是国内案件和涉外案件都要面临的问题。只是法院在审理国内案件时，由于识别的依据只涉及法院地国的国内法，因而识别没有作为一个需要专门研究解决的问题提出来。

但法院在审理涉外民商事案件时情况就不一样了。由于案件所涉的不同国家在法律上对同一事实情况赋予了不同的法律性质或将其划归于不同的法律范畴；或者说，不同国家冲突规范中的相同用语或概念包含了不同的具体内容或意义。那么，法院依据不同国家的法律进行识别，就将导致适用不同的冲突规范，从而给案件带来不同的解决结果。比如，关于未达一定年龄的未成年人结婚应取得父母的同意，有的国家法律认为属于结婚能力问题，而有的国家法律却认为属于婚姻形式问题。如果将它识别为结婚能力，就应适用当事人的属人法来解决；如果将它识别为婚姻形式，则通常应适用婚姻举行地法来解决。那么究竟应当依据哪一国的法律来解决识别问题呢？可见，识别的解决将会影响到冲突规范的适用，从而影响到案件的判决结果。

在国际私法中，将识别作为一个独立的问题予以解决，是由德国学者康恩（F. Kahn）于1891年和法国学者博丹（E. Bartin）于1897年提出的。康恩把这一问题称之为“隐存的法律冲突”，博丹则称之为“识别的冲突”。后来，英国的戴西和莫里斯直接称之为“冲突规则之间的冲突”，并且认为，即使世界各国都适用统一的冲突规则，只要他们的法律观念不同，在包括同一事实构成的案件中，他们对事实的法律性质仍会有不同的认识，因而仍会导致冲突的发生。由此，识别问题在各国国际私法学者中引起了广泛注意和热烈讨论。对于如何解决识别问题，学者们曾提出种种不同的看法。

三、识别的依据

对同样的事实情况，依据不同国家的法律或法律意识去进行识别，可能会因不同结论而导致适用不同的冲突规范，从而给案件带来不同的解决结果。由此可见，应当依据什么法律或法律意识进行识别，是解决识别问题的关键。对此，各国学者主张不一，概括起来主要有以下几种。

（一）依法院地法识别

此主张由德国学者康恩和法国学者博丹提出，也有很多国际私法学者予以支持。其理由主要有：首先，法院适用的冲突规范既然是内国法规范，它就和其他内国法规范一样，对同一事实构成都只能赋予同一法律概念，因此冲突规范中的概念，也应与内国其他法律中同一概念的含义完全一样，只能依法院地法做出解释。其次，依法院地法识别也是国家主权的要求，如果依据外国法识别，等于由外国法决定法院地冲突规范在什么情况下才能适用，这使得法院无法控制对本国冲突规范的适用，有损法院地国的主权。

再次，法官熟悉自己国家的法律概念，依法院地法识别，简单明确，不需外国专家的证明。

反对者认为，依法院地法识别，经冲突规范指定适用的准据法如果是外国法，则该外国法所使用的相关用语，与法院地冲突规范的同一用语在含义上不一定相同，此时依法院地法识别就不合理。此外，在各国的审判实践中，对有些情况的识别也并不是依法院地法，比如对动产和不动产的识别，通常的做法是依物之所在地法。

（二）依准据法识别

该做法由法国学者德帕涅和德国学者沃尔夫所提倡。他们认为，用来解决争议问题的准据法，同时就是对争议问题的性质进行识别的依据，因为如果不这样进行识别，即使法院地冲突规范指定应当适用外国法，其结果等于没有适用。

但反对者认为，识别是发生在运用冲突规范之前，而准据法的确定，是运用冲突规范的结果，在没有确定准据法时，怎么可能用准据法来进行识别呢？由于这一主张存在重大的逻辑缺陷，因而在理论和实践中都没有多少赞同者。

（三）用分析法和比较法的方法识别

这一方法是由德国学者拉贝尔和英国学者贝克特提出来的。他们认为，涉外民商事法律关系必然要涉及许多国家的实体法，冲突规范就是对这些法律进行选择的规则，就是说，冲突规范所使用的概念并不是只与某一特定国家的实体法概念相联系，而是与所有国家的实体法概念相联系。因此，冲突规范中使用的概念应独立于某特定国家的实体法概念，它应当具有国际普遍性。基于这一认识，识别就必须根据所有国家法律对所涉及问题的共同认识或叫作“普遍性概念”来进行，而这一“普遍性概念”只能是在分析和比较研究的基础上形成。

不赞同这一方法的人认为，采用这种方法进行识别是不现实的。首先，因为各国法律中具有普遍性的共同概念很少，以此方法进行识别，对大多数案件来讲是行不通的。其次，分析比较各国法律的工作也会使法院不堪重负，不符合各国程序法上的高效和迅捷了结纷争的目标。最后，通过比较的方法更多的是揭示各国法律的差异，而丝毫不能弥合这种差异，要真正消除差异，只有彻底改变各国法律本身，而这又是不可能的。

（四）按不同情况采用不同依据进行识别

这是德国学者克格尔和苏联的隆茨所主张的。他们认为，除非在国际条约中制定了统一的识别原则，实际上是不存在什么统一的识别原则的，因此，对识别问题不应当采取统一的解决办法。他们提出，识别问题归根到底只是一个冲突规范的解释问题，在适用冲突规范时，由于涉及内外国法律的适用问题，对于识别的依据就应该根据冲突规范的目的去考虑，以决定是依据法院地法还是依据法律关系本身的准据法来进行识别。

对于这种主张也有持反对意见的，如匈牙利学者萨瑟就认为这是一种相对主义和不可知论。

我们认为，识别问题的产生在于冲突规范所要调整的社会关系是一种国际社会关系，因此，固定地采取某一特定国家的实体法律进行识别是不合理的。在实践中，一些国家在解释本国冲突规范时，也不完全受本国实体法上相同概念的限制。至于究竟应依何国法去进行识别，很难确定一个统一的标准。所以，我们主张根据具体情况和一国制定冲突规范时所追求的目的而定。一般说来，依法院地法、法律关系准据法或第三国法去识别都是可以的。尽管在实践中各国较多地依法院地法进行识别，但它并不是唯一可行的方法。目前，一些国际条约对其所使用的某些概念或用语做出统一解释，反映出这些国家对这些概念的含义所达成的共识，这也可以说是解决识别问题的一种合理方式。

四、中国关于识别的规定

我国《涉外民事关系法律适用法》第 8 条规定："涉外民事关系的定性，适用法院地法律。"该条所称"定性"即国际私法学理上所谓"识别"。根据这一规定，需要对涉外民事关系加以定性的中国机关，均应依照中国法律对相关涉外民事关系进行定性。这符合识别问题自 19 世纪末被康恩和博丹所"发现"以来的国际私法通说，也与大多数国家的国际私法实践一致。

此外，对于时效的识别，我国司法实践普遍认为，由于时效与当事人实体权利义务相关，因而，时效属于实体法事项，对于时效应适用的准据法就应是案件准据法即时效所属民事法律关系的准据法。最高人民法院《关于贯彻执行〈中华人民共和国民法通则〉若干问题的意见（试行）》第 195 条即规定："涉外民事法律关系的诉讼时效，依冲突规范确定的民事法律关系的准据法确定。"2011 年《涉外民事关系法律适用法》将司法解释的规定以及我国法院司法实践的做法明确规定在法律之中，该法第 7 条规定："诉讼时效，适用相关涉外民事关系应当适用的法律。"

第二节 反致与转致

一、反致的概念

国际私法中的反致，一般是指对某涉外民商事法律关系的调整，甲国法院根据本国的冲突规范规定本应适用乙国法律，而乙国的冲突规范又规定此种法律关系应适用甲国法律，最后甲国法院适用了本国的实体法。例如，英国法院审理一个案件，需要确定一名住所在法国的英国人的行为能力问题，依英国的冲突规范，本应适用作为住所地法的法国法律，但法国的冲突规范却规定应适用该人的本国法即英国法，结果英国法院据此适用了英国关于自然人行为能力的实体法。

上述情况又被称为狭义反致，或直接反致，在英文中用 remission 表示，除此之外，广义的反致，还包括了转致和间接反致。

转致（transmission）是指对某涉外民商事法律关系的调整，甲国法院根据本国冲突规范本应适用乙国法律，而乙国的冲突规范又规定应适用丙国法律，结果甲国法院适用了丙国的实体法。例如，一位法国公民在德国死亡，并在奥地利留有不动产，该项不动产的继承案在德国法院提起诉讼，德国法院依据本国冲突规范"不动产继承依据被继承人本国法"之规定应适用法国法，而法国冲突规范又规定"不动产继承依不动产所在地法"。此时，如果德国法院最后援用了奥地利实体法即构成转致。

转致与反致不同的地方在于，反致只涉及两个国家的法律，而转致则涉及三个国家的法律；反致的结果是法院地的实体法被适用，而转致的结果是法院地以外的第三国实体法被适用。

还有一种不太常见，但却与反致、转致有所联系的情形，称之为间接反致。间接反致是指某涉外民商事法律关系的调整，甲国法院根据本国冲突规范应适用乙国法律，乙国冲突规范规定应适用丙国法律，丙国的冲突规范却规定应适用甲国法律，结果甲国法院适用了自己的实体法。间接反致的结果同反致一样，最后是导致法院地的实体法被适用。

二、反致产生的条件

反致作为国际私法的一种制度被创立并引起法学界的重视，始于1878年法国最高法院判决的福尔果继承案。在该案中，福尔果是一个非婚生子，具有巴伐利亚国籍，5岁时随母去法国定居直到死亡。他在法国留下一笔动产，但未留下遗嘱。福尔果的母亲和妻子均已死亡。福尔果自己没有子女，其母亲的旁系亲属根据巴伐利亚法律提出继承请求。法国法院根据自己的冲突规范，本应适用巴伐利亚法，但根据巴伐利亚法的冲突规范却应适用死者“事实上的住所地法”，因而反致于法国法。据此，法国法院接受了这种反致，适用法国实体法做出判决，否定了福尔果旁系亲属的继承权，其财产作为无人继承财产收归法国国家所有。

在国际私法中，反致问题是在运用冲突规范选择准据法的过程中产生的。它是各国冲突规范本身冲突的一种表现形式。一般认为，产生反致的条件有两个：

1. 法院地国和有关外国在解决同一法律关系时规定了不同的冲突规范。这是反致产生的客观条件。

比如，对于继承案件，有的国家规定适用当事人本国法，有的国家规定适用当事人住所地法，还有的国家规定应适用财产所在地法。如果当事人的本国、住所或财产地分别位于不同的国家，就可能产生反致。相反，如果各国冲突规范对同一法律关系做出了同样的规定，就不会发生反致，因为适用任一相关国家的冲突规范，都是指向同一国家的法律。

2. 法院地国把本国冲突规范所援用的外国法理解为实体法和冲突法的总和，并且只适用其中的冲突法。这是产生反致的主观条件。

如果法院将应当适用的外国法仅仅理解为实体法，则即使该外国规定了与法院地国不同的冲突规范，也不会出现反致，因为法院只能根据自己冲突规范的指定直接适用外国实体法，不会再根据外国冲突规范的指定返回来适用自己的实体法。

上述两个条件必须同时存在，否则既不会产生反致，也不会产生转致。对于更为复杂的间接反致，上述两个条件仍是最基本的，离开它们，就不会发生这种指定来指定去的情况。此外，如果法院地的冲突规则指向适用本国法或在其他环节中不能形成相互的指定关系，也不会形成反致。换言之，致送关系没有中断，这是反致发生的现实条件。

三、关于反致的不同理论

长期以来，反致问题在学界可说是争论持久，各执己见。赞成与反对，均有自己的理由。赞成反致的理由可归纳为：

1. 采用反致符合尊重他国主权的原则。外国法律是一个整体，既包括实体法，也包括冲突法。尊重他国主权意味着法官在处理具体案件时，就应当站在他国立法者的立场上，要考虑适用其冲突规范，据此即可导致最后适用法院地国法或者第三国法。

2. 采用反致，可期望适用同一国家的实体法，从而使判决结果趋于一致。例如，确定一居住在甲国的乙国人的行为能力，甲国法院按甲国冲突规范关于“人的能力依其本国法”的规定应适用乙国法，而乙国法院按乙国冲突规范关于“人的能力依其住所地法”的规定应适用甲国法。如果甲国法院采用反致，则甲国法院将与乙国法院一样，都是适用甲国法，案件的解决结果相同。求得案件解决结果的一致，正是国际私法追求的目标之一。

3. 采用反致可以扩大本国法的适用范围。法院按其本国冲突规范的指定适用外国法，如果采用反致，就可以排除本应适用的外国实体法，使本国实体法得到适用，从而扩大了本国法的适用范围。

反对反致的理由可归纳为：

1. 赞成反致的人只看到了外国的主权而忽视了法院地国自己的主权。在法院地国冲突规范对某类涉外民商事关系指向适用外国法时，表明了法院地国的立法者对此类法律关系不希望适用内国法，现在竟因为外国冲突规范的相反指定而改用内国法，显然不符合自己国家法律主权的要求。

2. 采用反致可望取得判决结果一致，只有在某些特定条件下才能实现，这就是其中一国接受反致，而其他国家拒绝反致。在有关国家对同一民商事关系规定了不同的冲突原则时，如果这些国家都采用反致，则案件在其中哪一个国家审理，最终就会适用那个国家的实体法，这当然就不会实现判决结果的一致。只有在一些国家采用反致，另一些国家不采用反致的条件下，才可能有判决结果的一致。

3. 采用反致固然可以扩大本国法的适用范围，但如果法院均刻意于扩大本国法的适用范围，则有违立法者制定冲突规范的初衷。从各国立法者的本意来讲，之所以要制定冲突规范，就是想通过它来确定当事人的权利与义务，也就是说，通过冲突规范找到的某国法律就是要解决当事人权利义务的法律，而不包括该国的冲突规范，否则就会形成逻辑上的恶性循环。再则，当本国冲突规范指向外国法时，在本国立法者看来，这种法律关系用外国法律来调整更为合理，如果舍此不用而改为内国法调整，就破坏了国际私法中法律适用规则所体现的合理性。

四、关于反致的实践

各国在立法和司法实践中对反致问题也采取了不同做法。有的国家和地区采用反致，也采用转致，如奥地利、英国等；有的国家只采用反致，不采用转致，如日本、韩国、伊朗等；还有的国家完全拒绝采用反致和转致，如阿根廷、希腊、巴西、埃及等。客观地讲，世界上多数国家都采用了反致制度，但在采取反致的方式和程度上可能不一样，具体做法也有这样那样的不同。

在国际立法的层面看，部分国际公约采用了反致。例如，1930 年《解决汇票及本票若干法律冲突公约》的第 2 条和 1931 年《解决支票若干法律冲突公约》的第 2 条，在人的能力方面都规定了反致。又如，1955 年《解决本国法和住所地法冲突的公约》第 1 条规定，在本国法和住所地法发生冲突时，“如果当事人的住所地国规定适用当事人本国法，而其本国规定适用住所地法时，凡缔约国均应适用住所地国的国内法规定。”

这一规定肯定了在当事人的住所地法指定其本国法时，本国法对住所地法的反致应当被接受，其目的在于通过采用反致解决本国法和住所地法之间的冲突，以求得相同案件的判决结果一致。从整体上看，采用反致制度的国际公约，其内容大多涉及人的行为能力、婚姻关系等领域。

值得注意的是，1955 年至今的大多数海牙国际私法公约明示地排除反致和转致。如 1980 年《关于合同义务法律适用公约》、1985 年《国际货物销售合同法律适用公约》、1971 年《公路交通事故法律适用公约》、1973 年《产品责任法律适用公约》以及 1978 年《代理法律适用公约》等。

五、中国关于反致问题的规定

我国《民法通则》对反致问题没有做出明确规定，1988 年最高人民法院《关于贯彻执行〈中华人民共和国民法通则〉若干问题的意见（试行）》第 178 条第 2 款规定："人民法院在审理涉外民事关系的案件时，应当按照《民法通则》第八章的规定来确定应适用的实体法。"由于这一规定并未明确对外国法的指定究竟属于实体法指定还是总括指定，因而对其是否排除了反致，在理论界有不同的看法。

2007 年最高人民法院《关于审理涉外民事或商事合同纠纷案件法律适用若干问题的规定》第 1 条规定："涉外民事或商事合同应适用的法律，是指有关国家或地区的实体法，不包括冲突法和程序法。"根据这一规定，在涉外合同领域，我国冲突规范对外国法律体系的指定是"实体法"规则的指定，因而排除在合同领域采用反致和转致，与当代国际私法的实践一致。2011 年我国《涉外民事关系法律适用法》第 9 条规定："涉外民事关系适用的外国法律，不包括该国的法律适用法。"从法律层面上明确了我国不承认反致制度的态度。

第三节　公共秩序保留

一、公共秩序保留的概念

国际私法中的公共秩序保留，是指一国法院根据本国冲突规范的规定，某种涉外民商事法律关系本应援用外国法，但因该外国法的内容违背本国的公共秩序，因此予以拒绝适用。例如，某国法院在确定外国人的婚姻实质条件时，根据本国冲突规范，本应适用该当事人的本国法，但如果该外国人本国法中关于允许一夫多妻的规定被认为违反法院地国的公共秩序（如婚姻法中的一夫一妻制）时，法院地国即可根据公共秩序保留，不适用该外国人的本国法来确定他们的婚姻实质要件。这就是国际私法中的公共秩序保留制度。

公共秩序保留制度的观念，最早可追溯至 13 世纪～14 世纪的意大利"法则区别说"。当时，"法则区别说"的代表人物巴托路斯针对意大利各城邦之间的法则冲突，主张一个城邦国家在适用另一城邦国家的法则时，对那种"令人厌恶的法则"，如对女子歧视的继承法则，可不予适用。这一思想尽管在当时没有形成制度，但它表明了"公共秩序保留制度"最初是在解决意大利各城邦之间法律冲突的基础上逐渐发展起来的。至

17世纪，荷兰法学家明确提出了“国际礼让说”，认为一国出于“礼让”可以承认外国法在内国的效力，但这种承认以不损害内国主权者和人民的权益为限。可以说，胡伯的主张从理论上完善了公共秩序保留制度。但首先以法律形式将公共秩序保留制度确定下来的，是1804年的《法国民法典》，该法典第6条规定：“个人不得以特别约定违反有关公共秩序和善良风俗的法律。”当时这一规定是针对法国国内契约案件的，但在后来的审判实践中，公共秩序这一概念也被适用于涉外案件中，即援用的外国法如果违反法国的公共秩序，则不予适用。后来，1856年《意大利民法典》就明确规定了对外国法律可援用公共秩序保留制度而排除适用。现在，公共秩序保留已经成为各国普遍承认的国际私法制度了。

从本质上看，公共秩序保留是从两个方面来实现其排除外国法适用的职能的。一方面，公共秩序保留起着一种对外国法的防范或否定的作用，即法院依照内国的冲突规则，有关问题本应适用某外国法，由于其适用会与内国的公共秩序发生抵触而不予适用，这就是对外国法内容的否定作用。另一方面，公共秩序保留还起着一种对内国法的积极或肯定的作用，即对于某些案件，法院并不是首先表明依据冲突规则本应适用外国法，而是直接认定该案件与法院地国有着某种重要联系，因而它的某些强行法必须直接适用，这就是对内国法内容的肯定作用。

正因为国际私法中的公共秩序保留具有上述两方面作用，在法典中对公共秩序保留的具体规定也就有三种不同的方式：

第一，间接限制外国法适用的方式。这种方式是在某些国内立法中明确规定该立法应强制地直接适用于有关的涉外民商事法律关系，从而当然地排除了外国法适用的可能。如《法国民法典》第3条第1款规定：“关于警察和治安的法律，对于所有居住在法国领土上的人均有强行力。”就属于间接限制的方式。

第二，直接限制外国法适用的方式。这种方式是在有关立法中明文指出，外国法的适用不得违背内国的公共秩序，如有违背就不得适用。如经过1986年国际私法改革的德国《民法典施行法》第6条规定：“外国法之适用，如果会导致与德国法律的基本原则明显不相容的结果，则不予适用。尤其当该法律的适用违背基本权利时，不予以适用。”这就是属于直接限制的方式。

第三，合并限制外国法适用的方式。即在同一法典中将间接限制和直接限制两种方式合并加以使用的做法。如1978年《意大利民法典》第28条规定：“刑法、警察法和公共安全法，对在意大利领土上的一切人均有强制力。”同时又在第31条规定：“在任何情况下，外国的法律和法规，一个组织或法人的章程和规定，以及私人间的规定和协议，如果违反公共秩序或善良风俗，在意大利领土上无效。”在这里，前一规定是间接限制，后一规定是直接限制。

二、公共秩序保留的理论与实践

在国际私法中，把公共秩序保留作为一种法律根据和手段，来限制或排除外国法的适用，是各国普遍采用的。但对于公共秩序在国际私法中的界限和范围，以及在什么条件下应当适用公共秩序保留，则各国有不同的理论和实践。

欧洲大陆国家，如德国、意大利、法国和瑞士等国，学者们主要从法律分类的角度探讨有关公共秩序的问题。德国的萨维尼认为，任何国家的法律，都包括有两类不同的强制性规定。一类是为享有权利者的个人利益而制定的，如根据年龄或性别而限制当事人的行为能力的规定。这类强制性规定虽然不得因个人约定而排除其适用，但在依该国冲突规范须适用外国法时，则应让位于外国法。另一类强制性规定则不完全是为个人利益而制定，而是建立在普遍道德或公共利益的基础上。这类规定是可以绝对排除外国法适用的。瑞士的布鲁斯把有关公共秩序的法律分为国内的和国际的两种。国内公共秩序的法律（例如成年年龄、结婚年龄的规定）虽然绝对适用于国内民商事关系，但不能排除涉外民商事关系依冲突规范应当适用的外国法；而国际公共秩序的法律（例如禁止重婚或禁止近亲通婚的规定）则可以排除外国法的适用。实践中，欧洲大陆国家对公共秩序保留制度的运用比英美国家更广泛而频繁，这是因为欧洲大陆国家多以当事人本国法作为属人法，因而冲突规范指向适用外国法的场合较多，这就需要一种可根据情况限制外国法适用的制度———公共秩序保留。

在英美法系国家，学者们偏重于探讨在什么情况下应当适用公共秩序保留的问题。英国学者戴西在提出"既得权"理论的同时，也认为在一定情况下依外国法所取得的权利是可以排除的，这些情况包括：(1) 违背英国法院所支持的道德；(2) 违背英国关于人的身份能力的规定；(3) 违背英国关于土地法的规定；(4) 违背英国的诉讼程序规则；(5) 违背英国关于侵权行为的规定。美国学者库恩认为，可以使用公共秩序保留的场合包括：(1) 外国法的适用违背文明国家的道德；(2) 外国法的适用违背法院地国的禁止性规定；(3) 外国法的适用违背法院地国的重要政策；(4) 外国法的禁止性规定未获得法院地国的确认。在实践中，英、美国家对公共秩序保留的运用远不如欧洲大陆国家那么频繁，究其原因，主要由于英、美国家是以当事人住所地法为属人法，同时又把许多由属人法调整的涉外关系划入属地管辖的范围，即以当事人住所作为英、美法院行使管辖权的根据，由此，法院适用外国法的机会就相对较少，公共秩序保留的作用就不太突出。

苏联和东欧国家的学者对公共秩序保留是持肯定态度的，但同时又主张对这一制度的运用应加以适当的限制。这与他们强调和平共处和发展国际经济关系，特别是强调两种所有制的平权原则有关。这些观念也反映在他们的国家立法上有关公共秩序保留的规定中。例如，1979 年《匈牙利国际私法》第 7 条规定："外国法如违反公共秩序，即应拒绝予以适用。但不得仅仅因为外国的社会和经济制度与匈牙利有区别而排除适用外国法。"至于对公共秩序这一概念应作何解释和界定的问题，他们持一种相对论观点，认为并不存在一般标准，而应依具体案件的时间、地点和条件的不同来确定。

从上述观点我们可以看出，尽管各国的学者试图对公共秩序做出解释，但仍然没有说清什么是公共秩序。实际上，公共秩序不仅是一个法律概念，更是一个政治概念，在当前的国际格局中，很难在不同的政治社会制度、不同的历史传统习惯以及不同的文化价值观念之间对公共秩序有一个统一的理解。从实质上说，公共秩序是一国政府根本利益在某一案件上的具体表现，因此，它只能是一个富于弹性的概念。

三、运用公共秩序保留的几个问题

虽然我们不能给公共秩序下一个确切定义，这在事实上也不可能，但这并不意味着法院在处理涉外案件时就可以滥用自由裁量权，为排除外国法适用而任意扩大公共秩序保留的范围。因为这样实际上就是对国际私法基础的否认或动摇。对法院来讲，在何种情况下应当依据什么原则来援用公共秩序保留，还是大致可以明确的，通常以下几个问题应当予以考虑。

（一）援用公共秩序保留，应当限于国际私法上的公共秩序，而不是国内民法上的公共秩序

瑞士法学家布鲁斯曾从萨维尼把强行法分为两个不同部分的观点出发，提出了“国内公共秩序”和“国际公共秩序”的概念，认为只有属于“国际公共秩序”的强行法才具有排除外国法适用的效力。例如，一国关于结婚年龄的规定固然具有强行性，应该无条件地适用于所属公民，但它只能是国内民法意义上的公共秩序，在涉外婚姻关系中，这种规定就不一定适用了，这时就需要取决于内国冲突规范作怎样的指引。但如关于禁止重婚、禁止直系亲属间的结婚等规定，在许多国家都认为具有绝对强行的效力，即国际公共秩序上的效力，外国法如违背这类规定，内国法院就可以排除其适用。1928 年的《巴斯塔曼特法典》也在第 3 条使用了两种不同的公共秩序的概念，它把法律和规则分为三类：（1）属人法或国内公共秩序法；（2）属地法、当地法或国际公共秩序法；（3）任意法或私法的秩序。在第 4 条又进一步规定：“宪法上的法则属于国际公共秩序法。”

从理论上说，国际私法上的公共秩序的适用对象是涉外民商事法律关系，而国内法上的公共秩序的适用对象是纯国内民商事关系。许多在处理纯国内民商事关系时为强行性的规定，在处理国际私法关系时就不一定是强行性规定。因此，国际私法上公共秩序的范围比国内民法上的公共秩序的范围要狭窄，适用条件也要严格一些，实践中应当对两者有所区别。如果混淆了两种不同的公共秩序，则许多依外国法已合法成立的法律关系都会被否定掉，就会造成对当事人不公正、不合理的后果，这就违背了国际私法的价值取向和基本原则。

（二）援用公共秩序保留，应当针对适用外国法的结果会危及内国根本利益，而不是针对该外国法的内容违背了内国的公共秩序

有些国家认为，公共秩序保留制度是针对外国法的内容，即外国法内容本身有悖法院国公共秩序、善良风俗，法院即可排除该外国法的适用，而不问该外国法适用于具体案件的结果是否对法院国公共秩序造成实质上的损害。例如，韩国 1962 年《关于涉外民事法律的法令》第 5 条规定：“如果应适用的外国法规定含有损害善良风俗或其他社会秩序的个别内容，则不予适用。”朝鲜 1995 年《对外民事关系法》第 13 条规定：“依照本法的规定应予适用的外国法的规则或基于国际私法而发生的权利义务与我国的法律秩序相抵触的，适用朝鲜民主主义人民共和国法律。”

但更多的国家认为，公共秩序保留是针对适用外国法的结果，即只有在适用外国法的结果将会危及内国公共秩序时，法院才拒绝外国法的适用。法国学者巴迪福在其所著《国际私法总论》中指出：“只有当法院地冲突规则所指定的外国法的适用在受理案件的法官看来无法容忍时，才会导致排除该外国法。”1979 年《奥地利联邦国际私法法规》第 6 条也规定：“外国法的规定的适用，会导致与奥地利法律中的基本原则相抵触的结果时，不得适用。”据此规定，仅仅外国法的规定与本国公共秩序相抵触，并不构成排

除该外国法适用的规定，除非该外国法的适用在结果上对内国公共秩序产生危害。欧盟国际私法中的公共秩序条款也采取“结果说”。2007 年《欧洲议会和欧洲联盟理事会关于非合同之债准据法的第 864/2007 号（欧共体）规则》第 26 条规定：“本规则所指定的某一国家的法律规定的适用，仅在其适用明显地与法院地的公共秩序相抵触时，始得予以排除。”

显然，根据外国法适用的结果来决定是否运用公共秩序保留是合理的，因为外国法的内容与内国公共秩序相抵触，并不必然导致其适用的结果也与内国公共秩序相违背，在有的情况下，其适用恰恰维护了内国的公共利益。所以外国法内容与内国公共秩序相抵触，并不意味着应排除外国法的适用。

（三）援用公共秩序保留，排除了本应适用的外国法后，不应一律代之以法院地法

过去，各国法院在援用公共秩序保留，排除外国法适用的情况下，一般倾向于以法院地法取而代之，如匈牙利、原西德、秘鲁、塞内加尔等国就明确规定适用内国法。但现在许多学者均主张应尽可能地限制以法院地法取代的做法，因为这样做容易助长滥用公共秩序保留的倾向。他们主张，法院可根据具体情况，只排除外国法适用中与法院地公共秩序相抵触的部分，而仍适用该外国法中的其他部分；或者类推适用与该外国法近似而又不与法院地公共秩序相抵触的第三国法；或者适用该外国法的一般法理等等。从立法实践看，也有一些国家对直接以法院地法取代的做法作了某种限制。例如，1979 年的《奥地利联邦国际私法法规》第 6 条规定：“外国法的规定，在其适用会导致与奥地利法律的基本原则相抵触的结果时，不得适用。必要时，应代之以适用奥地利法律的相应规定。”《土耳其国际私法和国际诉讼程序法》第 5 条也规定：“应适用外国法时，如果外国法的规定违反土耳其的公共秩序，则不适用该外国法的规定。必要时，可适用土耳其法律。”上述两部法律规定中都加上了“必要时”的限制性词语，即只有在必要的情况下，才可以用内国法律的相应规定代替被排除适用的外国法，而不是一概以内国法律代替之。

从冲突法的基本精神看也不应当一概以法院地法代替，既然内国冲突规范规定某法律关系应当适用外国法，就表明这种关系与相关的外国法有更多联系，用外国法解决更为合适。当然从客观上讲，如果滥用公共秩序保留的结果不一定导致内国法的适用，法官援用公共秩序保留的积极性也会受到限制。

四、中国关于公共秩序保留的规定

我国对公共秩序保留一向持肯定态度。早在 1950 年 11 月，中央人民政府法律委员会在《关于中国人与外侨、外侨与外侨婚姻问题的意见》中就指出，中国人与外侨、外侨与外侨在中国结婚或离婚，不仅适用中国的婚姻法，而且在适当限度内照顾当事人本国的婚姻法，但“适用当事人的本国的婚姻法以不违背我国的公共秩序、公共利益和目前的基本政策为限度”。这里使用的“公共秩序”、“公共利益”、“基本政策”等措辞，均为前述公共秩序保留的范畴。

1987 年施行的《民法通则》第 150 条作为一条通则性的公共秩序保留条款，规定：“依照本章规定适用外国法律或者国际惯例的，不能违背中华人民共和国的社会公共利益。”这里没有使用“公共秩序”这一措辞，但在解释上“社会公共利益”应与通用的

“公共秩序”同义。在确定违反公共秩序的标准上，我国采用了“结果说”，即只有在适用外国法的结果会危及我国公共秩序时，法院才予以拒绝适用，这有利于适当限制公共秩序保留的运用。此外，值得一提的是，较之于其他国家的同类法律条文，我国的公共秩序保留条款不仅指向外国法律，还指向国际惯例。《民法通则》第 150 条、《海商法》第 276 条、《民用航空法》第 190 条都做了类似规定，可以说是我国公共秩序保留条款的独特之处。

2011 年施行的《涉外民事关系法律适用法》第 5 条规定：“外国法律的适用将损害中华人民共和国社会公共利益的，适用中华人民共和国法律。”该条采取直接限制的立法方式和“结果说”的司法标准，对公共秩序的表述仍然使用“社会公共利益”一词。与《民法通则》的规定相比，《法律适用法》的规定对公共秩序保留的适用范围做了一定限制，只能排除外国法的适用而不包括国际惯例。同时，明确规定了排除外国法适用后直接“适用中华人民共和国法律”。

此外，《民事诉讼法》第 276 条第 2 款规定：“外国法院请求协助的事项有损于中华人民共和国的主权、安全或者社会公共利益的，人民法院不予执行。”第 282 条规定：“人民法院对申请或者请求承认和执行的外国法院作出的发生法律效力的判决、裁定……依照本法的有关规定执行。违反中华人民共和国法律的基本原则或者国家主权、安全、社会公共利益的，不予承认和执行。”从这些规定可以看出，我国在司法协助方面，在外国法院判决的承认和执行方面，也采用了公共秩序保留制度。

第四节　法律规避

一、法律规避的概念和构成要件

国际私法中的法律规避，是指涉外民商事法律关系的当事人故意制造某种连接点，以避开本应适用的对其不利的法律，而使对自己有利的法律得以适用的一种行为。

在国际私法历史上，法律规避问题引起广泛关注和深入研究，是从 1878 年法国最高法院对鲍富莱蒙离婚案的判决开始的。鲍富莱蒙是法国的一个王子，其妻子原是比利时人，因与鲍富莱蒙结婚而取得法国国籍，后欲离婚而与一罗马尼亚王子结婚。当时法国的法律不准许离婚，她便只身移居德国并归化为德国人，随即在德国法院获得离婚判决，然后在柏林与罗马尼亚的比尔斯哥王子结婚，婚后以德国公民的身份回到法国。此时，鲍富莱蒙在法国法院提起诉讼，请求法院宣布其妻加入德国国籍以及离婚和再婚的行为都是无效的。法国最高法院认为，虽然法国法律认为离婚应适用当事人本国法，但鲍富莱蒙妻子取得德国国籍的动机，显然是为了逃避法国法律禁止离婚的规定，因而构成了法律规避，于是判决她在德国的离婚和再婚均属无效。至于加入德国国籍的效力问题，法院认为无权受理。

从上述案例我们可以总结出法律规避行为的构成要件：（1）从主观上讲，当事人规避某法律必须是出于故意；（2）从规避的对象上讲，当事人规避的法律是本应对当事人适用的强制性法律；（3）从行为上讲，当事人是通过人为地制造或改变连接点来实现法律规避的；（4）从客观结果上讲，当事人的规避行为已经完成。

在国际私法中，法律规避究竟是一个独立的问题，还是公共秩序保留制度的一部分，有一些学者认为，法律规避是公共秩序保留制度的特殊部分，因为在当事人规避法律而不适用外国法时，同公共秩序保留一样，法院都是为了维护内国强制性规范的权威。但更多的学者认为，法律规避是一个独立的国际私法问题，不能与公共秩序保留混为一谈，尽管两者在结果上都是对本应适用的外国法不予适用，但性质上却不相同。因公共秩序保留不适用外国法，法院强调的是外国法的内容及其适用结果；因法律规避而不适用外国法，法院强调的却是当事人的虚假行为。

二、法律规避的效力和对象

关于法律规避的效力，即是否承认法律规避为一违法行为并否定其效力的问题，这在西方理论界有不同的观点。欧洲大陆的学者多数认为，法律规避是一种欺诈行为，因而在发生法律规避的情况下，就应排除当事人所希望援用的法律，而应适用本应适用的法律。所谓“诈欺使一切归于无效”的法律原则，便是这一理论的根据。但也有另一种观点认为，既然是冲突规范给当事人提供了选择法律的可能，那么当事人有意创造条件使冲突规范指向其希望得到适用的法律，这就不应归咎于当事人。如果要防止冲突规范被人利用，则应当由立法者在冲突规范中做出相应规定。

一般说来，大多数国家都认为法律规避是非法的，不应承认其效力。在立法或司法实践中，如法国、意大利、瑞士和荷兰等国家都采取了禁止或限制法律规避的立场。

关于法律规避的对象，即法律规避是仅限于规避内国法，还是包括了规避外国法的问题，在西方国家也有不同的理解。

一种观点认为，法律规避仅指规避内国（即法院地国）的法律。例如，1972 年《塞内加尔家庭法》第 851 条规定：“当事人利用冲突规范故意使塞内加尔法不适用时，塞内加尔法取代应适用的外国法。”1922 年法国最高法院关于佛莱案的判决也采取了这种观点。在该案中，佛莱及其妻子均为意大利人，当时意大利法律规定不允许离婚，只准许分居。佛莱的妻子为达到离婚目的，加入了法国籍，并在法国提出离婚诉讼。法国法院根据其冲突规范“离婚由当事人本国法支配”的规定适用了法国法，最后作了准予离婚的判决。在这一案件中，法国法院并没有将佛莱之妻的行为视为法律规避而使之无效。

另一种观点认为，法律规避既包括规避内国法律，也包括规避外国法律。例如，《阿根廷民法典》第 1207 条规定：“在国外缔结的以规避阿根廷法律为目的的契约是无效的，即使该契约依缔结地法是有效的。”该法第 120 条又规定：“在阿根廷缔结的规避外国法的契约是无效的。”依照该法律，规避内国法和规避外国法均为法律规避，应视为无效。

我国有学者提出，规避内国法与规避外国法都属于法律规避，但应当将法律规避行为与其后果分开，根据具体情况区别对待。首先，要区别的是，法院地国对规避内国法律的行为当然应认定其无效。其次，对规避外国法的行为，法院如果认为规避的是外国法中正当合理的规定，则应宣布规避行为无效；如果认为规避的是外国法中不合理或带有歧视性的规定，则可以承认规避行为有效。

三、中国关于法律规避的规定

我国目前尚无有关法律规避问题的立法规定。在司法解释方面，1988 年最高人民法院《关于贯彻执行〈中华人民共和国民法通则〉若干问题的意见（试行）》第 194 条规定："当事人规避我国强制性或者禁止性法律规范的行为，不发生适用外国法律的效力。" 2012 年最高人民法院《关于适用〈中华人民共和国涉外民事关系法律适用法〉若干问题的解释（一）》第 11 条进一步指出："一方当事人故意制造涉外民事关系的连结点，规避中华人民共和国法律、行政法规的强制性规定的，人民法院应认定为不发生适用外国法律的效力。"

上述司法解释是关于法律规避问题的一般规定，适用于涉及外国法适用的所有领域。与多数国家的做法一致，我国在司法实践中主张，法律规避是指当事人故意制造连接点以规避我国法律、行政法规强制性规定的行为，当事人规避我国强制性规定的行为无效，不发生适用外国法的效力；对当事人规避外国法行为的效力，未作规定。

第五节　外国法内容的确定

一、含义及问题的原因

外国法内容的确定，又称外国法的证明，是指法院根据冲突规范的规定而适用外国法时，如何去确定该外国法的存在和内容。一国法院在审理涉外案件时，法官往往并不知道适用于该案的外国法是如何规定的。这就提出一个问题，该外国法的内容应当通过何种途径去查证，是由法官负责查找呢，还是由当事人负责提供？显然，这是一国法院在审理涉外民事案件的过程中需要解决的一个问题。这一问题的产生，主要基于两方面原因。

一方面是客观上的原因。"法官知法"（Jura novit curia）固然是一个古老的法律原则，但它通常是指法官应当知晓本国的法律。事实上，由于世界各国的法律千差万别，背景各异，任何一位法官都不可能通晓其他各国的法律。因此，在根据本国冲突规范的指引应当适用外国法时，就需要有一定的方法去求证外国法的内容。

另一方面是主观上的原因。按照西方国家诉讼法的观点，"法律"问题与"事实"问题是相对立的。法官应当知道法律，也只限于知道法律，而案件的事实则应由当事人举证，法官只根据当事人举证的事实，再加上法官认为适当的法律予以审判。由于主观上把"法律"和"事实"作了这样截然的划分，在适用外国法时就会产生应把外国法看成是"法律"还是"事实"的问题。

由此可见，外国法内容的确定，实际上就是外国法的内容应该由法官负责查找，还是应该由当事人负责提供的问题。与此相联系的还有另外两个问题：其一，如果该外国法的内容，法官既无法知道，当事人又不能举证时，法院如何处理？其二，法院在适用外国法发生错误时，当事人能否以此为理由向当地的上级法院提起上诉？

二、确定外国法内容的方法

从各国关于确定外国法内容的方法来看，主要有以下三种做法。

（一）将外国法看作“事实”，由当事人举证证明

英、美等普通法系国家和部分拉丁美洲国家采取这种办法。他们把外国法看成“事实”，认为应当用确定事实的程序来确定其内容，也就是说，应当适用的外国法中有无相关规定以及内容如何，必须由当事人负举证之责。至于证明的方法，可以是当事人在诉状中引证该外国法，或者由当事人请有关专家提供证明，法院按证明的有关原则来认定这些证据的效力。如果法官已经知道该外国法的内容，法官也可以直接认定。根据 1972 年《英国民事证据法》第 4 条第 2 款的规定，在高等法院、皇家法院、某些其他法院及其上诉法院或枢密院司法委员会所做出的载有外国法内容的裁定或判决，可以在以后的民事诉讼中作为证明外国法内容的证据。

上述国家把外国法看成“事实”，并不是因为有什么理论上的根据，而是因为他们认为在诉讼程序中有这种必要。因此，作为“事实”的外国法并不等同于内国法意义上的事实，正如英国著名学者莫里斯所说：“虽然外国法是一个事实问题，但它是‘一个特殊类型的事实问题’。”

（二）将外国法看作“法律”，由法官依职权查明，无须当事人举证

欧洲大陆的一些国家，如意大利、奥地利等采取这种做法。他们把外国法看作法律，认为法官应当知道法律，应当用查明本国法内容的程序来查明外国法的内容。因此，外国法内容由法官依职权主动查明，而无须当事人举证证明。1978 年《奥地利联邦国际私法法规》第 4 条第 1 款规定：“外国法应由法官依职权查明，可以允许的辅助方法有：有关人士的参加，联邦司法部提供的资料以及专家的意见。”

在意大利，有一种观点认为，被引用的外国法与内国法具有同样效力，因为它是通过内国冲突规范的援引而合并到内国法体系中，并成为内国法的一部分，所以应该以确定内国法内容的程序去确定，即由法官依职权予以查明。

（三）外国法既非“事实”，也非“法律”，法官可以依职权查明，当事人也负有协助的义务

采取这种做法的有瑞士、俄罗斯、土耳其和秘鲁等一些国家。他们认为，外国法既不是单纯的事实，也不是绝对的法律，而是通过本国冲突规范的指引应当适用的外国法律。因此，查明外国法的程序既不同于查明内国法律的程序，也不同于查明“事实”的程序，原则上应由法官负责查明，当事人也有协助的责任。如 1987 年《瑞士联邦国际私法法规》第 16 条第 1 款规定：“外国法的内容由法官依职权查明。为此可以要求当事人予以合作。在财产事项方面，可令当事人负举证责任。”又如，依照 2002 年《俄罗斯联邦民法典》第 1191 条的规定，外国法内容的查明原则上由俄罗斯法院依职权予以确定。为此，俄罗斯法院可以请求俄罗斯司法部和在俄罗斯境内或境外的其他主管机关的协助和释明，也可以求助于专家。案件当事人可以出示他们所援引的外国法规范的证明文件，以支持其请求或抗辩，或者用其他方式协助法院查明这些规范的内容。然而，对于与双方当事人从事经营活动有关的请求，法院可以责令各方当事人承担证明外国法律规范内容的责任。

三、无法确定外国法内容的解决办法

在一国法院依本国冲突规范的指定应适用外国法的情况下，如果法官无法查明该外国法，当事人也不能举证该外国法时，各国的立法和实践有下列解决方法。

（一）以内国法取代本应适用的外国法

这是大多数国家所采取的办法。例如，1978 年《奥地利联邦国际私法法规》第 4 条第 2 款规定："如经充分努力，在适当时期内外国法仍不能查明时，应适用奥地利法。"波兰 2011 年《关于国际私法的法律》第 10 条第 2 款规定："应予适用的外国法的内容在合理期间内不能予以确定的，适用波兰法。"英国法院在长期的司法实践中也是采用类推适用英国法的做法，如 1972 年《英国民事证据法》第 4 条第 2 款规定："……如果当事人提不出证据，或法院认为证据不足，则法院可用推定的办法适用类似的英国法。"美国法院对于不能证明其内容的外国法，也是采用类推美国法作为替代，但被替代的外国法仅限于普通法系国家，如英国、澳大利亚和加拿大等国家的法律。

对于为何要以内国法取代本应适用的外国法，各种解释和理由不尽相同。有的认为是基于外国法的内容相同的推定。有的认为在外国法无法证明时，当事人就放弃了适用外国法的权利，对适用内国法表示了默认。有的认为在外国法无法确定时，就只能适用法官最为熟悉的法律，即内国法。还有的认为，法院有对案件做出判决的职责，用内国法取代外国法做出判决，是比单纯驳回当事人的诉讼请求更好的一种解决办法。

（二）驳回当事人的诉讼请求或抗辩

德国、美国等一些国家采用了这种解决办法。如前所述，在美国的司法实践中，在外国法为普通法系国家的法律且不能被当事人证明时，法院推定适用美国法；但在外国法为非普通法系国家的法律且不能被当事人证明时，法院就会以证据不足为由驳回原告的诉讼请求或被告的抗辩。

为什么在外国法内容不能被证明时，要主张驳回，其主要理由是：适用某一外国法是内国冲突规范的指定，这意味着不允许以适用其他法律来代替。此外，如果外国法内容无从知悉，就如同当事人不能证明其请求原因或其抗辩事实的情形一样，法院得认为原告的诉讼请求或被告的抗辩无根据，因此而予以驳回。

（三）适用与本应适用的外国法相近似或类似的法律

当冲突规范指定的外国法无法查明时，主张适用与本应适用的法律最近似或类似的法律。对于近似法的判断，有学者主张重点考察以下因素：两种法律是否源于同一体系、在立法时的借鉴程度以及两种法律是否互为模本等。德国和日本曾有此方面的案例，但在立法中明确规定的尚不多见。瑞士曾在 1978 年《国际私法草案》第 15 条第 3 款规定："外国法的内容无法查明时，法官应考虑适用最为接近的法律；若无最为接近的法律，则适用瑞士法律"，但在 1987 年《关于国际私法的联邦法》正式通过时删除了适用近似法律的规定。

（四）适用就同一问题所提供的其他连接因素而确定的法律

通常一个涉外案件不止一个连接因素，有的国家采取重新选择连接点，再次寻找准据法的方法。例如，意大利 1995 年《国际私法制度改革法》第 14 条第 2 款规定："如果即使在当事人的协助下，法院仍无法查明应适用的外国法，则对于相同案件如果存在

其他连接因素，可以适用根据该连接因素指定的法律。如果不存在此种连接因素，则适用意大利法律。”

（五）适用一般的法理

外国法无法查明或欠缺规定时，主张依据一般法理进行裁判。日本的学说和判例大多持此主张。如日本大阪法院于昭和 39 年 3 月 17 日关于认领的判决中指出“认领者的本国法——朝鲜民主主义人民共和国的法律不明时，可依法理，适用近似社会的韩国法。”昭和 41 年 1 月 13 日关于亲子关系不存在的判决中确认“母之夫的本国法不明，依法理裁判。”

四、外国法错误适用的上诉问题

外国法的错误适用可以有下面两种情况。

（一）适用内国冲突规范的错误

这种情况是指法官在适用内国冲突规范进行法律选择时，本应适用某一外国法律，却适用了另一外国法或者内国法；或者本应适用内国法，却适用了外国法而发生的错误。这种错误虽然也导致了外国法的错误适用，但从根本上说却是在适用内国冲突规范时发生的错误，属于错误适用内国法的性质。在国际私法的理论与实践中，对于这种错误，一般认为同错误适用内国其他法律一样，允许当事人依法上诉，以便纠正错误。

（二）适用外国法本身的错误

这种情况是指法官在依内国冲突规范适用某一外国法时，对该外国法条款或内容做了错误的适用或解释，并据此做出错误的判决。对于这种外国法的错误适用，是否允许当事人上诉，在国际私法的实践中有两种截然不同的做法：

其一，不允许当事人上诉。如法国、德国、西班牙、瑞士、希腊、比利时和荷兰等欧洲大陆国家采取这种做法。在这些国家，上诉法院是作为“法律审”的法院来审理上诉案件的，它必须接受下级法院对事实的认定，只受理以适用法律不当为理由提起的上诉案件。在法国，把外国法内容的确定看作是对事实的确定，因而对外国法的适用错误不得上诉到“法律审”的上级法院。而在德国，虽然把外国法视为法律，但认为本国最高法院只负责对本国法律做出正确的统一解释，因而也不接受当事人以外国法的适用错误为由提起的上诉。

其二，允许当事人上诉。如意大利、奥地利、波兰、葡萄牙、芬兰以及英、美等国家采取这种做法。英、美等普通法系国家虽然把外国法看作“事实”，但上诉法院都可以审查事实问题，因而当事人可以因外国法的错误适用提起上诉。在其他国家，有学者认为外国法既然被视作法律，其适用又是根据内国冲突规范所指定，则适用外国法实际上等同于适用内国法，发生适用错误也应当允许当事人提起上诉。

五、中国关于确定外国法内容的规定

（一）外国法查明的主体和途径

我国早期立法没有明文规定查明外国法的方法，但 1988 年最高人民法院《关于贯彻执行〈中华人民共和国民法通则〉若干问题的意见（试行）》第 193 条，规定了五种查明外国法的途径：“（1）由当事人提供；（2）由与我国订立司法协助协定的缔约对方的中央机关提供；（3）由我国驻该国使领馆提供；（4）由该国驻我国使馆提供；（5）由中外法律专家提供。”由于该条款未明确查明外国法的责任主体，即对于外国法的查明，究竟是由法院依职权查明还是由当事人提供，尽管规定了多种查明外国法的具体途径，但在实践中仍可能造成混乱。

2011年《涉外民事关系法律适用法》第10条规定：“涉外民事关系适用的外国法律，由人民法院、仲裁机构或者行政机关查明。当事人选择适用外国法律的，应当提供该国法律。”该规定第一次在立法上明确了中国法院、仲裁机构和行政机关依职权查明外国法的原则，同时规定了该项原则的例外情形，如果当事人选择适用外国法，则应提供该外国法的内容等相关信息。

关于外国法内容的确定及理解是司法实践中存在的疑难问题之一，尤其在涉及判例法传统国家的法律时更是如此。为此，最高人民法院《关于适用〈中华人民共和国涉外民事关系法律适用法〉若干问题的解释（一）》第18条规定：“人民法院应当听取各方当事人对应当适用的外国法律的内容及其理解与适用的意见，当事人对该外国法律的内容及其理解与适用均无异议的，人民法院可以予以确认；当事人有异议的，由人民法院审查认定。”

（二）外国法无法查明的处理

最高人民法院《关于贯彻执行〈中华人民共和国民法通则〉若干问题的意见（试行）》第193条规定：“通过以上途径仍不能查明的，适用中华人民共和国法律。”2011年《涉外民事关系法律适用法》第10条第2款也规定：“不能查明外国法律或者该国法律没有规定的，适用中华人民共和国法律。”

司法实践中，对于如何认定“不能查明外国法律”看法不一，有的认为必须穷尽上述五种途径均未果的情况才能予以认定。最高人民法院《关于适用〈中华人民共和国涉外民事关系法律适用法〉若干问题的解释（一）》第17条予以了厘清，它规定：“人民法院通过由当事人提供、已对中华人民共和国生效的国际条约规定的途径、中外法律专家提供等合理途径仍不能获得外国法律的，可以认定为不能查明外国法律。根据涉外民事关系法律适用法第十条第一款的规定，当事人应当提供外国法律，其在人民法院指定的合理期限内无正当理由未提供该外国法律的，可以认定为不能查明外国法律。”

（三）适用外国法错误的救济

我国对适用外国法错误是否允许当事人上诉无明确规定。按照我国《民事诉讼法》的规定，民事案件实行两审制，上诉案件没有法律审与事实审的区别。因此，对于我国法院在审理涉外民商事案件时发生的适用外国法的错误，无论是适用内国冲突规范的错误，还是适用外国法本身的错误，都允许当事人提起上诉，并对之加以纠正。

思考题

1. 什么是识别冲突？应当如何解决其法律适用问题？
2. 反致发生的原因是什么？你认为我国是否应当接受反致？
3. 怎么理解公共秩序保留中的主观说和客观说？如何划分公共秩序保留的范围和界限？

4. 法律规避的构成条件和效力。
5. 法律规避和公共秩序保留制度的联系和区别。
6. 我国法律对外国法查明制度的具体规定有哪些？

第五章 国际私法主体

国际私法主体是国际民商事法律关系或涉外民商事法律关系的主体，是指国际民商事关系中享有权利和承担义务的法律人格者。它包括自然人、法人、国家和国际组织，其中主要是自然人和法人。

第一节 外国人民事法律地位

一、外国人民事法律地位概述

（一）外国人民事法律地位的概念

外国人民事法律地位是指外国自然人和法人在内国所享有的民事权利和承担民事义务的法律状态。

为了规范外国人的民事法律地位，各国根据自己的具体情况，制定相应的法律规则和制度。随着世界科学技术的进步，经济全球化的迅速发展，国际社会通过国际条约对外国人的民事法律地位直接加以规定的趋势也在加强。外国人在内国享有民事权利，既是涉外民商事法律关系发生的前提，又是外国人在内国具有民事权利能力和民事行为能力的先决条件。当外国人在内国取得了某种民事法律地位以后，究竟应该适用哪一国家的法律作为他们行使具体权利和承担具体义务的准据法，才会出现他们的属人法和所在国家法律之间因为有不同的规定而引起的法律冲突。

（二）外国人民事法律地位的演变

外国人的民事法律地位经历了一个渐进的演变过程。在原始社会，由于没有国家和法律，不存在外国人与内国人的区别，所以也就不存在外国人的民事法律地位问题。人类进入奴隶制社会之初，由于生产力水平低下，生活资料极为匮乏，各国都将外国人视为敌人，从而将俘获的外国人杀死或变为奴隶，所以，在这一时期，外国人不具有民事权利。到了奴隶社会后期，新的生产工具的使用，生产力较之过去有了长足的发展，社会分工更加细化，商业贸易得到发展，内外国人之间交往增多，奴隶制国家开始赋予外国人一定的民事法律地位。如公元前 3 世纪，古罗马万民法把外国人分为“友民”和“蛮民”两种，“友民”受万民法保护，而“蛮民”不享有任何民事权利。

在封建社会，自给自足的自然经济占统治地位，各国实行闭关锁国政策，商业贸易往来受到限制。因此，外国人要在内国享有某些民事权利，必须经过封建君主的恩准或特许，外国人获得有限的民事权利主要限于经商和求学。总的说来，封建国家采取属地主义原则，对外国人实行低于内国人的差别待遇。

进入资本主义时期，由于生产力高度发展，商业贸易繁荣，各国之间的交往增多。商品生产不仅要求国内通商自由，而且也要求国际通商自由。追逐最大利润的资产阶级需要别国给予外国人相当于内国人的法律待遇，于是便提出了“国民待遇原则”。如在1804年首创这一原则的《法国民法典》第11条规定：“外国人，如其本国与法国订有条约允许法国人在其国内享有某些民事权利者，在法国亦得享有同样的民事权利。”这一原则被西方的意大利、瑞典、奥地利、西班牙、葡萄牙、希腊、比利时等国家广为仿效。资本主义进入垄断时期，各主要资本主义国家打着“平等待遇”的幌子，要求扩大内国人及其公司在外国取得的特权，比如领事裁判权；但是由于当时的广大亚洲、非洲、拉美国家本身经济发展的限制，无力进入发达的工业国家，所以，“平等待遇原则”实质上是发达工业国家的单方面特权。随着第三世界国家的经济发展和反对发达资本主义国家政治斗争的开展，迫使这些国家有所改变。

经过世界各国长期实践，逐渐形成了以下几种关于外国人民事法律地位的制度，或被称之为“外国人待遇标准”。

二、外国人民事法律地位的具体制度

（一）国民待遇

国民待遇（National Treatment）又叫平等待遇，是指在民商事方面，一个国家给予在内国境内的外国人与本国人相同的待遇，即外国人和内国人在享受的权利和承担的义务上相同。这里所指的权利和义务相同只是在民商事方面，而不是在政治上和法律禁止外国人享受的权利方面。其目的是保证在所在国领域内的内外国人之间的民事权利地位平等，防止对外国公民和法人采取低于内国公民和法人的待遇。

国民待遇原则最早是在1804年《法国民法典》中做出规定，以后其他国家相继仿效，并逐渐由国际条约加以确立。产生于资本主义革命时期的国民待遇原则，随着国际社会经济交往的发展，表现出三个特点。

第一，国民待遇原则的实施过程中，体现了互惠这一基本特征。所谓互惠，是指内国给予外国人以国民待遇要以该外国人所属国也给予该内国人以国民待遇为前提，也就是说，内外国约定相互把给予本国人的民商事权利也同样给予对方国家的人。有的人又把这种互惠待遇称为有条件的国民待遇。现代的国民待遇都是以互惠为前提的，互惠已经成为一项国际法原则。

有许多国内立法和国际条约都体现了这一特征。1804年的《法国民法典》第11条规定国民待遇以互惠为前提。1811年《奥地利民法典》第13条规定：“外国人得享有与内国人同样之权利，须经证明其本国亦准予奥国国民享有同一之权利。”1955年《关于居留的欧洲公约》第4条规定：“缔约各方国民在其他各方领土内关于民事权利的享受和行使，无论是人身方面或财产方面，享有与所在国国民同等的待遇。”我国的立法实践中也有同类规定，如《民事诉讼法》第5条规定：“外国人、无国籍人、外国企业和组织在人民法院起诉、应诉，同中华人民共和国公民、法人和其他组织有同等的诉讼权利义务。外国法院对中华人民共和国公民、法人和其他组织的民事诉讼权利加以限制的，中华人民共和国人民法院对该国公民、企业和组织的民事诉讼权利，实行对等原则。”

第二，国民待遇原则的适用有一定的限制。各国为了维护主权、独立、安全等特殊利益，对外国人所享有的民商事权利给予一定限制。英国法律规定禁止外国人拥有船舶所有权，不得担任英国商用船舶船长、总工程师、引水员。美国许多州不允许外国人担任律师。日本不允许外国人享有土地所有权。苏联禁止外国人担任飞行员、船员、公证员、领事职务等。

第三，国民待遇的授予有一定的范围。为了促进本国的经济社会和文化的发展，一些国家立法规定只在某种或某几种权利上给予外国人民事法律待遇，比如在发明权和商标权上。

（二）最惠国待遇

最惠国待遇（Most-Favored-Nation Treatment，简称 MFN）是指授予国依据条约，把它已给予或将给予第三国的自然人或法人的优惠待遇，同样地给予缔约另一方的自然人或法人。联合国国际法委员会在 1978 年拟订的《关于最惠国条款的条文草案》第 5 条规定："最惠国待遇是授予国给予受惠国或与之有确定关系的人或事的待遇不低于授予国给予第三国或与之有同于上述关系的人或事的待遇。"世界贸易组织（WTO）体制中包括了最惠国待遇原则。《与贸易有关的知识产权协议》第 4 条明确规定："在知识产权保护上，某一成员提供给其他国家国民的任何利益、优惠、特权或豁免，均应立即无条件地适用于全体其他成员之国民。"

最惠国待遇一般是通过签订双边条约或多边条约来加以规定的，条约中的有关条款被称为最惠国条款。最惠国待遇涉及三方：授予方，即给予最惠国待遇的缔约方；受惠方，即依据享有最优惠待遇的第三国为标准的享受同样优惠的缔约方；第三方，即最惠国，已经或将来取得了授予方优惠待遇的第三国。最惠国待遇与国民待遇相比较，有如下特点：

第一，两者规定的方式不同。国民待遇是通过国内立法或国际条约确立，而最惠国待遇只能通过双边或多边条约规定。

第二，两者调整的目的不同。国民待遇是使外国人在某些领域与本国人的民事法律地位相等，而最惠国待遇是使本国境内的不同外国人之间处于平等地位。

第三，两者参照的标准不同。国民待遇是以本国国民的待遇为参照标准，而最惠国待遇是以第三国国民待遇为标准。

第四，两者适用的事项不同。国民待遇主要适用于物权、债权、财产继承、婚姻家庭等民事关系方面，而最惠国待遇主要适用于投资、贸易、货物运输等商事关系方面。

根据不同的标准，最惠国待遇可以有不同的种类。以是否给予互惠为标准，有互惠和非互惠的最惠国待遇；在施以最惠国待遇时，以是否附加条件为标准，可分为有条件和无条件的最惠国待遇；从施与国和受惠国的数量来看，可分为双边和多边的最惠国待遇。

所谓互惠的最惠国待遇，是指各缔约国之间相互给予彼此公民、法人以最惠国待遇；非互惠待遇是指缔约国单方面无对等地给予对方公民、法人以最惠国待遇，因此只有一方承担相应的义务。前者是目前各国普遍采用的形式，而后者由于体现了不平等原则，所以基本上被各国所废弃。

所谓有条件的最惠国待遇，是指在最惠国条款中规定，只有受惠国像第三国那样，在接受优惠待遇时向施与国提供同等的补偿，才把给予第三国的优惠待遇提供给作为受惠国的缔约方。无条件的最惠国待遇，是指缔约方将优惠待遇给予第三国时，也自动且无偿地给予作为受惠国的缔约方。目前，各国在实践中，一般采取无条件的最惠国待遇原则。

所谓双边的最惠国待遇，是指最惠国待遇只适用于缔约双方，一方享有的最惠国待遇要通过在双边条约中订立该项条款才能取得；多边最惠国待遇，对所有缔约方均适用，不需要订立专门的条款，如世贸组织文件中的有关规定。

随着世界多边贸易体制的建立和发展，多边的、无条件的、互惠的待遇原则已经得到广泛承认，并且被纳入多边贸易体制中，而双边的、有限制的、有条件的、非互惠的待遇原则逐渐被抛弃。

最惠国待遇适用的范围，通常由缔约各方协商确定，但从实践来看，适用的范围比较固定，如适用于自然人和法人的权利和义务、国际运输、国际贸易与支付、知识产权、外国法院判决的承认与执行、司法协助、外交特权与豁免等。

各缔约国在规定的最惠国适用范围方面也存在例外情况。这些例外情况主要有，一国给予邻国的特权与优惠；边境贸易和运输方面的特权与优惠；经济集团内各成员国之间的特权与优惠；特殊的历史原因引起的政治经济区域内的特权与优惠。这些例外已经得到各国的承认，在签订最惠国条款时，并不要求这些特权与优惠。

（三）优惠待遇

所谓优惠待遇（Preferential Treatment），是指一国给予外国及其自然人和法人以特定的优惠的一种待遇。比如减免关税、放宽进口限制、允许商品物资过境运输、给予外商投资优惠等。一国给予另一国或外国人以优惠，主要通过国内立法和国际条约两种形式实现。

其一，通过国内立法加以规定。如 1980 年《广东省经济特区条例》中有一整章对“优惠待遇”进行规定。该章规定特区的土地使用、进口税、所得税、企业利润和职工工资汇出、购买我国机器设备和原材料的价格以及出入境手续等方面给予厂商优惠条件。在其他合资经营企业法中也有类似的规定。

其二，通过国际条约加以确立。比如，《中国和尼泊尔关于两国若干有关事项的换文》第 6 条规定：“各按本国政府规定的优惠税率对彼此出入口商品征收关税”。

优惠待遇与国民待遇存在明显区别。优惠待遇是就特别规定事项或方面给予外国或外国人的优惠，而且这种优惠在有些方面甚至可能优于本国人所享有的待遇；国民待遇只是概括性地给予外国人与本国人相同的待遇。

优惠待遇与最惠国待遇也存在差别。优惠待遇是国家通过内国立法或通过签订国际条约直接给予外国人的，外国人可以直接受用；最惠国待遇则必须依据最惠国条款，也必须有内国已给予第三国的待遇高于该外国所享有的待遇的事实存在。

（四）普遍优惠待遇

普遍优惠待遇（Generalized System of Preference 简写为 GSP），又称普惠制，是指发达国家单方面给予发展中国家以免征关税或减免关税的优惠待遇。这是发展中国家为了建立国际经济新秩序不断努力的结果。1968 年，联合国贸易和发展会议通过决议，要求发达国家在进口发展中国家的制成品或半制成品时，应给予发展中国家免征关税或减免关税的优惠。1970年，联合国第25届大会接受了联合国贸易和发展会议的建议，通过了建立普遍优惠制的议案。1974年12月12日，联合国大会通过的《各国经济权利和义务宪章》第19条进一步肯定："发达国家在国际经济合作可行的领域内应给予发展中国家普遍优惠的、非互惠的和非歧视的待遇。"《关贸总协定》第4部分各条款和《乌拉圭回合协议》中对普惠制进一步肯定。

可见，普遍优惠待遇原则有三个特点：首先是普遍的。所有发达国家对所有发展中国家和地区出口的工业品或半制成品给予普遍的优惠待遇。其次是非歧视的。发达国家应该无歧视、无例外地给予所有发展中国家和地区普遍优惠的待遇。第三是非互惠的。发达国家单方面地给予发展中国家和地区以优惠待遇而无须发展中国家和地区给予发达国家反向的、对等的优惠待遇。

实施普惠制的发达国家主要是美国、欧盟和北欧一些国家，受惠的发展中国家和地区现已经有160多个。中国从1979年11月20日成为欧共体国家实施普惠制的受惠国后，又成为澳大利亚、新西兰、瑞士、加拿大、日本等39个国家的受惠国。

普惠制涉及发达国家的经济利益，因此，在实施普惠制时，发达国家有许多限制。这些限制主要表现在对受惠国和地区、受惠商品的范围、受惠商品减免关税的幅度以及严格实行原产地规则和直接运输规则的限制。比如，欧盟1992年第2913/92号指令第67条F款，要求普惠制中的"海鱼类产品"原产地须满足以下条件："用它（受惠国）的船只从海里捕捞的鱼类及其他产品"，而"它的船只"是指："在该受惠国登记或注册的，挂该国国旗的，该国国民拥有50%以上所有权，或者船东为公司者，该公司总部设在该受惠国而董事长、经理或监理会主席、董事会多数成员为该国国民……船长及75%水手为该国国民者。"对普惠制原产地的限制更为严格。1986年欧洲法院在一个案件的判决中曾明确指出："对普惠税率要使用与第802/86号指令（非特惠制原产地规则）不同的和更严格的观念。"实际上，对普惠制的原产地规则普遍比自由贸易区的规则还要严格。

（五）歧视待遇和不歧视待遇

歧视待遇或差别待遇（Differential Treatment或Discrimination），是指一国把某些特别的限制性规定专门用于特定的外国自然人或法人，或者是把给予本国和其他某些国家的自然人和法人的优惠待遇不给予特定的外国自然人或法人。

歧视待遇有合理的歧视待遇和不合理的歧视待遇。

合理的歧视待遇得到国际社会的承认。合理的歧视待遇有三种情况：第一种是由于历史文化、宗教、政治、经济、民族、地理等原因而形成的国家地区或国家集团，其成员国之间关系密切，因而彼此给予对方国家的自然人或法人以某些优惠待遇，但对非成员国的自然人或法人的待遇则存在差别，如欧盟对成员国之外的国家的待遇与成员国之间的待遇存在差别。第二种情况是毗邻国家之间在通商贸易、交通运输、人员往来以及关税等方面彼此给予对方优惠待遇，而这种优惠待遇一般是不给予非毗邻国家的。第三种是外国人在内国的民商事法律地位少于或低于内国人，如某些职业只能由本国人从事，某些企业只能由本国人经营，某些财产和权利只能由本国人享有。1919年的英国的外国人限制法规定，外国人不得在英国的商船上担任船长、大副和轮机长。1974年泰国的法律规定不允许外国人在本国经营报纸。

不合理的歧视待遇是由于特定的政治原因，一国给予某些国家的自然人或法人歧视待遇。这种不合理的歧视待遇往往会引起对方的法律对抗或报复。比如，在 1980 年 1 月 24 日中美贸易关系协定生效前，美国对从中国输入的货物收取高关税。对从中国输入的乒乓球征收 74%的高关税，而对从新加坡输入的乒乓球只征收 12%的关税。

不歧视待遇（Non－dif ferential Treatment 或 Non－discrimination），是指有关国家之间相互约定不把对其他国家的限制适用于对方，从而使彼此的国家、自然人、法人在对方国家享有的民事法律地位不低于其他国家。比如，1985 年中国与丹麦签订的投资协定第 3 条规定：双方相互保证，在不损害本国法律和法规的情况下，对缔约另一方国民或公司参股的合资经营企业或缔约另一方国民或公司的投资，包括对该投资的管理、维持、使用、享有或处置，不采取歧视措施。1986 年中英签订的投资协定中，也有类似的规定。

不歧视待遇与国民待遇和最惠国待遇之间存在异同。其相似之处是，非歧视待遇一般是通过最惠国待遇和国民待遇条款实现的，都是为了与内国或第三国处于平等的地位。其不同之处是，非歧视待遇要求缔约各方彼此给予对方自然人和法人与本国人或外国人享有相应的民事法律地位，不得歧视；最惠国待遇与国民待遇要求具体规定在什么情况下，外国人与内国人或者所有外国人在内国享有相同的民事法律地位。可见，非歧视待遇以预防为主，而最惠国待遇和国民待遇则要求具体规定。

除以上几种主要的待遇原则外，在国际私法的实践中，还存在敌国待遇、国家集团或联盟成员国之间的特殊待遇、毗邻国家之间的特殊待遇、外交报复或经济制裁下的外国人待遇。

三、外国人在中国的民事法律地位

外国人在我国的民事法律地位是与我国的国际地位和我国政府的对外政策直接相关联的，并随其发展而发展。

（一）外国人在旧中国的民事法律地位

外国人在旧中国的民事法律地位大体经历了三个不同时期。

封建帝国发展时期（公元前 206 年—公元 1518 年），也就是从西汉张骞出使西域到明朝的郑和下西洋时期。在这 1700 多年期间，尤其是汉唐宋明等中国封建帝国时期，经济繁荣，国力强盛，对外采取包容政策，中外经济文化交流频繁，允许外国人来华通商、留学、求佛，乃至允许外国人在封建王朝做官。汉朝京都长安设有接待外商的“蛮夷邸”。唐朝在当时国际大都会长安建立鸿胪寺，作为负责唐朝外事和对外经济贸易的专门机构，在地方建立市舶使，负责管理涉外海船。唐律规定，凡同一国籍的“化外民”发生争讼，依本国法处理；不同国籍的“化外民”发生争讼，则依唐律裁定。宋朝继续沿用唐律。元朝皇帝允许意大利人马可·波罗担任官职。封建王朝对外国人的民事法律地位也做了一些限定，比如唐玄宗颁令外国人不得与中国人通婚，禁止从事某些职业。

封建帝国走向衰落时期（1518 年—1840 年）。明末清初，中国的封建王朝开始走向衰落，而这时的西方国家向海外拓展殖民地。封建王朝为了巩固封建专制统治，采取闭关锁国政策，对外国人一律实行限制，禁止其进行正常的民事活动。清政府颁布“防夷五事”、“防患夷人章程”，限定外国人只能在广州一地的“商馆”中居住，并只能与特定的商行进行贸易。禁止外国人向中国人贷款，禁止外国人雇佣中国人做工，禁止外国人坐轿，禁止外国妇女进入城市或货栈。

从 1840 年鸦片战争到 1949 年中华人民共和国成立前，近代中国处于半殖民地半封建社会，西方列强通过无数的不平等条约，在中国攫取特权，外国人获得非互惠的片面的国民待遇、最惠国待遇和优惠待遇，而且这些待遇原则普遍适用于领事裁判权、经商权、征税权、房地产永租权、工业产权、著作权、内地传教权、内河航运权、内地游览权，开办矿山、铁路、航运、金融、海关、邮政、教育等特权。

（二）外国人在新中国的民事法律地位

中华人民共和国成立后，中国人民与外国人之间的交往进入了平等待遇时期。1949 年中华人民共和国政治协商会议颁布的《共同纲领》宣布取消帝国主义在华特权，在平等互利的基础上，中华人民共和国与各国政府和人民恢复和发展通商贸易关系。中华人民共和国庄严承诺，保护守法的外国侨民。在以后颁布的中华人民共和国宪法和其他一系列法律、法令和条例中，规定了外国人在中国应享有的民事法律地位。此外，中国参加或与外国缔结的国际条约和协定中，也规定了根据国民待遇、最惠国待遇、非歧视待遇等原则，彼此给予自然人、法人的民事法律地位。

根据我国的法律和加入的国际条约规定，外国人在我国享有如下的民事权利。

第一，人身权。根据我国《民法通则》第 8 条规定，外国人的人格尊严、姓名、名誉和宗教信仰、通信自由不受侵犯。

第二，亲属权。中国法律保护外国人与我国公民以及外国人之间在中国登记结婚或解除婚姻关系；保护依法成立的涉外收养关系和由此产生的抚养关系。

第三，继承权。中国法律保护外国人在中国的财产继承权，外国人有权依据中国法律继承在中国境内的动产和不动产。

第四，知识产权。中国法律保护外国人在中国取得的专利、商标和创作出版的权利；外国人有权依据中国有关法律向中国政府主管机关申请专利和商标注册；根据中国加入的国际公约和签订的协定，赋予缔约国国民在工业产权、版权方面的国民待遇。

第五，经营企业和开采自然资源权。依据中国法律，外国人有权在华经营工商企业和合作开采自然资源的权利，并享有依法所得的利润和其他收入。

第六，劳动权。除我国法律规定不得担任国防、武警、机要人员、引水员、飞行员等特殊职业外，外国人有权在中国参加社会工作，比如，三资企业的管理人员、教师、技术员、农工等。

第七，土地使用权。根据相应法律，外国人有权在中国使用、开发、利用、经营土地，在特定期限内，有权出租、转让、抵押土地和在土地上进行其他经济活动，等等。

第八，诉讼权。根据相关法律，外国人在我国享有与我国公民同等的诉讼权利和义务。

第二节 自然人

自然人是国际私法的基本主体。一方面，本国的自然人只要具有行为能力，就可以成为国际私法的主体；另一方面，当外国自然人在内国享有相应的民事法律地位时，便具有国际私法的主体资格。由于目前各国在给予外国人以民事法律地位时并不完全一样，还由于国际私法处理某类问题是依当事人的国籍或住所来确定准据法，所以，我们必须研究确定自然人的国籍和住所。

一、自然人的国籍

（一）国籍的概念

自然人的国籍（Nationality），是指一个人属于某一国家的国民或公民的法律资格或法律身份。国籍是区分某一自然人为内国人或外国人的唯一标准。在国际私法上，国籍的重要意义在于：它是判断某一民商事法律关系是否为涉外民商事法律关系的重要标志；而且，它是属人法的重要连结点，是法院行使司法管辖权和确定自然人在一国享有何种民事法律地位的重要依据。

自然人的国籍是由各国的国籍法规定的，但由于各国对国籍的取得、丧失和恢复的规定不一致，经常造成国籍冲突。

取得国籍的方式，大致可以分为生来取得和传来取得。生来取得又有三种情况：其一是由父母的国籍来确定子女的国籍，即所谓血统主义原则。血统主义又分为单系血统主义和双系血统主义。其二是由出生地来确定国籍，而不论父母的国籍，即所谓出生地主义原则。其三是有些国家同时采用血统主义和出生地主义，即混合制。混合制又可分为以血统主义为主、出生地主义为辅和以出生地主义为主、血统主义为辅。现在世界上绝大多数国家采取混合主义原则。传来取得国籍的原因，有国内法意义上的归化、婚姻、收养等和国际法意义上的国家合并或领土转让等。

国籍的丧失有自愿丧失和非自愿丧失两种。自愿丧失又有两种情况：申请出籍，要求退出某一国籍；自愿选择某一国籍，当具有双重国籍时，放弃其中某一国籍。非自愿丧失是指由于婚姻、收养、入籍等原因，自动丧失原来国籍。

国籍的恢复是指在一定条件下，丧失国籍的人，恢复原先的国籍。

（二）国籍冲突的解决

由于各国对国籍的取得、丧失、恢复的规定不同，导致有的人同时具有两个或两个以上国家的国籍，有的人则没有任何国籍。具有两个或两个以上国籍的，称为国籍的积极冲突；一个人没有任何国籍的状态，称为国籍的消极冲突。为了减少国籍冲突，国际社会做出不少努力，各国的国籍立法中也做了一些具体规定。国际私法主要研究国籍冲突的解决，可分为国籍积极冲突的解决和国籍消极冲突的解决。

1. 国籍积极冲突的解决。国籍积极冲突的解决方式根据情况而定，如果是内国国籍与外国国籍冲突时，采取“内国国籍优先原则”，只承认内国国籍，不承认外国国籍。这一原则已经得到国际公约和一些国家的国内立法承认。1930 年《关于国籍法冲突的若干问题的公约》第 3 条肯定了“内国国籍优先原则”。2006 年日本《法律适用通则法》第 38 条第 1 款规定：“当事人有两个或两个以上国籍，但其中之一为日本国籍，当事人的本国法应依日本法。”1987 年《瑞士联邦国际私法》第 23 条第 1 款、2001 年《韩国国际私法》第 3 条第 1 款、2004 年《比利时国际私法法典》第 3 条都有类似的规定。

当一个人具有的两个或两个以上的国籍都是外国国籍时，情况更为复杂，解决的方法有三种。其一是以当事人取得的最近国籍为准。1964 年的《日本法例》第 27 条规定："如当事人有两个以上国籍，依最后取得的国籍为优先。"其二是住所地国籍优先。1979 年《匈牙利国际私法》第 11 条规定："如个人具有多重国籍，但都不是匈牙利国籍，或无国籍，其属人法为其住所地法。"其三是同当事人联系最密切的国籍优先。这种方法得到越来越多的国家所采纳。如 1966 年的《波兰国际私法》第 2 条规定："具有两个以上国籍的外国人，以同他关系最密切的国家法律为其本国法。"1978 年《奥地利联邦国际私法》第 9 条、1982 年《土耳其国际私法和国际诉讼法》第 4 条、1999 年《白俄罗斯民法典》第 1103 条、2000 年阿塞拜疆《关于国际私法的立法》第 9 条都有类似的规定。

2. 国籍消极冲突的解决。解决国籍消极冲突的方法，各国一般采取以当事人住所地法为其本国法；如果当事人无住所或者不能确定住所，以其居所地法或惯常居所地法为其本国法；如无居所，则以法院地法为其本国法。1954 年《关于无国籍人地位的公约》第 12 条规定："无国籍人的个人身份，应受其住所地国家的法律支配，如无住所，则受其居住地国家的法律支配。"2006 年《日本法律适用通则法》第 38 条第 2 款规定："应依当事人本国法时，如果当事人没有任何国家的国籍，则依其惯常居所地法。"1978 年《奥地利联邦国际私法》第 9 条第 2 款、2005 年保加利亚《关于国际私法的法典》第 48 条第 4 款有类似规定。1999 年斯洛文尼亚《关于国际私法与诉讼的法律》第 11 条规定："对无国籍人或国籍不能确定者，适用其住所地法；无住所或住所不能确定的，适用其居所地法；居所亦不能确定的，适用斯洛文尼亚共和国法律"2007 年通过的土耳其《关于国际私法与国际民事诉讼程序法的第 5718 号法令》第 4 条有类似规定。

（三）中国关于解决国籍冲突的规定

我国现行的国籍法是 1980 年 9 月 10 日由第五届全国人民代表大会第三次会议通过并于同日公布施行的《中华人民共和国国籍法》。该法采取了"不承认双重国籍"的原则，即因出生或自愿加入取得外国国籍的，不再具有中国国籍；外国人取得中国国籍的，不得再保留外国国籍。对于无国籍人，符合一定条件的可以取得中国国籍。

在以往解决自然人国籍冲突的司法实践中，依据的是 1988 年最高人民法院《关于贯彻执行〈中华人民共和国民法通则〉若干问题的意见（试行）》的有关规定。即对于国籍积极冲突的解决，因为我国国籍法不承认中国公民拥有外国国籍，因此，该司法解释第 182 条规定："有双重或者多重国籍的外国人，以其有住所或者与其有最密切联系的国家的法律为其本国法。"对于国籍消极冲突的解决，一般援引该司法解释第 181 条的规定解决，即"无国籍人的民事行为能力，一般适用其定居国法律；如未定居的，适用其住所地国法律。"

2011 年《涉外民事关系法律适用法》对自然人国籍冲突的解决做出了明确的规定。对国籍的积极冲突采用有条件的冲突规范类型，该法第 19 条规定："依照本法适用国籍国法律，自然人具有两个以上国籍的，适用有经常居所的国籍国法律；在所有国籍国均无经常居所的，适用与其有最密切联系的国籍国法律。"这意味着在自然人有双重国籍或者多重国籍的情况下，依该自然人有经常居所的国籍国法律为其属人法，在其所有国籍国均无经常居所的，适用与其有最密切联系的国籍国法律为其属人法。对自然人国籍消极冲突的解决，规定“自然人无国籍或者国籍不明的，适用其经常居所地法律。”该规定避免了因自然人无国籍或国籍不明，而导致法律的适用者无从适用法律或任意适用法律的情形，增强了法律适用的确定性和可预见性。

二、自然人的住所

（一）概述

1. 国际私法上的住所概念

自然人的住所是指一个人以久住的意图而惯常居住的某一处所。从各国的立法与学说来看，一般认为构成国际私法上的住所需要满足主客观两个要素：一是居住者的长住意图；二是居住者长住的事实。在国际私法上，住所具有重要的意义。它表现了当事人同法域之间的特定联系。许多国家将住所地法作为当事人的属人法，在国籍无法确定或无国籍时，一般是适用住所地法。同时，住所还是指定某些财产关系的准据法的连结点，也是确定国际民事诉讼管辖权的重要依据。

住所可以分为不同的种类。按取得住所的时间先后划分，有现在住所和当时住所、旧住所和最后住所；按性质划分，有民事住所和商事住所；按取得住所的方式划分，有原始住所、选择住所、法定住所三类，这是一种主要的分类方法。

原始住所（Domicile of Origin），是指自然人出生时取得的住所，又称为“生来住所”。世界各国公认以父亲或母亲的住所为原始住所。在未取得选择住所前，不论当事人的意图如何，原始住所始终存在。

选择住所（Domicile of Choice），又称为意定住所，是指自然人自主选择而取得的住所。选择住所必须具备三个要素：行为人必须具有独立的行为能力；行为人对所取得的住所，不论时间长短，要有居住的事实存在；行为人对取得的住所要有永久居住的意图。在自然人取得选择住所后，原始住所自动终止；如果失去或放弃选择住所，原始住所则自动恢复。

法定住所（Statutory Domicile），是指依据法律规定而取得的住所。主要是未成年人和没有行为能力的人的住所，有时也指已婚妇女、现役军人和服刑人员的住所。

2. 住所、国籍、居所及惯常居所

住所是私法概念，是自然人进行民商事活动的主要地，它反映了居民与特定地域的联系。住所不同于国籍，国籍是公法概念，它确定自然人的政治身份，反映了居民同自己国家之间特定的联系。住所也不同于居所，居所虽然也是私法概念，但居所是指居民暂时居住的处所，不需要具备居住者久住的意图，只需要一定的居住时间。

一些国家的国际私法和一些国际公约还使用“惯常居所”这一概念，它在一些国家的立法中也被称为经常居所、习惯居所、经常居住地等。惯常居所的取得，通常依据的是在某一地方连续居住和停留一段时间的客观事实。由于它在标准上比住所概念易于操作，二战后出现了以惯常居所为主要连接点的立法趋向。我国《涉外民事关系法律适用法》即将“经常居所地”作为重要连接点加以规定。最高人民法院《关于适用〈中华人民共和国涉外民事关系法律适用法〉若干问题的解释（一）》第 15 条明确了其认定标准：“自然人在涉外民事关系产生或者变更、终止时已经连续居住一年以上且作为其生活中心的地方，人民法院可以认定为涉外民事关系法律适用法规定的自然人的经常居所地，但就医、劳务派遣、公务等情形除外。”

（二）住所冲突的解决

由于各国法律和实践对住所的取得、变更、丧失等的规定不同，从而引起住所冲突。住所的积极冲突是指一个自然人同时拥有两个或两个以上的国家的住所。住所的消极冲突是指一个自然人没有任何法律意义上的住所。

1. 住所积极冲突的解决。住所积极冲突的解决方法与国籍的积极冲突解决方法类似。一般有三种方法：

内国住所优先方法。当自然人有两个或两个以上的住所，其中有一个是内国住所，则以内国住所为准。

最后取得优先方法。当自然人同时具有两个或两个以上外国住所，取得的时间不一致，则以最后取得的住所为准。

关系最为密切的方法。当自然人有两个或两个以上的外国住所，而且取得的时间相同，则依据关系最密切的原则，以与该自然人关系最密切的住所为准。

2. 住所消极冲突的解决。住所消极冲突的解决方法，各国比较一致。一般依据居所地或惯常居所地代替住所，也就是以居所地法或惯常居所地法为准。如果无居所地或居所不明时，一般以当事人的现在地代作住所。

（三）中国关于解决住所冲突的规定

我国，住所是通过户籍制度确定的。《民法通则》第 15 条规定：“公民以他的户籍所在地的居住地为住所，经常居住地与住所不一致的，经常居住地视为住所。”1988 年最高人民法院《关于贯彻执行〈中华人民共和国民法通则〉若干问题的意见（试行）》第 183 条规定：“当事人的住所不明或者不能确定的，以其经常居住地为住所。当事人有几个住所的，以与产生纠纷的民事关系有最密切联系的住所为住所。”可见，我国在司法实践中的做法与国际上的通行做法是一致的。

此外，我国《涉外民事关系法律适用法》以经常居所地为主要连接点。根据该法第 20 条的规定，应适用自然人的经常居所地法律，而自然人经常居所地不明的，适用其现在居所地法律。

三、自然人的权利能力和行为能力

（一）自然人的权利能力

1. 权利能力及其冲突。自然人的权利能力，又称自然人的民事权利能力，是指自然人在法律关系中具有的享有民事权利和承担民事义务的主体资格，是自然人作为涉外民事关系主体的前提。一般来讲，除非违反相应法律而被剥夺，自然人的权利能力始于出生终于死亡，它是自然人本身所固有的属性。但是，由于各国文化传统和政治经济制度不同，对自然人权利能力的具体规定也不同，因此导致自然人权利能力的冲突。

对于何时为出生，各国规定是不同的，因而享受权利能力的开始时间也不同。《瑞士民法典》第 31 条规定：只要出生时尚生存，出生时即具有权利能力的条件；第 33 条规定：出生，以在母体外的生活为开始。《西班牙民法典》规定：出生后需要存活 24 小时才能取得权利能力。我国有关法律对出生的规定是，与母体分离而成为独立体，并且须具有生命。

自然人权利能力终止于死亡。对于自然死亡，各国法律较一致，即以停止呼吸和心跳为标准。但各国对死亡宣告和失踪宣告的规定不同，因而造成在自然人权利能力终止问题上的法律冲突。比如，根据《法国民法典》第112条和第122条的规定，凡停止在其住所地或居所地出现并经查而无音讯者，监护法官得应有利害关系的当事人或检察院的请求，确认失踪推定。确认推定失踪的判决做出之后经过10年，得由大审法院宣告失踪。在没有判决确认失踪推定的情况下，如当事人停止在其住所地或居所地出现无音信超过20年，法院亦可宣告失踪。《日本民法典》第30条规定：失踪人生死不明满7年则为失踪者，并宣告其死亡。英国对此类规定为7年，瑞士为5年，德国为10年。我国《民法通则》第20条和第23条规定：公民下落不明满2年的，利害关系人可向人民法院申请宣告他为失踪人；下落不明满4年的，因意外事故下落不明满2年的，利害关系人可向人民法院提出申请，宣告其为死亡。

由此可见，各国在权利能力的开始和终止的规定方面存在法律冲突。

2. 权利能力的法律适用。在国际私法实践中，解决这些冲突的公认原则是依据当事人的属人法。依据属人法解决的又分为三类：(1) 以当事人的本国法为属人法，如《奥地利联邦国际私法法规》第12条规定：人的权利能力和行为能力，依其本国法。(2) 以当事人的住所地法为属人法，如《秘鲁民法典》第2068条规定：自然人的出生和死亡，依其住所地法。(3) 混合方法，即对在内国的外国人以住所地法为其属人法，对在外国的内国人适用本国法，如《加蓬民法典》第32条规定：个人的身份与能力依其本国法；但是在加蓬设有住所5年以上的外国公民，得依加蓬法。

但也有一些国家不赞同依属人法，认为自然人的权利能力只不过是其在特定的涉外民事法律关系中能否享有权利和义务的资格，因此坚持依法律关系准据法所属国法律。还有的国家既不主张依属人法，又不主张依准据法，而是认为自然人的权利能力关系到法院国的法律原则，涉及法院国家的利益，所以应由法院地法来解决。

对死亡宣告和失踪宣告的法律适用会涉及两个问题：一是宣告的管辖权问题；二是宣告的条件和后果方面的法律适用问题。对这两个问题的解决，国际上采用了以下两种做法。一种是由失踪人所属国家法院管辖，并适用失踪人的属人法。其理由是权利能力适用属人法是公认的国际私法原则，所以死亡宣告和失踪宣告也应适用属人法。如《奥地利联邦国际私法法规》第14条规定：死亡宣告及死亡证明程序的要件、效力和撤销，依失踪人最后为人所知的属人法。意大利《国际私法法案》第24条、波兰《国际私法》第11条、斯洛文尼亚《关于国际私法和国际程序的法律》第16条也有相应的规定。

另一种做法是原则上适用本国法，但当失踪人与法院地国有特殊关系，涉及法院地国及其公民的财产时，法院应当主张管辖权，并应适用法院地法。如《土耳其国际私法和国际诉讼程序法》第10条规定："如果被宣告失踪或死亡的当事人在土耳其拥有财产，其配偶或其中一位继承人具有土耳其国籍的，可以适用土耳其法律。"德国《民法典施行法》第9条规定："死亡宣告、死亡及死亡时间的确定以及推定存活与推定死亡，适用失踪人有最后生命迹象时的本国法。如果失踪人在该时间为外国国民，则在存在正当利益的前提下可以依照德国法律宣告其死亡"日本《关于法律适用的通则法》第6条、《希腊民法典》第6条、《泰国国际私法》第11条等都有类似的规定。

3. 中国关于权利能力的法律适用规定。我国《涉外民事关系法律适用法》第11条规定："自然人的民事权利能力，适用经常居所地法律。"这是我国现行法律第一次就自然人民事权利能力的法律适用问题做出明文规定。依照该规定，如果自然人的经常居所位于中国，则其民事权利能力适用中国法；如果其经常居所位于某一外国，则其民事权利能力适用该外国法。此外，该法第13条对自然人失踪宣告和死亡宣告的法律适用问题做出了规定："宣告失踪或者宣告死亡，适用自然人经常居所地法律。"

（二）自然人的行为能力

1. 行为能力及其冲突。自然人的行为能力是指自然人通过自己的行为取得民事权利承担民事义务的能力。自然人具备行为能力的必要条件有：达到一定的年龄；精神正常、心智健全。如果未具备这两个条件，则被认为是无行为能力或限制行为能力的人。由于各国对自然人行为能力的规定不同，从而引起自然人行为能力的法律冲突。

各国对行为能力人、限制行为能力人、无行为能力人的年龄规定大不相同。对于成年人的年龄标准，我国规定为18岁，日本规定为20岁，瑞士规定为21岁，意大利规定为22岁，荷兰规定为23岁，奥地利规定为24岁，西班牙规定为25岁。对无行为能力人和限制行为能力人的年龄也有限制。通常认为，未满7岁为无行为能力人，7岁到成为成年人以前为限制行为能力人。我国《民法通则》规定，未满10岁者为无行为能力人，满10岁而未满18岁者为限制行为能力人，满16岁未满18岁者，如果以自己的劳动收入为主要生活来源的，视为完全民事行为能力人。

对于成年人，由于生理和心理因素不健全，被各国视为无行为能力或限制行为能力，但是具体的规定又有差异，所以在生理和心理条件方面也会造成自然人行为能力的法律冲突。

2. 行为能力的法律适用。自然人行为能力的法律适用，一般主张依据解决自然人的权利能力冲突的原则，即依据属人法来解决。如2007年土耳其《关于国际私法与国际民事诉讼程序法的第5718号法令》第9条规定："权利能力和行为能力，依当事人的本国法。"德国《民法典施行法》第7条规定："人的权利能力与行为能力，适用该人所属国法律。"各国在实践中，采取的一般方法是依属人法有行为能力者，外国法也视为有行为能力者；依属人法无行为能力者，外国法也应视为无行为能力者。

近年来，为了促进国际民商事关系发展和保护本国人、相对人、善意第三人的利益，各国又对属人法实施一定限制。这种限制主要有两种情况：一种是适用行为地法，即外国人在内国为民事行为时，依属人法无行为能力而依行为地法有行为能力者，视为有行为能力。如日本2006年通过的《关于法律适用的通则法》第4条第2款规定："如果实施法律行为的人依其本国法为行为能力受限制的人，而依行为地法为有行为能力的人，则视其为有行为能力的人，但以该法律行为实施时，所有当事人均位于施行同一法律体系的地方为限。"《俄罗斯联邦民法典》第1197条第2款规定："依照其属人法不具有民事行为能力的自然人，若依行为实施地法具有民事行为能力的，则不得援引其不具有行为能力，除非能够证明另一方当事人已知晓或显然已知晓其无行为能力。"

另一种是适用物之所在地法或侵权行为地法，这种情况是指有关不动产和侵权行为的责任能力，不适用属人法，而适用物之所在地法或者侵权行为地法。比如，《泰国国际私法》第10条规定："对于不动产的法律行为能力，依不动产所在地法。"阿塞拜疆《关于国际私法的立法》第10条第2款规定："自然人的行为能力，涉及法律行为和侵权行为的，依法律行为实施地国法或者侵权行为发生地国法。”

3. 中国关于行为能力法律适用的规定。我国《涉外民事关系法律适用法》第12条规定：“自然人的民事行为能力，适用经常居所地法律。自然人从事民事活动，依照经常居所地法律为无民事行为能力，依照行为地法律为有民事行为能力的，适用行为地法律，但涉及婚姻家庭、继承的除外。”可见，我国就自然人民事行为能力准据法的确定问题，以适用当事人经常居所地法为原则，同时有条件地适用行为地法。

实际上，我国对自然人民事行为能力的法律适用进行立法规定，可以追溯到1986年通过的《民法通则》。该法第143条规定：“中华人民共和国公民定居国外的，他的民事行为能力可以适用定居国法律。”最高人民法院《关于贯彻执行〈中华人民共和国民法通则〉若干问题的意见（试行）》第179条、第180条、第181条又对此做了进一步规定：(1) 定居国外的我国公民的民事行为能力，如其行为是在我国境内所为，适用我国法律；在定居国所为，可以适用其定居国法律。(2) 外国人在我国领域内进行民事活动，如依其本国法律为无民事行为能力，而依我国法律为有民事行为能力，应当认定为有民事行为能力。(3) 无国籍人的民事行为能力，一般适用其定居国法律；如未定居的，适用其住所地国法律。从这些规定来看，在2011年4月1日《涉外民事关系法律适用法》施行前，我国在司法实践中对于当事人的行为能力原则上是适用其本国法，以行为地法为补充。2010年12月2日发布的最高人民法院《关于认真学习贯彻执行〈中华人民共和国涉外民事关系法律适用法〉的通知》第4条规定：“《涉外民事关系法律适用法》实施后，最高人民法院制定的司法解释中关于涉外民事关系法律适用的内容，与《涉外民事关系法律适用法》的规定相抵触的，不再适用。”因此，在确定自然人民事行为能力的准据法时，应遵循《法律适用法》第12条的规定。

第三节 法人

一、法人的国籍

法人（Legal Person，Artificial Person），是指依法定程序成立，拥有自主经营的财产，具有民事权利能力和民事行为能力的社会组织。作为国际私法的主体，法人与某一国家有着特定的法律关系，所以，就像法人本身是一个拟制的人格体，法人比照自然人的国籍，也拥有一个“拟制国籍”。法人国籍问题较为复杂，为了确定法人国籍各国提出了不同的标准。

（一）确定法人国籍的标准

1. 设立地主义，或登记地主义。这种观点认为，由于是国家依法律批准或给予登记的行为造就了法人，所以，法人的国籍应该依据其设立地确定。凡是在内国设立的法人为内国法人，凡是在外国设立的法人为外国法人。英国、美国以及部分东欧国家坚持这种观点。2002年3月1日生效的《俄罗斯联邦民法典》第1202条第1款规定：“法人以其设立地法为属人法。”登记地主义有如下优点：登记地确定不移，容易分析确认，以辨明登记者的具体情况；未经登记国的同意，法人不能改变其国籍；如果登记地国认为该法人有违反法律的行为，登记地国容易将其解散，便于管理。但也有人认为此种标准易助长当事人规避法律。

2. 住所地主义。这种观点依据法人的住所来确定法人的国籍。该主张认为，法人的住所是法人的经营管理和经济活动的中心，因此法人的国籍应依其住所地而定。凡在内国有住所的法人为内国法人，凡在外国有住所的为外国法人。法国、德国、意大利、葡萄牙、西班牙等欧洲国家主张用法人的住所地来确定法人的国籍。奥地利《关于国际私法的联邦法律》第 10 条规定："法人或者其他能够享受权利并承担义务的社团或者财团，其属人法为该权利义务承担者实际管理中心地国法。"各国对法人住所的确定，又有不同的主张。在实际生活中，对于采取住所地说的国家来说，法人住所地的迁移会导致法人属人法的变更。

3. 准据法主义。这种观点认为，法人都是依据一定的法律规定和该国家的认可成立的，所以，法人的国籍应该依据法人设立时所依的法律来确定。前南斯拉夫《法律冲突法》第 17 条规定："法人的国籍依其成立所根据的那个国家的法律。""如果法人的实际活动处所不在其成立国而在另一国，并按另一国法律具有国籍，应视为该国的法人。"

4. 复合主义。由于根据某一个因素确定法人的国籍难免出现弊端，有学者提出了兼采两种标准的复合主义说。这种主张已在某些国际和国内实践中得到支持。如瑞士、意大利是以设立地国法为主，以管理中心地法为补充。又如，我国《中外合资经营企业法实施条例》规定，依照中外合资经营企业法批准并在中国境内设立的合资企业是中国法人。

5. 资本控制主义，或成员国籍主义。这种观点以资本实际为哪国所控制为标准。其理由是：法人是由成立该组织的人建立的，法人的权利实际上属于设立法人的自然人，所以法人不能脱离其设立人而独立，法人只能与其设立人同一国籍。这种方法主要用于战争时期，防止敌国控制某些重要企业。但现在此主张因股东经常变化或股东国籍本就不同而难以采用。

在各国的实践中，各国根据自己的利益和需求来确定法人国籍，为解决法人国籍冲突带来困难，随着国际经济交往的日益频繁，需要逐渐协调各国立场，建立统一的标准。

跨国公司的国籍也是一个重要的理论和实践问题。由于跨国公司的资金、成员、经营等具有跨国性，其国籍的确定非常复杂。跨国公司中除总公司外，有众多分散于世界各地的分公司、子公司，分公司和子公司之下又可能设立有更小的分公司和子公司。这些子公司或分公司在其他国家既可以单独经营，也可以和其他公司合作经营。因此，在确定跨国公司的国籍时，应该和总公司分开，把在不同国家和地区的分公司或子公司分开，然后按照各公司的所在国或其经营地国所采取的确定法人国籍的方法，结合具体情况确定跨国公司及其子公司或分公司的国籍。

（二）中国确定法人国籍的立法与实践

新中国成立初期，为了肃清帝国主义在华特权，我国采取资本实际控制主义方法确定外国法人的国籍。改革开放以后，为了适应国际交往新形势，我国有关立法做出了新的规定。

对外国法人的国籍，我国采取登记注册地标准来确定。最高人民法院《关于贯彻执行〈中华人民共和国民法通则〉若干问题的意见（试行）》第 184 条规定："外国法人以其注册登记地国家的法律为其本国法”。因此，对于在外国根据它的法律取得了该外国国籍的法人，我国都给予承认而不问该外国法适用何种确定法人国籍的标准。

对内国法人国籍的确定，我国采取登记注册地主义和准据法主义相结合的方法。《民法通则》第41条第2款规定：“在中华人民共和国领域内设立的中外合资经营企业、中外合作经营企业和外资企业，具备法人条件的，依法经工商行政管理机关核准登记，取得中国法人资格。”《中华人民共和国中外合资经营企业法》和《中华人民共和国外资企业法》也有类似的规定。

二、法人的住所

对于法人住所的理解，各国并不一致，主要有以下几种理论：

第一，管理中心所在地说或主事务所在地说。此说认为，由于管理中心是法人的总部，对整个组织的运转起着至关重要的作用，所以应该以法人的主事务所所在地为法人的住所地。例如，《日本民法》第50条规定：“法人以其主事务所所在地为住所。”德国和法国的民法也认为，法人的住所，就商业法人而言，应在其商业事务管理中心地；就非商业法人而言，应是它履行其职能活动住的所地。瑞士、意大利、泰国等国家也采用这种主张。

第二，营业中心所在地说。此说认为，法人运用资本进行营业活动的地方是实现其经营目的之所在，该地与法人的生存有重要的关系，最能反映法人与特定地域的真实联系，故法人的住所应是其营业中心所在地。韩国《关于涉外民事法律的法令》第29条规定：“商业公司的法律行为能力适用其营业地法。”埃及、叙利亚等国法律也有此规定。

第三，章程规定说。此说认为，法人成立登记时章程应明确指出其住所的位置。如1907年《瑞士民法典》第56条规定：法人的住所，依法人的章程规定；章程没有规定时，则依执行其事务的处所为法人的处所。

我国《民法通则》第39条规定：“法人以它的主要办事机构所在地为住所。”《公司法》第10条也有类似规定：“公司以其主要办事机构所在地为住所。”2005年修订的《公司登记管理条例》第12条规定：“公司的住所是公司主要办事机构所在地。经公司登记机关登记的公司的住所只能有一个。公司的住所应当在其公司登记机关辖区内。”从这些规定看，对法人住所的确定，我国采取管理中心地说。

三、外国法人的认可

外国法人的认可，是指外国法人以法律人格者在内国从事民事活动的认可，是外国法人进入内国从事民事活动的前提。内国是否认可外国法人在其国内进行活动，涉及两个问题。其一是根据有关外国法人的国籍法判定，该组织是否已经成立为法人。其二是依据外国法已经成立的外国法人，内国法律是否也承认它作为法人而在内国存在和活动。所以，国际私法所认可的外国法人在内国进行活动，必须同时适用外国法人的属人法和内国的有关外国人法这两个法律。

外国法人的认可是内国的主权行为，经过认可，外国法人就享有在该国从事民商事活动的权利，其活动应该受到该国法律的保护。各国根据具体情况，可以通过条约和内国法律来对外国法人的民商事法律地位给予确认。根据各国的实践，外国法人的认可制度可归纳为以下几种。

1. 特别认可制度，即外国法人只有在经过内国特别批准或登记认可之后，外国法人才在该内国享有权利能力和行为能力。其积极意义是内国能够全面了解外国法人的情况，有效地控制外国法人在内国的活动。1980 年我国国务院颁发的《关于管理外国企业常驻代表机构的暂行规定》第 2 条规定表明，在对外国法人常驻代表机构的认可问题上，我国采用了特别认可制度。

2. 一般认可制度，即外国法人根据内国法一般规定，只需要办理必要的登记手续，便可取得在内国活动的权利。英国、美国、德国、意大利、瑞士采用此种制度。原《苏俄民法典》第 564 条规定，在外贸和与外贸有关的业务范围内，对外国法人采用这种认可制度。

3. 相互认可制度，即国家之间根据双边或多边条约的规定，分别在各自国家相互承认对方国家法人的民事主体资格的制度。1956 年在海牙通过的《关于承认外国公司、社团和财团的法律人格的公约》第 1 条规定："凡公司、社团和财团按照缔约国法律在其国内履行登记或公告手续并设有法定所在地而取得法律人格的，其他缔约国当然应予承认。"1966 年《美国和多哥友好经济条约》和 1968 年在布鲁塞尔通过的《关于相互承认公司和法人团体公约》第 1 条都有类似的规定。

4. 分别认可制度，即内国对于不同性质、不同种类的外国法人，分别采取不同的认可方式的制度。法国、日本采取这种制度，对外国商业法人采用一般认可，对外国非商业性法人采用特别认可。

外国法人一经内国认可，即表明有资格在该内国从事民商事活动。至于外国法人在内国可以在多大范围内从事民商事活动，这又涉及外国法人的权利能力和行为能力的认定。

四、外国法人的权利能力和行为能力

（一）一般法律适用原则

法人的权利能力，指法人参与民事法律关系并取得民事权利和承担民事义务的资格。法人的行为能力，则是法人通过自己的行为取得民事权利并承担民事义务的资格。法人的权利能力和行为能力与自然人的权利能力和行为能力存在区别。前者是同时产生同时终止，其范围也是一致的，有什么样的权利能力就有什么样的行为能力；后者则可以不一致，有权利能力的自然人不一定就有相应的行为能力。

各国民法关于法人权利能力和行为能力的规定不尽相同，势必产生法律冲突。例如，有的国家规定合伙是法人，而有的国家规定合伙不是法人；又有的国家规定法人除因自己决定或因破产而解散外，还可因违背善良风俗而被解散，而有的国家对后者不加规定。需要指出的是，由于法人的权利能力和行为能力同时开始同时终止并且二者范围一致，因此，对法人权利能力和行为能力的法律冲突，国际私法上是采用同一冲突规则来解决的，即适用法人的属人法，也就是依法人的国籍国或住所地国的法律加以解决。例如，2001 年《俄罗斯联邦民法典》第 1202 条第 1 款规定："法人以其设立地法为属人法。"奥地利《关于国际私法的联邦法律》第 10 条规定："法人或者其他能够享受权利并承担义务的社团或者财团，其属人法为该权利义务承担者实际管理中心地国法。”法人属人法支配的范围比较广泛，除了适用于解决法人权利能力和行为能力的冲突外，一般还主张适用于以下方面：(1) 法人的成立和法人的性质；(2) 法人的内部体制和对外关系；(3) 法人的解散；(4) 法人的合并、分立问题等。例如，1995 年《意大利国际私法制度改革法》第 25 条第 2 款规定：“适用于法人的法律尤其支配：(1) 法律性质；(2) 名称或企业标记；(3) 成立、转让和解散；(4) 权利能力和行为能力；(5) 机构的组成、职权和运作；(6) 法人的代理；(7) 取得或丧失成员资格的方式以及与成员资格相关的权利与义务；(8) 法人负债的责任；(9) 违反法律或章程的法律后果。”

外国法人在内国取得法人资格后，具备了法人的一般权利能力，但不一定可以自由在内国享有任何权利或进行任何活动。除条约另有规定外，每个国家可以自由规定外国法人在内国享有的权利和活动的范围。有些国家规定外国人在内国不得享有土地所有权，有些国家禁止外国法人在内国经营公用事业、金融、保险等行业。如 1953 年的《法国民法典》第 1 条规定，除政治权利和法律专门对外国人禁止的权利外，外国人在法国享有和法国人同样的权利。住所位于外国并依该外国有效的法律合法成立的法人，在法国享有外国人具有的权利，但法律和法规对于他们的活动可能做出的限制不在此列。可见，尽管外国法人权利能力和行为能力的法律冲突一般依法人属人法解决，但外国法人在内国的活动范围是要受到内国法的制约的，即只能在内国法许可的范围内从事民商事活动。

(二) 中国的相关规定和实践

我国最高人民法院颁发的《关于贯彻执行〈中华人民共和国民法通则〉若干问题的意见（试行）》第 184 条规定：“外国法人以其注册登记地国家的法律为其本国法，法人的民事行为能力依其本国法确定。外国法人在我国领域内进行的民事活动，必须符合我国的法律规定。”《中华人民共和国中外合资经营企业法》第 1 条直接规定外国法人可以享有的权利：外国公司、企业和其他经济组织，按照平等互利的原则，经中国政府批准，有在中华人民共和国境内同中国的公司、企业或其他经济组织共同举办合营企业的民事权利。《中华人民共和国对外合作开采海洋石油资源条例》第 1 条规定：“外国企业有参与合作开采中华人民共和国海洋石油资源的民事权利。”可见，我国法院在确定外国法人的权利能力和行为能力时，首先也是适用其本国法，但外国法人在我国从事民事活动，还必须在我国法律许可的范围之内。

我国《涉外民事关系法律适用法》自 2011 年 4 月 1 日起施行之后，在法人属人法问题上仍主要采取本国法主义（登记地国法），但同时规定以法人的经常居所地法为补充，并进一步扩展了法人属人法的调整范围。该法第 14 条规定：“法人及其分支机构的民事权利能力、民事行为能力、组织机构、股东权利义务等事项，适用登记地法律。法人的主营业地与登记地不一致的，可以适用主营业地法律。法人的经常居所地，为其主营业地。”可见，法人属人法不仅适用于之前司法解释所规定的法人民事行为能力，而且进一步适用于其民事权利能力，以及组织机构、股东权利义务等内部事项。法人属人法的标准仍然主要采取本国法主义，以法人的国籍国法即法人登记地国家的法律为其属人法。同时，为增加法律适用的灵活性，以法人经常居所地法为补充。现代社会允许跨国经营，出现了法人在本国登记而在外国经营的情况，根据我国法律的规定，即出现法人的经常居所地（法人的主营业地）不在法人国籍国（法人的登记地国）的情况。为维护法人经常居所地所在国的经济秩序，我国《涉外民事关系法律适用法》规定“法人的主营业地与登记地不一致的，可以适用主营业地法律”。

第四节 国家与国际组织

在国际社会中，国家以涉外民事法律主体资格参加国际民事、经济活动，享有民事权利和承担民事义务。比如，国家同外国私人投资者签订特许协议，开发本国自然资源或发展公用事业；与外国或外国人签订各种外资协议，直接在国际市场上销售或采购商品；国家对外发行债券、股票，向外国银行贷款，同外国自然人、法人、国际经济组织缔结经济合同，等等。而且这种现象日益普遍，我们必须予以特别重视。不过，国家在参加民事活动时，与自然人、法人参加民事活动的方式有明显的差异，因而存在自身的特殊性。首先，国家参与涉外民事活动是由其授权机构或负责人以国家的名义进行的。其次，国家必须自我限制主权，以一个平等的民事主体的资格出现。第三，国家参与涉外民事活动时，以国库对其授权机构或代表人的涉外民事行为承担民事法律责任，而且这种责任是无限的。第四，虽然国家作为民事主体参加民事活动，但它毕竟是主权者，所以，国家及其财产依法享有司法豁免权。

国际组织是国际关系发展到一定阶段的产物，主权国家或地区之间为了共同的政治、经济、军事、文化或其他利益，通过缔结国际条约规定它们共同享有的权利和承担的义务，并以这些国际条约和公约为基础结成国际组织。国际组织既是国际法主体，也是国际私法主体。它的主要参加者是国家，是国家间合作的一种法律形式，如联合国、世界贸易组织、欧洲联盟、国际电信联盟等。此外，若干国家的民间团体及个人所组成的机构，如国际商会、国际太阳能协会、国际奥林匹克委员会、国际红十字组织、国际律师学会等也属于国际组织。但一般所讲的国际组织，主要是由若干政府所设立的国家间机构。

国际组织的出现是国际社会交往的必然结果，国际组织出现后，为履行其职责和维持其生存，需要进行广泛的交往，必然要同国家、其他国际组织、法人、自然人发生民商事法律关系，这就涉及国际组织的法律地位问题。国际组织作为国际私法的主体，参加民事活动的方式、特点以及在民事活动中的地位，与自然人、法人、国家都有所不同，表现在以下几方面。

1. 国际组织以其自身的名义参加涉外民事法律关系，享有权利和承担义务，其债权债务关系不与组成该组织的成员国发生直接的关系。1946 年《联合国特权及豁免公约》和 1947 年《联合国各专门机构特权及豁免公约》等确定了联合国及其专门机构的法律人格，规定它们有“缔结契约”、“取得并处置动产和不动产”、“从事法律诉讼”的行为能力。

2. 国际组织的国际私法主体资格是依照该国际组织得以设立的国际条约、协议和章程而取得的。国际组织是由若干成员为其特定的目的而创设的，其主体资格既不来源于该组织本身，也不能由国内立法来确定，而只能由该组织的条约、协议和章程加以规定。

3. 国际组织所从事的民商事活动的宗旨、范围是由该组织的条约、协议、章程体现出来的。超越了其规定的范围或违背其宗旨，该组织便无此权利能力和行为能力。如《联合国宪章》第104条规定：“本组织于每一会员国领土内，应享受于执行其职务及达成其宗旨所必须之法律行为能力。”

4. 国际组织在民商事活动中享有一定的特权与豁免权。国际组织本身不享有主权，也不是自始就享有豁免权，其豁免权最初源于外交特权和豁免。联合国成立以后，制定了一系列以联合国为中心的有关国际组织的法律地位、特权和豁免的公约，才确定了政府间国际组织的豁免权，如1946年《联合国特权及豁免公约》，1947年联合国与美国签订的关于联合国会所的协定和1954年联合国教科文组织与法国签订的协定。1975年维也纳外交会议通过由联合国国际法委员会起草的《关于国家在其对普遍性国际组织关系上的代表权公约》文件中，对国际组织的特权与豁免权做出了具体的规定。国际组织在民商事活动中的特权与豁免权主要内容有：享受当地国的司法管辖与执行豁免、国际组织的会所和公文档案不受侵犯、国际组织的财产和资产免受搜查、征用、没收、侵夺和其他任何形式的干涉。

思考题

1. 外国人民事法律地位的几个主要制度的内容和作用是什么？最惠国待遇和普遍优惠制对我国有什么现实意义？
2. 试述我国《涉外民事关系法律适用法》中关于属人法连接因素的新规定。
3. 我国关于自然人国籍冲突与住所冲突的解决有哪些规定？
4. 评述确定法人国籍的不同标准。

第六章　涉外物权问题

国际私法中的物权，是指具有涉外因素的财产所有权以及与之有关的其他财产权，亦称涉外物权。各国因其社会制度和历史传统不同，在民事立法上对物权的规定存在很大差异，因而对某一涉外物权关系适用不同国家的法律就会得到不同甚至截然相反的结果，由此而产生物权的法律冲突。涉外物权所涉及的重要问题，还有国家财产豁免权和国有化的域外效力及国有化的补偿问题等等。这些都关系到维护国家的经济主权和利益，也关系到对一国公民和法人财产权的确认和保护。

第一节　涉外物权概述

一、物权的概念和分类

物权是指对物的直接管理和支配并排除他人干涉的权利。物权可以分为自物权和他物权两大类。自物权即所有权，是权利主体对自己财产所享有的占有、使用、收益和处分的权利，是权利最充分、最完整的一种物权。他物权是在他人所有财产上设定某项权利的物权。这种权利一方面具有物权的一般性质，权利人可以对抗任何不特定的相对人，另一方面又不像所有权那样具有四个方面权能的完整权利。他物权又分为用益物权和担保物权两种。用益物权是在他人财物上设定的以使用、收益为目的的权利，如地上权、典权；担保物权是为了担保债的履行而设立的物权，如抵押权、留置权等。

二、涉外物权

在物权关系的诸要素中只要有一个因素涉及外国，即是涉外物权。所谓涉外因素，包括以下几种情况：

1. 物权主体的一方或双方是外国人（包括自然人或法人），有时也可能是外国国家。

2. 作为物权客体的物位于国外，如中国公民个人所有的房屋位于外国境内。

3. 引起物权产生、变更或消灭的法律事实发生在国外，如某华侨在国外死亡，其子女依法获得死者在中国境内的遗产所有权，即引起该遗产所有权产生的事实发生于国外。

物权是各国民法中的一项基本制度。但是，由于各国社会制度和历史传统不同，在民事立法上，对物权的规定存在很大差异，表现为在物权客体的范围，物权的种类和内容，物权的取得、变更和消灭，动产和不动产的区分，以及物权的保护方法等方面规定不同，从而形成物权法律冲突。对同一涉外物权关系，依据不同国家的法律处理，就会得到不同甚至截然相反的结果。对于这一法律冲突的解决，当今各国适用得最为广泛的是物之所在地法原则。

第二节　物之所在地法原则

物之所在地法，即物权关系客体物所在地的法律。在涉外物权关系中，物之所在地法是最普遍适用的法律适用原则，在长期实践中，得到各国普遍承认，并逐渐形成了用来解决物权法律冲突的原则，即"物之所在地法原则"。凡涉外民事法律关系中的物权问题，都是依据物权客体物所在地国家的法律来解决，包括解决因物权而引起的法律问题和确定外国人在一国境内有关物权方面的地位等问题。

一、物之所在地法原则的产生和发展

（一）物之所在地法原则的产生

物之所在地法原则的产生可追溯到13世纪～14世纪的意大利。当时，法则区别说的奠基人巴托路斯把意大利各城邦的习惯法区分为人法和物法，并指出人法应适用于人的身份及行为能力等问题，物法应适用于物权法律关系。这里的"物"主要包括土地以及与土地有关的不动产，这里的"物法"即指物之所在地法。因为当时社会经济不发达，民事法律关系相对简单，动产种类不多，经济价值也相对较小，一般存放在所有人的住所地，并随人的住所迁移而转移地理位置，所以欧洲各国流行"动产随人"或"动产附骨"的规则，即动产物权适用所有人或占有人的住所地法，而不动产所有权因常常涉及国家重大经济利益，各国普遍支持和主张不动产物权适用不动产所在地法。

（二）物之所在地法的发展

随着资本主义经济关系的日益发展，国际商品流转的进一步加强，涉外民商事关系越来越复杂，流动资本增加，动产数目增大，资本的国际活动范围日趋扩展，动产所有者的住所地与动产所在地经常不一致，一个动产所有者的动产可能遍及数国，并涉及数国的经济活动，而动产所在地国也不愿意适用其所有人的属人法来解决位于自己境内的动产物权问题。这样"动产随人"这一古老的规则已不能适应实际需要，而遭到许多学者的反对和批判。德国法学家萨维尼就是其中之一，他倡导动产物权的设定和转移适用物之所在地法，而传统的规则至多只能适用于动产的继承和夫妻财产制。

从19世纪末开始，许多国家逐渐在立法和司法实践中抛弃了"动产随人"的原则，转而主张不分动产和不动产，物权关系一律适用物之所在地法。例如，日本1898年颁布的《法例》第10条规定："关于动产及不动产的物权及其他应登记之权利，依其标的物所在地法。"1939年《泰国国际私法》第16条关于物权的规定："动产及不动产，依物之所在地法。"1982年《土耳其国际私法和国际诉讼程序法》第23条规定："动产和不动产的所有权以及其他物权适用物之所在地法律。"所以，20世纪以来，物之所在地法已成为解决动产物权法律冲突的基本原则。

二、物之所在地法原则的理论依据

关于物之所在地法原则的理论根据，学者们提出了种种学说，归纳起来，主要有以

下几种。

（一）主权说

这是法国学者梅林提出的学说。他认为，物权关系适用物之所在地法是国家主权在法律适用方面的体现。各国都有主权，任何国家都不愿意外国法律适用于本国境内的物，这是一国主权不可分割的性质所决定的。

（二）自愿受制说

这是德国学者萨维尼首先提出的。他认为，物之所在地就是物权关系的“本座”所在地，任何人要取得、占有、使用或处分某物，就必须自愿接受该地域所实施法律的制约。

（三）利益需要说

德国学者巴尔和法国学者毕叶等持这种观点。他们认为，法律是为集体利益而制定的，物权关系适用物之所在地法是“集体利益”和“人类共同利益”的需要。物权如果不受物之所在地法支配，则物权的取得、占有都将陷入不确定的状态，社会秩序就会受到损害。

（四）物权性质说

奥地利学者翁格持这种观点。他认为，所谓物权就是对物的支配权，这种直接支配权只有在物之所在地才能成立和实现。

（五）方便说和控制说

英国学者戴西和莫里斯认为，对财产法的许多问题适用物之所在地法的理由，一是物之所在地是第三人可以合理地、容易地寻求确定所有权的客观连接点；二是物之所在地国能对财产进行控制，凡与所在地法冲突的判决通常不能生效，更不能执行。

我们认为，物权关系适用物之所在地法，是物权关系性质所决定的。第一，物权关系是对物权的直接管理和支配的权利关系。为了圆满地实现这种权利，谋求经济上的利益，只有适用标的物所在地的法律最为适当。第二，物权的排他支配性质，对第三者的经济利益有决定性影响，各国不能不考虑保护第三者利益的请求，这种请求也只能在适用标的物所在地法律的情况下才能得到满足。第三，对处于某一国家境内的物适用他国法律，不仅在技术上有许多困难，而且使物权关系变得极为复杂，最终将导致国际民商事交往的稳定性和安全性受到妨碍，从而阻碍国际经济交流和发展。因此，各国从自身的主权和经济利益出发，在物权关系的法律适用问题上，普遍适用物之所在地法。

三、物之所在地的确定

物之所在地的确定即对于物之所在地的识别，是适用物之所在地法原则时首先要解决的问题。对于物之所在地的确定应以何国法律为依据，尽管在理论上有不同的主张，但实践中各国一般都以法院地法律为依据，即某物位于什么地方，以法院地国法律来判定。综观各国立法，除对有体物所在地尚有一些明确规定外，对无体物所在地一般很少有规定，实践中各国也鲜有一致的原则。

（一）有体物所在地的确定

有体物所在地一般是指作为标的物的有体物存在的地理位置，确定其位置一般不困难。但在实践中也有一些限制性或例外性的规定：

1. 对有体物所在地在时间上加以限定。如 1948 年《埃及民法典》第 18 条规定："占有、所有以及其他物权，不动产适用不动产所在地法，动产适用导致取得或丧失占有、所有或其他物权的原因发生时该动产所在地法。" 1982 年《土耳其国际私法和国际诉讼程序法》第 23 条第 3 款规定："动产场所变化和尚未取得的物权，适用财产的最后所在地法律。" 1984 年《秘鲁民法典》第 2088 条规定："有体物物权的设立、变更和消灭，依物权设立时物之所在地法。"

2. 对于某些特殊有体物的所在地作例外规定，即不以"物之所在地"为连接点，而以其他连接点代替之。例如：

（1）运输中的物品，由于它们所在地处于不确定的状态，早期多主张以所有人的住所地为其所在地；现在则多主张以目的地为其所在地。如 1984 年《秘鲁民法典》第 2089 条规定："运输中有体财产最后目的地为该物之所在地。"

（2）船舶、航空器等交通运输工具，由于它们处于经常移动状态，多以其登记、注册地为其所在地。

（二）无体物所在地的确定

无体物由于不占据空间，没有一个具体存在的物理意义上的位置，因此，其所在地的确定较困难，国际私法中也无统一看法或定论。但总的说来，无体物的所在地应当是该项财产能被追索或被执行的地方。英国的戴西和莫里斯在其《冲突法》一书中，对各类无体动产所在地的确定问题做过归纳，大致有以下一些观点：

1. 债，其所在地为债务人居住地；

2. 判决确定之债的所在地为判决存档地；

3. 证券和可以通过交付而转让的债券的所在地为代表这种证券的票据现实所在地；

4. 公司股票所在地应当是公司依照成立国法律规定的能对公司股票作有效处分之地。例如，该国法律规定，股票只有经登记才能有效转让，则登记地为其所在地。

5. 专利与商标，其所在地为依专利权或商标权产生地的法律作有效转让地。

戴西和莫里斯的这种主张，只是作为确定无体物所在地的一种参考意见。

四、物之所在地法的适用范围

物之所在地法虽然是各国普遍适用于涉外物权的冲突原则，但从各国立法规定和判例来看，对这一原则的适用范围都有一定的限制。物之所在地法的适用范围一般包括以下几个方面。

（一）物之所在地法适用于动产和不动产的区分

从通常意义上讲，动产和不动产的区别在于物能否从一个地方移到另一个地方且不损害其经济价值，能够移动之物为动产，不能移动之物为不动产。尽管各国法律对物属于动产或不动产一般都有明文规定，但各国规定并不完全相同。

法国民法规定不动产包括三类：（1）非改变其原质及形体而不能移动之物，如建筑物、土地等；（2）为不动产的收益或利用而设置之物，如种子、农具、池中的鱼、蜂巢、地上的庄稼、树上的果实等；（3）不动产的收益权、土地使用权等。日本和德国的民法典中，不动产的概念要狭窄一些，只将土地及地上固定物称为不动产。又如，《奥地利民法典》规定，森林中的野兽为不动产，而《德国民法典》和实践中则将临时建筑物，如搭建的展览室视为动产。因此，当具体的物在民事流转中产生争执，要确定其为动产或不动产时，国际上一般都主张依物之所在地的规定来识别。

美国学者斯托雷在《法律冲突论》一书中指出，除了普遍认为具有不动产性质的物以外，其他物即使性质属于动产，但如当地法律认为是不动产时，仍依当地法律。因为每个国家对于存在于境内的一切财产既然有立法上的处置权，就能对于这种财产赋予该国所需要的任何性质。英国学者托马斯也指出，既然财产所在地法院才能对标的物行使重要的和有效的控制，那么，英国法院在处理这类案件时，必须采用财产所在地法识别。这些学者之所以强调依物之所在地法识别动产或不动产，是因为在物权法律关系中，如果不用物之所在地法的观点进行识别，其判决无疑得不到物之所在地法院的承认和执行。

（二）物权客体的范围由物之所在地法决定

物权的客体是物，这一点各国立法中理解是一致的，但对物的范围规定却存在差异。德国、日本等国是从狭义上规定物的，即法律意义上的物是指有体物；而法国、荷兰等国是从广义上规定物的，即物包括有体物和无体物；英美等普通法国家一般不使用物权或物权法的概念，而用财产权或财产法的概念，其财产客体的范围既包括有形财产，也包括无形财产，如有价证券、给付金钱的请求权、知识产权等。就所有权客体范围而言，在西方国家，土地、房屋、各种生产资料和生活资料一般都可以成为个人所有权的客体，在朝鲜、越南等国家，个人所有权的客体范围相对窄一些，如土地所有权就不能成为个人所有权的客体。

总之，哪些物可以分别成为自然人、法人或国家物权的客体，只能由物之所在地法决定。例如，1998 年《委内瑞拉国际私法》第 27 条规定："财产权的成立、内容和范围，适用财产所在地法。"

（三）物权的种类和内容由物之所在地法决定

物权的种类和内容是由各国法律具体规定的。但是在不同的历史时期和不同国家的法律中，物权的种类是不一样的。例如，1804 年《法国民法典》规定了所有权、役权和担保权三大类物权，1900 年《德国民法典》规定的物权包括所有权、地上权、役权、先买权、土地负担、抵押权、土地债务、定期金债务、动产质权和权利质权等 10 类。

就各种物权的内容而言，各国规定也不尽相同。如法国民法中的"占有权"，是指"以所有人的名义为自己占有"，因此，保管人对保管物和租赁人对租赁物都不是占有。而日本和德国法律却规定保管人对保管物和租赁人对租赁物的占有都属于占有，法律既保护所有人的直接占有，也保护他人的从属占有。

在国际民商事交往中，在一国境内的外国人，对其占有的财产能否享有占有、使用、收益、处分等各种权能，对他人占有的财产能否设置地上权、抵押权、留置权等他物权，这些物权的内容如何，是否具有转让性质，也只能由物之所在地法决定。例如，奥地利 1978 年《关于国际私法的联邦法律》第 31 条规定："（1）动产物权（包括占有）的取得和丧失，适用取得或丧失的原因事实完成时的物之所在地法。（2）物的法律上种类以及第 1 款所称权利的内容，适用物之所在地法。"

（四）物权的取得、变更和消灭的条件一般由物之所在地法决定

各国法律对物权的取得、变更和消灭的条件规定各不相同。以所有权为例，根据

《法国民法典》第 1583 条的规定，买卖双方当事人只要对于买卖的标的物及价金意思一致时，虽然标的物及价金尚未交付，但标的物的所有权已由出卖人转移给买受人。而德国及瑞士民法规定，动产所有权的转移，以实际交付为必要条件。在国际民商事交往中，由此引起的法律冲突的解决，一般由物之所在地法决定。例如，波兰 2011 年通过的《关于国际私法的法律》第 41 条第 2 款规定："所有权的得丧以及其他物权的得丧和内容变更或顺位变更，适用这些物权的标的在引起前述法律效果的事件发生时的所在地国家的法。"

（五）物权的保护方法受物之所在地法支配

各国对物权的保护方法规定不尽相同。如返还财产之诉，能否对抗善意的第三人，不同国家规定就有差异。法国、德国从维护交易安全考虑，强调应保护善意占有人，而英国法原则上不保护善意占有人而保护所有人。在国际民商事交往中，由此引起的法律冲突的解决，也适用物之所在地法。例如，2002 年《俄罗斯联邦民法典》第 1205 条第 1 款规定："不动产和动产的所有权及其他物权的内容、行使和保护，适用财产所在地国家的法。"

五、物之所在地法适用的例外

物之所在地法的适用范围虽然很广，但是由于某些物的特殊性或处于某种特殊状态之中，使某些物权关系适用物之所在地法成为不可能或者不合理，因而在各国实践中，这一原则并不是解决一切物权关系的唯一原则。下面几种情况可以排除物之所在地法的适用，而代之以其他法律冲突原则。

（一）运输中的物品

运输中的物品因其所在地处于经常变动之中，要确定所在地是非常困难的，即使能够确定，以其短暂或偶然的所在地为连接点确定准据法，也未必合理。而且，物在运输途中，有时会处于公海或公空，没有物之所在地法可以适用。因此，运输中的物不适用物之所在地法原则。实践中，对运输中的物品应适用的准据法有以下三种主张。

1. 适用目的地法。这是较为普遍的主张。如 1989 年《瑞士联邦国际私法规范》第 101 条规定："对运输中的货物的物权的取得与丧失，由目的地国家的法律支配。"1995 年《关于改革意大利国际私法制度的第 218 号法律》第 52 条规定："运送中的动产标的的物权，适用目的地法。"目前，国际私法立法对此一般都采取了肯定的态度。

2. 适用发送地法，如 1964 年捷克斯洛伐克《国际私法及国际民事诉讼法》第 6 条规定："依契约运输的货物，其权利之得失，依该标的物发运地法。"

3. 其他主张。如 1939 年《泰国国际私法》适用所有人的属人法，该法第 16 条第 2 款规定："把动产交付至国外时，依起运时其所有人本国法。"理论上，还有学者主张适用交易时物品实际所在地法或转让契约的准据法。

不过，运输中的物品并非绝对不能适用物之所在地法。在某些情况下，如运输中的物品长期滞留某地，为防止该物的腐烂或其他情况的出现需要买卖、抵押或处理等，也可适用该物品的现实所在地法。

（二）船舶、航空器等运输工具

船舶、航空器等运输工具本身就长期处于运动之中，难以确定所在地，当其处于公海时，更无所在地法可以适用。因此，目前各国普遍主张有关船舶、飞行器等运输工具的物权关系适用登记注册地法或船国法。如 1978 年《奥地利联邦国际私法法规》第 33 条第 1 款规定，水上或空中运输工具的物权依注册国法律，但铁路车辆的物权依营业使用该车辆的铁路企业主营业所所在国法律。2002 年《俄罗斯联邦民法典》第 1207 条规定："应由国家登记的航空器、海船、内河船舶和航天飞船的所有权和其他物权，以及此种权利的行使和保护，适用航空器、船舶和航天飞船登记地国家的法。"

应注意的是，上述一般主张并不排除权利人行使法定留置权或法定扣押时依物之所在地法，或者有关债权人把在外国领水内的船舶依其实际所在地法予以处置的权利。

（三）外国法人的财产

外国法人在自行终止或被其所属国解散时，其财产的清理和清理后的归属问题不应适用物之所在地法，而应依其属人法解决。不过，外国法人在内国境内因违反内国的法律而被内国取缔时，对该外国法人财产的处理就不一定适用其属人法了。

（四）与人身关系密切的财产

这类财产一般指夫妻财产、继承财产或亲子关系中用于扶养的财产，其中动产一般不适用物之所在地法，而适用有关的属人法；不动产适用不动产所在地法。例如，我国《涉外民事关系法律适用法》第 31 条规定："法定继承，适用被继承人死亡时经常居所地法律，但不动产法定继承，适用不动产所在地法律。"部分对遗产继承采用单一制的国家，则不区分动产与不动产，笼统适用被继承人的属人法。例如，2007 年《日本法律适用通则法》第 36 条规定："继承依被继承人的本国法。"

（五）外国国家财产

根据国家财产豁免权原则，外国国家财产不适用物之所在地法，而适用财产所属国的法律。

六、中国关于涉外物权的立法及实践

（一）不动产物权的法律适用

我国《民法通则》第 144 条规定："不动产的所有权，适用不动产所在地法律。"最高人民法院《关于贯彻执行〈中华人民共和国民法通则〉若干问题的意见（试行）》第 186 条进一步规定："不动产的所有权、买卖、租赁、抵押、使用等民事关系，均应适用不动产所在地法律。"2011 年《涉外民事关系法律适用法》第 36 条规定："不动产物权，适用不动产所在地法律。"可见，对不动产物权问题，我国的立法和实践坚持"物之所在地法原则"，而《涉外民事关系法律适用法》使用的法律用语更为统一简洁。

（二）动产物权的法律适用

《涉外民事关系法律适用法》第 37 条规定："当事人可以协议选择动产物权适用的法律。当事人没有选择的，适用法律事实发生时动产所在地法律。"这是我国首次就动产物权法律适用问题做出立法规定，当事人的意思自治被作为首要方法，当事人没有协议选择适用法律的，则依法律事实发生时的动产所在地法律。从比较法的角度看，在涉外物权领域引入当事人意思自治的只有瑞士、俄罗斯、白俄罗斯、荷兰、蒙古等少数国家，并且对当事人的选择多设定了条件限制。在司法实践中，有必要将第 37 条的规定进行限制性解释：意思自治只应限定于双方之间的动产物权争议，不能对抗第三人；当事人仅能就支配动产物权得丧的法律进行选择，而不能用于支配物权的种类、内容和保护。

根据我国相关法律规定，以下几种特殊情形下的动产物权不适用物之所在地法原则。

(1) 运输中的动产物权问题。我国《涉外民事关系法律适用法》第 38 条规定："当事人可以协议选择运输中动产物权发生变更适用的法律。当事人没有选择的，适用运输目的地法律。"

(2) 继承关系中动产的法律适用。《涉外民事关系法律适用法》第 31 条规定："法定继承，适用被继承人死亡时经常居所地法律，但不动产法定继承，适用不动产所在地法律。"

(3) 涉及船舶的物权问题。我国《海商法》第 270 条规定："船舶所有权的取得、转让和消灭，适用船旗国法律。"第 271 条规定："船舶抵押权适用船旗国法律。船舶在光船租赁以前或者光船租赁期间，设立船舶抵押权的，适用原船舶登记国的法律。"第 272 条规定："船舶优先权，适用受理案件的法院所在地法律。"

(4) 涉及民用航空器的物权问题。我国《民用航空法》第 185 条规定："民用航空器所有权的取得、转让和消灭，适用民用航空器国籍登记国法律。"第 186 条规定："民用航空器抵押权适用民用航空器国籍登记国法律。"第 187 条规定："民用航空器优先权适用受理案件的法院所在地法律。"

(三) 权利物权的法律适用

我国《涉外民事关系法律适用法》首次就具有物权属性的权利的法律适用作出规定。该法第 39 条规定："有价证券，适用有价证券权利实现地法律或者其他与该有价证券有最密切联系的法律。"第 40 条规定："权利质权，适用质权设立地法律。"

第三节 国家财产豁免权

国家财产豁免权是由国家作为所有权主体的特殊地位而享有的一种特殊待遇，即主权国家的财产不受其他主权者管辖。国家财产豁免权的内容主要包括司法管辖豁免、诉讼程序豁免、强制执行豁免。对于国家财产豁免的埋论主要有绝对豁免主义和有限豁免主义。

一、国家作为国际私法主体的特殊性

在国际社会中，国家有时以涉外民商事法律关系主体的身份参加经济活动。如国家可以同外国私人投资者签订特许协议，以开发本国自然资源或发展公用事业；国家可以同外国或外国人签订各种外贸合同，直接在国际市场上销售或采购商品；国家还可以对外发行债券、股票，向外国银行贷款；国家可以与外国自然人、法人、国际经济组织就国际技术合作问题签订经济合同等。在这些经济贸易活动中，国家不是作为主权者的地位出现，而是作为合同一方当事人，与对方当事人处于平等地位，行使合同权利、履行合同义务。但是，国家毕竟是主权者，作为涉外民商事法律关系主体必然有其特殊性，主要表现在：

1. 国家参加国际民商事活动必须由其授权机构或负责人以国家的名义进行。

2. 国家以其国库财产对外承担民事责任。这种责任往往是无限责任，但是以国家放弃豁免权为前提的，未经国家同意，任何人不得强制其承担民事责任。

3. 国家享有豁免权。国家虽然作为民事主体参与国际民事法律关系，但它毕竟是主权者，当国家参加的国际民商事法律关系涉及另一个国家行使国家权力时，根据国家主权平等原则，该国家及其财产享有司法豁免权。

二、国家及其财产豁免权

（一）国家及其财产豁免权的含义和内容

国家及其财产豁免权是指在国际民事交往中，一个国家及其财产享有不受其他国家管辖的权利。根据国家主权平等及“平等者之间无管辖权”的国际法原则，一国及其财产未经该国同意，免受其他国家管辖与执行。

国家财产豁免权应当包括以下三个方面的内容。

1. 司法管辖豁免。这是指除非一个国家明示同意，其他国家不得受理以该国为被告或者以该国家财产为标的的诉讼。

2. 诉讼程序豁免。这是指在一个国家放弃司法管辖豁免，主动向外国法院起诉或自愿在外国法院应诉的情况下，外国法院未经该国家同意不得对该国或者该国的财产采取诉讼程序上的强制措施。如不得以诉讼保全为由查封或扣押该国财产，也不得强令该国提供证据等。

3. 强制执行豁免。这是指即使一个国家主动向外国法院起诉或自愿在外国法院应诉，外国法院未经该国同意，不得依其判决对该国财产采取强制执行措施。如不得拍卖该国财产，不得强行划拨该国的银行存款等。

上述三项内容有密切的内在联系，司法管辖豁免是国家财产豁免权的核心内容，是诉讼程序豁免和强制执行豁免发生的前提，它们共同构成国家财产豁免权的完整内容。但当一国在他国放弃司法管辖豁免时，并不意味着也放弃了诉讼程序豁免或者强制执行豁免。可见，国家及其财产豁免权的三项内容既相互联系又有相对的独立性。

（二）国家豁免的理论

对于国家财产豁免权，各国的学说和审判实践存在较大分歧。传统理论有绝对豁免主义和限制豁免主义；第二次世界大战以后，又出现了废除豁免主义和平等豁免主义。前两种理论在部分国家中得到实际贯彻和支持，后两种理论尚限于理论上的探讨。下面主要介绍前两种理论。

1. 绝对豁免主义。这是一种最古老的国家豁免理论。其基本内容是：凡国家行为和国家财产，无论其性质如何，在他国都享有当然的豁免权，除非该国放弃豁免权。享有国家豁免的主体包括国家元首、国家本身、中央政府各部、其他国家机构、国有公司或企业等；国家不仅在直接被诉的情况下享受豁免，而且涉及国家的间接诉讼中也享受豁免。另外，它主张通过外交途径解决有关国家的民商事争议。

绝对豁免主义得到了许多著名国际法学家如奥本海、海德、戴西、菲兹莫利斯、哈克沃斯等人的支持，并在当时的司法实践中得到广泛采用，如 1812 年美国法院对“交易号”轮船案的判决，1849 年法国法院对西班牙政府诉朗贝赫和普霍尔案的判决，

1880年英国法院对“比利时国会号”邮轮案的判决，1910年德国法院对俄国政府反诉法国公民霍里菲尔法等的判决等，都是承认绝对豁免主义的著名判例。

20世纪30年代以来，西方渐渐放弃了这种理论。因为随着经济全球化的进展，绝对豁免主义把国家同国有公司或国有企业混为一体，并强调通过外交途径解决涉及国家的民商事争议，这显然会有碍于及时解决涉外民商事纠纷，也不利于国际经济贸易的发展。但是一些发展中国家仍然支持绝对豁免主义。

2. 限制豁免主义。它也称为相对豁免主义、职能豁免主义。其基本观点是：把国家的行为划分为主权行为与非主权行为或者公法行为与私法行为，并主张对国家的主权行为或公法行为给予豁免权，而对国家的非主权行为或私法行为不给予豁免权。关于主权行为与非主权行为或者公法行为与私法行为的划分标准，主要存在着三种不同的认识：一种观点主张以行为目的为标准，即只要国家行为的目的是为了公共利益或国家利益，该行为就属于主权行为或公法行为；反之，则属于非主权行为或私法行为。另一种观点主张以行为性质为标准，即不管国家以什么身份出现，也不管国家的动机和目的如何，只要其行为的性质属于私法行为，就应当把这种行为当作非主权行为或私法行为看待，这种行为与一般法人的行为性质相同，不得享有豁免权。还有一种观点主张采用混合标准，即对国家的行为既要考虑其行为的目的，也要考虑其行为的性质，把两者结合起来使用。现在，赞成以行为性质为标准的占多数，并主张以法院地法来识别国家行为的性质。

限制豁免主义最早产生于19世纪后期。意大利那不勒斯上诉法院在1886年的一个判决中，首先阐述了外国国家对纯属私法领域的事务不得主张豁免权的观点。此后，对外国的豁免权加以限制的做法被许多资本主义国家所仿效。美国联邦第二巡回法院于1964年判决的“胜利运输公司案”，奥地利最高法院于1950年判决的“德雷利诉捷克斯洛伐克案”等，都是限制外国国家豁免权的著名判例。目前，有些国家还专门制定和颁布了限制外国国家豁免权的法律。美国于1976年颁布了《外国主权豁免法》，英国于1978年颁布了《国家豁免法》。其他如加拿大、澳大利亚、新加坡、南非、巴基斯坦等国也制定有类似的法律。在国际立法方面，1926年布塞鲁尔《关于统一国有船舶豁免的某些规定的公约》、1969年《国际油污损害民事责任公约》、1972年《关于国家豁免权的欧洲公约》等，同样采取了限制豁免的态度。

（三）《联合国国家及其财产管辖豁免公约》

2004年12月2日第59届联合国大会第59/38号决议通过了《联合国国家及其财产管辖豁免公约》，并于2005年1月17日至2007年1月17日向各国开放签署。公约将自第30份批准书、接受书、核准书或加入书交存联合国秘书长之日后第30天生效。2005年9月14日，我国外交部部长李肇星代表中国政府签署了公约。虽然我国尚未批准公约，公约也未在国际上生效，但作为第一个全面规范国家及其财产管辖豁免问题的普遍性国际公约，它的通过和开放签署对国际法的发展具有重要的理论和现实意义。

“考虑到国家及其财产的管辖豁免为一项普遍接受的习惯国际法原则”，公约对国家的司法管辖豁免和强制措施豁免分别做出了规定。《公约》将司法管辖豁免确定为国家的一项权利，使国家有权通过明示同意、主动参与诉讼或反诉三种方式放弃管辖豁免；而且明确规定法院地国给予他国司法管辖豁免是其应尽的义务。同时，公约在国家的司法管辖豁免问题上也引入限制豁免主义，规定了8种不能援引国家管辖豁免的诉讼：商业交易；雇佣合同；人身伤害和财产损害；财产的所有、占有和使用；知识产权和工业产权；参加公司或其他集体机构；国家拥有或经营的商业用途的船舶；仲裁协定的效果。

在更为敏感的强制措施豁免方面，《公约》将之分为判决前与判决后两个阶段分别规定，两种情况有关国家都可通过明示或默示方式放弃强制措施豁免。但对于判决前的强制措施，采取绝对豁免主义；对判决后的强制措施，采取有限豁免原则，如果该财产"用于或意图用于政府非商业性用途以外的目的"、"处于法院地国领土内"、并且"与被诉实体有联系"，则不再享有强制措施上的国家豁免，该财产可被法院强制执行。

三、中国在国家及其财产豁免权问题上的立场和实践

关于国家及其财产豁免权的专门立法，我国目前只有一部2005年10月25日通过并施行的《中央银行财产司法强制措施豁免法》，其内容仅涉及对外国中央银行财产给予司法强制措施的豁免，未涵盖国家豁免的其他主要内容。在此之前，我国在坚持国家豁免的原则下，考虑国际关系的实际情况，在有关国内立法和国际条约中对国家豁免做出了某些例外规定。例如，我国《领海及毗连区法》第10条规定："外国军用船舶或者用于非商业目的的外国政府船舶在通过中华人民共和国领海时，违反中华人民共和国法律、法规的，中华人民共和国有关主管机关有权令其立即离开领海，对所造成的损失或者损害，船旗国应当负国际责任。"从我国缔结的国际条约看，我国在坚持国家豁免原则的同时，承认国家可以自愿放弃其豁免权，并认为以国家同意为基础，在条约中对这种放弃予以规定是可取的方式。例如，我国参加的《国际油污损害民事责任公约》第11条第2款规定："关于为缔约国所有用于商业目的的船舶，每一国都应接受第9条所规定的管辖权受理的控告，并放弃一切以主权国地位为根据的答辩。"

同时，我国主张把国家参与涉外民商事法律关系与国有企事业单位参与涉外民事法律关系严格加以区别，并不主张任何国有财产都享有豁免权。国有企事业单位及其财产虽然在名义上属于国家所有，但由于国家已通过相应的立法确认了国有企事业单位的法人资格，并要求国有企事业法人以国家授予其经营管理的财产承担民事责任，因此，在我国的国有企事业单位以法人名义参与的涉外民商事法律关系中，我国政府并不要求豁免权。同样，外国的国有企事业单位以法人名义参与涉外民事法律关系时，我国也不给予其豁免权。

第四节　国有化问题

国有化是国家对原属私人所有的财产采取收归国有的强制措施。国际私法上的国有化问题是指包含有涉外因素的国有化问题，因而它涉及国有化法令对原属本国私人所有而处于境外的财产的效力问题，以及对外国法人或自然人在本国境内的财产的效力问题。对于被国有化的财产，国家是否给予补偿及如何补偿，各国也一直存在着分歧。

一、国有化的含义和类型

（一）国有化的含义

国有化，通常是指国家依据本国法律对原属私人（包括内、外国自然人和法人）所有的财产，采用没收或征用的一种法律措施。国有化通常包括了以下三种。

1. 征用。政府在紧急情况下为了公共利益，在一定期限内对私人财产征收使用，并给予一定补偿。

2. 没收。政府为了公共需要依法将私人的财产永远收为公有，不予任何补偿。

3. 征收。政府为了公共利益需要依法将私人财物或所办的企业收归公有，给予补偿或不予补偿。

（二）国有化的类型

国有化措施在历史上是由资产阶级最先提出并实行的。资产阶级在取得政权后，曾首先将封建国家经营的垄断企业接管过来由国家经营，后来，由于战争和经济发展需要，又将某些私人企业收归国有。例如，意大利在1920年和1933年间，曾两度将某些私人企业国有化；第二次世界大战后，欧美各国也实行了一系列国有化措施或政府投资，发展了国营或合营企业。

对世界各国所进行的国有化，依其性质可以分为资本主义国有化和社会主义国有化两种类型，它们各有特点，现比较如下：

1. 目的不同。资本主义国有化是为了发展资本主义经济，巩固资本主义私有制；而社会主义国有化是为了发展和健全社会主义公有制，彻底改变所有制。

2. 对象不同。资本主义国有化对象主要是那些技术落后，获利不多的企业或遭战争破坏，受经济危机冲击，私人无法经营的企业；社会主义国有化对象主要是有关国民经济命脉的部门、行业和企业。

3. 手段不同。资本主义国有化从保护私有财产的观念出发，一般是以优惠价格收买；社会主义国有化从消灭剥削和私有制出发，通常是无偿的，但在不同历史条件下，也可给予适当补偿。

上述特点和差别，对于国际私法有关国有化问题的法律制度的形成自然有很大影响。不同国家的国有化法令性质、目的和内容不同，因而产生了国有化法令的效力问题。

二、国有化法令的效力问题

（一）国有化法令对本国人在外国的财产的效力

国有化法令对本国人在外国的财产的效力，即国有化法令的域外效力问题。根据国家主权原则，一个国家国有化法令既有属地效力，又有属人效力，它不仅可以适用于在本国境内的外国人的财产，也可以适用于本国人在外国的财产。在国际交往中，相互承认对方国家的法律效力，也包括承认其国有化法令对本国人在其境外财产的法律效力。但是，由于存在两种性质不同的国有化，西方国家在其国际私法的实践中，是根据不同情况分别对待的。

1. 确认国有化法令的域外效力。实行国有化国家将国内被国有化的财产通过贸易转运到外国，该财产原业主向外国法院提起返还财产所有权之诉时，西方国家法院大都采取实用主义的态度，即当这种争议涉及法院地国公民利益时，它们为维护其本国公民的利益而确认国有化法令的效力。如1932年关于苏联巴库油田旧业主诉美孚石油公司一案，美国法院驳回了旧业主要求取得由苏联卖给美孚石油公司的巴库油田出产的原油的起诉，理由是苏联政府通过国有化已取得该油田的所有权，油田出产的原油归苏联所有。又如，1928年苏联为支付美国的债务，向美国运送了价值500万美元的黄金并存入纽约的两家银行，一法国银行向纽约法院起诉，以该黄金是它在革命前存入彼得堡银行为由，要求返还它对该黄金的所有权。法院在此案的判决中宣称："尽管苏联政府未取得美国政府的承认，但它毕竟是一个事实政府……"又说："如果这些法令是由事实上的政府制定的，美国司法机关不应将这些法令视为无效。"据此，法院驳回了原告的起诉。英国法院也曾作过类似的判决。

2. 否认国有化法令的域外效力。当外国国有化的财产位于资本主义国家境内时，它们总是以各种借口否认国有化的域外效力。资本主义国家否认国有化法令域外效力的理由主要有三种：

（1）公共秩序保留。它们以社会主义国家的国有化法令和资本主义国家的国有化法令没有最低限度的相似之处为借口，断言社会主义国家的国有化违反了资本主义国家的"公共秩序"而不予适用。

（2）以法院地法识别。它们把社会主义国家在国有化时，对私人占有财产的无偿没收识别成"刑罚性处分"，从而以外国刑法不予适用为理由达到否定外国国有化法令域外效力的目的。

（3）"没有被实际控制"。它们把社会主义国家国有化法令解释成对其境内被其实际占有的财产具有法律效力，而对其境外的财产，因为没有被实际占有，所以国有化法令没有事实上的法律效力。

（二）国有化法令对外国人在本国的财产的效力

关于国有化法令对外国人在本国境内财产的效力，最早各国习惯于国际法上禁止征收外国人财产的规则，拒绝予以承认。但随着国家主权原则受到广泛尊重，同时由于国际社会的合作不断增强，各国一般倾向于承认国有化法令对位于其境内的外国人财产的效力。事实上，因为相关财产就处于该国的实际控制之下，其效力实际上已经产生，但是各国在承认该效力的同时，通常还要求所在国给予一定的补偿。对于被国有化的外国人财产是否予以补偿、应如何补偿，各国的做法有所不同，归纳起来有三种不同的理论和实践，反映了三类国家的不同利益。

1. 不予补偿。这种观点认为，任何国家完全有权采取国有化的措施，一切外国人或外国法人必须尊重和服从居留国的法律。如果实行国有化的国家对本国人不予补偿，那么，对外国人同样也不予补偿。在国际实践中，社会主义国家在建国初期普遍采用这种观点。而资本主义国家也有这方面的先例，如1789年法国国民议会对收回亚尔萨斯地区德国皇室亲王的领地未予补偿；1911年意大利政府建立人寿保险的国营制度，对原外国业主也未予补偿。当然，是否给予补偿，完全是一个国家主权之内的事，在当时当地条件下，都有其合理和自身存在的理由。但是，随着国际交往的日益频繁，国际投资的日益增多，目前各国对不予补偿的做法基本上持否定态度。

2. 给予“充分、有效、及时”的补偿。资本主义国家为了维护其在海外私人投资的利益，以私有财产神圣不可侵犯为理由，主张对收归国有的财产要给予“充分、有效、及时”的补偿。早在1938年墨西哥政府对美资石油公司实行国有化时，美国政府就提出了这样的要求。1975年12月美国国务卿基辛格在“外资与国有化”的声明中，仍坚持这一观点，强调美国有权要求“充分、有效、及时”的补偿。1975年7月，英国与新加坡签订的《关于促进和保护投资的协定》中也规定被国有化的财产应得到迅速、充分和有效的补偿。

3. 给予“适当的”或“合理的”补偿。这是目前大多数发展中国家的主张。所谓适当的或合理的补偿是指：(1) 原则上应给予补偿；(2) 这种补偿是实行国有化的国家财政能力所能负担得了的；(3) 双方协商同意，也为投资者所接受。东欧各国与英、美、法之间先后签订过一系列条约解决因实行国有化而产生的补偿问题，都采用了这一原则。另外，在一系列的国际法律文件中也规定了适当的或合理的补偿原则，如1974年《各国经济权利和义务宪章》第2条第1款(C)项明确规定：“每个国家有权将外国财产的所有权收归国有、征收或转移，在收归国有、征收或转移时，应由该国予以适当补偿。”因此，可以说适当的或合理的补偿原则目前已成为一项普遍性的国际性原则。

三、中国的国有化问题

新中国成立初期，为肃清帝国主义在华的经济特权，对外国及外国人在华的财产分别不同情况采取了征用、没收和征收等强制措施，基本上妥善地解决了产权归属问题。20世纪70年代末，我国实行对外开放政策，在先后颁布的许多涉外经济法规和对外达成的双边投资或保护协定中，都对国有化及其补偿问题作了规定。我们主张：缔约任何一方对缔约的另一方投资者在其境内的投资，只有为了公共利益，按照法律程序并给予补偿，方可实行征收或其他效果相同的措施。补偿的金额应相当于被征收之日财产的实际价值；补偿应能实际兑现和自由转移，并不应有不适当的迟延。

思考题

1. 涉外物权问题为什么一般适用物之所在地法？它有哪些例外？
2. 我们应当怎样认识国有化财产的补偿问题？
3. 《涉外民事关系法律适用法》对物权的法律适用有哪些新规定？

第七章　一般涉外合同之债

国际私法上的合同之债，指的是因涉外合同而产生的债权债务关系。中世纪以来，对于这种涉外合同之债，各国均采用冲突规范的方法加以调整。20 世纪特别是第二次世界大战之后，国际民商事交往空前频繁，涉外合同的作用也越来越大，某些领域的合同已成为各国间民商事交往的经常方式，传统的冲突规范调整的方法日显其局限。因此，在这些领域，另一种由国际条约和惯例所直接调整的方法逐步兴起并取代了传统方法，如国际货物买卖合同等领域。现在，我们就把国际条约和惯例直接调整的这些领域外的其他合同，称为一般涉外合同，这些合同关系仍由传统的冲突规范的方法加以调整。不过，我们还应当看到，目前统一实体规范尚未形成完整而独立的领域。这是因为：首先，国际条约和惯例所规范的合同领域是有限的；其次，国际条约的效力所及仅限于缔结国，而不是所有国家的当事人；再次，国际条约和惯例所要解决的问题，其规定也不可能全面且无歧义。在这些条约和惯例的效力不及，或涉及不到，或规定不明确的问题上，仍由一般涉外合同之债的规则加以调整和解决。

第一节　概述

一、涉外合同的概念和特征

合同是当事人之间设立、变更或消灭某种民事权利义务关系的协议。国际私法所研究的是涉外合同，也叫国际合同，它是国际私法上债的重要根据。

所谓涉外合同，是指含有涉外因素的合同。关于合同的“涉外性”，过去有些国家的法律规定较严。例如，根据英国 1977 年《不公平合同条款法》第 26 条的规定，两个相同国籍的人在外国缔结了一个纯粹是由他们双方在国内履行的合同，也不是涉外合同。不过，现在的趋势有所放宽。例如，根据 1980 年欧共体《合同义务法律适用公约》第 3 条规定，甚至在除选择外国法的条款外，合同中所有其他因素都只与一国相联系，该合同也应成为公约的适用对象，即为涉外或国际合同。1985 年《国际货物销售合同法律适用公约》第 1 条也作了类似规定。与其他合同比较，涉外合同具有以下特点：

1. 涉外合同含有涉外因素或称国际因素。我国最高人民法院《关于适用〈中华人民共和国涉外民事关系法律适用法〉若干问题的解释（一）》第 1 条规定：“民事关系具有下列情形之一的，人民法院可以认定为涉外民事关系：①当事人一方或双方是外国公民、外国法人或者其他组织、无国籍人；②当事人一方或双方的经常居所地在中华人民共和国领域外；③标的物在中华人民共和国领域外；④产生、变更或者消灭民事关系的法律事实发生在中华人民共和国领域外；⑤可以认定为涉外民事关系的其他情形。”这一针对民事关系“涉外性”的司法解释当然也适用于合同的“涉外性”，含有涉外因素是涉外合同最主要的特点。

2. 有关涉外合同的争议，不仅可能在当事人双方的本国法院或仲裁机构解决，而且可能在第三国的法院或仲裁机构解决，甚至可能在国际仲裁机构解决。

3. 随着国际民商事交往的日益频繁和复杂，调整涉外合同关系的统一实体规范越来越多，其中包括双边或多边的国际条约和国际惯例。这样，在处理涉外合同关系时就首先要考虑是否有可以适用的统一实体规范，在不能适用统一实体规范时，才根据一般涉外合同之债的处理办法解决问题。

二、涉外合同法律适用的方法

涉外合同由于含有涉外因素，因此在合同诸方面就需要考虑外国法律的适用。由于各国合同法存在着大量差别，如关于合同当事人的缔约能力、合同形式、合同内容的合法性以及合同当事人的实体权利义务、合同履行不履行的后果、合同之债消灭的条件等问题，各国法律都有着不同的规定。因此，对同一涉外合同，就会产生法律上的冲突，就需要确定其准据法。

在实际生活中，合同本身的种类很多，而一个合同又会涉及不同方面的法律问题，这就给合同法律冲突的解决带来很大困难。首先需要解决的是：是否这些种类不同、性质各异的合同，都应适用一个统一的冲突规则，比如，适用于土地出售合同的规则是否也适用于雇佣合同或海上运输合同。第二，同一合同不同方面的法律问题，是否也应适用一个统一的冲突规则，比如，适用于合同当事人行为能力的规则是否也适用于合同形式或者合同之债消灭的条件。对这一法律适用方法问题的回答，特别是对第二个问题的回答，长期以来就有不同的观点。

一种主张认为：对合同诸方面问题应不加分割，统一适用一个冲突规则以确定准据法。他们认为，一项合同无论从经济观点还是法律观点看，都应是一个整体，因而其履行、解释等也都只应由一种法律支配。从司法角度讲，要法官将合同的形式和效力区别开来，分别适用不同的法律，操作起来也十分困难。这是合同法律适用方法的“统一论”。

另一种主张认为：对合同诸方面问题应加以分割，分别适用不同的冲突规则去确定准据法。他们认为，合同关系的各个方面加以科学划分并适用不同的冲突规则确定准据法，有利于合同纠纷的合理解决。该主张的提出最早可追溯到法则区别说的创立者巴托路斯。他认为对于合同的方式及合同的实质有效性，应适用合同缔结地法；对合同的效力，在当事人一致同意于某地履行的情况下，应适用该履行地法；而对当事人的能力，则主张适用当事人的住所地法。在此基础之上，很多国家的学说和实践沿袭了这一主张，形成了合同法律适用方法的“分割论”。

根据上述不同主张，“合同准据法”一词就有两种不同的含义。按“统一论”的认识，合同准据法是指解决与合同有关的一切法律问题的准据法；而按“分割论”的认识，所谓合同准据法仅指确定合同当事人实体权利义务的法律。一般情况下，当事人在合同中约定的合同准据法是指后一种。

第二节 确定合同准据法的原则

从历史上看，合同准据法的确定原则有一个发展的过程，在这个过程中，形成了准据法确定的主观论和客观论。主观论认为：合同准据法应当是当事人协议选择适用于合同关系的法律；客观论认为：合同的准据法应当根据某个与合同有最密切联系的客观标志来确定。两相比较，客观论的渊源较早，后逐渐被主观论取代。但是近来，客观论经修正后又恢复其活力，人们倾向于在主观论的基础上吸收客观论的合理成分，将二者结合起来确定合同的准据法。

一、意思自治说

（一）意思自治说的含义

意思自治说，又称为“主观论”或“意向论”。该理论认为：在合同法律关系方面，当事人既然可以依据“契约自由”原则，按照自己的意志创设某种权利义务关系，那么他们当然有权自行决定该协议应该适用的法律，即是说，合同准据法就是当事人意图适用的法律。

意思自治说是法国学者杜摩兰（C. Dumoulin）在16世纪提出来的。在法国资产阶级革命胜利以前，法国长期处于法律不统一的状态，而且各省在法律适用上均采取属地主义，对于商业的发展十分不利。为了改变这种状况，杜摩兰在其著作《巴黎习惯法评述》中提出，合同关系应该适用当事人双方合意选择的那个习惯法，用它来决定合同的成立和效力问题；而在当事人未直接表明适用何种习惯法时，法院应推定其默示的意向。显然，杜摩兰试图通过适用当事人自己选择的法律，来克服法国当时法律不统一所带来的弊端，以满足商业发展的需要。

意思自治说是“个人自由”思想在合同法领域的具体表现，因此，它顺应了资本主义商品经济发展的历史需要。意思自治原则在理论界被公认为具有两大优点：它有利于当事人预见法律行为的后果和维护法律关系的稳定性；它有利于合同争议的迅速解决。因此，随着国际民商事交往的发展，意思自治原则在各国立法和实践中得到肯定。例如，1966年《波兰国际私法》第25条第1款规定：“契约债权，依当事人所选择的法律。”英国在司法实践中采用所谓“合同自体法说（doctrine of the proper law of contract)”，依此主张，法官依如下三步来查明合同准据法：（1）首先查明当事人双方是否有一个明确的准据法选择，如已选择，则该法应被适用；（2）如果没有明确选择，再查明当事人是否有一个隐含的选择，如依情况可以合理推断出他们隐含的选择，则该法律应被适用；（3）如果没有隐含的选择，与合同有最密切和最真实联系的法律应为准据法。可见，英国的实践也是充分肯定了意思自治原则。可以说，意思自治原则已成了国际私法合同制度的一项基本原则。

（二）意思自治的范围

各国法律在接受“意思自治”原则的同时，也对它的适用范围设定了一些限制。设定限制的原因在于，法律适用是国家的行为，而不是当事人的行为，只有国家才可以决定以什么样的法律来支配一定的合同。当事人选择法律的权利不是凭空产生，而是由国家所赋予的，如果国家不赋予，当事人就不能享有此项权利。因此，各国为了使某些关系到本国特殊利益的法律能在本国域内得以实施，或为了维护合同领域法律适用的公正性，往往对“意思自治”原则的适用范围予以一定限制，这些限制包括了以下几个方面。

1. 合同当事人的“意思自治”不得排除强行性法律的适用。

杜摩兰在提出意思自治说时，就认为那些具有强行性的习惯，是不能依当事人的意思而排除的。以后，1804 年《法国民法典》第 3 条规定：有关警察和公共治安的法律，以及关于个人身份与法律上能力的法律，是不能由当事人的约定来加以排除的。在英国，1977 年的《不正当合同条款法》是属于强行性法律，因为该法第 37 条第 3 款规定，即使合同中有适用外国法或意图适用外国法的条款存在，本法仍具有效力：(1) 只要法庭或仲裁员认为，合同当事人将其条款订入合同中是为了使自己得以规避本法的实施；(2) 在合同订立之时，一方当事人是作为消费者进行交易，而他当时是惯常地居住在联合王国，并且订立合同的基本步骤是在联合王国进行的。

2. 合同当事人选择的合同准据法应当与合同有一定联系。

英国的理论与实践主张，合同当事人选择的法律无须与合同有任何联系，他们认为要求这种联系会妨碍国际货物或海运合同中的当事人去选择英国法律。但大陆法系国家多主张当事人选择的法律必须与合同有联系。例如，1966 年《波兰国际私法》第 25 条第 1 款规定：“契约债权，依当事人所选择的法律，但所选的法律与该法律关系要有一定的联系。”美国法学会主持编纂的 1971 年《冲突法重述（第二次）》也主张，当事人在通常情况下可以按照自己的意思去选择法律，但这种选择必须要有“合理的根据”，按该“重述”的观点，这种“合理的根据”主要表现为所选择的法律与合同及其当事人有重大联系；否则，选择将被法院视为无效。

值得注意的是，在一定条件下允许当事人选择与合同没有实际联系的法律，是近年来国际私法的新发展，这在晚近的国际公约和一些国家的国际私法立法中得到体现。例如，欧洲议会与欧盟理事会《关于合同之债法律适用的第 593/2008 号条例》（罗马规则Ⅰ）第 3 条第 1 款规定：“合同由当事人选择的法律支配……当事人可自行选择将法律适用于合同的全部或部分。”《关于国际性合同准据法的美洲国家公约》第 7 条第 1 款、《俄罗斯联邦民法典》第 1210 条第 1 款以及美国《统一商法典》修正后的新文本之 1－320 段均不要求当事人选择的法律与合同存在某种联系。

3. 当事人根据“意思自治”原则所选择的法律应是实体法，不包括冲突法。

“意思自治”原则的本意，就是通过合同当事人自己对法律的选择，能够预见到合同行为的法律后果，从而使当事人的合法权益得到所期待的法律保护。如果将冲突规则也包括在选择的法律之内，则必将导致结果的不确定。因此，根据“意思自治”原则，当事人选择的法律不包括冲突法。目前，这一准则已得到多数国家的立法所认可，例如，1979 年《奥地利联邦国际私法法规》第 11 条第 1 款规定：“当事人对法律的协议选择，不包括被选择法律中的冲突法。”1969 年《捷克斯洛伐克国际私法和国际民事诉讼法》第 9 条第 2 款也规定：“根据当事人所选择的法律确定的冲突规则，不予考虑。”

（三）意思自治的方式

合同当事人协议选择准据法的方式，也就是明示选择或默示选择的问题。明示选择是指合同当事人在缔约之时或在争议产生之后，以文字或言语明确做出选择合同准据法的意思表示。默示选择是指合同当事人没有做出明确的法律选择，法官根据与合同争议相关的某些因素推定当事人具有选择某法律作为合同准据法的意思。

一般来说，明示选择的方式因其透明度强，具有稳定性和可预见性，因此而为各国法律所普遍接受。但在是否允许当事人以默示选择的方式确定准据法这一问题上，各国立法和学者们有很大的分歧。

多数国家的理论和实践承认默示选择，允许法官在审理时推定当事人选择法律的意图，如德国、法国、奥地利、瑞士、美国和英国等。他们认为，"意思自治"原则是建立在尊重当事人在合同关系中具有广泛自由权利的基础上的。因此，在当事人没有明确表示其选择法律的意图时，法院就应当推定当事人在合理情况下可能具有的法律选择的意图，并以此决定准据法。但运用这一方式会遇到的问题是：法院"推定"的是否就是当事人的"意图"。有的国家赋予法官"推定"以很大的自由裁量权，如英国判例中法官可以根据合同支付货币的种类或合同书写文字而推定出当事人具有选择英国法律的"意图"。这种"推定"实际上代表了法官的意图，从而直接否定了"意思自治"原则。正因为如此，有些国家法律和国际条约在接受默示选择方式的同时，也规定了种种条件，以限制法官对推定权力的滥用。如1964年《捷克斯洛伐克国际私法和国际民事诉讼法》第9条第1款规定："合同当事人可以选择适用于他们之间财产关系的法律。据有关事项对当事人的意思无疑问时，也可确定双方默示之选择。"1985年《国际货物销售合同法律适用公约》第7条规定："当事人选择法律的协议必须是明示的，或者是从合同的条款和当事人的行为总体来看可以明显地显示出来的。"

此外，也有一部分国家的理论和实践只承认明示选择的方式，而不承认任何形式的默示选择方式，如土耳其、尼日利亚、秘鲁等国。

二、客观标志说

（一）客观标志说的含义

客观标志说又称为"客观论"。这种理论认为，合同的有效成立及其效力，总是与一定场所相联系的，因此最适合于调整合同关系的法律就是合同在那里"场所化"（localization）了的国家的法律。衡量"场所化"的标准，就是看与合同有关的一系列客观因素最集中地与哪一国发生联系。据此，合同准据法应是依据与合同有关的客观标志所确定的法律。

在"意思自治"原则产生以前，各国的立法和学说多主张按客观标志说来确定合同的准据法。但在"意思自治"原则产生并得到各国理论和实践的肯定后，各国立法一般是把"意思自治"原则作为确定合同准据法的首要原则，只有在当事人没有协议选择法律时才按客观标志来确定合同的准据法。因此，总的来讲，现在的客观标志说已经演变为"意思自治"原则的补充原则。当然，这也不是绝对的，目前仍有一些国家的立法是采用客观标志说。其中有的是简单地规定适用与合同有关的某一客观标志所在地法，如合同缔结地法、合同履行地法等；有的则区分不同情况，或者按合同的不同性质和种类，分别适用依不同客观标志确定的法律。此外，还有一些国家的立法对一些特殊合同的有关问题是按客观标志来确定合同准据法，如规定关于不动产的合同适用物之所在地法。

（二）几种常见的客观标志

在各国的立法与实践中，常见的与合同有关的客观标志有以下几个。

1. 合同订立地。该主张认为，一定的法律行为要能够有效成立，须得到当地法律的认可；当事人在某地订立合同，即可推知他们愿意服从当地的法律。由于合同订立地这一客观标志明确易定，依其确定准据法具有预见性和稳定性，因此被各国广泛采用。早在意大利法则区别说时代，此客观标志就被巴托路斯用来确定合同的准据法。1934年美国《冲突法重述》也采用了该标志。但该标志也存在着公认的弊端，一是合同订立地常带有偶然性；二是它为当事人规避法律提供了可能；三是在异地订立合同的情况下，订立地难以确定。

2. 合同履行地。持该主张的人认为，合同履行地通常是合同标的物所在地，也往往是合同预定结果的发生地、当事人债权的实现地，是最容易发生争议的地方，因此，这一客观标志与合同有最密切的联系。德国学者萨维尼认为履行地法对合同起决定作用。实践中也有许多国家以合同履行地法作为合同准据法，如德国和瑞士均有此种判例。但是如采用这一标志，当一个合同有两个或多个履行地时，就会发生困难。

3. 当事人国籍或住所。这里的当事人国籍是指合同双方为同一国籍的情况下，其共同所属国可以作为联系最密切的客观标志而被采用。这里的住所主要是指债务人的住所，有些国家从保护债务人利益的愿望出发，主张依债务人住所地这一客观标志来确定合同准据法。但实际上，在当事人互为债权、债务人的合同关系中，这一标志就难以确定。

4. 物之所在地。有的国家认为，债权是由物权派生出来的，因而可以用物之所在地这一客观标志来确定合同准据法。但在实践中采用这一标志，极易将物权关系和债权关系混为一谈，使问题复杂化。

5. 法院地或仲裁地。许多国家的司法实践主张，如果合同当事人之间约定他们可能发生的争议交付某国法院或仲裁机构审理，则表明他们已自愿接受该法院地或仲裁地法律的支配，因此，就应当依法院地或仲裁地作为客观标志来确定合同准据法。但在实践中如果固定地采用此项标准，就可能忽略真正有密切联系的国家，从而使法律适用不够公正。

由上述内容可见，按照传统的客观标志理论来确定合同准据法，固然客观、稳定和易于操作，但却显得呆板、机械和缺乏灵活性。法院在确定合同准据法时，若仅以其中一个客观标志作为依据，则每个标志均各有弊端。所以，用单一的固定的某个客观标志来确定合同准据法，往往不能真实地反映合同纠纷与其本应适用的法律之间的联系。正是由于这一原因，在20世纪60年代以后，有的学者在客观标志的基础上提出一种反传统理论，这就是最密切联系原则。这一原则也是客观论中的一种标准，但却与传统的客观论有着性质上的差别。

（三）最密切联系原则

最密切联系原则，指合同应当适用的法律，是与该合同关系有重大联系或利害关系最密切的国家的法律。这一原则之所以是客观论中的一种，在于它注重的是法律关系与地域之间的联系，它仍然是采用某些连接因素作为媒介来确定合同的准据法。不过，起决定作用的不再是固定的连接点，而是弹性的联系概念。一个合同之所以适用某国法，不是因为该国是合同订立地或履行地，而是因为该国与合同存在密切的联系。

最密切联系原则的思想渊源可以追溯到萨维尼的“法律关系本座说”。该原则所使用的“最密切联系地”一词可以说是萨维尼所使用的“本座”一词的发展。根据最密切联系原则，应适用的法律虽然不是“法律关系本座”的法律，却仍然是根据多方面因素来确定的与该法律关系有最密切联系的法律。但是另一方面，该原则又是对萨氏理论的扬弃，因为按萨氏观点，每一法律关系必然而且只能有一个“本座”，因此应建立起一套机械和固定的法律选择规范的体系，而最密切联系原则则反对建立这种机械和固定的体系，强调一种灵活而实际的法律选择方法。

最密切联系原则提高了法律适用的灵活性，有利于公正合理地对待当事人的利益，有利于促进国际民商事交往，因此，其一经提出，即为许多国家立法所采用。如美国的相关判例、1978 年《奥地利联邦国际私法法规》、1982 年《土耳其国际私法和国际诉讼程序法》，以及 1988 年《瑞士联邦国际私法法规》等。但由于最密切联系原则的连接点是抽象的，在运用这一原则确定合同准据法时，如何判定哪一地方才是与合同及其当事人有最密切联系的地方，这在理论和实践上都没有一个统一的标准。在理论上，有的学者主张，应根据与合同有关的连接点的数量多寡来决定合同的最密切联系地，即如果与合同有关的连接点相对集中于某地，则以该地为合同的最密切联系地。有的学者则主张，不能简单地只根据连接点的数量来确定合同的最密切联系地，而应根据与合同有关的连接点的质量来确定合同的最密切联系地，因为连接点不仅有数量多寡，而且有质量高低，在合同关系中，重要或主要的连接点对于确定合同的最密切联系地更有意义。

由于最密切联系原则的连接点因素是抽象而不是具体的，因而该原则的适用必然赋予法官以很大的“自由裁量权”。同样的案件，依据最密切联系原则，在具有不同素质和能力的法官眼里就会有不同的法律选择结果。这就与国际私法追求的合同法律关系稳定的目标相背离，或者在法官的素质和能力较差的情况下，会依此原则得出武断的结论。为了限制法官在运用最密切联系原则时所具有的“自由裁量权”，大陆法系国家提出了所谓“特征性履行”的学说，即法院在处理合同案件时，如果合同一方履行的义务反映了该合同的本质特征，则该方当事人的住所地法、营业所所在地法，或者该项义务履行地法应被确定为合同准据法。可见，特征性履行学说的核心在于它为“最密切联系地”这一抽象的连接点因素提供了一个具体的标准，因此，它可以克服最密切联系原则所带来的法律适用不确定和不可预见的弊病。20 世纪 60 年代以后，许多国家在立法上采用最密切联系原则的同时也引用了特征性履行的方法，如 1966 年《波兰国际私法》第 27 条，1978 年《奥地利联邦国际私法法规》第 36 条～第 44 条，1992 年《罗马尼亚国际私法典》第 77 条～第 79 条，以及 2006 年《日本关于法律适用的通则法》第 8 条第 2 款等。

运用特征性履行的方法来确定合同准据法，要求法院根据合同的特殊性质，以何方当事人的履行最能体现合同的特性来决定合同的法律适用。在立法和司法实践中，就有一个关键问题需要解决，即依据什么标准去判定哪一方当事人的履行是特征性履行。大多数学者认为，在一般情况下，为金钱履行的那一方当事人的履行义务较为简单，也是所有合同的共性；而为非金钱履行的那一方当事人的履行义务则较为复杂，且不同类型的合同中义务各有特性，这种特性就是对合同的特征性履行加以判断的依据。目前多数国家的立法采用了这种观点。另有一些学者认为，客观上并不存在确定合同特征性履行的标准，要确定合同的特征性履行，必须通过考虑合同的功能，尤其是合同企图实现的具体的社会目的，然后将最能体现合同社会功能的一方当事人的履行义务作为特征性履行。这是一种弹性的分析方法，在实践中难以把握。

此外，运用特征性履行的方法时，在依特征性履行一方当事人的何种场所因素来决定准据法的问题上，也是有分歧的。一些人主张应以特征性履行一方当事人的住所地、惯常居所地或者营业所所在地为根据决定准据法。另一些人主张应以特征性履行一方当事人的义务履行地为根据决定准据法。

第三节 国际投资合同及其法律适用

一、国际投资的概念和形式

国际投资，也称作“国际私人直接投资”，是指一国自然人、法人或其他经济组织将其资本投放到另一国家举办或经营企业，并对其投资的企业或资本享有控制权和支配权的行为。由此可见，这里讲的国际投资，既是私人的，又是直接的。它是当前国际社会中一国向另一国投资的一般形式。除此之外，也还有极少数的政府间投资，但那通常没有商业目的，而且是通过政府间协定来实现的，属于国际公法的范畴。

国际投资的形式可以是多种多样的，经常采用的有以下几种。

1. 在东道国举办合资经营企业。这是指外国投资者与东道国投资者之间签订合同，成立一个共同出资、共同经营、共担风险和共负盈亏的独立企业。这种方式的基本特点是企业实行股权式经营，即投资各方是按其出资比例对企业经营管理，按出资比例分享企业利润和承担风险。

2. 在东道国举办合作经营企业。这是指外国投资者与东道国投资者按合同约定提供合作条件，成立并经营某个企业，并按合同约定分享企业利润和承担风险。这种投资方式的特点是企业实行契约式经营，即投资各方所提供的合作条件、收益分配和风险的承担，都在合同中加以约定。依照合同约定的条件，合作经营企业的形式可以有两种，符合法人条件的可登记为企业法人；不符合法人条件的合作经营企业，其财产为投资各方共有，对外由投资各方承担连带责任，这就类似于我国的合伙组织。

3. 国际合作开采。这是指外国投资者经东道国特许，与东道国专营公司签订合同，在东道国境内从事自然资源的勘探开发活动。这种投资方式的特点，是外国投资者与东道国政府或其专营公司的合作是根据合作开采合同来实现的。根据这种合同，外国投资者在尊重东道国对自然资源的永久主权的前提下，参与开采东道国自然资源，并从中获得相应利益。因此，它与合作经营企业不同，一方面它不是企业，双方纯为合同关系；另一方面，政府的特许权要占开发利润的一部分比例。

4. 在东道国举办独资企业。这是指外国投资者依东道国法律，在东道国境内设立全部资本由其投入并经营的独立企业。这种投资方式的特点是企业的全部资本由外国投资者投入，但它是依东道国的法律，在东道国登记成立的独立承担民事责任的法人，所以，在性质上属于东道国的企业法人，如我国的外商独资企业。

5. 在东道国设立分支机构。这是指外国投资者依东道国法律，在东道国境内设立从事经济活动的分公司或办事处。这种投资形式的特点在于，分支机构的运行资金全部由外国投资者投入，但它本身不是一个独立的经济实体，不能对外独立承担民事责任。所以，在性质上它属于外国企业。

从上述国际投资的各种形式，我们可以从不同的角度归纳出国际投资的几个基本特点：

第一，从主体上看，国际投资的投资者是私人，即一国的自然人、法人或经济组织。这一特点使其与国际公法上的官方投资相区别。

第二，从内容上看，国际投资的投资者对其在东道国举办的企业及投资享有支配、控制和经营管理的权利。这一特点使其与国际上的间接投资相区别。间接投资的投资者是在偿还信用的基础上将资本投放到其他国家，投资者本人并不参与企业的经营管理，而仅以获取利息或红利为目的。间接投资属于国际金融法的范畴。

第三，从程序上看，国际投资是一种双边或者多边的经济行为，也就是说，投资虽然是私人行为，但它要受双边政府对外政策的限制。一项国际投资项目的实现，总是投资国与东道国政策一致的结果，特别是由于外国投放资本在东道国的收益是建立在对其资源利用的基础之上，直接涉及东道国的利益和秩序，东道国对外国投资往往要设定较为严格的程序。由于这一特点，使得国际投资的法律适用问题要比其他经济合同的法律适用问题更为特殊。

从国际投资的各种形式来看，绝大多数都是由外国投资者与东道国或东道国投资者订立合同来实现的。有关的合作方通常采用合同的形式来明确相互间的权利义务；同时，东道国也往往要求投资各方在进行合作时必须签订投资合同，以利于东道国政府对投资项目的监管和维护国家的整体利益。对于国际投资合同应受何种法律调整的问题，国际上不同学者历来有不同的主张，而这些不同主张又是基于对国际投资合同性质的认识不同。

二、国际投资合同的法律性质

国际投资合同的法律性质问题，主要是指国际投资合同在法律上的归类问题，即它究竟属于何种性质的合同文件。一般来讲，根据国际投资合同的主体可以分为两类。

一类是外国私人投资者与东道国私人投资者之间签订的合同，如外国公司同我国公司、企业签订合同，设立中外合资经营企业或中外合作经营企业等。由于这类合同的主体分别为不同国家的私人或私法人投资者，法律地位完全平等，故这类合同在性质上属于涉外民商事合同，这是没有异议的。一些学者认为，国际投资合同作为涉外合同的一种，与其他具有涉外因素的合同如买卖、租赁、运输、加工承揽等无异，都是一般的涉外经济合同。但也有一些学者认为，国际投资合同相对于其他涉外合同具有其特殊性，即它与东道国的主权利益和经济秩序的联系比其他涉外经济合同更为紧密，因此它是一种特殊的涉外经济合同。

另一类是外国私人投资者与东道国政府或其代表机构签订的合同，如外国石油公司与东道国能源管理部门签订的石油开发合同。由于这一类合同的一方当事人是国家，故有人称之为国家契约或国家特许协议。

关于国家契约在性质上是属于国际协议还是特殊的涉外经济合同，这在国际上是有争议的。以美国为代表的部分发达国家的一些学者认为，国家契约具有国际协议的性质，应受国际公法或一般国际法律原则支配；国家违反这种契约，即构成国际公法上的不法行为，应承担相应的国际责任。大部分发展中国家的学者则认为，国家契约不是国际协议，而只是一种特殊的涉外经济合同。这种合同不应受公法原则支配，而应受私法规则的支配；即使在有的情况下，合同选择适用了国际公法，那也只能说明国家作为主体的一方，其国内法允许作此选择，使之弥补国内法规定的不足，因此，这种选择并未改变合同本身的性质。我们认为，国家契约应被视为一种特殊的涉外经济合同。其特殊性就在于当事人一方是主权国家，这与一般的涉外合同不同。但是，这里的国家却是以合同当事人的身份出现，在合同关系上，与外国投资者的法律地位是平等的。因国家契约而产生的权利义务关系，也完全是民商事性质关系，不是国际公法意义上的国际关系。

三、国际投资合同的法律适用

在实践中，绝大多数的国际投资合同都不是国家契约。就这类合同的法律适用问题，国际上也是有不同主张的。发达国家往往以发展中国家法律不完善，因而无法适用等作为借口，主张应依一般涉外经济合同的准据法原则，如意思自治原则，来解决国际投资合同的法律适用问题。而发展中国家在立法和实践中一般都主张对投资合同应适用东道国的法律，即资本引进国的法律来解决。

我们认为，“国际投资合同依东道国法律”这一规则，既符合国际经济关系的现实，也符合当今国际私法的一般原则。1974 年联合国《各国经济权利和义务宪章》是当代国际经济关系的实际反映。依据该宪章，每个主权国家有权按照其法律对其境内的外国投资加以管理，并采取措施保证投资活动遵守其法律。从国际私法规则看，“最密切联系”原则是各国确定涉外合同法律适用时采用的重要依据，而“国际投资合同适用东道国法律”是符合这一规则的。首先，许多国家规定，无论哪一种投资合同，其投资涉及的项目或组建的企业都必须经东道国政府当局批准，批准后合同才能生效，因此合同的成立地在东道国。其次，外国投资者将资本投入东道国的生产领域甚至流通领域，其投资活动及活动的成果也主要是在东道国境内，即合同的履行地是在东道国。再次，许多国家的外资法都规定，外国投资者在东道国依合同组建的企业具有东道国的国籍，即企业的国籍国是东道国。最后，投资合同的标的物，即投资企业或投资项目所属的财产也往往位于东道国境内。由此可见，国际投资合同的成立地、履行地、投资企业所属国及其财产均位于东道国，与东道国有最密切联系。

关于“投资合同应依东道国法律”的规则，一些发展中国家的学者还提出了另一论证，即推定投资者的同意。他们认为，外国投资者在东道国进行投资的行为本身就意味着投资者已同意有关合同事项，包括投资争议的处理在内，接受东道国法律的管辖和适用。因为任何法院完全有理由推断一个普通商人应熟知与之订立合同并在该地进行特定商业活动的国家的法律。外国投资者既已自愿进入东道国从事商业活动，则表明他已自愿接受该国关于该商业活动的现行法律规定。可见，适用东道国法律作为准据法，也不违反合同当事人的意思。

第四节 中国关于涉外合同法律适用的规定

随着对外开放的逐步扩大，我国陆续颁布了一系列相关法律，它们从不同角度对涉外合同的法律适用问题做出了规定。在现行制定法和司法解释中关于涉外合同法律适用的规定，主要见于1986年的《民法通则》、1992年的《海商法》、1995年的《民用航空法》、1999年的《合同法》、2011年的《涉外民事关系法律适用法》，以及最高人民法院2007年《关于审理涉外民事或商事合同纠纷案件法律适用若干问题的规定》和2012年《关于适用〈中华人民共和国涉外民事关系法律适用法〉若干问题的解释（一）》。根据这些法律文件，我国对涉外合同的法律适用采取了以下原则。

一、意思自治原则

意思自治原则是我国涉外合同法律适用的基本原则。我国《民法通则》第145条规定："涉外合同的当事人可以选择处理合同争议所适用的法律，法律另有规定的除外。"《合同法》第126条规定："涉外合同的当事人可以选择处理合同争议所适用的法律，但法律另有规定的除外。涉外合同的当事人没有选择的，适用与合同有最密切联系的国家的法律。"2011年《涉外民事关系法律适用法》第41条规定："当事人可以协议选择合同适用的法律。当事人没有选择的，适用履行义务最能体现该合同特征的一方当事人经常居所地法律或者其他与该合同有最密切联系的法律。"此外，1992年《海商法》第269条和1995年《民用航空法》第188条在规定海事合同和民用航空运输合同的法律适用时，也采用了意思自治原则。

1. 关于法律选择的方式。《涉外民事关系法律适用法》第3条要求当事人选择涉外民事关系适用的法律应当是"明示"的，不承认当事人以默示方式选择法律。但司法实践中存在一种特殊情况，即当事人并没有以书面或者口头等明确的方式对所适用的法律做出选择，但在诉讼过程中，各方当事人均援引相同国家的法律且均未对法律适用问题提出异议。在这种情况下，我国法院一般会认定当事人已经就涉外民事关系应当适用的法律做出了选择，即应适用该法做出裁判。2012年《关于适用〈中华人民共和国涉外民事关系法律适用法〉若干问题的解释（一）》第8条第2款对此做出了明确规定，该规定与2007年《关于审理涉外民事或商事合同纠纷案件法律适用若干问题的规定》第4条第2款的规定一致。

2. 关于法律选择的范围。当事人所选择的法律，可以是中国法，也可以是港澳地区的法律或者是外国法，但这些法律应为现行的实体法，而不包括冲突规范和程序法，这就排除了国际私法上的反致制度在依当事人意思自治选择准据法时的适用。当然，当事人不得通过选择法律规避我国强制性和禁止性的法律规定。

我国法律并未对当事人协议选择的法律范围做出限制，当事人选择的法律不一定必须与合同存在实际联系，但以往的司法实践对此认识并不统一。2012年《关于适用〈中华人民共和国涉外民事关系法律适用法〉若干问题的解释（一）》第7条予以澄清："一方当事人以双方协议选择的法律与系争的涉外民事关系没有实际联系为由主张选择无效的，人民法院不予支持。”当然，并非所有涉外合同都可以由当事人选择合同适用的法律，当事人的意思自治原则并不是没有限制。有些涉外合同，比如国际投资合同，我国法律直接规定了它们应当适用的法律，此时，当事人协议选择法律的条款就是无效的。

3. 关于法律选择的时间。对于当事人的选择应于何时做出，上述2个“司法解释”的规定相似。即只要在一审法庭辩论终结前当事人协商选择或者变更选择合同应适用的法律的，人民法院应予准许。

二、最密切联系原则

最密切联系原则是我国立法所采用的涉外合同法律适用的补充原则，是对当事人意思自治的补充。根据我国《民法通则》第145条第2款、《合同法》第126条、《海商法》第269条、《民用航空法》第188条，以及《涉外民事关系法律适用法》第41条的规定，涉外合同的法律适用，首先应适用当事人经意思自治原则所选择的法律；合同当事人未作选择或者选择无效时，应适用与合同有最密切联系的国家的法律。

2011年《涉外民事关系法律适用法》首次将特征性履行理论引入中国立法，规定：“当事人没有选择的，适用履行义务最能体现该合同特征的一方当事人经常居所地法律或者其他与该合同有最密切联系的法律。”一方面，为确保最密切联系原则的确定性和稳定性，将特征性履行作为最密切联系原则的一个操作方法加以规定，运用特征性履行理论将“履行义务最能体现该合同特征的一方当事人经常居所地法律”界定为“最密切联系的法律”。另一方面，由于特征性履行说的推定是可能被驳倒的，特征性履约方的经常居所地未必总是与合同有最密切联系的地域。当存在与合同有更密切联系的另一地方时，该另一地方的法律自应予以适用。这是最密切联系原则的逻辑要求使然。换言之，最密切联系原则并非仅依特征性履行方法就能够替代规定下来。因此，我国法律又允许法官不受此限而直接运用最密切联系原则去适用其他与合同有最密切联系的法律。

关于特征性履行，2007年最高人民法院《关于审理涉外民事或商事合同纠纷案件法律适用若干问题的规定》第5条规定：人民法院根据最密切联系原则确定合同争议应适用的法律时，应根据合同的特殊性质，以及某一方当事人履行的义务最能体现合同的本质特性等因素，确定与合同有最密切联系的国家或者地区的法律作为合同的准据法。

1. 买卖合同，适用合同订立时卖方住所地法；如果合同是在买方住所地谈判并订立的，或者合同明确规定卖方须在买方住所地履行交货义务的，适用买方住所地法。

2. 来料加工、来件装配以及其他各种加工承揽合同，适用加工承揽人住所地法。

3. 成套设备供应合同，适用设备安装地法。

4. 不动产买卖、租赁或者抵押合同，适用不动产所在地法。

5. 动产租赁合同，适用出租人住所地法。

6. 动产质押合同，适用质权人住所地法。

7. 借款合同，适用贷款人住所地法。

8. 保险合同，适用保险人住所地法。

9. 融资租赁合同，适用承租人住所地法。

10. 建设工程合同，适用建设工程所在地法。

11. 仓储、保管合同，适用仓储、保管人住所地法。

12. 保证合同，适用保证人住所地法。

13. 委托合同，适用受托人住所地法。

14. 债券的发行、销售和转让合同，分别适用债券发行地法、债券销售地法和债券转让地法。

15. 拍卖合同，适用拍卖举行地法。

16. 行纪合同，适用行纪人住所地法。

17. 居间合同，适用居间人住所地法。

上述这些具体规定可以说是硬性的，但它们都体现了上述各类合同的特征性履行或合同本身的特质。所以，应该认为这些规定是最密切联系原则的实际运用。当然，在某些特殊情况下，依照上述硬性规定确定的合同准据法可能不是与合同有最密切联系国家的法律。因此，该"司法解释"又规定：人民法院在发现合同明显地与另一个国家或地区的法律具有更密切的联系时，应以另一国家或者地区的法律作为处理合同争议的依据。

三、适用国际条约和国际惯例的原则

我国《民法通则》第 142 条第 2 款规定："中华人民共和国缔结或者参加的国际条约同中华人民共和国的民事法律有不同规定的，适用国际条约的规定，但中华人民共和国声明保留的条款除外。"根据这一规定，我国实际上是把国际条约置于优先于国内法的地位，即如果我国法律的规定同我国缔结或参加的国际条约相抵触，除了声明保留的条款外，应当适用国际条约的规定。因此，涉外合同在一定条件下是可以直接适用国际条约的。

就我国已经缔结或参加的国际条约而言，涉及合同领域的为数不多，主要有 1929 年《统一国际航空运输某些规则的公约》、1955 年《修改 1929 年 10 月 12 日统一国际航空运输某些规则的华沙公约的议定书》、1999 年《统一国际航空运输某些规则的公约》(简称《1999 年蒙特利尔公约》)、1980 年《联合国国际货物销售合同公约》、1984 年《多边投资担保机构公约》和 1965 年《关于解决国家与他国国民之间的投资争端的公约》。此外，新中国成立以后，还陆续同其他国家缔结了大量的双边条约和协定，有的也是调整经济合同关系的，如一些双边的《交货共同条件》。

司法实践中，当事人在合同等法律文件中援引尚未对我国生效的国际条约，人民法院一般会尊重当事人的选择，但既然是对我国尚未生效的国际条约，人民法院不能将其作为裁判的法律依据，即不能将其作为国际条约予以适用。在该国际条约不能作为"外国法律"而援引公共秩序保留条款予以排除的情况下，有必要增加对违反我国社会公共利益的情形的限制性规定。为此，2012 年最高人民法院《关于适用〈中华人民共和国涉外民事关系法律适用法〉若干问题的解释（一）》第 9 条规定："当事人在合同中援引尚未对中华人民共和国生效的国际条约的，人民法院可以根据该国际条约的内容确定当事人之间的权利义务，但违反中华人民共和国社会公共利益或中华人民共和国法律、行政法规强制性规定的除外。"

我国《民法通则》第 142 条第 3 款还规定："中华人民共和国法律和中华人民共和

国缔结或者参加的国际条约没有规定的，可以适用国际惯例。”根据这一规定，人民法院在处理某一涉外合同案件时，既无相关国际条约援用，我国法律又没有规定的，法院可以适用国际上通行的规则。显然，这一规定起到了弥补现行法律规定之外可能存在的空白的作用，不至于使有的合同争议因没有可适用的法律而得不到解决。但是，应当注意到《民法通则》第150条的规定，适用国际惯例“不得违背中华人民共和国的社会公共利益”，这实际上又是对适用国际惯例的一种限制。

四、某些合同强制适用中国法的原则

我国《合同法》第126条第2款规定：“在中华人民共和国境内履行的中外合资经营企业合同、中外合作经营企业合同、中外合作勘探开发自然资源合同，适用中华人民共和国法律。”根据这一规定，上述三类国际投资合同的订立、效力、解释和执行等问题均应适用中国法律。

2007年最高人民法院《关于审理涉外民事或商事合同纠纷案件法律适用若干问题的规定》第8条对上述规定又有进一步的解释，即在中华人民共和国领域内履行的与上述三类合同有类似性质的其他合同，也应适用中华人民共和国法律：

1. 中外合资经营企业合同；
2. 中外合作经营企业合同；
3. 中外合作勘探、开发自然资源合同；
4. 中外合资经营企业、中外合作经营企业、外商独资企业股份转让合同；
5. 外国自然人、法人或者其他组织承包经营在中华人民共和国领域内设立的中外合资经营企业、中外合作经营企业的合同；
6. 外国自然人、法人或者其他组织购买中华人民共和国领域内的非外商投资企业股东的股权的合同；
7. 外国自然人、法人或者其他组织认购中华人民共和国领域内的非外商投资有限责任公司或者股份有限公司增资的合同；
8. 外国自然人、法人或者其他组织购买中华人民共和国领域内的非外商投资企业资产的合同；
9. 中华人民共和国法律、行政法规规定应适用中华人民共和国法律的其他合同。

应当注意的是，这是我国法律的强制性规定，它排除了合同当事人选择法律的可能性。如果当事人在合同中订有适用外国法律的条款，则该条款无效。

思考题

1. 什么是合同准据法？试述涉外合同准据法确定的基本原则。
2. 为什么对国际投资合同要采取不同于一般合同的法律适用原则？
3. 试论意思自治原则和最密切联系原则在我国合同法律适用中的运用。

第八章 国际货物买卖法律制度

随着人类社会的持续进步，国际货物买卖活动得以深入发展。但由于各国的买卖法各自不同，为国际货物买卖的顺畅进行制造了法律障碍。自20世纪30年代起，一些国际组织及法学家就开始着手研究统一的国家货物买卖规则。1926年成立的罗马“国际统一私法协会”（International Institute for the Unification of Private Law，简称UNIDROIT）在经过大量调查研究之后，于1930年开始起草国际货物统一法草案。由于第二次世界大战爆发，公约起草工作中断。第二次世界大战结束后，从1951年起，该协会又继续工作，1956年起草出公约文本，1958年由荷兰政府分送有关各国政府征求意见。根据各方面的意见，于1963年完成了修改稿。1964年在海牙国际会议上通过了两个公约——《国际货物销售统一法公约》（The Uniform Law on International Sale of Goods，简称ULIS）《国际货物销售合同成立统一法公约》（The Uniform Law on the Formation of Contract for International Sale of Goods，简称ULF）。这两个公约因其过分遵循欧洲大陆法系国家的法律传统并未得到广泛认可。

1968年成立的联合国国际贸易法委员会（the United Nations Commission on International Trade Law，简称UNCITRAL）召开会议讨论两个海牙公约。先后有62个国家的代表参与了国际货物买卖法的研究工作，经过多年不懈的努力，对两个公约进行了反复修改、完善，终于在1980年的联合国维也纳国际会议上，通过了《联合国国际货物销售合同公约》（the United Nations Convention on Contracts for the International Sale of Goods，简称CISG）。该公约于1988年正式生效，是目前国际货物买卖领域影响最大的国际公约。截至2014年7月，公约缔约方已达81个，包括除英国、爱尔兰和葡萄牙之外的所有欧盟国家和大部分东欧国家，美国、加拿大和一些南美国家，以及日本、韩国、澳大利亚、新西兰等国。

除了《联合国国际货物销售合同公约》这一统一实体法之外，在人类长期的国际货物买卖活动实践中还产生了大量的国际贸易惯例来调整买卖行为，其中最有影响并在实践中得到广泛应用的是国际商会编撰的《国际贸易术语解释通则》。该规则经过1953年、1967年、1976年、1980年、1990年、2000年、2010年的修改，目前使用2010年版本。

第一节 《联合国国际货物销售合同公约》

一、适用范围

《联合国国际货物销售合同公约》（以下简称《公约》）的适用范围是缔约国间的国际货物买卖合同。《公约》第1条第（1）款规定："本公约适用于营业地在不同国家的当事人之间所订立的货物销售合同：（a）如果这些国家是缔约国；或（b）如果国际私法规则导致适用某一缔约国的法律。"

《公约》没有对货物买卖合同下定义，也没有对"货物"及"买卖"作法律界定。因为各国的法律文化不同，对货物买卖合同的定义各自不同，尽管从《公约》的其他排除条款上分析，可推断《公约》欲只调整有形可移动的动产买卖交易，而不涉及不动产及无形财产权利交易。

确定一项买卖合同是否具有"国际性"的标准是当事人的"营业地"而非其"国籍"。例如，一家营业地位于法国的公司与另一家营业地位于纽约的美国公司订立买卖合同，美国公司应法国公司的要求将货物运到日本，后双方因货物质量发生纠纷。由于法国和美国均是缔约国，且营业地位于不同国家，则其合同具有"国际性"，属于《公约》的调整范围。如果上述例子中，法国公司派其代表到纽约与美国公司谈判签约，要求美方将货物送到法国公司设立在美国新奥尔良市的建筑公司工地，那么，法院就得判明法方的营业地是位于法国还是美国新奥尔良市。《公约》没有指明确定营业地的判断标准，但《公约》第10条指出，如果一个当事人有一个以上营业地，则以与合同及合同的履行有最密切关系的营业地为其营业地。那么，如果双方争议系关于合同项下货物质量，因为货物均送到美国的新奥尔良市，故该地与货物质量关系最为密切，则新奥尔良市为法国公司"营业地"，法院就不适用《公约》。

《公约》第1条第（1）款（b）项是一个冲突规则。依据该规则，当一家营业地位于伦敦的英国公司与营业地位于纽约的美国公司签订买卖合同，要求美国将货物送到英方在美国新泽西州的建筑工地，因货物质量原因，英方在纽约起诉美方。因英国不是《公约》的缔约国，第1条第（1）款（a）项不能适用；但如果美国的国际私法规则可以导致适用缔约国法律，那么，因美国是《公约》的缔约国，法院可以适用《公约》。

《公约》的第2条是一个排除条款，共有六类交易被排除。凡消费者交易被排除在《公约》适用范围之外。消费者交易指供私人、家人或家庭使用的货物买卖。购买是否以消费为目的，各国法律规定不一，难以判断。因此，《公约》特别注明，若卖方在订约前或订约时不知道也没有理由知道买方的消费目的，方可适用此条款。可见，《公约》适用于以商业交易为目的的买卖合同。

经由拍卖的买卖；根据法律执行令状或其他令状的买卖；公债、股票、投资证券、流通票据或货币的买卖；船舶、船只、气垫船或飞机的买卖；电力的买卖都不适用于该《公约》。由于各国买卖法对上述不同买卖所规定的程序要求差异很大，很难做到一个统一国际标准，故将之排除，留待各国国内法解决。

《公约》第3条规定，《公约》不适用于供应货物一方的义务是提供劳务或提供其他服务的合同。因为这类合同不是以货物交易行为来实现，不具有货物买卖的特征，故不属于“公约”的调整范畴。

但当一项合同中同时涉及买卖和服务行为，即合同内容具有“混合性”时，就容易引发复杂的法律问题。《公约》第3条第（1）款试图对此做出解释，规定“供应尚待制造或生产的货物的合同应视为买卖合同，除非订购货物的当事人保证供应这种制造或生产所需的大部分重要材料”。这里的“大部分重要材料”的具体含义难以把握。假设买方向卖方购买电脑，而买方又向卖方提供了英特尔奔腾Ⅲ766芯片，那么，买方是否提供了“大部分重要材料”呢？是以芯片所占整个电脑价格的数量比例来考虑，还是以质量或其他标准来衡量？可见，当合同内容具有“混合性”时，《公约》的适用取决于对合同中的劳务或服务因素是否构成“重要”内容的认识。由于各国法律文化和传统的差异，导致对相同事件的认识也有所不同。为了解决这种不确定性，可考虑的办法是在订约时将合同条文具体化，利用《公约》第6条的规定，选择是否适用或排除某个《公约》的条款，以在合同中充分体现订约双方所达成的订约目的。

《公约》除了对买卖交易的类型作了限定，还对解决合同争议的范围作了明确规定。根据《公约》第4条，《公约》只适用于买卖合同的成立以及由合同而产生的买卖双方的权利和义务等法律问题。《公约》不适用于有关合同效力，或其任何条款的效力，或选择惯例的效力等方面的争议，也不涉及合同对所售货物所有权的影响事项。《公约》也不适用于卖方因货物对任何人所造成死亡或伤害的责任，这些法律问题均留给各国国内法加以解决。

《公约》第7条仍规定了一个冲突规则条款以寻求解决公约所遗留的空白。第7条第（2）款规定：“凡本公约未明确解决的属于本公约范围的问题，应按照公约所依据的一般原则来解决，在没有一般原则的情况下，则应按照国际私法规定适用的法律来解决。”

二、国际货物买卖合同的成立

各国合同法均对其国内合同的成立作了明确规定。《公约》采用了“要约和承诺”的方法来规范合同的成立。

（一）要约

《公约》第14条规定了要约的含义及构成要件。向一个或一个以上特定的人提出的订立合同的建议，如果十分确定并且表明要约人在得到承诺时承受约束的意旨，即构成要约。一项要约必须具备以下条件：（1）向一个或一个以上特定的人发出。“人”可以是自然人，也包括法人及合伙组织。（2）内容必须十分确定。《公约》明确规定，当要约以明示或暗示的方法规定了数量和价格，或者规定了如何确定数量和价格的方法，则可确定要约的内容为十分确定。（3）要约是明确的订约建议，并清楚地表明一旦对方接受，要约人愿承受约束的意旨，这是要约与要约邀请的主要区别。

（二）要约的撤回与撤销

各国法律都承认，在要约发出送达受要约人之前，要约人可以根据市场情况，随时以更迅速的方法将要约追回。只要追回要约的通知先于要约到达或与要约同时到达受要约人，则要约可以撤回。《公约》也规定，要约即使是不可撤销的，也可以撤回，只要撤回通知于要约送达受要约人之前或同时送达受要约人。但是，如果受要约人收到要约后，要约人是否可以撤销要约，两大法系有不同的规定。大陆法系国家法律认为要约生效后，不允许撤销；而英美法系则认为，除了要约本身表明其不可撤销，一般情况下要约人可随时撤销。《公约》第16条第（1）款规定："在未订立合同之前，要约可以撤销，如果撤销通知于受要约人发出承诺通知之前送达受要约人。"只有受要约人未发出承诺通知，要约人随时可以撤销，但要约如已写明承诺的期限或以其他方式表明要约是不可撤销的；或者受要约人有理由信赖该项要约是不可撤销的，而且受要约人已本着对该项要约的信赖行事，则要约不可撤销。我国有学者认为，《公约》第16条明确规定了载有承诺期限的要约，就是不可撤销的要约。而美国弗吉尼亚大学法学院教授克莱顿P·吉利特（Clayton P. Gillette）和斯蒂芬得·沃尔特（Stevenod Walt）却认为，第16条第（2）款（a）项的条文并不清晰，如果一项要约只是单纯表明受要约人做出承诺的期限，这并不意味着要约本身是不可撤销的，大陆法系国家有可能将载有期限的要约视为不可撤销，而普通法系国家则有可能持不同意见。

（三）承诺

承诺是受要约人做出声明或以其他行为表示同意一项要约。承诺必须由受要约人做出。非要约人如得知要约内容后做出的接受表示不能构成有效的承诺。承诺的内容应当与要约一致。受要约人可以任何形式的声明许诺（Promise）或以某种行为（act）来表示对要约的接受。但沉默或不作为不能构成承诺。

承诺于何时生效，两大法系规定迥异。《公约》采取了大陆法系原则，即规定承诺通知送达到要约人时生效。承诺通知如没有在要约所规定的有效期内送达要约人，则承诺不能生效。如果要约中没有规定有效期，则应当在具体交易所需的合理时间内送达要约人。当要约允许受要约人以行为的方式表示接受时，承诺于受要约人开始行为时生效。

（四）承诺的形式与效力

传统法律认为，承诺的内容必须与要约保持全面一致，二者相互吻合。就如同人照镜子一样。这种"镜合原则"在长时间内主导着要约承诺制度。如果受要约人的表示与要约有一点相异或不同，则该项表示只能被视为对要约的拒绝或是一次反要约。但在现代商事交易中，随着交易的复杂化、迅捷化以及从事商事交易主体的多样化，许多商人之间的通讯信件并不能完全达成一致，这使传统的法律原则面临现实的挑战。尽管商人间的书信有一定差异，但他们仍倾向于订立合同，进行交易。故美国统一商法典对传统"镜合原则"作了重大改变，使许多过去认为不能构成承诺的情况得以成立。而《公约》则未完全依照美国法的观点，只是对传统"镜合原则"作了轻微的修改。

《公约》第19条第（1）款规定："对要约表示接受但载有增加、限制或其他修改的答复，即为拒绝该项要约，并构成反要约。"因此，一项答复必须同意要约中所有的内容，且不能包含任何新增或不同的条款，方可构成有效的承诺。但是第19条第（2）款作了变动。"……对要约表示接受但载有增加或不同条件的答复，如所载的增加或不同的条件在实质上并不改变要约的条件，除要约人在不过分迟延的期间内以口头或书面通知提出异议外，仍可构成承诺。"

《公约》第19条第（3）款进一步明确规定怎样确定"实质性变动"的标准。该款规定："有关货物价格、付款、质量和数量、交货时间和地点、一方当事人对另一方当事人的赔偿责任范围或争议解决方法等的增加或不同的条款，均视为实质上变更要约的条款。"正是由于此条款规定，使得第19条第（2）款对"镜合原则"的修改降到了最低程度，几乎任何载有增加或不同条款的答复都可以视为对要约的实质性变更。

三、预期违约与中止履行

合同成立以后，双方当事人都期待对方如期履行。但由于合同的有效成立与合同的履行期限之间往往有一段时间距离。在这段时间内，由于市场变化及合同当事人双方自身客观情况的变化，可能导致某一合同当事人不能履行其未来的合同义务。针对此种情形，英美合同法中规定了预期违约（Anticipatory breach of contract）制度。预期违约又称预期毁约或提前毁约（Anticipatory repudiation），是指在合同履行期到来之前，合同一方当事人明确表示将不履行其到期的合同义务的行为。由于提前毁约和实际违约在时间上不同，传统英美法系认为非违约方应等待履行期来临之后，当提前毁约方的实际违约事实发生，才能提起违约救济之诉。后来在1853年，英国法院在霍切斯特诉德·拉·图尔案中所形成的判例确立了预期违约的制度，即如果合同的一方当事人在合同规定的履行合同的时间到来之前毁弃合同，另一方通常可以将这种毁弃作为现时发生的对合同的重大违反，并立即就毁约方所许诺的履行的整个价值提起诉讼。在该案中，原被告于1852年4月订立雇佣合同，约定自该年6月1日起，原告为被告充当3个月的导游并确定了酬金。5月11日，被告写信通知原告，称他将完全不履行合同，原告于5月22日起诉，被告辩称履约期未到，合同是否履行只有到6月1日才能知晓，根本不存在违约，原告没有任何诉因（Cause in Action）。法院认为，被告的信构成预期毁约，应当允许原告解除合同，立即寻找新工作，若要他等到6月1日再去寻找新工作是不公正的。原告亦可以立即行使违约救济权利。

美国《统一商法典》对"预期违约"的构成和救济均作了详细规定。该法典第2-610条规定，"如果一方当事人表示拒不履行尚未到期的合同义务，而这种毁约行为对于另一方而言会发生重大合同价值损害"，即构成预期违约。

《公约》也采用了预期违约的概念。根据《公约》第71条规定，预期违约是指合同订立后，一方当事人预见到另一当事人由于其履行能力或信用有严重缺陷，或者由于其准备或实际履行合同的行为表明显然不能履行合同中的大部分重要义务。如果一方构成预期违约，则预见到的一方当事人可以此为据，中止履行自己的合同义务，并要求赔偿损失。

中国《合同法》第108条，首次采纳了预期违约制度。该条规定："当事人一方明确表示或者以自己的行为表明不履行合同义务的，对方可以在履行期限届满之前要求其承担违约责任。"

一方当事人如何去判断另一方当事人的行为已构成预期违约，并可以采取中止履行合同义务的措施？例如，卖方在签约后听说买方的信用能力出现严重危机，卖方能否判断买方的信用危机可导致其毁约并中止或解除合同呢？这实属一个难题。如果判断有误，卖方解除合同就有可能将自己置于违约者的地位。由于在现实生活中，合同一方当事人很少以直接明确的方式向对方表示毁约。人们只能从其外观行为去判断对方有无能力履行其合同。针对此种情形，美国《统一商法典》第 2—609 条第（1）款规定："买卖合同意味着买卖双方负有不辜负对方要求自己及时履约的期望的义务。当一方如有合理理由相信另一方不能履行的危险，前者可以致函后者要求其对及时履行提出充分保证。如果商业上合理的话，在他收到此保证前，可以中止与他尚未得到约定给付相对应的那部分给付。"该条规定了当一方当事人的行为并未明确构成预期违约，而只是有可能产生违约行为的模糊情况下，另一方当事人有权暂时中止履行合同，要求对方提供履约保证以证明将履行其未到期的合同义务。《公约》第 71 条吸收了美国《统一商法典》第 2—609 条的原则，一方当事人可以中止履行义务，如果另一方当事人明显地不可能履行其大部分重要义务。中止履行义务一方当事人必须通知另一方当事人，当另一方当事人提供充分保证后，则他必须继续履行义务。

中国的《合同法》也规定了中止履行保证制度。该法第 68 条规定："应当先履行债务的当事人，有确切证据证明对方有下列情形之一的，可以中止履行：（1）经营状况严重恶化；（2）转移财产、抽逃资金，以逃避债务；（3）丧失商业信誉；（4）有丧失或者可能丧失履行债务能力的其他情形。当事人没有确切证据中止履行的，应当承担违约责任。"与美国《统一商法典》及《公约》相比，中国的《合同法》更加强调有确切证据证明有可能导致合同义务不能履行的危险。当事人中止履行的，应当及时通知对方。对方提供担保时，应当恢复履行。中止履行后，对方在合理期限内未恢复履行能力并且未提供适当担保的，中止履行的一方可以解除合同。

四、买卖双方的义务

（一）买方的义务

根据《公约》规定，买方负有支付价金与接受合同项下货物的义务，《公约》第 53 条规定，买方必须按照合同和本公约规定支付货物价款和收取货物。买方支付价款，必须根据有关法律和规章规定步骤和手续，做好准备，以顺利支付价款。买方应当在约定地点付款，当合同中未对付款地点作规定时，《公约》规定买方应当在下列地点付款：

1. 卖方营业地。

2. 如凭移交货物或单据付款时，则为移交货物或单据的地点。单据交易是国际贸易中的通常做法，买方收取所有权凭证单据的地点就是付款地。

买方应在合同约定的时间付款。如果合同中对付款时间未作约定，根据《公约》规定，买方应在卖方提交货物单据的时间付款。

《公约》规定，买方在收取货物时应承担以下两项义务：第一，采取一切理应采取的行动，以期卖方能交付货物；第二，接受货物。买方应做好各项接收货物的必要准备。接受货物是买方收取货物的主要要求。《公约》假定卖方履行交货义务与合同规定相符，因而要求买方无条件地接受货物。

（二）卖方的义务

1. 根据《公约》第 30 条规定，卖方应承担以下义务：①依照合同和公约规定，交付货物；②移交一切民货物有关的单据；③转移货物所有权。

（1）交付方式：

交付货物要求卖方将合同项下的货物，以适当的方式交给买方。与货物有关的单据通常包括提单、发票、保险单、产地证、商检证明等文件。卖方必须适当履行移交单据的义务，做到单据种类齐全、内容正确、提供及时、方式尽可能迅速。

（2）交付地点：

《公约》第31条对卖方的交货地点作了规定。即如果合同未对交货地点进行约定，根据不同情况，卖方的交货地点是：

①如果买卖合同涉及运输，卖方应把货物移交给第一承运人，以运交买方；根据该规定，将货物交给第一承运人的地点，就是交货地点。

②在不属于上一款规定的情况下，如果合同指的是特定货物或从特定存货中提取的或尚待制造或生产的未经特定化的货物，而双方当事人在订立合同已知道这些货物是在某一特定地点，或将在某一特定地点制造或生产，卖方应在该地点把货物交给买方处置。

③在其他情况下，卖方应在它于订立合同时的营业地把货物交给买方处置。

（3）交付时间：

《公约》规定，卖方履行交货义务的时间，分为三种情况：①合同规定了交货日期，须按该日期交货；②合同规定了一段交货时间，在该段时间内，原则上卖方有权选定交货日期；③在不属于上述两种情况时，卖方须在一段合理的时间内交货。

2. 卖方的担保义务

在买卖行为中，卖方必须对其所售货物的质量及所有权权利进行保证，其中货物质量问题的法律最为复杂。现代社会科技发展日新月异，产品技术日趋复杂，加之国际贸易中买卖双方分处不同国家，相互之间很难见面，货物的运送周期比国内贸易更长，货物的质量出现问题的风险也很大。各国买卖法中都有专门的货物质量与法律权利的担保条款，以在买卖双方之间分摊风险。

（1）质量担保。《公约》第35条第（1）款首先确定了卖方所应遵守的基本担保义务。该款要求卖方所交货物应与合同中的说明一致。说明是指买卖双方在合同中所言明的有关货物质量标准的有关约定。说明一般涉及货物的型号、构造、性能、功能、特点等技术指标。凡是以明示方式所作出的说明，构成了卖方对货物质量的明示保证（Express Warranty）。美国《统一商法典》第2－313条专门对明示保证的构成作了规定，其中大部分是涉及卖方对货物质量方面的说明。与美国《统一商法典》不同的是，《公约》没有对明示保证的构成形式作出规定。中国《合同法》第153条也规定出卖人应当按照约定的质量要求交付标的物。出卖人提供有关标的物质量说明的，交付的标的物应当符合该说明的质量要求。中国《合同法》也同样没有对明示保证的构成形式作规定。

《公约》第35条第（2）款（a）项有关货物质量的默示担保条款（Implied Warranty），规定“货物应适用于同一规格货物通常使用的目的”。这条规定适用于买卖双方没有对货物质量做出特殊约定的情况。在质量担保义务问题上，各国大都首先赋予合同当事人自由选择权，只有在当事人没有约定或约定不清的情况下，以法律规定方式要求货物必须达到该类货物所必须具备的正常使用质量标准。

《公约》第35条第（2）款（b）项规定货物必须符合在订立合同时曾明示或默示地通知卖方的任何特定目的。这里，卖方对买方所购货物的特定目的知晓来源于以下两个方面：①买方明确告诉卖方其购物的特定目的；②卖方通过订约时的客观情况，依据其常识判断知道买方的特定目的。在样品或说明书买卖中，货物要与样品和说明书相符。卖方应按照同类货物通常方式装箱或包装，如果没有通用的方式，则用足以保全和保护货物的方式装箱或包装。例如，卖方在装运鲜活食品时没有冰冻设备，致使食品腐烂，卖方将构成违约，即使合同中没有任何包装条款。

(2) 权利担保。《公约》第41条规定，卖方对所交付的货物，负有权利担保责任。卖方交付的，必须是第三方不能提出任何权利或主张的货物。卖方对货物的权利担保，可以分三个方面：①卖方对货物享有所有权；②卖方保证货物上没有设定第三人的抵押权、质权、留置权或其他担保权益；③卖方保证所交货物未侵犯他人权利，包括知识产权。

五、风险转移

买卖合同订立后，货物将从卖方转移到买方。在转移过程中，极有可能出现货物的丢失、毁坏、被盗、腐败等各种意想不到的风险。特别是国际贸易中买卖双方相隔甚远，货物转移涉及不同种类的运输，更加剧了风险发生的可能性。如货物灭失，其风险损失应由谁来承担？这是买卖法中一个重要问题。解决这一问题的关键是看货物灭失时，货物风险由谁承担。货物风险始终是在买卖双方之间划分承担的，故风险转移的时间十分重要。传统买卖法基本上是以所有权转移之时为风险转移的时间，如果卖方已不再控制货物，但没有将货物所有权转移给买方，卖方仍将承担货物灭失的风险。然而自20世纪40年代、50年代起，各国纷纷修改了这一传统规则。现代买卖法所追求的目标除公正之外，还要进一步体现市场效率的原则。买卖法的功效在于减少交易成本，包括货物灭失的成本。据此，货物风险应当由处于最佳位置的一方当事人承担。即谁最能保护货物免受损失，谁就应当承担风险。通常谁占有控制货物，谁就最有能力避免风险，谁对货物进行保险最为便利、经济，谁就更应当承担风险责任。在这个指导思想下，货物的风险基本上随货物的交付时间而发生转移。如美国《统一商法典》就确认了卖方无过失的情况下以交付时间为风险转移的原则。第2－509条规定：(1) 如合同不要求卖方在特定目的地交货，货物自正式交给承运人时灭失风险即转移给买方。(2) 如合同规定卖方在特定目的地交货，正式交货时货物在承运人掌握之中，货物在该地正式交付，自买方可提货时，灭失风险转移给买方。《公约》也采取了相同的原则，《公约》第66条到第70条规定了一系列风险责任划分条款。但是，《公约》第6条允许合同当事人排除公约条款的适用，这样当事人可以选择适用国际商会所制定的《国际贸易术语解释通则》中的风险转移规定。

《公约》第66条规定货物在风险转移到买方承担后遗失或损坏，买方支付价款的义务并不因此解除，除非这种遗失或损失是由于卖方的作为所造成。该条肯定卖方要求买方支付价款的义务，但是强调卖方必须全面履行其交货义务，如果因卖方的过失造成货物损失，即使风险已转移到买方，卖方就不能主张买方支付价款。

《公约》第67条明确在货物涉及运输时，风险移转的时间。该条规定了两类合同：第一种是要求承运人将货物运至“某一特定地点”；第二种是卖方应将货物交给承运人但没有义务将货物运至“某个特定地点”。对于第一种合同，当卖方将货物运到指定地点交给承运人时，风险转移给买方。至于第二种合同，货物风险在卖方将货物交付给第一承运人时转移。

《公约》还规定了货物在运输途中时的风险分担方法。例如，当买方购得一批货物后，有可能立即将货物卖给另一个买家，而此时货物仍在运输途中。假如订立合同时，货物已经损坏，合同双方对此并不知情，而合同双方并不知道如何划分风险。《公约》第 68 条规定，从订立合同时起，风险就移转到买方承担。但是如果情况表明购得货物后即行卖出的卖方在订立合同时已知道或理应知道货物已经损坏，而他又不将此事告诉买方，则在上述假设中，该卖方应承担货物的风险责任。

《公约》第 69 条的规定与美国《统一商法典》第 2－509 条的规定相似，当买方“接受了货物”时，风险移转到买方。但是如果买方有义务在卖方营业地以外的某一地点接受货物，当交货时间已到而买方知道货物已在该地点交给他处置时，风险方始移转。在订立合同时，如货物还没有被特定化，则在货物未被特定化之前，不得视为已交给买方处置。例如，卖方在美国加州有一个库存仓库，卖方与一个中国公司订约，将仓库中的一部分啤酒售给中方。假设在中方获得货物之前，啤酒变质。如果交货时间已到，中方已知道卖方已将仓库中准备售出啤酒装箱并注明发送标志，即货物已被特定化，则中方就有可能承担风险。相反，如货物仍未特定化，则卖方应承担风险。

六、违约救济

合同有效成立后，就必须严格履行。而商业活动中，有许多合同却得不到履行或是履行不完全符合合同规定。许多合同当事人，在无任何法定免责事由的情况下，不按约定去履行合同义务，违反合同，给非违约方造成各种损失。故各国法律均针对各种不同的违约行为规定了各种救济（remedy）手段。买卖合同中的救济手段主要有解除合同、实际履行、损害赔偿、减轻损失等。《公约》也分别规定了买卖双方各自不同的救济手段。

（一）卖方违约时的买方救济

1. 解除合同。如果交货时间已到，卖方没有按期交货，也没有通知买方他将不履行合同，在这种情形下，买方如何应对？各国法律对此的态度不同。

英美法系十分强调合同的神圣严肃，要求当事人严格履行合同，如果卖方不按时交货，则买方有权立即解除合同并寻求损害赔偿。大陆法系国家比较宽容，允许买方给予卖方一段宽限交付期。例如，《德国民法典》第 326 条规定：“双方契约中当事人的一方对于应当的给付有迟延时，他方当事人得以意思表示对其履行给付规定适当期限，告知在期限届满之后，将拒绝受领给付……因迟延致契约的履行于对方无利益时，对方不需指定期限即享有第 2 项规定的权利——解除合同的权利。”法律上通常称此指定期限为宽限期（grace period）。根据这个规定，如果迟延给付于买方毫无意义了，买方就不必给予卖方以交付宽限期。

《公约》主要采取大陆法系的规定。《公约》第 47 条规定：如果卖方违反合同，“（1）买方可以规定一段合理的额外时间，让卖方履行其义务。（2）除非买方收到卖方的通知，声称他将不在所规定的时间内履行义务，买方在这段时间内不得对违反合同采取任何补救办法。但是，买方并不因此丧失他对迟延履行义务可能享有的要求损害赔偿的任何权利。”根据此规定，买方有权决定是否给予宽限期。《公约》允许买方解除合同，但却有限制，即卖方不履行其在合同或本公约中的任何义务的情形等同于根本违约（fund breach），或卖方在规定的宽限期内未交付货物或声明不交付货物时，买方可以解除合同。可见，只有当卖方不按时交货的行为被视为根本违约时，买方方可立即行使解除合同权利。《公约》规定了根本违约的概念，即“一方当事人违反合同的结果，如使另一方当事人蒙受损害，以至于实际上剥夺了他根据合同有权期待得到的东西。”这是一个非常难于把握准确的法律概念，根本违约与非根本违约的界限有时是很难划分清楚的。如果卖方不按时交货并未构成根本违约时，买方是否有义务给卖方以宽限期？我国有学者认为，卖方不按时交货，不论给买方造成损失与否，买方解除合同都不违约。此种理解不妥。根据《公约》第 49 条及《公约》第 51 条第（2）项的规定，买方只有在卖方完全不交付货物或不按照合同规定交付货物等根本违反合同时，才可以宣告整个合同无效。因此，当卖方在没有构成根本违约时，买方有义务给予卖方宽限期。

2. 转买替代物。当卖方解除合同以后，买方可以在市场上再去购买合同之货。如果在市场上转购合同之货的价格低于原合同价格，则买方显然不存在任何损失。但如果转购价高于原合同价，则买方受到损失。此时买方可以要求卖方赔偿。根据《公约》第 75 条规定，买方可以取得合同价格和替代货物交易价格之间的差额以及按照第 74 条的规定可以取得的任何其他损害赔偿。例如，合同订为 1000 元，转买价为 1200 元，因转买而发生的费用为 100 元，则赔偿额为 1200 - 1000 + 100＝300 元。转买合同之货应依诚信原则，买方应在解除合同后的合理时间内转买替代物。

3. 损害赔偿。买方解除合同后，也可以不依上述第 75 条的方式进行救济，而直接根据合同之货物的市场价格寻求损害赔偿。《公约》允许买方以合同价与宣告合同无效时的时价（current price）之间的差额要求赔偿。时价就是指市场价。如果买方选择了此种救济手段，则他不能再进行转买方式救济。如果买方收取货物后发现与合同规定不符，在等待合理时间后卖方亦不再提供符合规格的货物，买方可解除合同。此时，买方只能以收取货物时的市场价与合同价之间的差额请求损害赔偿。

4. 减低价金。当卖方交货不符合合同约定时，买方如决定接受货物，他可以要求减少价金。减低价格的幅度主要是指不符合合同货物的价值与合同相符货物价值之间的差额。关于减价，各国法律规定不一，大陆法系国家与英美法系国家所采用的方法相差较大。《德国民法典》规定，当买方采用减少价金的办法时，应按出卖货物时完好货物与有瑕疵货物的价值比例，来核算减少货价的金额。美国《统一商法典》第 2－714（2）规定：“……计算方式是符合合同保证的货物价值减去已收之货物价值，货物价值以接收货物的时间和地点确定”。《公约》采纳了德国法的方式，采用比例方式减低价金，减低价金应按实际的货物在当时的价值两者之间的比例计算。例如，合同价为 50 元，卖方所提供的有瑕疵货物的价值为 45 元，则买方应付 45 元，买方实际减价额为 5 元。

5. 实际履行。实际履行是指非违约方要求违约方依照合同规定履行其义务的一种救济方法。《公约》规定，如果卖方不履行合同的义务，买方可以要求卖方履行义务。但是，如果买方采取与这一要求相抵触的其他救济手段，则不能再要求卖方履行其合同义务。例如，买方依照《公约》第 51 条及第 75 条规定，宣告合同无效并在市场上转买合同之货，就不能再要求卖方实际履行。

大陆法系国家中，大都认为实际履行是一种救济手段，法院一般允许债权人要求债务人履行合同义务；而英美法系国家基本不将实际履行视为合同违约的常见救济手段，由于损害赔偿主要以金钱赔偿为主，许多法官认为只要有充足的损害赔偿，就能弥补非违约方的损失。《公约》第 28 条反映了两大法系之间的妥协，即法院可根据具体情况决定是否做出实际履行的判决。但法院没有义务必须做出实际履行的判决，除非法院依其本身的法律对不属于本公约范围的类似买卖合同愿意这样做。根据该条，法院应做两方面的调查：第一，依据公约，当事人是否有权要求实际履行；第二，依据其本身的法律对与该案类似但不属于公约调整的买卖合同是否会判决实际履行。第 28 条的但书所使用的语言并不精确，使之适用面临很大困难。“本身的法律”易引起理解上的分歧。不少学者将之理解为法院地法律，各缔约国法院可以根据本国法作出判决。但法院地法如何理解？仅指法院地国家的实体法，还是包括法院地国家的冲突法？则观点不一。例如，位于纽约的卖方与汉堡的买方就合同发生纠纷，纽约法院受理此案。依德国法可以判决实际履行而纽约州法则不能。卖方要求买方支付价款。如纽约州“本身的法律”包括冲突法，且冲突法规则认为应适用德国法，那么，法院就应判决实际履行；如纽约州的“本身法律”仅指其实体法，不包括冲突法，那么，根据《公约》第 28 条，纽约法院只能根据美国《统一商法典》第 2 章的规定审理此案，法院有可能不同意实际履行。

（二）买方违约时卖方的救济手段

买方违反合同主要有以下几种情形：（1）不付款或不足额付款；（2）延迟付款；（3）不接收货物。根据公约，卖方可以分别采取如下方法。

1. 要求买方实际履行。卖方也可以要求买方履行其合同义务，支付价款。除非卖方已采取了与实际履行请求相抵触的救济。卖方可以规定一段合理的宽限期，让买方履行其义务，在这段时间内，卖方不得对买方采取任何救济方法。但卖方并不因此而丧失其对买方延迟履行合同可能享有的要求损害赔偿的权利。

2. 解除合同。如果买方不履行合同或《公约》的义务已构成根本违反合同，即买方的违约行为使卖方受到重大损失，以至于实质上剥夺了卖方根据合同有权得到的东西，在这种情况下，卖方可以宣告合同无效，解除合同。买方不付款并不一定达到根本违反合同的程度，而根本违约又是一个很难掌握的概念。《公约》第 25 条对根本违约的规定并无多大的实践指导意义。

在英美法系国家，买方不按约定付款，卖方即取得解除合同的权利，同时保留损害赔偿请求权。美国《统一商法典》第 2－703 条肯定了卖方的这一解除权。与《公约》不同的是，美国法并未要求根本违约这一要件。事实上，在买卖关系中，不履行其基本义务就已构成严重违约。允许卖方享有解除权是公正合理的。

大陆法系国家的态度比较宽容，对于买方不按约付款或接受货物，允许给予买方以宽限期。《公约》也采纳了大陆法系观点，只有宽限期已过而买方仍坚持不付款的情况下，卖方方可行使解除合同权利。

3. 损害赔偿。当卖方解除合同之后，卖方如何处置手中的合同货物？如何弥补因买方违约而造成的损失？《公约》参照美国《统一商法典》的做法，允许卖方采用两种办法救济：第一，卖方转卖合同之货，然后就由此而产生的损失请求买方赔偿。第二，不转卖合同之货，直接请求买方赔偿。

当卖方转卖时，他必须依诚信原则，尽量以较高的市场价出售。如果转卖时的市场价高于原合同价，那么卖方就可能因买方的违约而获利，则就没有任何损失，故无从谈及赔偿。各国买卖法大都不允许卖方在获利情况下向买方请求赔偿。但如果转卖价低于原合同价，则卖方就发生损失。既然《公约》第 75 条允许买方在卖方违约时采取转买方式计算损失，该条也同时允许卖方采用转卖方式计算损失，其确定救济公式是合同价减转卖价再加上因转卖而产生的间接损失。此规定与美国《统一商法典》第 2-706 条的规定相似。区别在于，美国法的规定更加具体明确。美国法对间接损失的范围作了界定，卖方的间接损失包括买方违约后在停止交货中、运输途中、保管和监护货物中所产生的以及与买方违约相关的返还或转卖货物时所产生的一切在商业上合理的费用、支出和佣金。在计算间接损失时，应当减去卖方因买方违约而节省的费用。例如，货物的运输、保险费以及必要的包装。这个规定显然是公平合理的。

卖方解除合同后，亦可保留合同之货，直接请求损害赔偿。《公约》第 76 条规定，卖方计算损害赔偿的公式是合同价减去解除合同时的货物时价加上间接损失。如前所述，时价就是市场价。《公约》的主要缺陷在于没有对间接损失的范围作一界定。

第二节 国际贸易惯例

在国际贸易中，各国商人有自己不同的语言、文化及法律背景。对于买卖交易行为中的权利和义务划分都有不同的理解。在长期的国际贸易实践中，人们逐渐将为大家所接受的公平贸易方式加以整理固定，从而形成国际贸易惯例。为了避免不同国家商人对贸易惯例产生误解，许多国际组织纷纷组织专家将贸易惯例加以成文化，制定专门的国际贸易术语。目前世界上较有影响的有：（1）国际法协会于 1928 年在华沙制定，1932 年在牛津修订的《华沙-牛津规则》；（2）于 1919 年在全美贸易会议上制定，1941 年由 3 个商业团体组成的联合委员会加以修订的《美国对外贸易定义》；（3）国际商会编纂的《国际贸易术语解释通则》（下称《通则》），简称“Incoterms”。该规则于 1936 年制定，先后经过 1953 年、1967 年、1976 年、1980 年、1990 年、2000 年、2010 年 7 次修订，影响力最大。在全球无关税区不断扩大、电子通讯在国际贸易中的运用越发普及，以及货物运输安全问题更受重视的背景下，2010 年《通则》在结构和内容上都做了调整，并于 2011 年 1 月 1 日生效。

一、2010 年《通则》的基本结构和编排体系

2010 年《通则》将 2000 年《通则》中的 13 个术语更新为 11 个，即新增 DAT 和 DAP 术语取代 DAF、DES、DEQ 和 DDU 术语。同时，将 E、F、C、D 四组术语按适用的运输方式分为“适用于任何运输方式的术语”和“适用于内陆水运方式的术语”两类。

2000 年《通则》	
E 组（发货）	EXW 工厂交货（指定地点）

续表

2000 年《通则》	
F 组（主要运费未付）	FCA 货交承运人（指定地点）
	FAS 船边交货（指定装运港）
	FOB 船上交货（指定装运港）
C 组（主要运费已付）	CFR 成本加运费（指定目的港）
	CIF 成本、保险费加运费（指定目的港）
	CPT 运费付至（指定目的地）
	CIP 运费、保险费付至（指定目的地）
D 组（到达）	DAF 边境交货（指定地点）
	DES 目的港船上交货（指定目的港）
	DEQ 目的港码头交货（指定目的港）
	DDU 未完税交货（指定目的地）
	DDP 完税后交货（指定目的地）
2010 年《通则》	
适用于任何单一或多种运输方式的术语	EXW 工厂交货
	FCA 货交承运人
	CPT 运费付至
	CIP 运费及保险费付至
	DAT 运输终端交货
	DAP 目的地交货
	DDP 完税后交货
适用于内陆水上运输的术语	FAS 船边交货
	FOB 船上交货
	CFR 成本加运费
	CIF 成本、保险费加运费
新增 DAT、DAP 取代原 DAF、DES、DEQ 和 DDU，原 13 个术语精简更新为 11 个术语。	

2010 年《通则》在每个术语前新增指导性说明，帮助使用者准确有效地为交易选择最合适的贸易术语。在编排方法上，仍按买卖双方各自的义务编列为 10 个项目，但对各项义务的具体内容有所调整，对比如下：

2000 年《通则》	
A1/ B1	提供符合合同规定的货物/支付货款
A2/ B2	许可证、其他许可和手续
A3/ B3	运输合同和保险合同

续表

2000 年《通则》	
A4/ B4	交付货物/收取货物
A5/ B5	风险转移
A6/ B6	费用划分
A7/ B7	通知买方/卖方
A8/ B8	交货凭证、运输单据或相应的电子信息
A9/ B9	查对、包装、标记/货物检验
A10/ B10	其他义务
2010 年《通则》	
A1/ B1	卖/买方的一般义务
A2/ B2	许可证、其他许可、安全清关和手续
A3/ B3	运输合同和保险合同
A4/ B4	交付货物/收取货物
A5/ B5	风险转移
A6/ B6	费用分摊
A7/ B7	通知买方/卖方
A8/ B8	交货单据/交货证明
A9/ B9	查对、包装、标记/货物检验
A10/ B10	信息协助和相关费用

二、几种常用的贸易术语

（一）FOB

该术语是 Free on board（named port of shipment）的英文缩写，意为“船上交货（指定装运港）”。在该术语的价格构成上，它包括了货物本身的价值和把货物从产地运到装运港装上船舶的费用。

根据 2010 年《通则》，在 FOB 条件下，卖方的主要义务有：（1）提供符合合同规定的货物、发票、单证或电子单证。（2）需要办理海关手续时，自负风险和费用办理货物的出口手续。（3）在约定时间或期限内，在指定的装运港，按照该港习惯方式将货物交至买方指定的船上或者取得已如此交付的货物，并给予买方以充分通知。（4）承担货物在装运港船上交货前的风险和费用。

买方的主要义务有：（1）支付价款并接受卖方提供的单证或者经双方同意的电子单证。（2）需要办理海关手续时，自负风险和费用办理货物的进口许可证和其他进口手续。（3）自付费用订立货物运输合同，并将船舶名称、装货地点等给予卖方以充分通知。（4）承担货物在装运港船上交货后的风险和费用。

采用FOB术语应当注意两个充分通知。一个是买方租船后，应将船名、装船地点和时间给予卖方以充分通知，如果因买方未给予通知而致卖方未能按时供货装船，由此引起的货物损失费用应由买方承担；另一个是卖方在货物装船后要及时给买方以充分通知，这主要是便于买方及时投保，如因卖方未及时通知致使买方未能投保而造成的货物损失，应由卖方承担责任。

（二）CIF

该术语是Cost Insurance and Freight（named port of destination）的英文缩写，意为“成本、保险加运费（指定目的港）”。从该术语的价格构成看，它包括了货物本身的价值，将货物运到目的港的运费以及运输中的保险费用。

按照2010年《通则》，在CIF条件下，卖方的主要义务有：（1）提供符合合同规定的货物、发票、单证或相等的电子单证。（2）需要办理清关手续时，自负风险和费用办理货物的出口许可证和其他出口手续。（3）在约定时间或期限内，以该港习惯方式将货物运至船上或者取得已如此交付的货物。（4）承担货物在船上交货前的风险和费用。（5）自付费用按照通常条件订立运输合同，经由惯常航线，将货物用通常可供装载合同所指货物的船舶类型运至指定目的港。（6）按照“协会货物条款”（LMA/IUA）C条款或其他类似条款的规定，自付费用取得最低保险险别的货物保险，最低保险金额应包括合同规定价款另加10%（即110%）。

买方的主要义务有：（1）支付价款并接受卖方提供的单证或者经双方同意的电子单证。（2）需要办理海关手续时，自负风险和费用办理货物的进口许可证和其他进口手续。（3）承担货物在装运港船上交货后的风险和费用。

在使用CIF术语时应当注意：第一，在CIF术语中替买方投保并支付保险费是卖方的一项义务，除非另有协议，否则卖方只需投保海上运输的最低险别即完成该项义务。第二，缩略语后的港口名称是目的港名称，它指明运费和保险费的计算是以到目的港为界限，而不是指卖方的交货地点是目的港。实际上，与FOB术语一样，CIF术语中卖方的交货义务是在装运港完成的，我国外贸业在习惯上将CIF称为“到岸价格”，从法律角度讲并不确切。

（三）CFR

该术语是Cost and Freight（named port of destination）的英文缩写，意为“成本加运费（指定目的港）”。在价格构成上，它包括了货物本身的价值，以及将货物运到目的港的运费。

按2010年《通则》的解释，在CFR术语中，除买方有责任在货物装船时自行投保并支付保险费外，其余买卖双方的责任与CIF术语完全相同。

在使用CFR术语订立合同时要注意的是：在CFR术语中，由于买方要自行投保，因此规定卖方要给买方以货物装船的充分通知，否则，由此造成买方漏保而引起的损失应由卖方负责。

FOB、CIF、CFR是迄今为止采用最多的三种价格术语，使用时需注意两个问题。第一，术语后指定的港口名称。FOB后指定装运港名称也是该术语下的交货地，CIF和CFR后指定目的港名称也是运费付至地。可见，港口名称与交货地点及风险转移无关，而是为计算费用之便所附加。第二，三种价格术语并不适用于货物在装船前移交给承运人的情形，如集装箱运输。此类情况建议使用 FCA、CIP 和 CPT 价格术语。三种价格术语的共同点是：（1）均属典型的进出口贸易术语，即在需要办理货物清关手续时，出口清关均由卖方负责办理，进口清关和过境运输海关手续均有买方负责办理。（2）适用的运输方式相同，均适用于海运和内河航运。（3）交货地点和方式相同，卖方均应在装运港将货物装上船或者取得已如此交付的货物。（4）风险转移的时间相同，都是以在装运港船上交货为界。当然由于三者的价格构成不同，由此产生的与之相关的责任和其他附属费用也就不同。

第三节 《公约》和惯例在中国的适用

一、《公约》在中国的适用

《公约》于 1980 年在维也纳外交会议上通过，并已于 1988 年 1 月 1 日生效。我国政府于 1986 年 12 月正式核准加入该《公约》，成为《公约》的缔约国。根据国际法“条约必须信守”的原则，我国当然也承担了执行该《公约》的义务。为此，最高人民法院于 1987 年 12 月转发了原对外经济贸易部《关于执行〈联合国国际货物销售合同公约〉应注意的几个问题》的文件，特别强调了我国在适用《公约》时应当注意的几个问题。现结合《公约》的具体规定予以说明。

（一）《公约》明确了国际货物销售合同的标准是营业地

根据《公约》第 1 条第（1）款规定：本公约适用于营业地在不同国家的当事人之间所订立的国际货物销售合同。由此我们可以看出，适用该《公约》的关键因素有两个，一个是确定当事人的营业地位置，看它们是否位于不同的国家；另一个是确定当事人的营业地所在国是否为《公约》的缔约国。

关于当事人营业地位于不同国家的事实，按照《公约》的规定，如果从合同中，或者从订立合同之前的任何时候或订立合同时，当事人之间的任何交易或当事人透露的情况均看不出来的话，则不应考虑适用《公约》。这就是说，为了适用该《公约》，当事人的营业地在不同国家的事实，要么须由合同条款来证实，要么须由合同订立时或合同订立之前当事人之间的交易情况或当事人所透露的情况来证明。

（二）中国予以保留的条款

虽然中国是《公约》缔约国，但中国在核准该《公约》时，已对《公约》第 1 条第（1）款（b）项规定和第 11 条的内容作了保留。《公约》第 1 条第（1）款（b）项规定，对于当事人营业所所在地不是缔约国，如果国际私法规则导致适用某一缔约国的法律时，《公约》将适用于他们订立的货物销售合同。这条规定的目的本来是为了扩大《公约》的适用范围，使《公约》不仅适用于缔约国的当事人之间订立的销售合同，也可能适用于非缔约国的当事人订立的销售合同。由于中国作了保留，则中国法院不适用该项规定，即仅对于那些营业地在不同缔约国的当事人之间订立的货物销售合同才适用该《公约》。

《公约》第 11 条规定，国际货物销售合同无须以书面形式订立或以书面来证明，在形式方面不受任何其他条件的限制。据此，《公约》对于合同形式的规定相当灵活，除书面形式外，口头形式也是有效的。这与我国加入《公约》时仍在国内适用的《涉外经济合同法》关于涉外合同必须以书面形式的要求不一致，因此我国作了保留声明。1999年《合同法》颁布实施，同时废止了《涉外经济合同法》。《合同法》对合同形式不作要求，与《公约》第11条的内容一致。我国政府根据《缔结条约程序法》及《公约》的相关规定，撤回了对《公约》第11条及与第11条内容有关规定所作的声明，该撤回声明已于2013年8月1日起生效。

（三）《公约》允许当事人协议全部或部分地排除其适用，或协议改变某些规定

《公约》第6条规定，缔约国的当事人可以排除对《公约》的适用或者改变《公约》任何规定的效力。据此，当事人在买卖合同中可以约定全部或部分地排除《公约》的适用，也可以约定改变《公约》中某些规定而代之以合同中的规定。但是，当事人的这一权利有一定限制，即如果当事人营业地所在国在批准《公约》时作了保留，则当事人应遵守该项保留。例如，截至2014年6月，阿根廷、亚美尼亚、白俄罗斯、智利、匈牙利、巴拉圭、俄罗斯、乌克兰8个国家仍对《公约》第11条作了保留，营业地在这些国家的当事人就不能以口头方式订立或修改合同。

（四）《公约》允许当事人业已同意的任何惯例对他们产生约束力

《公约》第9条规定，双方当事人已同意的任何惯例和他们之间确立的任何习惯做法，对双方当事人均有约束力。在这里，《公约》明确肯定了国际贸易惯例对当事人的适用，如在销售合同中可能规定依国际商会的《国际贸易术语解释通则》来确定诸如“FOB”、“CIF”或“FCA”等贸易术语的含义。

值得注意的是，这种国际贸易惯例对当事人的适用是以双方当事人的同意为前提。因此，惯例的适用受制于表明当事人此种同意的合同条款是否有效，而这又须依赖于有关的国内法来决定，因为《公约》不涉及合同或其任何条款的效力问题。

（五）《公约》的适用不优于贸易协定

《公约》第90条规定，它不优于业已缔结或可能缔结并载有与属于该《公约》范围内事项有关的条款的任何国际协定。据此，营业地位于不同国家的当事人订立的货物销售合同，如果作为缔约国政府已经或者将要订立的双边或多边贸易协定含有《公约》规定范围内之事项，应优先适用贸易协定而不适用《公约》。例如，我国与匈牙利均为《公约》缔约国，但两国又签订了《交货共同条件议定书》，则位于中、匈境内的两国当事人之间的货物销售合同，即使属于《公约》的调整范围，也应首先适用该《交货共同条件议定书》。

（六）《公约》不涉及货物销售合同的若干实质事项

根据《公约》第4条和第5条的规定，《公约》一般不涉及以下三类问题。一是货物销售合同及其条款的有效性问题，《公约》仅规定了合同形式不受任何条件限制，而对其他如合同当事人行为能力、当事人意思表示真实性以及合同内容是否合法等问题未加涉及。二是货物销售合同所引起的有关货物所有权的问题，《公约》仅规定了卖方交付的必须是第三方不能提出任何权利要求的货物，而对货物所有权的转移时间、卖方对受害第三方的责任以及第三方的权利等问题未加规定。三是卖方对所售货物引起的人身伤亡责任问题，《公约》未加规定。

对于上述《公约》未涉及的问题究竟应如何解决，《公约》第7条第（2）款规定：

凡本公约未明确解决的属于本公约范围的问题，应按照本公约所依据的一般原则来解决；在没有一般原则的情况下，应按照国际私法规定适用的法律来解决。由于《公约》所依据的“一般原则”并没有多少确定性，常常要依赖于受理案件的人民法院的解释和认定。所以，对于这些《公约》未加规定又属于该《公约》范围内的问题，往往要由人民法院按国际私法规则确定应适用的法律来解决。这里，“应适用的法律”一般是某国家的国内实体法。

二、惯例在中国的适用

用于国际货物买卖合同的国际贸易惯例，是指那些在国际上经常用于确定贸易合同双方当事人的权利义务关系的惯例。这些惯例主要是通过贸易术语来表现的，合同双方当事人根据这些贸易术语来进行交易，从而明确双方的权利义务。现在，国际上有一种趋势，即在国际贸易活动中倾向于接受国际贸易惯例，这主要是因为通过它来解决当事人之间的实体权利义务，可以使本国的贸易业务不受外国法律的管辖和支配。

从法律上讲，国际贸易惯例具有以下特点：第一，惯例是被国际上不同国家地区所认可，具有普遍的适用性。任何一种国际贸易惯例，都不是以国际条约这种国家协议的形式出现，而是由不同地区、行业的民间组织或商业团体将国际贸易实践中所形成的习惯做法归纳成文，给予明确的定义和解释，公布于世。当今称之为国际贸易惯例的，大都得到许多国家和地区的认可，为国际贸易从业人员广为采用。第二，惯例应包含有明确的内容，能够成为双方当事人的行为准则。目前，普遍适用的国际贸易惯例基本上都是成文的，大都是由某些民间组织根据长期形成的贸易习惯制定的有明确权利义务的规定，是解决当事人争议的重要依据。第三，惯例是任意性而非强制性的规则。尽管国际贸易惯例被许多国家和地区所认可，具有普遍适用性，但它不同于国际条约之于缔约国及其国民，也不同于国内法中的某些强制性规定。由于是由国际上一些民间组织或商业团体编纂成文，它对有关国家和国民就不具有当然的法律约束力，通常只有当事人在合同中明确约定适用某惯例时，该惯例才对当事人产生法律上的拘束力。

基于惯例的上述特性，我们在处理国际贸易合同案件时，对于惯例的适用应注意以下几点。

1. 惯例的适用是以双方当事人的明确引用为条件。我国当事人普遍采用的2010年《通则》是非政府间的国际组织所制定，并不对合同当事人产生当然的拘束力，也就是说，对该通则的适用必须以合同当事人的自愿为基础。在通常情况下，双方当事人不明示自愿适用时，不得将2010年《通则》适用于其合同；即使双方当事人已明示自愿适用该通则，但如合同内容与2010年《通则》内容不一致时，仍应以合同的规定为准。

2. 2010年《通则》仅规定了买卖双方在交货过程中的权利义务，并未涉及其他合同事项。2010年《通则》的各种术语仅针对了买卖双方的交货问题，即仅对在交货过程中的权利义务作了规定，对其他如合同的效力、货物质量赔偿、付款方式、违约争议的解决等重要合同问题则未加涉及，因此，它不能解决国际货物买卖合同的所有问题。在实践中，遇有2010年《通则》规定范围以外的其他问题，我国法院应依具体情况，或者适用1980年《公约》的实体规定，或者依我国冲突规范决定应当适用的法律。

3. 当事人虽未明示引用惯例，在一定条件下，法院仍可以适用惯例。我国《民法通则》第 142 条第 3 款规定："中华人民共和国法律和中华人民共和国缔结或者参加的国际条约没有规定的，可以适用国际惯例。"这里所说的"国际惯例"虽未明确，但可以认为是包括了国际贸易惯例。这一规定实际上是说明了在当事人未引用惯例的情况下，有关的国际条约和依冲突规范指定的我国国内法均无相应规定时，人民法院可以适用惯例，即惯例具有补缺的作用。可见，惯例虽无直接约束力，但在一定条件下，人民法院也是可以直接适用的。

思考题

1. 试比较"惯例"和"公约"各自的适用范围。
2. 试比较 FOB、CIF 和 CFR 中当事人权利义务有何不同。
3. 简述《联合国国际货物销售合同公约》和 2010《国际贸易术语解释通则》在我国的适用。

第九章 国际货物运输与保险法律制度

国际货物运输与保险是国际货物买卖活动派生出来的两个独立环节。国际货物运输方面的法律问题，如同国际货物买卖一样，目前已在国际范围内达到了相当程度的一致，形成了许多统一实体规范。国际货物运输保险法律制度也开始出现统一化的趋势，如伦敦保险协会制定的《协会货物保险条例》，联合国贸易和发展会议拟定的《海运货物保险示范条例》。但至少尚未形成统一的实体法公约。所以，我们在研究国际货物运输与保险法律问题时，主要是探讨相关的统一实体规范，同时也探讨一些解决法律冲突的冲突规则。

第一节 国际货物运输法律制度

任何一桩国际货物买卖都会不可避免地涉及运输问题。离开了运输，任何一桩买卖都会落空。长期以来，国际货物运输都是国际经济活动的重要组成部分。国际上也有不少的公约以及条约来调整国际货物运输活动。目前，就国际货物运输活动来观察，我们可以看到，在国际货物运输当中，海上运输仍然占据着极其重要的地位，同时，航空运输、铁路运输也在发挥着积极的作用。

一、国际货物海上运输

国际货物海上运输是指通过海洋以及与海洋相通的水体，借助于船舶而完成的货物运输。在所有的国际货物运输活动中，海上运输是一种历史非常悠久的运输活动，早在汉穆拉比法典时代，人们就已经对海上运输作了简单的规定。而在现代社会中，由于海上运输具有成本较低、不受重量及尺寸的限制等优点，仍然得到了广泛应用。

（一）海上运输的种类

从海商法的角度来观察，国际货物的海上运输可以分成租船运输和班轮运输两个大类。

1. 租船运输。租船运输是指货主租用船主的船舶一段时间或者几个航次，来运输自己的货物。从租船运输业务来看，租船运输可以分为航程租船、航期租船及光船租船三类：（1）航程租船，指货主租用船主配备了船员的船舶去进行一个或几个航程的运输。航程租船多用于临时性的大宗货物运输。（2）航期租船，指货主租用船主配备了船员的船舶进行一段时间的运输。在此期间内，承租人既可以将船舶用于承运自己的货物，也可以承揽其他货物的运输。（3）光船租船，指租用船主未配备船员的船舶。光船租船通常被视为是财产租赁行为，而非运输行为。租船运输，无论是航程租船还是航期租船，在国际货物运输中都不占重要地位。正因为如此，国际上至今尚无国际公约对其进行调整。仅有一些格式合同如金康合同，供当事人在订立合同时参考。

2. 班轮运输。班轮运输是指承运人按照固定的航线、预定的时间航行，承运人承揽货物运输，而托运人向承运人支付运费的运输方式。由于在班轮运输中托运人及承运人间的权利义务多由运输单据——提单来规定，所以班轮运输方式又称为提单运输。提单运输是目前国际上最为常用也是最为重要的海上运输方式。

（二）提单的概念及种类

1. 提单的概念。提单（Bill of Lading，B/L）是承运人在接受其所承运的货物后，应交运货物的托运人要求，由承运人及其代理人或船长签发的书面的运输单证。根据《1978年联合国海上货物运输公约》（以下简称“汉堡规则”）的规定来看，提单至少体现了三个方面的作用：（1）提单是承运人、托运人订立运输合同的证明；（2）提单是承运人收到货物的证明；（3）提单是承运人保证在目的港凭以交货的证明。

为什么提单不是合同本身，而是订立运输合同的证明呢？这主要是由于提单是在承运人收取货物后才签发出来的单据，它是履行合同的一种证明。海商法中著名的斯登尼斯号轮船案较好地说明了这一点。在该案中，托运人在西班牙与承运人达成口头协议，要求承运人在1924年1月1日英国对橘子征收关税前，将托运人的橘子运到英国。然而承运人在运输过程中却绕航到法国。托运人的货物未能于1924年1月1日前运抵英国，托运人因此蒙受了损失。托运人向法院提起诉讼，要求承运人承担违约责任。承运人则辩称：由于提单背面条款规定承运人有权绕航，因此承运人的绕航属正常的合同权利，自己不必为托运人的损失负责。法官认为：由于双方间对于运输有口头约定，因而只能依据双方间的协议，而不是提单来确定运输合同关系，在此情况下，承运人的绕航属典型的违约行为，并应承担因此给托运人造成的损失。该判决确立了这样一个原则：提单不是运输合同本身。

提单通常是在承运人收取了货物以后才签发的，因此，提单也可以用来证明货物已由承运人占有这样一个事实。此外，由于海上运输风险较大，货损时有发生，为了区分托运人、承运人的责任，承运人在收到货物后也有必要出具相应的证明文件。

在英国判例中，提单还是一种物权凭证（Document of Title），收货人或其他合法的受让人可以凭借提单在目的港完成提货。因此，提单是可以流通转让的。在国际贸易实践中，提单是卖方向银行办理结汇的主要单据。

2009年在联合国主持下制订了《联合国全程或部分海上货物运输合同公约》（以下简称“鹿特丹规则”），该公约放弃了提单这一概念，改用“运输单证”。鹿特丹规则将“运输单证”定义为：（a）证明承运人或者履约方收到了运输合同下的货物；并且（b）证明或者包含一项运输合同。

2. 提单的种类。提单可以大致分为以下几类：

（1）已装船提单与未装船提单。这是根据提单签发时间作的分类。凡承运人收到货物并装船后才签发的提单为已装船提单；而未装船提单则是指承运人收到货物就签发的提单，因此也称“收货待运”提单。在国际贸易中，除集装箱货物外，未装船提单一般不为买方所接受。但由于未装船提单可以帮助卖方解决短期信用，因此它仍然有其存在的价值。承运人在将货物装船后，会在提单上加盖已装船印章，未装船提单也就变成了已装船提单。

(2) 清洁提单与不清洁提单。这是根据提单上面是否有批注而进行的分类。为了区分责任，承运人在收到货物时，会对货物进行检查。对于外包装良好的货物，承运人不会在提单上面作任何批注，该提单即为清洁提单。而对于外包装不良的货物，承运人则会在提单上作相应的记载及批注，此时的提单即为不清洁提单。在国际贸易中，除非买方同意接受，否则不清洁提单是不能获得付款的。

为了获得清洁提单，托运人通常的做法是尽量使货物的外包装处于良好状态，如不能做到这一点，便只有通过向承运人出具“保函”，以换取承运人的清洁提单。对于通过“保函”而向托运人出具清洁提单的承运人，世界上大多数立法均认为其行为违背了诚信原则，只要买方查明清洁提单是在“保函”的基础上出具的，便可以追究承运人的责任。

(3) 记名提单、指示提单、空白提单。凡提单上明确载明了收货人的提单为记名提单。指示提单没有载明收货人，而是载明凭 XX 人的指示完成提货。为了保证货款的结清，托运人经常将自己列为指示人。通常情况下，指示指单都可以通过背书加以转让。空白提单又称无记名提单，它是没有记载谁为收货人的提单，从理论上讲，谁持有空白提单，谁就有权提货。因此，无记名提单用得较少。

(4) 倒签提单与预借提单。倒签提单与预借提单均为不法提单，倒签提单是指承运人签发的时间与装船时间不符的提单，倒签提单的作用主要在于使卖方免于承担违约责任。而预借提单则是在卖方实际交运货物以前，承运人所签发的提单，其作用同样在于使卖方免于承担违约责任。在收货人查明提单为倒签提单或预借提单时，可以追究承运人的责任。

(三) 调整提单的法律

提单作为一种重要的运输单据，自产生以来就受到各有关国家国内法的调整。英国法律很早就对提单进行了规范。根据早期英国法的规定，承运人负有相当严格的责任，只有在自己无过错的情况下，才能对货损免责。而另一方面，出于保护本国承运人利益的需要，普通法又认可承运人自行在提单背面记载“免责条款”。到了 19 世纪末期，提单上的免责条款已经多达 80 多条，以至于人们普遍认为，承运人除了收取运费外，什么责任也不用承担。而当时美国的国际贸易已具备了相当的规模，但其货物运输却被英国人所垄断。每次发生货损以后，美国法院都必须先通过“公共秩序保留”来确认提单背面的免责条款无效，然后才能追究承运人的责任。为了解决这一问题，美国于 1894 年通过了《哈特法案》，该法案首次认定了承运人负有一些不可推卸的责任。美国《哈特法案》具有非常重要的历史意义，自美国以后加拿大、新西兰等国纷纷效仿《哈特法案》制定本国的提单法。各国提单法案的制定，为提单的国际调整创造了条件。

1. “海牙规则”对提单的调整。1924 年国际上第一个调整提单的国际公约《统一提单若干法律规定的国际公约》(简称“海牙规则”) 在海牙签订。“海牙规则”在国际海运界具有极其重要的地位。包括英国在内的许多国家，都直接将“海牙规则”转化为本国立法。我国不是“海牙规则”的缔约国，但在我国远洋运输公司的提单上都将“海牙规则”作为准据法；同时，“海牙规则”对我国《海商法》的影响也是极其明显的。

“海牙规则”由三大部分组成。第一部分为承运人最低的、不可推卸的责任；第二部分为承运人免责条款；第三部分为承运人责任限额。我们可以将其主要内容归纳如下：

（1）承运人最低的、不可推卸的责任。该部分规定是“海牙规则”的核心所在。“海牙规则”规定承运人有三个最低的、不可推卸的责任。它们是：①恪尽职责使船舶在开航前、开航时适航；②不绕航；③妥善管理货物。承运人所承担的上述三项最低责任，是不允许承运人以免责条款或特别约定加以排除的。

（2）承运人免责。“海牙规则”扩大了承运人的免责范围。根据“海牙规则”的规定，当承运人由于免责事项的发生而导致货损时，承运人免予承担责任。“海牙规则”一共规定了 17 种免责情形。这些免责可以分成过失免责与无过失免责。①过失免责：主要表现为船长、船员及承运人的雇佣人员在航行及管船过程中的过失所导致的货损。②无过失免责：包括海上灾难、危险、战争、公敌行为等。此外，“海牙规则”还规定了承运人对火灾免责。

（3）承运人责任限额。“海牙规则”规定，除非托运人事先声明了价值，并支付了额外费用，承运人的责任限于每件货物或每计价单位 100 英镑。之后由于英镑贬值，英国法院将限额提高到 200 英镑。

（4）承运人责任期间。根据“海牙规则”的规定，承运人的责任期间适用“钩到钩”原则，即货物自起运港挂上吊钩至目的港卸下吊钩这段时间内出现的货损，承运人才承担责任。

（5）承运人的责任性质。在“海牙规则”中，承运人对货物损失所承担的责任是一种过错责任。即托运人、收货人必须证明承运人有过错，且该过错不在免责条款之列时，承运人才承担责任。而在火灾所致损失中，如承运人要免责，他必须证明自己对于火灾无过错或无重大过失。

2.“维斯比规则”对提单的调整。“海牙规则”生效以来，得到了大多数海运强国的认可。但是“海牙规则”的不足也很快就表现出来了，如过分保护承运人、责任限额过低等。国际海事委员会于 1967 年至 1968 年间讨论通过了《关于修订统一提单若干法律规定的国际公约议定书》（简称“维斯比规则”）。“维斯比规则”在以下两个方面对“海牙规则”进行了修改。

（1）赔偿限额提高。在“海牙规则”中，承运人对货物损失的赔偿责任限制在每件货物或每计价单位 100 英镑之内，“维斯比规则”对此作了较大的修改。根据“维斯比规则”规定，承运人所承担的赔偿责任为每件货物 10000 金法郎或每毛重公斤 30 金法郎，以两者中较高限额为准。需要说明的是，金法郎并非是某个国家的货币，它是一种黄金计量单位，一个金法郎代表纯度为 900‰的黄金 65. 5 毫克。上述黄金可以折算成任何一个国家的货币。

在“海牙规则”中承运人所承担的责任限额在任何情况下都是 100 英镑，而“维斯比规则”规定，如果证明损失是承运人、承运人的雇佣人员或代理人故意，或明知可能造成损害而毫不在意的行为或不行为所造成的，则承运人不享受责任限额的保护。

（2）责任主体扩大。在“海牙规则”中享受责任限额保护的仅为承运人，而承运人的雇佣人员、代理人则不受责任限额保护。在“喜马拉雅号”轮船案中，受害人不向承运人提起诉讼，转而向承运人的雇佣人员提出请求，以至于承运人的责任限额制度受到了严重的挑战。为了保护承运人的利益，“维斯比规则”规定：承运人的雇佣人员、代理人，只要他们不是独立缔约人，则享受承运人所享有的责任限额保护。

3．“汉堡规则”对提单的调整。由于“海牙规则”和“维斯比规则”主要是保护承运人利益的，因此，长期以来各个非航海国家都对此颇有微词。在联合国的主持下，于1978年制定了《联合国海上货物运输公约》（简称“汉堡规则”）。“汉堡规则”与“海牙规则”、“维斯比规则”相比，其最大特点是按照船、货双方合理分担海上运输风险的原则，适当增加了承运人的负担。这一特点通过以下几个方面反映出来。

（1）承运人的责任性质。在“海牙规则”、“维斯比规则”中承运人承担的都是过错责任，如托运人、收货人不能证明承运人有过错，承运人就不承担责任。而在“汉堡规则”中，一旦发生货损，则首先推定承运人有过错；承运人如果想要免责或享受责任限额保护，就必须举证证明自己无过错。换言之，“汉堡规则”在承运人责任性质上采用了推定过失责任制。

（2）承运人责任期间。“汉堡规则”延长了承运人的责任期间，将“海牙规则”的“钩到钩”修改为“接到交”，即承运人的责任期间自从托运人处收到货物时起，至承运人将货物交给收货人时为止。

（3）承运人的责任限额。“汉堡规则”将承运人的赔偿限额提高到了每件货物835个SDR，或每公斤2．5个SDR（SDR指国际货币基金会所制定的货币计算单位——特别提款权），以高者为准。此时的835个SDR已相当于12500个金法郎的价值了。

由于世界上海运大国都不愿加入“汉堡规则”，因此“汉堡规则”的影响力是相对有限的。

4．“鹿特丹规则”对运输单证的调整。2008年12月11日经第63届联合国大会67次会议审议通过了《联合国全程或者部分国际海上货物运输合同公约》，根据大会决议的授权，2009年9月23日在荷兰鹿特丹举行开放供签署的仪式。它是继“海牙规则”、“维斯比规则”、“汉堡规则”之后，第四个关于统一国际海上货物运输合同某些法律规则的国际海运公约，是国际社会为了在海运法律制度领域内推进国际统一化做出的又一次努力。

（1）承运人的责任性质。“鹿特丹规则”沿用了“汉堡规则”所确定的推定过失责任。

（2）承运人的责任期间。根据“鹿特丹规则”，承运人的责任期间自承运人收取货物时起，至承运人交出货物为止。

（3）承运人的责任限额。“鹿特丹规则”将承运人对货物损失的责任限额规定为：每货运单位875个计算单位或每公斤3个计算单位，略高于“汉堡规则”。

（4）“鹿特丹规则”首次提出了“履约方”、“单据托运人”、“控制权人”等概念，并明确了“履约方”与承运人之间的连带责任关系。

“鹿特丹规则”目前尚未生效。根据“鹿特丹规则”第94条的规定，公约将“于第20份批准书、接受书、核准书或加入书交存之日起一年期满后的下一个月第一日生效”。截至2014年8月，共有25国签署了公约，但批准公约的只有刚果、西班牙和多哥三国。

二、国际货物航空运输

所谓国际货物航空运输，是指由航空器所完成的货物运输活动。国际民用航空组织（ICAO）的统计资料表明，1998年时，航空货物运输的运量占全球当年货物总运量的2%，但其代表的价值为全球当年运输货值的40%。这是因为航空运输所承运的一般都是高价值、高附加值的产品，如目前的计算机芯片等高价值货物都是通过航空运输来完成的。所谓航空器，根据国际民用航空组织的规则来看，指的是借助空气的反作用力，而不是空气对地、水面反作用力而运行的机器。因此，除气垫船所从事的运输外，其他固定翼飞机、直升机、飞艇所承担的运输，均为航空运输。

自20世纪初航空运输活动开展以来，它便受到了人们的高度重视。1929年，在波兰华沙举行的外交会议上制定了《统一国际航空运输某些规则的公约》（简称“华沙公约”）。1955年，人们又制定了《海牙议定书》。1999年，在国际民用航空组织的主持下，国际社会在加拿大蒙特利尔制定了《统一国际航空运输某些规则的公约》（简称“蒙特利尔公约”）以区别于1929年订立的“华沙公约”。

（一）“蒙特利尔公约”的调整范围

“蒙特利尔公约”的调整范围为国际航空运输。根据公约的规定来看，国际航空运输是指：起运地和目的地在不同国家的航空运输，或起运地、目的地在同一缔约国，但飞行中有一个约定的经停地点在该缔约国以外的航空运输。

（二）运输单证

国际航空运输的单证为航空货运单（Air Waybill，AWB）。根据“蒙特利尔公约”的规定，航空货运单作为航空运输的重要单据，其概念及作用如下：(1) 航空货运单是承运人、托运人订立运输合同的初步证明；(2) 航空货运单是承运人收到货物的初步证明；(3) 航空货运单是托运人接受运输条件的初步证明。在此需要特别指出的是，航空货运单与提单有着本质的区别，提单是物权凭证，而航空货运单只是合同证明文件，其代表的并非实体权利，而是一种程序上的权利。

根据公约的规定，航空货运单至少应当包括以下内容：承运人、托运人名称，货物起运地、目的地以及双方约定的经停地点，货物重量等内容。

（三）承运人的责任期间、免责及责任限额

1. 承运人的责任期间。“蒙特利尔公约”规定承运人的责任期间自承运人、承运人的代理人或雇佣人员接受货物之时起，至货交收货人之时止，也就是实行“接到交”原则。在承运人责任期间内，承运人应对发生于航空器上、机场内外的货损承担责任。在此期间内，如果承运人采用其他运输方式运输并导致了货损，只要该运输是完成航空运输所必需的，也应当按照“蒙特利尔公约”的规定承担责任。例如，承运人利用汽车、轮船将货物运至机场的过程中发生了货损，该货损应被视为是航空运输中的损失。

2. 承运人的免责。“蒙特利尔公约”规定，承运人应当对货物的损失承担责任，但在以下情形时，承运人可主张免责：(1) 承运人证明自己为避免损失的发生，已采取了一切的可合理要求的措施，或其采取某种措施为不可能；(2) 承运人证明货物损失是由于托运人、收货人的过错所造成，或由于货物自身属性所造成。

需要说明一点的是，“蒙特利尔公约”将承运人对于货物灭失、毁损的责任，从

“华沙公约”的推定过失责任上升到公平责任的高度；而将运输迟延的责任，确定为推定过失责任。“蒙特利尔公约”的这种责任制度，在国际货物运输领域内是非常先进的。

3. 承运人的责任限额。“蒙特利尔公约”规定，在发生货损时，承运人的责任限额为每毛重公斤 17 个 SDR（国际货币基金组织制定的货币计算单位——特别提款权）。而在美国的司法实践中，则通常按每公斤 20 美元的标准承担责任。

4. 承运人不能享受免责的情形。“蒙特利尔公约”规定承运人不能享受责任限额保护的情形有以下几种：（1）承运人承运了货物，但不出具航空货运单的；（2）航空货运单不记载货物重量的；（3）承运人，承运人的雇佣人员、代理人故意或重大过失造成货损的；（4）托运人事先声明了货物价值并支付了额外费用。

三、国际货物铁路运输

国际铁路运输是指通过国际铁路系统而完成的运输。就目前来看，世界上有两条非常重要的铁路运输线路，一条称之为“大陆桥运输线”，它东起中国连云港，西至欧洲；另一条则称之为“小陆桥运输线”，它北起美国的阿拉斯加，南至南美洲。从技术角度来看，目前人类已完全有能力在白令海峡地下修筑隧道，从而实现除大洋洲以外的全球铁路联网。但是，由于铁路运输涉及穿越主权国家领土这一事实，所以铁路运输发展一直不顺利。第一次世界大战结束后，协约国组织了“国际联盟”这一组织。它在存续期内为国际铁路合作确立了一系列的基本原则。这些原则包括：利用边境站使国际铁路联结起来，相互使用机车车辆等。虽然“国际联盟”在第二次世界大战前就名存实亡，但它所确立的国际铁路合作原则却得以保留下来。

目前，国际上有两个调整国际铁路运输的多边条约存在，它们分别是 1890 年欧洲国家在伯尔尼签订的《国际铁路货物运输公约》（简称“国际货约”），以及 1951 年由苏联为首的社会主义国家间签订的《国际铁路货物联运协定》（简称“国际货协”）。我国是“国际货协”的缔约国，因此长期以来我国一直依照“国际货协”的有关规定处理国际铁路货物运输事务。但是，由于“国际货约”的适用范围包括了：起运地和目的地在两个缔约国的铁路运输；及起运地和目的地在两个不同国家的铁路运输，其中一个国家为缔约国，而运输合同当事人同意受“国际货约”的约束。这样一来，与我国有关的国际铁路货物运输便有可能适用“国际货约”。

（一）国际铁路货物运输的单据

根据“国际货约”及“国际货协”的规定，国际铁路货物运输的单据为货运单。货运单的性质可以从三个方面加以阐述：（1）货运单是托运人、承运人订立运输合同的证明；（2）货运单是承运人收到货物的证明；（3）货运单是在运货物出入各国边境站的必备文件。正因为如此，所以货运单是不允许转让的。同时还应看到，国际铁路运输中的单据不具备“物权凭证”这一功能。国际上一般是以运单的副本作为付款的凭据。

（二）承运人的责任期间

根据“国际货协”的规定，承运人的责任期间为自签发运单时起，至交付货物时为止的这一段时间。在这段时间内，承运人对于货物因逾期未到，以及货物全部及部分灭失或毁损所造成的损失负赔偿责任。但因不可抗力、托运人的行为或过失以及货物自然性质等原因而引起的损失，承运人可以免责。

（三）承运人的责任

2010年修订的“国际货约”将承运人对货物灭失、毁损和迟延的责任规定为公平责任。即一旦出现损失，承运人就必须赔偿。但承运人证明货损是由下列缘由之一造成时，承运人可以免除或减轻自己的责任：（1）损失是由托运人或其他享有权利之人的过错造成的；（2）敞车运输的货物；（3）包装不善；（4）货物是由托运人、收货人自己装卸；（5）货物自身属性所造成的损失；（6）活动物运输；（7）货物描述错误或码头不清；（8）托运人未按合同要求指派押运员。

（四）国际铁路货物运输中承运人的责任限额

根据“国际货约”的规定，铁路承运人所承担的赔偿数额在任何情况下都不超过货物价值。对于货损，承运人的责任限额为每公斤17个计算单位。如经证明，货物的损失是由于承运人“有意的不良行为”所造成，则承运人不得主张责任限额的保护。

四、国际货物多式联运

国际货物多式联运是指由两种或两种以上的运输方式所完成的运输，如海、陆联运，海、陆、空联运等。国际多式运输的历史是非常悠久的，海运联运尤其如此。但是长期以来多式联运在国际运输界所占比重不大。直至集装箱运输出现以后，国际多式联运才得到迅猛的发展。

集装箱从本质上讲，它只是一种包装工具，它是将一定数量或一定重量的物品放入一个集装箱内，作为一件货物或一个计价单位来进行运输。但集装箱这种包装工具的出现，却引发了国际航运业的一次革命。首先，由于集装箱的规格极为统一，运输业的机械化作业得以实现；其次，集装箱也便于计算机管理。所以，从20世纪60年代集装箱投入使用以来，它便得到了广泛的认可。目前集装箱运输可以分成两个大类。

1. 整箱货运输。当货物的重量达到集装箱允许重量的80%，或货物的体积达到集装箱容积的70%时，货主就可以要求进行整箱货运输。在整箱货运输中，承运人可以提供门到门、仓到仓以及港到港的各种服务。

2. 拼箱货运输。当货物的重量、体积达不到整箱货运输要求时，便只能进行拼箱货运输。在拼箱货运输中，托运人只需到集装箱站交货即可。承运人会将托运人托运的货物放入集装箱中进行运输。目前，拼箱货只能提供“港到港”服务。

由于国际多式运输方式已得到广泛采用，应世界上广大发展中国家的要求，联合国主持起草了《联合国国际货物多式联运公约》（简称“多式联运公约”），该公约已于1980年生效。但令人遗憾的是，世界上许多联运大国并未加入该公约，因而该公约的作用受到了一定的限制。以下是该公约的主要内容。

（一）运输单据

多式联运中，承运人应向托运人出具一份联运单据。该联运单据有三个方面的作用：（1）联运单据是承运人与托运人订立运输合同的证明；（2）是承运人收到货物的证明；（3）是收货人提取货物的凭证。

关于联运单据是否是物权凭证这一问题，学术界是存在争议的。许多学者从航空货运单、铁路运单的性质出发，认为联运单据不是物权凭证，但也有学者认为联运单据是一种物权凭证。

（二）联运承运人与实际承运人

在多式联运中，存在着两种不同的承运人。一种是联运承运人或称合同承运人，他们是与托运人签订运输合同，收取货物或从事部分运输的承运人。而另一种承运人是实际承运人，他们与托运人间无任何合同关系，而是基于自己与联运承运人间的合同而进行运输的。当运输出现货损时，托运人或收货人应当向联运承运人还是向实际承运人主张权利呢？世界上许多联运大国出于保护本国承运人利益的考虑，一般都要求托运人、收货人向实际承运人索赔。但是，由于托运人、收货人与实际承运人间并无运输合同关系，索赔是十分困难的。"多式联运公约"确立了"联运承运人全程单一负责制"。根据公约的规定，无论货物是在哪一个运输环节上发生了货损，托运人、收货人均有权对联运承运人提起诉讼，并要求其承担责任。联运承运人在赔偿损失后，有权向造成损害的实际承运人追索。这便是所谓的"联运承运人全程单一负责制"。

（三）承运人的责任范围

"多式联运公约"规定，承运人对货物的责任期间，自其接管货物之时起，至交付货物之时为止。同时，该公约对承运人的赔偿责任采用了"推定过失或疏忽的原则"，即承运人在其责任期间内，除非能证明自己，自己的雇员、代理人为避免损失的发生已采取了一切可合理要求的措施，否则就推定承运人疏忽或过失，并应对货物的损失承担责任。

关于承运人的赔偿限额，"多式联运公约"规定为每件或每个货物单位不超过 920 个 SDR，或每毛重公斤 2. 75 个 SDR，以高者为准。但是，如果能确知货物的灭失或毁损发生于多式联运中的某一特定阶段，而对这个阶段适用的国际公约或强制性的国内法所规定的赔偿限额高于该公约规定的限额时，则承运人赔偿额按照该项国际公约或国内法予以确定。

第二节 国际货物运输保险法律制度

保险是一种风险分散制度。国际货物运输保险，是指以在运途中的货物作为保险标的的一种保险制度。它是由投保人与保险人订立保险合同，支付保险费，在保险合同约定的风险发生并给投保人、被保险人造成损害时，由保险人支付保险金的制度。

包括国际货物运输保险在内的一切保险，均起源于海上运输风险分散制度。在 19 世纪以前，海上运输承运人同时也是商人，也就是我们所称的海商。他们所面临的风险是非常大的。一旦遇到货损或者沉船事故，海商便会倾家荡产。为了分散风险，海商们发明了一些自助式的风险分散方法。如甲的船舶要出海，在出海前甲会请求其他的海商为其承担风险。如果甲的船舶沉没，则其他海商会按事先约定的份额分担甲的损失；如果甲的船舶顺利返回并牟取了利润，则其他海商也会按照相应的比例受益。后来，英国的咖啡店主劳埃德开始专门从事这一职业并成立了劳合社。目前，保险已经成为一个极为复杂的体系。

由于保险属风险分散制度，因而保险合同也就具有一些不同于其他合同的特征。首先，保险合同适用最大诚信原则。在一般合同中，人们强调诚信原则，而在保险合同中则强调最大限度的诚实信用。如果违反了最大诚信原则可能导致保险合同的失效。其次，保险合同适用严格的保险利益原则。投保人及被保险人必须与保险标的间存在着保险利益。所谓保险利益，是指投保人或被保险人与保险标的物之间的合法利益，而这种合法利益会因保险合同约定的风险事故的发生，导致投保人、被保险人利益损失。

一、国际货物海上运输保险

国际货物海上保险是指以海上运输货物为保险标的的保险。在海上货物运输保险中，保险合同由投保人与保险人订立，并由投保人支付保险费，而在承保的风险发生并导致货物损害后，由保险人向被保险人支付保险赔偿金。海上货物运输保险合同具有如下法律特点：(1) 投保人必须披露重要事实，任何足以使谨慎的保险人决定是否承保，或确定保险费率的事实都必须予以披露；(2) 陈述必须真实，投保人必须对任何足以使谨慎的保险人决定是否承保，或确定保险费率的事实的陈述都必须真实；(3) 海上货物运输保险合同可以不经保险人的同意而转让。如在CIF价格术语中，卖方作为投保人向保险人投保，在取得保险单据后，可以立即将保险合同转让给买方——被保险人。

（一）保险合同的主要形式——保险单

国际货物海上运输保险是通过订立保险合同来实现的。所以从法律上讲，保险合同是实现这种保险的中心环节。海上货物保险合同与其他合同一样，都是双方当事人为确定各自权利义务而达成的协议。但它也有与其他合同不同的特点，即它的表现形式是一方签发的保险单，可以随被保险货物的转移而转移。

海上货物运输保险合同的形式为保险单，这是历史发展的产物。早在保险制度出现之初，英国的劳合社就采用由保险人单方签字的保险合同形式——保险单。由于保险合同在形式上具有单方签字的特点，保险合同的成立也具有自己的特点。根据国际实践，保险合同的订立与保险人是否签发了保险单，在时间上并无必然的联系，只要保险人接受了投保要求，合同即告成立。

保险合同一经成立，双方即按合同条件，也就是保险单中载明的保险条款规定，开始发生权利义务关系。然而在国际货物海上运输中，保险合同的订立时间与保险责任的开始时间通常并不完全一致。在各国的海运货物条款中，保险人的责任期间通常采用“门到门”原则，即自货物在装运港运出仓库门之时起，到货物在目的港运入仓库门之时为止。在这段时间内，保险人按保险条款对货物负保险责任。

作为保险合同的保险单，都是事先由保险人制定、印好的，上面载明了保险条款，供签发时使用。从法律上讲，在签发保险单以前，被保险人有权就保险条款的内容与保险人协商并对格式条款进行修订，但在实践中一般都不会这样做。所以，对被保险人来说，在投保前，他应慎重选择保险人。

（二）保险人在海运保险业务中承保的风险与损失

在各国海运保险业务中，保险人的责任是对因风险引起的货物损失承担赔偿责任。因此，其责任范围可以从两方面来看，一是引起损失的风险类型，二是货物损失的类型。

1. 国际海上货物运输保险中保险人承保的风险有以下几类：

(1) 海上灾难，包括海上自然灾害及海上意外事故。海上自然灾害是指恶劣气候、雷电、海啸等人力不可抗拒的因素。海上意外事故则是指船舶搁浅、触礁、沉没等事故。

（2）投弃，指船舶与货物面临共同危险时，船主有意地将船舶属具或货物抛弃而造成的损失。

（3）船长与船员的不法行为，指船长和船员基于非法的目的故意损害船主或货物的利益，致使货物受到损害的行为，包括船长、船员恶意弃船、共同走私等。

（4）外来风险。这是指不属于上述三种风险的其他外来原因而引起货损的风险。外来风险包括一般外来风险和特别外来风险。一般外来风险通常指偷窃、短量、油污等风险；而特别外来风险则是指战争、敌对行为、拒收货物等行为所带来的风险。

2. 承保的损失。国际海上货物运输保险人所承保的损失，仅限于上述承保的风险所造成的货物的损坏及灭失。这种损坏及灭失又称海损。海损按损失的程度可以分成全部损失及部分损失；按照货物损失的性质，又可分成单独海损及共同海损。

（1）全部损失及部分损失。全部损失又称全损，可分为实际全损及推定全损两种。实际全损指保险货物全部灭失或无法复归被保险人所有。推定全损则是指货物实际上遭受部分损失，但是恢复、修复受损货物的费用加上运费，会超出货物在目的地的价值。部分损失则是指保险货物损失没有达到全部损失的程度。

（2）单独海损与共同海损。单独海损是指自然灾害、意外事故或外来因素直接造成的船货损害。单独海损的损失由受损方或责任方单独承担。而共同海损则是指在同一海上航程中，船货面临共同危险时，为了共同的安全而有意作出的特别牺牲及支付的特殊费用。共同海损的损失应由包括船主在内的受益各方根据受益比例进行分摊。

（三）国际货物海上运输保险的险种

所谓险种又称险别，它是划分保险应承担的风险及损失的类别。从法律上讲，险别是确定保险人责任范围的依据，又是确定保险费率的基础。各国对于险别的划分，有基本险与附加险。基本险是可以单独投保的险种，而附加险则是不能单独投保的，它必须在投保了某种基本险以后才能投保。基本险有三种。

1. 平安险（Free From Average，F/A）。平安险的全称是：单独海损不赔，共同海损负责。传统的平安险只对共同海损损失部分承担责任。随着各保险人之间的竞争，现代的平安险承保范围已有所扩大，它还对以下损失负责：

（1）被保险货物在运输途中由于恶劣气候、雷电、海啸等自然灾害造成的整批货物的全部损失；

（2）由于运输工具搁浅、触礁、沉没等意外事故造成的货物全部或部分损失；

（3）在装卸或转运时，由于一件或数件货物落入海中所造成的部分或全部损失；

（4）共同海损的牺牲、分摊和救助费用等。

2. 水渍险（With Particular Average）。水渍险的全称为：单独海损负责。水渍险除了对共同海损负责外，还对单独海损负责。保险人的责任范围包括：

（1）上述平安险中的全部责任；

（2）货物因自然灾害所造成的部分损失。

3. 一切险（Cover All Risks）。一切险除了对平安险及水渍险的范围负责外，还对因外来因素所导致的货损负责。

在海上货物运输保险中，除了上述几种基本险以外还有附加险，如破碎险、淡水险、越站未卸险等。各国保险人所设立的附加险种不尽相同。

（四）海上货物运输保险中的代位与委付

1. 所谓代位，是指当货物的损失是由于第三人造成的，而被保险人向保险人索赔，则被保险人应将自己对第三人的请求权转让给保险人。代位所转让的是债权，代位是无条件的，如被保险人放弃请求权或由于被保险人原因造成追索权丧失的，保险人可以拒绝理赔或减少赔付数额。

2. 所谓委付，则是指当货物发生推定全损，被保险人要求保险人按照全部损失赔偿时，被保险人必须将保险标的物残值的所有权转移给保险人。保险人可以接受委付，也可以不接受委付。因此，委付是有条件的，而且其所转移的是物权而非债权。

二、国际货物航空运输保险

航空运输险是以航空运输的货物为保险标的的保险，航空货物运输保险的险种主要有航空运输险及航空运输一切险两种。

（一）航空运输险

航空运输险的承保范围包括：

1. 因台风、飓风等自然灾害而造成的货损；
2. 因航空器坠毁、碰撞、爆炸等意外事故造成的货损。

（二）航空运输一切险

航空运输一切险的承保范围包括：

1. 因自然灾害、意外事故造成的货物损害；
2. 被保险货物由于外来因素所蒙受的部分或全部损失。

三、国际货物陆上运输保险

陆上货物运输保险是适用于一切陆上货物运输的保险，包括铁路运输保险也包括公路运输保险。陆上货物运输保险的险种主要有陆上运输险及陆上运输一切险两种。

（一）陆上运输险

陆上运输险的承保范围为：

1. 由于台风、洪水、地震等自然灾害所造成的全部或部分货损；
2. 由于运输工具出轨、倾覆等意外事故而造成的全部或部分货损。

（二）陆上运输一切险

陆上运输一切险的承保范围为：

1. 由于自然灾害及意外事故所造成的全部或部分货损；
2. 由于外来因素所造成的全部或部分货损。

思考题

1. 提单的含义和法律上的作用是什么？
2. “海牙规则”、“维斯比规则”、“汉堡规则”和“鹿特丹规则”在承运人责任方面规定有何差异？分析说明这些差异产生的原因。
3. 试比较几种主要险保险人的责任范围。

第十章 国际贸易支付

在国际贸易中，当卖方将货物的所有权转移给买方后，买卖双方间便会产生金钱上的债权债务关系，即买方应当向卖方支付价金或货款。买方向卖方支付货款的这种行为便称为支付行为。就国际贸易发展历史与现状来看，只有两种贸易方式无须支付：第一种是易货贸易，即一方向另一方提供一定的货物，而另一方则以价值相当的其他货物或物品来进行交换。这种易货贸易一般都发生在相邻国家的边境地区，而且数额一般较小。第二种无须支付的贸易方式是"经互会体制"下的挂账贸易。"经互会"是苏联及其他社会主义国家间的一个国际经济组织。"经互会"成员国之间的国际贸易都无须支付，而是通过相互记账的方式来完成。如当时的东德向苏联出口价值100万卢布的货物时，苏联买方无须向东德卖方付款，而只需在苏联账上予以挂账，等苏联向东德出口货物时，再将这笔货款予以冲销。随着苏联的解体，这种挂账贸易也不复存在了。

目前，除易货以外的其他所有贸易都需要进行结算及支付。但国际贸易的结算与支付与国内贸易的结算与支付存在着较大的差异。在国内贸易中，人们还可以使用现金进行支付，即所谓的"现款现货"。而在国际贸易支付中，却几乎不存在使用现金支付的情形。究其原因，主要有以下三点：(1) 现金支付成本高；(2) 现金支付周期长；(3) 现金支付不利于金融秩序的稳定。有鉴于此，国际贸易的支付都是通过银行，借助票据来完成的。

第一节 国际贸易支付中的票据

一、票据

(一) 票据的含义及其特征

票据可以分为广义的票据与狭义的票据两种。广义的票据包括了股票、提单、存款单在内的一切有价证券；而狭义的票据则是指以支付一定数额金钱为目的的信用工具。我们将要介绍的票据就是狭义的票据，具体来说就是汇票、本票、支票三种票据。

作为狭义票据的汇票、本票及支票具有如下的法律特征：(1) 狭义票据为设权证券，即通过票据来创设一种权利；而广义的票据则是证权式证券，它们是用来证明一种业已存在的权利的。(2) 票据是无因证券，票据的无因性并非是说票据的发生无须约因，而是说票据一经设立，便独立于其原因行为。(3) 票据是一种法定证券，票据的种类及形态由法律所确定，当事人不得自行创设票据。(4) 票据是一种要式证券，世界各国的票据法及国际公约均规定票据为要式证券。(5) 票据为金钱证券，各国票据法均规定，票据只能用来支付金钱。(6) 票据是文义证券，票据债务人只依照票据上的文句记载承担责任。(7) 票据是提示性证券，票据持票人或权利人要主张票据权利，就必须向票据债务人出示票据。(8) 票据为流通性证券，除非法律有规定或当事人另有约定，票据均可以通过背书的方式加以转让流通。(9) 票据为返还式证券，票据持票人或权利人要主张票据权利，就必须将票据交还给票据的债务人。

在国际贸易结算中，使用最为广泛的是汇票。

（二）汇票的概念及其必要记载事项

汇票是指出票人签发的，委托付款人于见票时或于指定的时间，无条件支付票面金额给收款人或持票人的票据。

根据《日内瓦汇票统一法》的规定，汇票必须记载的事项如下：(1) 表明票汇为汇票的字句；(2) 无条件支付的命令或委托；(3) 确定的金额；(4) 付款人名称；(5) 收款人名称；(6) 付款地；(7) 出票日期和地点；(8) 出票人签章。汇票如缺乏上述必要记载事项的记载，便会因记载事项的欠缺而无效。汇票的出票人除上述必要记载事项外，还可以记载付款时间、利息等内容，并依照记载事项承担责任。

（三）汇票的种类

汇票可因出票人不同、付款人不同及付款时间等情况而作如下分类。

1. 即期汇票与远期汇票。凡票据上记载有“见票即付”字样或未记载付款时间的，为即期汇票；与即期汇票相对应的就是远期汇票，它是指一定期限届满或在特定日期才付款的汇票。远期汇票包括：定日付款票，出票后定期付款票，见票后定期付款票。

2. 银行汇票与商业汇票。凡汇票的出票人、付款人均为银行的，为银行汇票。银行汇票的信誉度极高，在国际贸易支付中仅凭一张汇票就可以完成支付。凡汇票的出票人、付款人中有一方不是银行的，便是商业汇票。商业汇票在国际支付中使用极为普遍。但由于信誉较低，一般需要与商业单据配合使用。

3. 光票汇票和跟单汇票。凡仅凭一张汇票就完成支付的汇票是光票；凡在汇票上同时附上代表货物权属证明等文件的，为跟单汇票。

4. 以买方为抬头人的汇票。这是国际贸易支付中经常使用的一种变式汇票，这种汇票是出票人签发的，以自己作为收款人而买方作为付款人的汇票。这种汇票在托收和信用证支付方式中被广泛采用。

二、票据当事人、票据行为、票据法律行为及票据权利

（一）票据当事人

票据当事人是参加到票据法律关系中去，享受权利、承担义务的当事人。下面对他们逐一予以介绍。

1. 出票人。出票人为票据法律关系的主债务人。根据我国法律规定，出票人出票后必须对收款人、持票人的承兑和取款承担担保责任。出票人的主债务人地位，只有在票据完成承兑后才会改变。

2. 背书人。背书人是指通过背书转让票据权利的当事人。他是被背书人的前手，对后手的承兑和取款负担保责任。

3. 被背书人。被背书人是通过背书而取得票据权利的当事人，他是背书人的后手。

4. 承兑人。承兑人是远期汇票的付款人。他在接受出票人无条件支付委托后，成为票据法律关系的主债务人；出票人则转化为从属债务人。因此，票据一经承兑，承兑人便负有付款的绝对责任，即使持票人就是出票人自己时亦同。

5. 付款人。根据票据的委托或承诺，无条件支付票面金额的当事人。

6. 追索权人。这是指由于票据付款请求权得不到实现，而向自己的前手乃至出票人请求返还票面金额的当事人。

（二）票据行为

票据行为是指为了承担票据义务、享受票据权利而从事的一系列要式法律行为。其特点在于行为的要式性。具体来说，票据行为包括了出票行为、背书行为、承兑行为及保证行为。

1. 出票行为。出票行为为创设票据权利的行为。在各种票据行为中，出票行为是最为重要的一种行为，离开了出票行为，票据便无法存在。

（1）出票行为的要件。大陆法系与英美法系在此问题上存在着较大的分歧。大陆法系认为出票行为由制作及签署票据两个部分组成；而英美法系则认为出票行为的完成须包括制作、签署及交付三个部分。我国《票据法》在此问题上倾向于英美法系的观点。

（2）出票行为的效力。大陆法系和英美法系均认为，出票行为一经完成，出票人便应当担保票据必然获得承兑、必然获得付款。但英美法却同时规定，出票人得在票据上注明“免予追索”。对于这种有特约的汇票，出票人不担保票据的承兑与付款。而在大陆法系，许多国家允许出票人以特别约定方式免除“担保承兑”之责，但不允许出票人免除担保付款的责任。

2. 背书行为。背书行为是指持票人通过在票据的背面或者粘单上面记载法定事项，而转让票据权利的要式行为。由于票据是流通证券，因而通过背书转让票据的情形时有发生。而且就票据本身而言，背书次数越多的票据，其信誉度也就越高，这是因为票据有更多的当事人来承担票据责任。

（1）背书的种类。背书根据其目的不同，可以分成三类：①质押式背书。在这种背书中，背书人并非要转让票据权利，只是将汇票作为权利质押的出质物而已。②委托收款式背书。该种背书中，权利人将自己的收款权委托给他人行使，因此委托式背书也称委任式背书。③转让权利式背书。这种背书是真正的票据法上的背书，背书人通过这种背书将票据权利转让给被背书人。

（2）背书做成的要件。在大陆法系中，普遍认为背书应包括制作及签署，而英美法系还要求交付。我国《票据法》也认为背书的生效应包括交付行为。在背书之票据交付被背书人前，背书行为不生效。

（3）背书的效力。背书人以背书方式转让票据后，对其后手的承兑与取款承担担保责任。一旦通过背书的票据被拒付，背书人应对被背书人负责。

3. 承兑行为。承兑行为是指远期汇票的付款人，在汇票上或于另纸上所作出的，接受出票人付款委托，并保证于指定的到期日无条件支付票面金额的承诺。承兑在远期汇票中扮演着极其重要的作用。

（1）承兑的方式。承兑的方式分为票上承兑与票外承兑两种，而票上承兑较为常见。

（2）承兑的效力。汇票一经承兑，承兑人便对收款人及持票人的付款负绝对责任。即使持票人为出票人自己，承兑人也有付款的义务。

（3）银行承兑与商业承兑。银行承兑是指作为付款人的银行在汇票上作的承兑；而商业承兑则是指非银行付款人在汇票上所作的承兑。银行承兑汇票并不一定是银行汇票。

（三）票据法律行为

票据法律行为是指为了承担票据义务、享受票据权利而从事的一系列法律行为。它与票据行为的本质区别在于它是不要式行为。票据法律行为有提示、付款、拒付、追索等。

1. 提示。前面已经提到，票据是提示性证券，票据权利人要主张票据上的权利，就必须将票据向义务人出示。票据的提示可以根据提示目的的不同而分为承兑提示、付款提示。另外，需补充说明的是，提示既是一种主张票据权利的法律行为，也是保全票据权利的法律行为。

2. 付款。付款是指票据的付款人根据出票人的委托或根据票据上的承诺（本票），于见票时或于指定时间，无条件支付票面金额，以结束票据法律关系的法律行为。由于票据是返还式证券，所以收款人或持票人在收到票面金额后，应将票据返还给付款人。

付款人在付款时，应对票据表面真实性、背书连续性问题进行审查。如果付款人对背书不连续、表面真实性不符，以及到期日未届满的票据予以了支付，则应承担因此而产生的后果。

3. 拒付。拒付包括拒绝付款、拒绝承兑、付款人破产、付款人藏匿等多种情形。从理论上讲，凡票据收款人或持票人的付款请求权得不到实现，均可以被视为是拒付。票据的拒付会导致追索权的产生。

4. 追索。追索是指当票据权利人或持票人的付款请求权得不到实现时，持票人、收款人依法向其前手、再前手乃至出票人请求返还票面金额的法律行为。

（1）期前追索与期后追索。凡票据是因拒绝承兑而发生的追索为期前追索。在某些大陆法系国家里，由于允许当事人以特别约定的方式免除担保承兑之责，在这种情形下就不存在期前追索。期后追索通常指被拒绝付款后所发生的追索。

（2）初追索与再追索。最后持票人所进行的追索为初追索；再追索则是指票据债务人在对自己的后手履行了票面金额返还责任后，所享有的追索权。

（3）追索权的范围。追索权的范围包括了票面金额、追索费用以及利息。

（4）追索权的行使。追索权在行使上既可以对自己直接的前手行使，也可以对包括出票人在内的全体票据债务人行使，要求他们连带地承担责任。

（5）追索权的限制。追索权的行使在遇到下列情况时会受到限制：①持票人为出票人的，对全体后手无追索权；②持票人为背书人的，对自己的后手无追索权；③在票据记载“不得转让”后又通过背书取得票据的持票人，不得对在票据上记载“不得转让”之背书人行使追索权。

（四）票据权利

票据权利是指票据当事人根据法律所享有的付款请求权及追索权的总和。任何一个合法持有票据的当事人都享有由付款请求权及追索权所构成的票据权利。但是，需特别指出的是，票据权利不同于一般的民事权利。

票据权利与一般民事权利相比较，具有如下法律特征：（1）票据权利是依照民法、商法之特别法《票据法》而产生的权利，因而不是纯粹的民事权利；（2）票据权利是一种证券化的权利，谁要主张票据权利，他就必须出示票据，票据的丧失会带来票据权利的缺失；（3）票据权利是一种双重权利或称二位权利，具体表现为票据权利由付款请求权与追索权两种权利所构成；（4）票据权利是一种期待性权利，具体表现为票据追索权的行使，必须是在付款请求权行使但得不到实现，而且持票人保全了权利的情况下方能实现。如果票据权利人未行使过付款请求权，或者付款请求权被拒绝但又无法出示合法之拒付证明时，票据追索权都无法行使。

三、国际票据统一法运动及票据的准据法问题

（一）国际票据统一法运动

票据在国际支付中具有极其重要的作用，但由于票据直接关系到一国的金融及资信，因而各国均制定有票据法。目前世界上票据法律体系可以分成两大主要法系：英美法系及大陆法系。而在大陆法系中又可以分成法国法系和德国法系。由于票据支付具有国际性，票据的法律冲突就在所难免。为了解决票据法律冲突，人们采取了一系列措施，这些措施被统称为“国际票据统一法运动”。

1930 年 6 月 7 日，在国际联盟的主持下在日内瓦召开了国际票据法统一会议，这次会议在通过《统一汇票本票法公约》的同时，还通过了《解决汇票及本票若干法律冲突的公约》。1931 年 2 月又制定了《统一支票法公约》和《解决支票若干法律冲突的公约》。但是值得注意的是，由于上述日内瓦统一票据法公约均是依照大陆法系的观点制定的，英美等普通法系国家一直未加入上述公约，且上述公约的缔约国也不多，因此并不具有国际性。

第二次世界大战结束后，联合国国际贸易法委员会认识到统一票据法的必要性，并于 20 世纪 80 年代先后制定了《国际汇票和国际本票公约草案》及《国际支票公约草案》。这两个公约草案是大陆法系和普通法系票据法观点折中调和的产物，但是由于诸多原因，上述两个公约目前仍停留在草案阶段。

（二）票据的准据法问题

由于前述原因，世界各国在处理国际票据关系时，仍大量采用冲突规范加以解决。所谓冲突规范或称间接规范，事实上也就是本书前面提到的国际私法规范。票据的准据法则是以票据法律行为的发生地点作为连接因素来确定的准据法。

1. 出票行为的准据法。出票行为的准据法对于确认某一出票行为是否有效，是否成立有着直接的关系。如出票行为发生在英国，则票据上记载的“免予追索”的特别约定是有效的；而假设该出票行为发生在中国，则票据上的“免予追索”无任何效力。又如，出票人制作了票据并完成了签署，在日本该行为应被视为出票行为已完成；而在英国、美国，则会因票据尚未交付给收款人，而被视为可撤销的。出票究竟应依何国法律决定，1882 年《英国汇票法》规定，汇票有效性的形式要件由出票地法决定。1930 年《解决汇票及本票若干法律冲突的公约》第 3 条规定：“因汇票或本票而发生的契约，形式依契约签订地法律的规定”。我国《票据法》第 97 条规定：“汇票、本票出票时的记

载事项，适用出票地法律”，但“支票出票时的记载事项，适用出票地法律，经当事人协议，也可适用付款地法律。”

2. 背书、提示、承兑、保证及付款等行为的准据法。由于票据是无条件支付的要式证券，在付款时不得有前提条件，因此票据的背书、提示、承兑、保证及付款等行为都必须要符合有关票据法的形式要求。而各国的票据法对票据行为及票据法律行为的具体要求是不一致的，比如，多数国家均规定承兑应当是对票面金额的承兑，而不允许作部分承兑；但也有国家允许部分承兑。因此同一汇票在不同国家承兑时，可能会产生不同的法律后果。又如付款行为，大多数国家要求按票面金额付款，但也有国家允许部分付款，并允许票据权利人对不足部分行使追索权。

当票据行为涉及不同国家的法律时，应适用何国法律？一般认为：由于法律上对于票据行为方式的规定为强制性规定，根据“场所支配行为”的法则，票据行为方式的有效性取决于行为地法。无论是《日内瓦统一票据法公约》还是英美法系国家的票据法均对此予以认同，只是对于“行为地”的理解略有不同。我国《票据法》第 98 条也规定：“票据的背书、承兑、付款和保证行为，适用行为地法律。”这里的行为地，应分别理解为背书地、承兑地、付款地和保证行为地。

3. 追索行为的准据法。一般来说，持票人在行使追索权时，必须在规定的期间内提示票据，在规定的期间并按规定的方式取得拒绝证明。否则，持票人不得行使追索权。

关于追索权的行使期限的准据法，1930 年《解决汇票及本票若干法律冲突的公约》规定依票据成立地法，也就是出票地法。1882 年的《英国汇票法》则规定依行为地法或票据拒付地法。我国《票据法》第 99 条规定：“票据追索权的行使期限，适用出票地法律。”

关于票据的提示期限、拒绝证明的方式及其期限的准据法，1882 年《英国汇票法》规定依行为地法或票据拒付地法。1930 年《解决汇票及本票若干法律冲突的公约》规定依拒付证书做成地法。我国《票据法》第 100 条规定：“票据的提示期限、有关拒绝证明的方式、出具拒绝证明的期限，适用付款地法律。”

第二节　国际贸易支付方式

国际贸易支付是通过银行，借助票据而完成的。下面我们对国际贸易中几种主要支付方式进行介绍。

一、汇付

汇付是指国际贸易中的买方主动向卖方支付货款的一种支付方式。由于其资金流向与商品流通方向保持一致，因此也被称为顺汇方式。国际贸易支付中的汇付包括了信汇、电汇及票汇三种方式。

(一) 信汇（M/T，Mail Transfer）

信汇支付方式中包括了四方当事人，他们分别是汇款人、汇出行、汇入行及收款人。在信汇方式中，国际货物买卖合同的买方以汇款人的名义，到自己所在国的一家银行填写信汇申请书，然后缴费并支付货款。接受申请人申请的银行即为汇出行。汇出行会向位于卖方所在国的另一家银行——汇入行，发出信汇通知书。汇入行在收到信汇通知书后，会通知收款人——卖方到自己处取款。一旦收款人收到货款，信汇即告完成。

在信汇业务中，汇出行与汇入行之间通常存在着某些联系，如两个银行互为代理行，或在同一清算银行中开设账户，可以对委托支付之款项进行冲销或核销。

（二）电汇（T/T，Telegraphy Transfer）

电汇当事人也同样包含四方当事人，即汇款人，汇出行、汇入行及收款人。但是与信汇不同的是，汇款人到本地银行所填写的不是信汇申请书，而是电汇申请书。汇出行与汇入行间是通过电传，而非邮寄方式来传递电汇通知书。因此，电汇支付的时间明显地短于信汇。同时，由于在电汇业务中，银行间要使用密押（密码），因而其可信度也较高。

（三）票汇（D/D，Demand Draft）

票汇是汇付方式中唯一使用汇票的一种支付方式。票汇包括了四个当事人。买方以汇款人的名义到本地一家银行去填写票汇申请书，交纳货款及手续费。银行在收到货款和手续费后，会出具一张汇票，该汇票以卖方为收款人，以卖方所在地的一家银行为付款人，然后将汇票寄给卖方。卖方收到汇票后，再向汇票上所列的付款人要求付款或承兑。在付款人付款后，票汇业务即告完成。

通过对上述三种汇付方式的介绍不难发现，汇付是最为简便的一种支付方式。但与此同时，我们也会发现，汇付方式是不能有效保护卖方利益的。买方是否会到其所在地银行交纳货款，完全取决于买方的诚信；在卖方先行交货的情况下更是如此。正是由于汇付不能有效地保护卖方利益，因而使用并不广泛。目前，汇付方式一般用于定金支付、尾款支付及小额交易上。

二、托收

国际贸易支付中的托收（collection），亦称逆汇，是指在国际贸易支付中，不由买方主动向卖方付款，而是由卖方向买方收取货款的支付方式。

目前调整托收的法律规范不是国际公约，而是国际商会（ICC）1995年重新修订的《托收统一惯例》（Uniform Rules of Collection），由于它是以国际商会第522号出版物的形式发布的，国此人们通常称其为URC522号出版物。在国际贸易结算支付中，托收有光票托收及跟单托收两类，URC522号出版物对光票托收及跟单托收分别作了相应的规定。

（一）光票托收

光票托收涉及四方当事人，他们是委托人、托收行、代收行、受票人（或称付款人）。在光票托收业务中，卖方在发运货物以后，会签发一份以“买方为抬头人”的汇票（即由卖方为出票人而签发的，以自己为收款人，以买方为付款人的汇票）。卖方签发汇票后，会将汇票交给其所在地的一家银行。这家接受委托的银行就是托收行。托收行在收到汇票后，会将汇票交给买方所在地的一家银行——代收行。代收行会通知受票人——买方来支付票面金额。作为受票人的买方在向代收行支付了票面金额后，托收支付关系即告结束。托收行会在扣除手续费后，将货款支付给卖方。

光票托收跟汇付一样简单，但是它同样不能有效地保护卖方的利益。买方是否付款，仍然取决于买方的信用。如果作为受票人的买方对代收行交来的票据不付款或不承兑，代收行便会将票据退还托收行，而托收行再将票据退还委托人。在托收中，托收行、代收行都是通过委托收款式背书而取得票据的，因此对于票据的拒付，他们概不负责。

（二）跟单托收

所谓跟单托收是在托收的汇票上附带各种商业单据，尤其是代表货物权属单据的托收方式。正如在前面所提到的，托收中所使用的汇票，由于其出票人和付款人均不是银行，它是典型的商业汇票。商业汇票如不附带各种代表货物权属的凭证，也是很难流通的。URC522 号出版物所规定的跟单托收有付款交单和承兑交单两种。

1. 付款交单（Delivery Against Payment，D/P）。付款交单是指委托人将提单等代表货物权属的单据，连同以买方为抬头人的汇票，一并交给托收行。托收行再将汇票、单据交给代收行。代收行在收到汇票和单据后，会通知受票人付款。受票人只有在付清汇款金额后，才能从代收行处取得单据并完成提货。付款交单这种托收方式比起光票托收、汇付而言，能更好地保护卖方的利益。

2. 承兑交单（Delivery Against Acceptance，D/A）。承兑交单是指委托人将提单等代表货物权属的单据，连同以买方为抬头人的远期汇票一并交给托收行。托收行再将单据、远期汇票交给代收行。代收行在收到汇票及单据后，会通知受票人对远期汇票进行承兑。受票人承兑后，代收行将票据交给受票人。

（三）跟单托收中银行的义务

银行在办理跟单托收时，负有什么样的义务呢？根据 URC522 号出版物的规定来看，银行在办理跟单托收时，应以善意和合理的谨慎行事。具体而言，银行不对货物承担任何责任与义务，相反，银行只需核实自己所收到的单据在表面上是否与托收指示书所列一致。如果不一致，则应当通知发出指示方。对于单据是否真实，单据上面的签署是否为有签署权人做出的，银行概不负责。在承兑交单中，银行对于在汇票上进行承兑签署的人是否为有权进行承兑之人也不负责任。

此外，银行在办理托收业务时，对于因通知、信件或单据在寄送途中发生延误和遗失所造成的后果，对电报、电传等电子系统在传送中所发生的延误、残缺和错误也不负任何责任。银行在办理托收业务时，对专门术语的解释、翻译中出现的错误也不负责。

因此我们可以说，在托收业务中，银行的责任只限于对单据的表面真实性负责，且这种负责只需银行以善意和合理谨慎行事即可。

正因为如此，委托人——卖方，即使在跟单托收中仍有相当大的风险。在付款交单中，一旦买方不愿再履行合同，则他根本不会去付款并取得相应的单据；而在承兑交单中，买方可以不承兑，也可以找一个无权承兑之人进行承兑。作为卖方的委托人，在汇票得不到付款、得不到承兑时，是不能向托收行、代收行进行追索的。理由非常简单：在托收业务中，票据的出票人及票据主债务人均为卖方自己；托收行及代收行只是根据“委托收款”式的背书而取得票据的，它们对票据权利能否得以实现不负任何责任。

在托收中，卖方为了保护自己的利益，能否将银行直接列为收货人呢？根据 URC522 号出版物的规定，卖方在没有得到银行同意的情况下，不得将银行列为收货人，即使卖方将银行列为收货人，银行也不对实际货物承担责任。

三、信用证

信用证支付是目前世界上最为流行的一种支付方式。英国著名法学家斯米托夫甚至称信用证为“国际贸易的生命线”。离开了信用证支付方式，现今的国际贸易是根本不可能开展的。信用证（Letter of Credit，L/C）在国际商业实践中被广泛采用的主要原因在于，它是一种建立在银行信用基础之上的国际支付方式。

（一）信用证的历史

信用证的历史可以追溯到中世纪的欧洲。当时欧洲小国林立，各国的国王在派使臣到外国采购所需物品时，不会给使臣大量的钱财，只会给使臣一封信。信的内容就是：国王愿意在持有该信件的人来到自己国家时，对持有该信件的人支付信件上所列明的金钱。某些情况下，国王甚至会以自己的税收作为担保。当然，中世纪的信用证同目前的信用证是有本质区别的。现代的信用证在第二次世界大战结束后才风行起来。第二次世界大战结束后，美国一跃成为世界上最大的产品输出国；而此时的欧洲由于战争原因，商业信用降至极低的水平。美国商人对欧洲的出口，经常会收不到货款。国际货物买卖也因而受到严重的影响，出口商们急需一种能够真正保护自己利益的国际支付方式。而此时的银行除了继续经营金钱业务外，也需要开展信用证这类中间业务。这样便导致了现代信用证的产生与发展。

（二）调整信用证的国际惯例

虽然信用证在国际贸易支付中占据重要的地位，但是迄今为止国际上没有专门调整信用证支付的国际公约或条约。在这方面，国际商会（ICC——International Chamber of Commerce）发挥了极其重要的作用。国际商会 2007 年修订的《跟单信用证统一惯例》600 号出版物（UCP600）已成为调整信用证的国际惯例。虽然惯例通常只有在当事人选择的情况下，才对当事人产生约束力，但由于国际商会 UCP600 是各国商业银行办理信用证业务中共同遵守的惯例。因此，只要当事人决定利用信用证进行支付，便别无选择地适用 UCP600 号出版物。

（三）信用证的概念及特点

1. 信用证的概念。国际商会《跟单信用证统一惯例》第 2 条对信用证的概念作了如下描述：“指一项不可撤销的安排，无论其名称或描述如何，该项安排构成开证行对相符交单予以承付的确定承诺。”可见，信用证是银行应申请人的请求开立的，在符合信用证条款规定的情况下，无条件付款或承兑的一项承诺。

2. 信用证的特征。信用证的特征主要表现在两个方面：一是信用证的有条件性；二是信用证的无条件性。信用证的有条件性是指：开证行所承担的付款、承兑义务是建立在单据符合信用证要求基础之上的。而信用证的无条件性则是指：开证行在单据符合信用证要求时，所承担的无条件付款、无条件承兑义务。

3. 信用证的性质。关于信用证的性质问题，法学界存在着几种不同的观点。第一种观点为合同说，即开证行是根据其与受益人之间的合同关系而承担的付款、议付或承兑义务；第二种观点为“禁止反言说”，在他们看来，开证行完全是在作了付款、承兑的承诺后，所承担的一种责任；第三种观点为委托说，即开证行是基于接受开证申请人的委托才承担了信用证下的付款义务。此外，还有人认为，信用证的性质是一种非常特殊的法律关系，无法用传统的法学理论加以解释。

（四）信用证支付中的当事人

在信用证支付中，会涉及以下几个当事人。

1. 开证申请人。他是基础合同中的买方，当基础合同要求使用信用证支付时，他就会向开证行申请开立信用证。

2. 开证行。它是指接受开证申请人的申请而开出信用证的银行。开证行在信用证支付中起着非常重要的作用。

3. 通知行。它是指将开证行开立的信用证通知给受益人的银行。通知行通常为受益人所在国的一家银行。

4. 受益人。他是基础合同中的卖方，在信用证支付中，他享受信用证所带来的利益。

5. 议付行。它亦称押汇行，是指在信用证支付中，从受益人处买得信用证、单据及汇票的银行。

6. 付款行。它即是信用证上指定的履行付款义务的银行，通常就是开证行或其指定的某家银行。

（五）信用证支付的程序

如果买卖双方在国际货物买卖合同中约定以信用证方式支付，即会引起信用证程序的产生。首先，买卖合同（基础合同）的买方会以开证申请人的名义，向自己所在国的一家银行申请开立信用证。如果一家银行接受了开证申请人的申请，并依据基础合同开立了信用证，该银行便成为开证行。其次，开证行开立信用证后，会将信用证通过通知行送达受益人——基础合同中的卖方。再次，受益人收到通知行交来的信用证后，有权对信用证进行审查。如果受益人接受信用证，他就会备货发运；如果受益人不接受信用证，他会将不接受的理由告诉通知行，通知行会向开证行说明情况。开证行也会将此情况向开证申请人说明，以便开证申请人能够对信用证进行改证，直至受益人接受。

受益人接受信用证后，会立即备货发运。发运货物后，受益人便会准备三种文件，它们是：(1) 以“买方为抬头人”的汇票一张，票面金额为基础合同中货款金额；(2) 信用证本身；(3) 信用证所要求的全部单据。受益人在备好上述三种文件后，可以向其所在地银行请求议付，即请求本地银行将自己的汇票、信用证和单据买下。开证行在收到受益人交来或通过议付行交来的单据后，会对信用证及信用证所要求的单据进行审查。如果交来的单据符合信用证的要求，开证行便会对汇票予以付款。开证行付款后，会要求开证申请人“交款赎单”。开证申请人交款后，才会得到信用证所附单据，并完成实际提货。至此，信用证关系便告结束。

通过对信用证程序的说明，我们可以看出，在信用证支付中，本应由买方承担的付款义务，变成了由开证行所承担的义务，其结果是卖方的货款能够得到充分的保证。

（六）信用证基本原则

信用证基本原则是所有信用证都必须遵循的、带有普遍性的原则。信用证这种支付方式之所以能够迅速成为一种广为接受的支付方式，其原因就在于信用证的基本原则能够有力地保护卖方的权益。

1. 独立原则。信用证的独立原则，事实上是由两个层次所组成：第一个层次是指信用证独立于基础合同；第二个层次是指信用证当事人间关系的独立。

(1) 信用证独立于基础合同。UCP600 第 4 条 a 项规定："就性质而言，信用证与可能作为其依据的销售合同或其他合同，是相互独立的两种交易"。这一点表明，虽然信用证是依据基础合同而开立出来的，而且有时信用证还在很大程度上与基础合同保持一致，但信用证一经开立，便与基础合同独立开来。

信用证独立于基础合同，对于信用证支付来说是不可或缺的。信用证独立于基础合同，至少包含了以下两层意义：①在任何情况下，开证申请人或开证行不得以基础合同的抗辩来对抗信用证。即使基础合同出现了违约，信用证也不会当然地受影响，银行不会因此拒付信用证项下的汇票。②在信用证发生纠纷的时候，无论是开证行、开证申请人还是受益人均不得以基础合同来解释信用证，他们只能以信用证本身进行抗辩。

信用证独立于基础合同是信用证实践中所公认的原则，但能否据此认为基础合同也可以独立于信用证？关于这一点大多数学者认为，基础合同不能独立于信用证。这是因为国际货物买卖合同相对较为简单和多样化，而信用证则较为复杂并制度化，因此信用证与基础合同不吻合的情况时有发生。遇有这种情况发生时，如受益人未要求改证，相反是接受了信用证，那么基础合同实际上就已经被信用证修改了。因此，基础合同是不能独立于信用证的。合同当事人在基础合同发生纠纷时，可以引用信用证条款。

(2) 当事人之间的关系独立。开证申请人与开证行之间的关系，独立于开证行与受益人之间的关系。比如，开证行在开立信用证以后，如果开证申请人破产，开证行不能以申请人无法"交款赎单"为由，撤销信用证。同样，开证行对受益人提交的不合格单据予以支付后，它不能因上述支付错误而要求开证申请人"交款赎单"。

此外，开证行也独立于基础合同。UCP600 规定：银行不受销售合同的约束。这表明在信用证业务当中，开证行是独立于基础合同的，无论基础合同有什么样的规定，均不能对开证行产生任何约束力。

2. 抽象原则。所谓抽象原则，是指开证行在处理信用证业务时，不对具体货物承担任何责任。具体货物的任何抗辩与信用证无关，开证行的义务仅限于信用证及信用证所要求的单据。同时，银行对于单据是否真实也只负表面审查义务，对于虚假的单据，开证行也不承担责任。这在 UCP600 号出版物第 5 条中得到了体现，该条明确规定："银行处理的是单据，而不是单据可能涉及的货物、服务或履约行为。"

(七) 银行的审单义务及程序

1. 在信用证支付方式中，开证行最重要的责任就在于审查信用证所要求的单据，简称开证行的审单义务。根据 UCP600 的规定，开证行的审单义务主要有以下三个部分。

(1) 表面真实性审查。开证行对于受益人交来的或通过议付行交来的单据，有义务进行表面真实性审查。开证行在进行表面真实性审查时，必须以商人应有的、合理的注意来进行审查。

(2)"单单相符"。开证行必须对受益人交来或通过议付行交来的单据及信用证进行审查。审查的目的在于核实受益人是否按照信用证的要求，提供了相应的单据。如信用证要求受益人提供商业发票一式三份，而受益人只提交了一份商业发票，这种情况便不符合“单单相符”的要求。对于这种违反了“单单相符”的信用证，开证行有权拒付。但是一旦开证行对这种不符合“单单相符”原则的信用证予以了支付，开证申请人便可以拒绝交款赎单。此时，开证行便只能自己接受全套单据，并完成提货。

(3)“单据的内部相符”。“单据的内部相符”是开证行审单中最为严格的一个环节。根据英美国家的判例来看，“单据的内部相符”要求受益人所提供的单据与信用证要求的完全相同，而不得有任何差异。有时一个英文字母的错误，都可以被视为是违反“单据内部相符”，开证行都可以拒付。“单据的内部相符”也称“严格相符”，有些学者甚至认为“严格相符”是信用证业务的基本原则之一。

2. 银行审单的时间要求

(1) 开证行应当在收到受益人交来的或通过议付行转来的信用证及单据后5个工作日内完成审单工作。如果单据与信用证相符，开证行应向受益人、议付行付款或对汇票进行承兑。如果信用证有不符点，银行有权退回单据，也可以保留单据并指出不符点。在保留单据并指出不符点时，开证行应在5个工作日内一次性全部指出不符点。

(2) 受益人或议付行在收到退回的信用证，或银行保留单据指出不符点时，受益人是否再交单完全取决于受益人的意志。如受益人仍想通过信用证取得货款，受益人就必须在信用证的有效期内“二次交单”。如受益人不能“二次交单”则意味着受益人不愿受信用证的约束，信用证会在有效期届满后失效。

(八) 信用证的种类

信用证有很多种分类，比较重要的分类有以下几种。

1. 直接信用证与间接信用证

(1) 直接信用证是受益人应直接向开证行要求付款的信用证。

(2) 间接信用证又称议付的信用证，它是受益人不直接向开证行要求付款，而是要求议付行议付的信用证。间接信用证根据议付行是否有限制，可以分为：①公开议付信用证。公开议付信用证是任何一家银行都可以议付的信用证。这种信用证使用较为普遍。②限制议付信用证。这种信用证明确指定了议付行，受益人只能向信用证上列明的议付行要求议付。

2. 保兑信用证与无保兑信用证

(1) 保兑信用证是指由开证行以外的一家银行对信用证加以保兑的信用证。对信用证加以保兑的银行为保兑行。信用证一经保兑，保兑行同开证行一样承担信用证责任。保兑信用证由于有两家银行承担开证行责任，因而其信誉度是最高的。保兑信用证通常用于大额交易以及开证行信誉较低的情形。

(2) 无保兑的信用证指信用证上无保兑银行的信用证。

3. 在2007年的UCP600号出版物以前的惯例文件中，还存在着可撤销信用证与不可撤销信用证两种信用证，而UCP600号出版物取消了可撤销信用证这一分类。这意味着银行所开立的信用证均为不可撤销的信用证。不可撤销信用证并非绝对不能撤销的信用证，它是指非经受益人同意，开证行不得予以撤销的信用证。

四、国际保理

保理（Factoring），是“保付代理”的简称，它是指保理商购入卖方与买方（付款人）间因货物销售合同而产生的应收账款，并为卖方提供销售分户账管理、应收账款催收、预付款融资和坏账担保等服务中的特定两项或两项以上的综合性金融服务。简单地讲，国际保理就是国际贸易中的卖方，通过向办理保理业务的银行有偿转让自己对买方的债权，而获取货款的一种方式。保理相对于其他的支付方式来说，银行介入程度最高。

保理业务从20世纪60年代以来，已获得了较大的发展，1988年国际统一私法协会制定了《国际保付代理公约》来调整国际保理法律关系。国际保理联合会（FCI）也专门制定了《国际保理通则》来规范保理行为。

（一）保理的分类

保理按照其各项服务的不同组合及其特点可以划分为不同的种类。

1. 按照保理商是否保留追索权，分为有追索权保理和无追索权保理：

（1）有追索权保理，指保理商买入卖方应收账款后，如付款人到期不付或保理商到期未能收回，由卖方承担无条件按约定价格回购该应收账款责任的保理。

（2）无追索权保理，指保理商买入卖方应收账款后，保理商承担由于付款人信用风险不能支付到期应收账款责任的保理。

2. 按照保理商是否提供预付款融资，分为到期保理和融资保理：

（1）到期保理，指保理商在应收账款到期日将应收账款购买价款支付给卖方的保理。

（2）融资保理，指保理商买入应收账款后，根据卖方的需要，在应收账款到期日前向卖方提前支付一定比例价款的保理。融资保理已不再是简单的国际支付关系。

3. 按照是否向付款人披露应收账款已转让给保理商的事实，分为公开保理和隐蔽保理：

（1）公开保理，指卖方必须向付款人通知应收账款转让事实，并指示付款人将货款直接付给保理商的保理。

（2）隐蔽保理，指卖方不向付款人通知应收账款转让事实的保理。

4. 单方保理与双方保理：

（1）单方保理，是指由三个当事人即卖方（债权人）、保理商和买方（债务人），所构成的保理关系。这种保理通常只发生在国内保理业务中。

（2）双方保理，则是指由四个当事人所构成的保理关系。双方保理由卖方（债权人）、出口保理商、进口保理商和买方（债务人）所构成。双方保理主要用于国际贸易的支付。

（二）保理的当事人

国际贸易中的保理由四个当事人所组成，他们分别是：

1. 债权人。他是国际货物买卖合同的卖方或销售商。在保理业务中，销售商会通过保理协议将自己对进口商的债权转让给出口保理商并从保理商处获得保付。

2. 债务人。他是国际货物买卖合同中的买方，因从销售商处购买货物而对销售商负有债务。

3. 出口保理商。他是根据保理协议从销售商处获得对债务人的债权，并对销售商进行保付的当事人。

4. 进口保理商。他是同意追收由销售商委托给出口保理商的应收账款，并承担信用风险，负责支付应收账款的当事人。

（三）保理合同的性质

保理合同是保理商与卖方间为提供或接受保理服务而签订的契约，它并非民法中的典型合同，无法归入买卖、借贷、委托等任何一种典型合同，而属于非典型合同。保理合同中约定的保理业务通常包括销售分户账管理、应收账款催收、预付款融资和坏账担保等四项服务。其中，销售分户账管理是指为卖方管理销售分户账，并将有关账务信息提供给卖方；应收账款催收是指以发送催收通知等形式催促付款人及时支付价款，并将有关催收信息提供给卖方；预付款融资是指保理商在购入卖方应收账款后，根据卖方申请而向卖方提前支付一定比例价款；而坏账担保是指在无追索权保理中，当付款人因信用风险不能付款时由保理商支付应收账款款项。

不难看出，保理合同的实质是以债权转让为内容的债权合同与以某些信息的提供为服务内容的雇佣合同的混合契约。在保理合同中，保理商受让卖方的应收账款并有条件地支付价款，保理商还对自己的应收账款进行记账和催收管理，并将有关信息提供给卖方，以管理费形式向卖方收取服务报酬。

保理这种债权转让是有其法律依据的，就世界上大多数国家的法律来看，除非法律另有规定或受债权性质限制外，其他的债权均可依法予以转让。

（四）保理的程序

保理是银行介入程度最高的一种国际支付方式，其操作程序明显有别于我们前面所提到的其他支付方式。正常的国际保理的程序如下：

1. 销售商与其所在地的银行联系，洽商保理事项。承办保理的当地银行为出口国保理商。

2. 出口国保理商将销售商提供的进口商（买方）的信用情况和货款金额等情况告知买方所在国的一家银行（进口国保理商）。

3. 进口国保理商对进口商的情况进行资信调查和评估，将结果告知出口国保理商，出口国保理商再告知出口商。

4. 销售商与出口国保理商订立保理合同，出口国保理商与进口国保理商订立合同。

5. 销售商与进口商订立买卖合同。

6. 销售商发货后将有关提单和正本发票给进口商，发票副本给出口国保理商。

7. 出口国保理商将发票副本寄交进口国保理商，将债权进行再转让。

8. 进口国保理商到期向进口商收取货款，按照与出口国保理商的合同约定，拨付货款给出口国保理商。

（五）销售商的义务

在保理业务中，销售商居于非常重要的地位，他向出口国保理商所转让的债权如存在瑕疵，则保理业务根本无法顺利开展。因此，销售商对于出口国保理商负有如下担保义务：

1. 销售商保证自保理协议签署之日起将随后产生的对买方的所有应收账款全部转让给出口国保理商。

2. 销售商保证向出口国保理商提交的每笔应收账款均代表一笔在正常业务过程中产生的真实善意的货物销售，符合经营范围和付款条件，并不以该项销售作任何形式的担保。

3. 销售商保证无条件享有向保理商转让的每笔应收款的全部所有权，包括向买方收取利息和其他费用的权利，且该笔应收账款不能用于抵账、反诉、赔偿损失、对销账目、留置或做其他扣减。

4. 销售商保证买方不是自身的附属机构、控股公司或同一集团的成员。

5. 销售商保证对已转让保理商的应收账款未经保理商同意，不做处理、转让、赠送等，也不得转让保理协议。

6. 销售商保证保理商享有对被转让应收账款有关的一切权利，包括强制收款权、起诉权、留置权、停运权、对流通票据的背书权、对该应收账款的再转让权、代位权、买方拒收货物的处分权等。

7. 销售商同意保理商有权以自己的名义或联名采取诉讼和其他强行收款措施。

思考题

1. 目前各国关于票据的法律适用是如何解决的?
2. 评述我国关于涉外票据法律适用的规定。
3. 比较托收和信用证两种支付方式的利弊。

第十一章　其他国际合同法律制度

根据国际私法原理，所谓“国际合同”，是指由于某种外国因素的存在而涉及不同国家的立法管辖权的合同。在国际商事法律关系中，除了国际货物买卖合同、国际货物运输与保险合同、国际贸易支付等合同关系外，还有国际技术转让合同、国际工程承包合同、国际劳务合同和国际消费合同等合同关系的存在。这些合同法律制度以及相关的法律适用问题，均是国际私法学所关注的问题。

第一节　国际技术转让合同

开展国际技术转让，引进外国的先进技术和管理经验，是各国发展本国经济、提高本国科学技术水平的重要途径之一。我国自20世纪80年代改革开放以来，随着经济的发展，也引进了不少外国的先进技术和设备，对于提高我国技术水平和促进经济的发展起到了重要作用。在国际上，技术的商品化使技术成为国际贸易的对象，国际技术转让也成为国际贸易不可或缺的内容，并且在各国国民经济中占据越来越重要的地位。

一、国际技术转让合同概述

（一）国际技术转让的概念

技术转让是指技术的所有人或持有人将其技术及有关的权利转让给他人的行为。技术转让分为有偿转让与无偿转让两种。前者是商业性的，又称技术贸易；后者是非商业性的，主要是两国政府间以技术援助方式进行的免费的技术转让。国际技术转让，指的是位于不同国家的当事人之间所进行的技术转让。绝大部分的国际技术转让是以技术贸易的形式实现的。

相较于其他民商事交往形式，国际技术转让有以下特征：

首先，它是一种“国际”的技术交换与交流活动，具有国际性因素。如何判定其具有国际性，各国法律有不同规定，但将跨越国境的技术转让视为国际技术转让，是现今国际上多数国家所接受的判断标准。我国《技术进出口管理条例》第2条也规定：“本条例所称技术进出口，是指从中华人民共和国境外向中华人民共和国境内，或者从中华人民共和国境内向中华人民共和国境外，通过贸易、投资或者经济技术合作的方式转移技术的行为。”

其次，原则上国际技术转让虽然既包括技术所有权的转让，也包括技术使用权的转让，但实践中通常转让的仅是技术使用权。即通常表现为技术所有人就某项技术向他人发出使用许可证，允许他人使用其技术的同时并不丧失自己的技术所有权。

（二）国际技术转让的标的

这里所谓的“技术”，是与生产管理相关的关于制造产品、提供服务的系统知识，即来源于生产实践并应用于生产实践的知识、设计、方法、手段与技能，具有系统性。同时，它又是通过书面资料、口头讲授或实际操作加以表示和传播，具有无形性。实践中通常包括专利权和其他工业产权，以图纸、技术资料、技术规范等形式提供的工艺流程、配方、产品设计、质量控制以及管理等方面的专有技术和技术服务等。

联合国贸易与发展会议于1981年提出的《联合国国际技术转让行动守则（草案）》1.2条规定：“本守则下的技术转让系指制造某件产品、应用某种制作方法或提供某项服务的系统知识的转让。仅涉及货物销售或租赁的交易不在此列。”根据该款所下的定义，技术转让是指关于制造产品，应用生产方法或提供服务的系统知识的转让。我国的《技术进出口管理条例》第2条规定，技术转让“包括专利权转让、专利申请权转让、专利实施许可、技术秘密转让、技术服务和其他方式的技术转移”。

这些对“国际技术转让”范畴的规定已表明，转让的标的是无形的技术、知识和经验，主要以三种形式表现出来：

1. 专利技术。它是指政府主管部门根据发明人的申请，经核查认定其发明符合法律规定的条件，而在一定期限内授予发明人的一种法定权益，其中包括法律赋予专有权（独占权）的发明专利、实用新型专利和外观设计专利。

2. 专有技术。它是指为生产某种产品或采用某种流程，以及为此目的而建立某一企业所需要的知识、经验和技巧的总和，一般指未申请专利但具有保密性的技术。

3. 商标。商标本身并不是技术，依照各国的交易惯例，单纯的商标许可不是国际技术贸易。在国际技术转让中作为标的的商标，所体现的是专利技术、专利产品和商标的结合。

国际技术转让的无形技术与国际货物买卖的有形商品（诸如单纯的机器、设备或产品）有很大的区别，但技术往往以特定的机器、设备或产品为载体。因此，以上三方面的无形标的可以并且经常与一些机器和设备的进出口结合进行。

（三）国际技术转让合同及其特点

国际技术转让合同是指转让方将自己拥有的技术跨越国境地转移给技术受让方的书面协议。与其他国际合同相比较，国际技术转让合同具有以下法律特点：

1. 双务、诺成、有偿。国际技术转让合同的当事人是自然人、法人及其他经济组组。自19世纪末以来，随着科学技术的日趋复杂，法人日益成为国际技术转让的重要主体。在实践中，双方当事人意思表示一致合同即告成立。转让方准许受让方使用自己所拥有的技术、知识和经验的使用权，并收取使用费，而受让方获得该项使用权并支付使用费。

2. 内容涉及面较宽。国际技术转让的内容是无形资产的使用权，但却常常与一些机器和设备的进出口结合进行，所以该类合同既具有技术转让交易的特点，又含有一般货物买卖的一些内容，交易过程比较复杂。这使得合同条款不仅繁多，而且往往附有大量资料作为附件；不但包括技术内容、范围，还包括设备转让、产片返销、技术培训等。

3. 履行期限较长。国际技术转让比一般的商品贸易周期长，合同往往是一些连续性较强的长期合同。大多数情况下，技术转让方不但要交付必要的技术资料，而且还要提供必要的技术指导和服务，保证受让方能够生产出符合合同规定的产品。此外，由于技术转让合同大多采用从利用技术的利润中提成的方式计价，合同的期限直接与受让方掌握的技术水平、生产进度和规模、转让方的收益有关。因此，国际技术转让合同的期限较长，一般在5~10年期间。

4. 法律制度比较复杂。国际技术转让交易除了必须遵守合同法的规定外，还可能涉及专利法、商标法、技术转让法、海关法、税法、保密法、反不正当竞争法、反垄断法等法律法规的调整。这些法律大多由强制性法律规范构成。此外，由于国际技术转让属跨国界技术让渡，当事人不但要遵守本国的法律，还必须遵守有关国家的法律，以及相关的国际惯例、国际条约的规定。

（四）国际技术转让合同的分类

依据不同的标准，国际技术转让合同可以分为不同的种类。例如，依据转让的客体，可以分为专利许可合同、专有技术许可合同及商标许可合同等；依据转让的途径，可以分为单纯的技术转让合同，以及与设备进出口、合营企业、合作生产、工程承包、补偿贸易、特许专营等结合的技术转让合同。实践中，最常见的分类是从被许可人享有的使用权的范围和程度来进行划分的。

1. 独占性技术转让合同：指在一定地域内，合同受让方对技术具有独占的使用权，转让方和任何第三方都不能在该地域内使用这种技术制造和销售产品。

2. 排他性技术转让合同：指在一定地域内，合同受让方享有使用某项技术制造和销售产品的权利，任何第三方不得使用该技术制造和销售产品，但转让方保留在这个地区制造和销售该产品的权利。

3. 普通技术转让合同：指在一定地域内，合同转让方允许受让方使用合同中规定的技术，同时转让方仍然保留在该项技术上的权利，并仍有权在该地域内将技术使用权出售给任何第三方。

4. 普通可转让的技术转让合同：即在普通技术转让合同的基础上，受让方除享有技术使用权外，同时还根据合同有权在该地域内将使用权出售给任何第三方。

5. 交叉性技术转让合同：即双方当事人约定，将其各自的技术使用权相互交换，供对方使用。此种许可可以是独占的，也可以是排他的；可以是有偿的、也可以是无偿的。交叉许可通常发生在双方存在合作生产或研发关系的情况，一方使用一项技术以另一方的技术互为前提，双方都有改进技术的情况。

二、国际技术转让合同主要条款

国际技术转让合同的主要条款大致可分为三大类：1、商务条款，主要包括前言、定义、合同价格、支付条件、包装和标记条款等；2、技术条款，主要包括合同的标的、技术资料或软件的交付、技术改进或修改的归属和分享、技术服务和人员培训、技术达标考核验收、合同产品的出口和销售、保证和索赔等内容；3、法律条款，主要包括合同的生效、变更和终止、侵权和保密、免责、不可抗力、争议的解决、法律适用等项内容。

1. 定义：定义条款对本合同项下的概念进行定义，如合同产品、合同工厂等概念。

因不同国家的当事人往往对同一概念产生不同的理解，合同应单列一章，对合同中使用的关键性词汇做出专门的解释和说明。合同中经常出现的术语、短语或者不经常出现但容易误解的术语，以及非常重要的术语都应当进行定义。

2. 合同范围：指转让权利的内容和范围。通常规定以下内容：技术的内容和范围，技术名称、转让方提供的设计图纸和数据、主要的技术经济指标；技术应用广度，是否为专利、专利批准时间、批准机关、专利编号，专利的权利保护范围、保护地区和有效期；技术权利的内容，技术的用途、技术资料的范围、权利行使的时间和地域范围，技术服务的项目和内容等。

3. 价格：价格是合同的核心内容之一。技术是无形产品，价格的确定是合同重要内容。计价的方法通常采用三类形式：①总计。当事人谈妥一笔固定的金额，由受让方一次或分期付清，一般按技术资料交付、试验考核验收、培训指导等阶段进行两、三次付款。②提成费。受让方利用引进技术开始生产之后，以经济上的使用或效果（产量、销售额、利润等）作为确定的使用费，按期连续支付。③入门费加提成费。受让方在订约后若干天内或收到第一批资料后若干天内先支付一笔约定的金额，之后再按照规定的办法支付提成费。

4. 支付：国际技术转让合同是长期合同，支付问题涉及支付工具、支付时间、账册的建立及检查和审核等环节。①支付工具：技术转让交易中使用费清算所使用的支付工具主要是货币和汇票。②支付时间：在总付的情况下，支付通常采用分期支付，支付的次数和比例，一般根据技术的难易程度、金额大小和传授技术的环节，由双方具体洽商。在提成费支付的情况下，支付的时间一般规定为季度、半年或一年，然后据此计算每个时期的提成费总金额。③账目的建立、检查及审核：在按提成费支付的情况下，受让方支付提成费是与产量或销售额或利润相联系的，因而转让方通常要求建立必要的账目，并保留检查该项账目的权利，以便核对技术受让方计算提成费是否有误。

5. 技术资料的交付：技术资料的交付是技术转让的前提，需要规定详细的条款，如时间、地点、方式、交付清单等。技术资料的交付应按照受让方工程的计划和进度，以及其自身消化和吸收的能力来决定。技术资料的交付还要考虑风险的转移问题，资料的运输方式和交付日期也必须明确。

6. 考核与验收：双方约定将技术应用在一定时间内生产出一定量的合同产品，一般约定数次考核并以此进行验收。环境、材料以及考核验收人员等多方面因素均会影响考核结果，考核合格应当由双方进行授权签字。

7. 技术改进：由于技术的发展性，对于技术改进或修改的归属和分享应在合同中规定，如改进结果的归属、对改进结果的专利申请权等。

8. 技术服务和人员培训：主要是指转让方派遣技术人员到受让方处提供技术服务，进行技术指导和人员培训。培训的方式有两种，一种是受让方将自己的技术人员派往转让方处实习培训；一种是转让方派有关的技术人员到受让方处进行指导。

9. 保证和索赔：保证和索赔条款是指转让方承担的保证和对受让方的损失进行补救的处理办法。转让方承担的保证包括对技术资料的保证，对合同产品性能的保证和对技术服务、人员培训的保证。转让方保证自己的技术是有权转让并符合合同规定的技术，技术资料是完备、系统的。转让方承担对技术资料迟交以及对合同产品达不到性能指标的损害赔偿责任。如果第三方对其转让的技术提出侵权指控时，受让方遭受的损失由转让方承担赔偿责任。

10. 保密：保密条款主要是针对未申请专利但具有保密性的专有技术而言，应当规定保密措施、期限、泄密的责任等。保密措施一般规定技术资料的保存、使用、保密形式等。在保密期限上，通常长于合同的有效期。

除上述合同条款外，在签订国际技术转让合同时还应当注意合同有效期应与所涉及的技术有效期一致；明确合同有效期后的保密问题；注意合同内容的完整性和文字的准确性等等。

三、国际技术转让合同的法律适用

关于国际技术转让的国际法调整，长期以来缺乏统一的国际技术转让公约。20 世纪 70 年代，联合国大会第六届特别会议通过决议，要求制定一项符合发展中国家要求的技术转让国际行动守则。1975 年 9 月，联大第七届特别会议通过决议，正式授权联合国贸易和发展会议主持进行守则的起草。联合国守则谈判会议自 1978 年 10 月至 1985 年 6 月举行了多次会议，经过与会各国的努力，就《联合国国际技术转让行动守则（草案）》的大部分条文达成协议，但在一些重要问题上各国分歧严重，没能就最后文件达成一致。由于缺乏统一的国际实体规范，对于国际技术转让中的法律冲突，主要是通过各国的冲突规范，解决法律适用问题。

（一）意思自治原则

国际技术转让合同虽然具有自身的特点，但作为合同纠纷仍应适用依合同准据法原则所确定的法律来解决。世界上多数国家都主张国际技术转让合同首先应当适用当事人自主选择的法律。从形式上看，意思自治原则赋予了双方当事人选择合同准据法的平等权利和机会。然而，如果当事人交易地位悬殊，此项原则便可能导致实际上并不平等的结果，即交易力量弱的一方当事人常常不得不同意交易力量强大的一方当事人所选择的法律。实践中，技术输出国往往赞成该原则的适用，因为技术输出国的当事人在向他国当事人转让技术时，一般并不了解技术输入国的法律，在允许当事人自由选择适用法律的情况下，作为技术转让中地位较强的一方当事人，他们往往可以争取到选择自己国家的法律作为合同准据法。

当前，技术输出国的冲突规范一般允许当事人自由选择国际技术转让合同适用的法律，但技术引入国则常常采取种种措施对当事人的法律选择作出限制，主要表现在：规定技术引进国只能适用内国法，如墨西哥；要求当事人在合同中订立适用内国法的法律选择条款，如哥伦比亚；禁止技术转让合同选择外国法律，如阿根廷；对法律选择不作明文规定，但往往通过对技术转让合同的审查、批准程序来达到适用内国法的目的，如对选择适用外国法的国际技术转让合同不予批准。

（二）最密切联系原则

当事人未就国际技术转让合同的法律适用做出选择或者选择无效的情况下，世界上多数国家主张依照最密切联系原则来确定合同的准据法，大陆法系国家通常用特征性履行理论来确定国际技术转让合同的最密切联系地。具体操作上有三种意见：

1. 以技术转让方的行为为特征性履约行为，以转让方的住所地、惯常居所地或者营业所所在地作为最密切联系地。认为国际技术转让合同的基础在于转让方承担的提供技术的义务，受让方支付金钱的行为不能体现合同特征。

2. 以技术受让方的行为为特征性履约行为，最密切联系地被确定为受让方的住所地、惯常居所地或者营业所所在地。因为受让方除了承担支付使用费的义务外，还承担着保密等一系列复杂的合同义务，需要为技术的实际运用作许多准备和努力。同时，技术的利用是此类合同的关键，而作为合同标的的技术事实上处于技术引入国的控制之下，技术的利用地通常就是技术的保护国。因此，保护国法律是与合同有最密切联系的法律。

3. 根据合同的具体情况来确定合同的特征性履约方，如考虑转让的是技术的所有权还是使用权，转让的性质是独占许可还是普通许可，受让方的义务仅在于支付使用费还是承担其他合同义务等因素，根据不同情况分别确定最密切联系地。

四、我国关于国际技术转让合同法律适用的规定

我国关于国际技术转让合同的法律法规主要包括：2001 年《中华人民共和国技术进出口管理条例》、2009 年修订的《技术进出口合同登记管理办法》、《禁止进口限制进口技术管理办法》、《禁止出口限制出口技术管理办法》、2004 年修订的《对外贸易法》和 2007 年的《反垄断法》。

与国际技术转让合同的法律适用相关的冲突规范，我国《涉外民事关系法律适用法》第 49 条规定："当事人可以协议选择知识产权转让和许可使用适用的法律。当事人没有选择的，适用本法对合同的有关规定。"也就是说，知识产权转让和许可使用合同的法律适用，首先应依当事人的意思自治；当事人没有约定的，则应适用该法关于一般合同规定的法律适用规则，即该法第 41 条所规定的"适用履行义务最能体现该合同特征的一方当事人经常居所地法律或者其他与该合同有最密切联系的法律。"。

当事人的意思自治，原则上应以明示的方式做出。我国法律未就当事人选择适用法律的范围做出限制，因此，当事人可以就其国际技术转让合同选择适用中国法，也可以选择适用外国法，但这些法律应为现行实体法并不得规避我国法律、行政法规的强制性规定。

当事人未作选择时，需要确定与国际技术转让合同有最密切联系的法律，以往的司法实践将之直接认定为受让方所在国法。1987 年最高人民法院《关于适用〈涉外经济合同法〉若干问题的解答》即规定"技术转让合同，适用受让人营业所所在地的法律。"尽管该司法解释随着《合同法》的颁布而失效，但实务中我国通常仍以被许可国法律为最密切联系的法律。2011 年的《涉外民事关系法律适用法》不再规定单一的固定连接点，而是将更灵活的特征性履行引入立法，规定应"适用履行义务最能体现该合同特征的一方当事人经常居所地法律"。因此，应区别不同类型、特点的国际技术转让合同分别确定最密切联系地。例如，在转让技术所有权的合同中，最密切联系的法律通常为转让方的经常居所地法；而转让技术使用权的许可合同中，最密切联系的法律通常为技术保护国法律。当然，特征性履约方的经常居所地未必总是与合同有最密切联系的地域，《涉外民事关系法律适用法》允许法官不受此限，直接运用最密切联系原则去适用其他与合同有最密切联系的法律。

第二节　国际工程承包合同

国际工程承包具有悠久的历史。第二次世界大战结束后，特别是自20世纪70年代以来，国际工程承包市场十分活跃。我国自改革开放后，也先后成立了许多对外工程承包公司，同世界各国尤其是第三世界国家开展国际工程承包合作。

一、国际工程承包合同概述

（一）国际工程承包合同的概念

国际工程承包合同是指为建设水利设施、建筑物、港口、油田、矿山、公路、机场、铁路、桥梁等工程项目由一国的发包人（雇主）与另一国的承包人按照有关国家法律和国际惯例，经过平等协商确定双方的权利义务而签订的协议。简言之，就是指承包人承包发包人所委托的工程建设项目而签订的国际合同。这里的“国际”是指从一国的角度来看合同具有涉外因素，可能是雇主、承包人具有不同国籍，也可能是承包人承包的工程位于他国境内。

国际工程承包合同中承包人的主要义务是承担费用和风险，按时、按质、按量完成工程项目；发包人的主要义务是按约定提供完成工程建设项目所需要的必要条件，如提供工程地址或厂址、机器设备的进口许可证，以及按期验收完工工程，并按规定支付报酬等。发包人可把工程包给一个承包人或两个以上承包人承包；也可交由一个承包人总包，在取得发包人同意的条件下，将承包工程的一部或全部再分包或转包给其他工程承包公司。

（二）国际工程承包合同的特点

1. 标的的复杂性。国际工程承包合同的标的，是特定的某项工程建设项目，涉及勘察、设计、建筑、安装，以及提供技术、原材料、动力、机器、设备、人员培训、资金和劳务等众多方面。

2. 履行的长期性。一项特定的工程建设期一般都比较长，少则三五年，多则十余年甚至数十年，这就导致国际工程承包合同的履约期较长，不像一般的国际货物买卖合同短期内即可履行完毕。

3. 缔约的特殊性。国际工程承包合同通常通过招投标的方式订立。2000年1月1日起施行的《中华人民共和国招标投标法》第3条规定，大型基础设施、公用事业等关系社会公共利益、公众安全的项目，全部或者部分使用国有资金投资或者国家融资的项目，使用国际组织或者外国政府贷款、援助资金的项目的勘察、设计、施工、监理以及与工程建设有关的重要设备、材料等的采购，必须进行招标。此外，国际上如世界银行、亚洲开发银行、欧洲复兴开发银行、日本海外经济协会、科威特阿拉伯发展基金等，也都要求其提供贷款资助的工程项目以国际招投标的方式订立合同。

（三）国际工程承包合同的分类

1. 按照国际工程承包合同的当事人不同，主要分为两种：

（1）主包合同。这是由发包人与承包人直接签订的合同，包括就某一工程的勘察、设计、建设、维护等全部工作签订的总包合同，或者仅就一项工程分解而成的某一部分订立的分项承包合同。

(2) 分包合同。这是由主承包人（主包人）与分承包人（分包人）签订的合同。订立了总包合同的承包人，在取得发包人同意的条件下，可将承包工程的一部或者全部分包或转包给其他工程承包公司，利用其专长降低工程成本，提高经济效益。主包人与分包人签订分包合同或转包合同，分包人对主包人负责，而与发包人之间没有直接的合同关系。

2. 按照国际工程承包合同的形式和结构不同，主要分为两种：

(1) 以招标投标方式成交时，承包合同由“合同文件”构成。通常情况下，国际工程承包合同不是采取单一的合同方式，而是采取由一系列有关文件而构成承包合同，这些文件通常称为“合同文件”。

(2) 少数情况下，以委托协商方式成交时，则签订单一的承包合同。如系政府间委托，可以由两国政府签订协议，各自选定执行单位，由双方执行单位根据政府间协议签订工程实施合同；也可以由政府直接委托承包公司，协商谈判签订工程实施合同。

3. 按照国际工程承包合同的具体标的和承包人的合同义务不同，可以分为：

(1) 设计合同。此类合同的承包人负责进行工程的勘察设计并提供设计方案和施工图。

(2) 施工合同。此类合同的承包人按照发包人提供的设计方案和施工图进行工程施工。

(3) 监理合同。根据发包人的委托，此类合同规定工程监理人对工程的建设进度、施工质量、建设资金的使用等进行监督，使之符合承包合同及法律法规的要求。

(4) 设备供应安装合同。此类合同的承包人根据工程的进度提供工程所需要的设备并且负责其所提供的设备的安装调试工程。

4. 按照计价方式不同，可以分为：

(1) “固定包干价”合同，又称“总价合同”。针对技术不太复杂、工程量相对较小、工期不长的工程，一般规定整个工程的“固定包干价”(或称总包价)，不论承包的风险和利润的多寡，发包人支付的合同价款就是双方商定的那个固定的数额。

(2) “固定单价”合同，又称“单价合同”。此类合同的价款以工程量为基础计算，通常合同中会给出一个“固定单价”，而以这个合同单价乘以实际的工程量得出整个工程的总价。此类合同主要适用于工程量不十分确定或工程量出入较大的工程，如开挖土石方工程、基础打桩工程等。

(3) “成本加酬金价”合同，又称“成本补偿合同”。此类合同的发包人支付的合同价款为“成本加酬金价”，既包括承包人实际支出的成本又包括双方事先约定的酬金，如管理费和利润。

二、国际工程承包合同的主要形式和内容

国际工程承包合同的内容，涉及面比较广，合同履约期又长，从工程开始到完工转交的长期合作过程中，往往由于物价变动、增加额外支付费用、延期完工或迟延支付报酬等，影响双方当事人利益。因此，国际工程承包合同不仅文件众多，而且内容篇幅一般较长。这反映在国际工程承包合同的构成形式即“合同文件”，以及规范各方当事人

之间法律关系的内容即“合同条件”上。

（一）国际工程承包合同的“合同文件”

通常情况下，国际工程承包合同以招标投标方式订立，其合同由“合同文件”构成。“合同文件”包括投标须知、合同条件、投标文件、接受投标的函件（中标通知）、图纸、技术规范或标准、工程量及价格表、合同协议书，以及从工程发包到最后签署协议期间经双方确认的表达共同意思的各项文件。各个合同文件均对双方当事人具有约束力。其中主要的是：

1. 投标须知。即投标指南，是雇主或雇主委托的人制定的规定招标和投标要求有关事项的招标文件，如规定招标的方式、项目施工招标条件、关于招投标时间的规定、招标文件的组成、投标注意事项等。一旦招标结束达成协议，即成为承包合同文件的重要组成部分。

2. 合同条件。规定雇主、监理工程师、承包公司三者之间法律关系的主要文件，是国际工程承包合同的基本条款。

3. 投标文件。投标文件一般要求投标人严格按照招标文件的投标须知的要求编制，对招标文件提出的实质性要求和条件做出响应，投标文件对招标文件未提出异议的条款，一般视为接受和同意。投标文件主要包括：投标书、投标承诺函、投标报价表、投标方案及详细介绍、工程质量技术标准和质量负责的条件和期限、投标人的资信证明（如资格证书，企业法人营业执照，生产、经营许可证件以及有关机构的鉴定材料）和招标文件要求的其他资料。中标人的投标文件是“合同文件”的重要组成部分。

4. 中标通知。中标通知书或中标函是向中标的投标人发出的告知其中标的书面通知文件。中标人确定后，招标人应迅速（如有的国家和地区规定为10日内）向中标人发出中标通知书，并同时将中标结果通知所有未中标的投标人。中标通知书对招标人和中标人均具有法律效力。中标通知发出后，招标人改变中标结果变更中标人，或者中标人放弃中标项目的，属于违约行为，应当依法承担法律责任。

5. 合同协议书。投标人中标后，同发包人签订的合同，其内容和格式一般由雇主拟定，可商洽修改。合同协议书的签订是正式订立工程承包合同的标志。

（二）国际工程承包合同的“合同条件”

“合同文件”中的“合同条件”是规定发包人、监理工程师、承包公司三者之间法律关系的主要文件，是合同的基本条款，通常又分为一般条件和特殊条件。一般条件又称为通用条件或总条件，是一般工程项目承包合同的基本条款，由发包人单方面拟定，承包人投标时作为报价的条件之一，签订合同时不必另行起草。特殊条件是适用具体工程需要的，在一般条件的基础上对部分条款所作的增删和修改。

国际工程承包合同常见的“合同条件”主要有三种：

1. 美国“AIA系列合同条件”。AIA是美国建筑师学会（The American Institute of Architects）的简称。该学会作为建筑师的专业社团已经有150多年的历史，现有56000多名成员遍布美国及世界各地。AIA出版的系列合同文件在美国建筑业及国际工程承包界，特别是在美洲区域具有较高的权威性，应用广泛。

AIA针对不同的工程项目管理模式及不同的合同类型，出版了多种形式的合同条款。AIA系列合同文件分为A、B、C、D、G等系列，其中A系列适用于业主与承包商的标准合同文件，不仅包括合同条件，还包括承包商资格申报表，保证标准格式，其中A201《施工合同通用条件》（General Conditions of the Contract for Construction）是系列合同文件的核心，即承包合同的通用条款，也是“一般条件”，规定了业主、承包商及建筑商之间的权利、义务及关系；B系列主要用于业主与建筑师之间的标准合同文件，其中包括专门用于建筑设计、室内装修工程等特定情况的标准合同文件；C系列主要用于建筑师与专业咨询机构之间的标准合同文件；D系列是建筑师行业内部使用的文件；G系列是建筑师企业及项目管理中使用的文件。1997年版的A201《工程承包合同通用条款》共计14章83条，主要内容包括：一般条款、业主、承包商、合同的管理、分包商、业主与独立承包商负责的施工、工程变更、期限、付款与完工、人员与财产的保护、保险与保函、工程的剥露及其修正、混合条款、合同的终止或停工。

2. 英国“ICE合同条件”和“NEC合同条件”。英国在工程承包方面，有较长的历史和完善的制度，对国际工程承包和许多国家的建筑业有较大影响。具有近200年历史的英国土木工程师学会（The Institution of Civil Engineer，简称ICE）是世界公认的学术中心、资质评定组织及专业代表机构，拥有来自世界150多个国家和地区的会员8万多人。ICE在土木工程建设合同方面具有高度的权威性，其编制的“ICE合同条件”在土木工程中具有广泛的应用，自1945年首版之后又于1950年、1951年、1955年、1973年、1991年和1999年出版了其第2－7版。而NEC（New Engineering Contract，新工程合同）合同条件则是ICE于1993年出台的工程合同范本，最新版为2005年第3版。目前，NEC已成为英国工程界运用最为广泛的合同范本之一，得到了伦敦2012年奥委会的认可。

3. “FIDIC合同条件”。目前，在国际工程承包业务中影响最大的、最常使用的是《FIDIC合同条件》，它是国际咨询工程师联合会（简称FIDIC）、国际顾问工程师联合会和欧洲国际建筑工程委员会在英国ICE合同条件基础上编写，由于其公正性和科学性，被许多国家政府和国际金融组织如世界银行、亚洲开发银行等认可，被称为国际通用合同条件。

三、“FIDIC合同条件”

（一）FIDIC概述

FIDIC是“国际咨询工程师联合会”法文名称 Fédération Internationale Des Ingénieurs－Conseils 的前五个字母，其英文名称是 the International Federation of Consulting Engineers。FIDIC于1913年在首届咨询工程师和专家工程师国际大会期间由瑞士、法国、比利时3国独立的咨询工程师协会在比利时根特成立，总部设在瑞士日内瓦，按区域分为亚洲及太平洋地区成员协会（ASPAC）和非洲成员协会集团（GAMA）。目前，FIDIC已发展到世界各地97个国家和地区，成为世界权威的工程师组织。

FIDIC成立100多年来，对国际上实施工程建设项目，以及促进国际经济技术合作的发展起到了重要作用。FIDIC下设许多专业委员会，各专业委员会（尤其是FIDIC合同委员会）编制了用于国际工程承包合同的许多规范性文件，被FIDIC成员国的雇主、工程师和承包商广泛采用，构成了FIDIC合同条件体系。1998年以前，FIDIC出版的主要合同条件有："红皮书"《土木工程施工合同条件》(Conditions of Contract for Work of Civil Engineering Construction)、"黄皮书"《电气和机械工程合同条件》(Conditions of Contract for Electrical and Mechanical Works)、"白皮书"《业主与咨询工程师标准服务协议书》(Client/Consultant Model Services Agreement)、"橘皮书"《设计—建造与交钥匙工程合同条件》(Conditions of Contract for Design－Build and Turnkey)。1999年FIDIC出版了四本全新的标准合同条件："新红皮书"《施工合同条件》(Conditions of Contract for Construction)；"新黄皮书"《生产设备与设计—建造合同条件》(Conditions of Contract for Plant and Design－Build)；"银皮书"《EPC交钥匙项目合同条件》(Conditions of Contract for EPC/ Turnkey Projects)，以及适用于小规模项目的"绿皮书"《简明合同格式》(Short Form of Contract)，这些合同条件已发展成为国际公认的标准范本。

（二）FIDIC红皮书及1999年新红皮书

在FIDIC合同条件体系中，关于土木工程施工合同条件使用较多的有2个版本：一是被誉为"土木工程合同圣经"的《土木工程施工合同条件》及其修订版。《土木工程施工合同条件》又被称为FIDIC红皮书，适用于工业与民用建筑、水利水电、铁路、公路交通等各类工程施工承包活动。为适应国际工程承包业和国际经济的不断发展，FIDIC对其进行了大致每十年一次的修改和调整。第一版制定于1957年，随后于1963年、1977、1987分别出了第二、三、四版，1988、1992年又2次对第四版进行了修订。二是1999年版的《施工合同条件》(新红皮书)，新红皮书与原红皮书相对应，但无论在编排格式还是内容上都作了较大调整，且其名称改变后合同的适用范围扩大到房建、土木、电力、机械等各类工程。下面对这两个版本作简要介绍。

1. 1987年版《土木工程施工合同条件》及其修订（红皮书）

《土木工程施工合同条件》国际上通用的是1987年第四版的修订重印本，共72条185款，详细规定了在合同履行过程中遇到诸如场地、材料、设备、开工、停工、延误、变更、索赔、风险、质量、支付、违约、争议、仲裁等各种问题时，合同双方的权利义务以及工程师处理问题的职责和权限。

FIDIC《土木工程施工合同条件》与我国国内工程施工合同明显不同的特点是：合同强调工程师（在我国称监理工程师）的作用。合同涉及雇主、承包商和工程师三方，雇主与承包商之间签订施工合同，工程师受雇主委托，根据合同条件监督承包商在承包项目上的活动，对工程质量、进度和拨款实行控制。三方之间的关系如下：雇主对重要事项作出决定，如决定中标单位、履约担保和保险、合同分包与转让、支付预付款、移交工地、终止合同等；施工过程中的具体事务，由工程师决定和处理；但涉及合同调价、工程变更、延期、索赔等重要事项，则应在决定之前与雇主协商。工程师有权决定根据合同发生的额外付款，雇主授予工程师影响工程范围、费用、工期等事项的权限，可通过FIDIC合同条件专用条款来确定。工程师应承担的管理责任和相关责任，由雇主与工程师之间签订的委托监理服务合同规定。承包商必须接受和服从工程师的指示；如对工程师的决定或指示不满意，可以提出索赔、仲裁或诉讼。工程移交给雇主接收之前，由承包商负责保护和保管。如果雇主违约，承包商可以降低施工速度或中止施工，或提出索赔。现以红皮书为例，介绍国际工程承包合同的主要内容：

（1）定义。把其他条款所使用的专有名词或术语加以解释和说明，以便确定这些专有名词的含义。这些术语一般包括诸如雇主、承包人、工程师、工程、合同、合同价格、施工机械、临时工程、永久工程、技术规范、图纸、现场、认可等。

（2）工程师及工程师代表的职责和权利。在一般的国际工程承包业务中，发包人往往雇佣工程师，代表自己处理有关工程项目的日常事务，主要是监督工程项目的实施。工程师代表一般由发包人指定或由工程师指定，其责任是视察和监督工程的实施，检验与工程实施有关的材料及质量。工程师代表在授权的范围内对工程师负责。涉外工程承包合同中的工程师及工程师代表条款就是规定二者职责的条款。

（3）转包和分包。一般规定，未经雇主的书面同意，承包人不得将合同的全部或部分转包或分包给他人，或者将任何合同权利或利益转让他人。经雇主或者监理工程师同意，承包人虽可将部分工程分包给其他承包人，但仍应就整个工程对雇主负责。

（4）承包人的义务。承包人的一般义务主要有：根据合同各项规定以应有的细心和努力进行工程项目的建设和维修；提供及监督施工所需工人，阻止其雇佣人员非法扰乱或妨害当地治安的行为；提供工程项目建设所需的一切材料及设备，材料及设备应符合合同质量标准；采取合理的预防措施，防止其工人或其他人员破坏在工程现场发现的文物或遗迹；执行工程师及工程师代表所作的有关工程项目建设的指示和指导；承包人必须遵守有关国家或地区的法律、法规及规章，并负责缴纳任何政府因施工而征收的费用等。

（5）中止施工。工程师做出停工指示，承包商应停止施工。在停工期间，承包商要妥善地对工程做出必要的保护。工程师应在和雇主及承包商商议后给承包商延长工期，增加费用。

（6）开工及延误。合同中应明确规定工程的开工和竣工的时间。主要规定承包人应准时开工并按时竣工的责任、对工程进度延误的处理方法以及颁发完工证书的程序。承包人在接到工程师有关开工的书面命令后，应在投标书指定的期限内，在现场开始工程的建造，不得延迟。工程项目应在投标书指定的时间内全部竣工。如果承包人未能按期竣工，应向雇主支付违约金。

（7）工程变更。工程师对工程或其任何部分的形式、质量或数量可以进行他认为必要的变更，而承包商要按其指示进行施工。

（8）违约及补救。违约及补救条款是合同中规定发包人或承包人未按合同规定履行各自的义务时，对方如何追究其责任并要求补偿等问题的条款。按照FIDIC合同，发包人在承包人违约时，可以采取把承包人驱逐出现场，请其他承包人继续完成工程项目的补救方法，同时要求承包人赔偿因其违约给发包人造成的损失。承包人在发包人违约时，有权解除合同并要求发包人赔偿因合同解除给承包人造成的损失。

（9）特殊风险。特殊风险是指战争、暴乱、政变、内战以及弹药爆炸等情况，但承包人、转包人的雇员中发生骚乱的除外。承包人对于因特殊风险对工程、发包人或第三人造成的人身或财物损害不承担任何责任。如果特殊风险对承包人运往现场的材料和设备造成损失或引起额外费用，则应在监理工程师证明后，由发包人给予补偿。

（10）税金。涉外工程合同涉及的税种有合同税、所得税、社会福利税、社会保险税、养路及车辆执照税、地方政府特种税以及关税和进口税。由于涉外工程承包合同税金条款无统一规定，因而在订立合同时，应就纳税的范围、内容、税率和计算方式等作出明确规定。

（11）争端解决。按照 FIDIC 合同，发包人和承包人在合同履行过程中因实施工程项目建设等发生争议时，首先应提交工程师解决。工程师在接到申诉书之后的 84 天内将他的决定通知雇主和承包商。争议发生期间，承包商应继续施工。如果发包人或承包人对工程师的解决不满意，或工程师在接到申诉书之后的 84 天之内未做出决定，可以提交仲裁，仲裁的裁决为终局裁决。如果在规定的期限内，发包人、承包人均未提交仲裁，那么工程师的决定即为终局决定。

2. 1999 年版《施工合同条件》（新红皮书）

1999 年 FIDIC 发布了新版《施工合同条件》（新红皮书），共 20 条 163 款。包括：一般性规定；业主；工程师；承包商；指定分包商；人员与劳工；工程设备、材料与工艺；开工、延误与暂停；竣工检验；业主的接收；缺陷责任；计量与股价；变更与调整；合同价格与支付；业主终止合同；承包商暂停与终止合同；风险与责任；保险；不可抗力；索赔、争端与仲裁。

现就新旧红皮书关于各方当事人权利义务和风险分配的主要不同进行介绍。

（1）业主方面：新红皮书在业主义务的规定中增加了业主的“资金安排”和“付款计划表”，在专用条件中增加了业主支付保函的范例条款，在付款种类及支付时间上也进行了详细规定，有利于承包商在付款方面防范资金风险；在雇佣监理工程师方面，进一步限制了业主的权利和随意性，如撤掉监理工程师时必须得到承包商的同意；在业主违约方面，增加了具体的业主违约条款，此时承包商可以解除合同；此外，业主应对基准点、线、标高的错误负责，而不再像“红皮书”规定的由承包商负责等。

（2）承包商方面：新红皮书对承包商的义务进行了补充、修改和细化，在工程的质量、进度、效率、费用等方面提出了更高的要求。例如，在质量控制方面通过建立质量保证体系与加强对工程的检验进行保证；在进度控制方面，增加了承包商的月进度报告制度；同时还增加了安全程序要求，进一步强调承包商必须加强环境保护等。

（3）工程师方面：新红皮书首次明示规定，工程师及其助手必须是“合格的”专业人员，对其资格提出了更明确的要求，对工程师的职权也作了更为严格的规定。如对工程师的行为公正进行了细化；工程师的口头指示确认期限由“红皮书”的 7 天变为 2 天；对承包商进度计划的审批期限明确规定为 21 天；对承包商的索赔报告必须在一定期限作出回应等。同时，弱化了工程师“独立第三者”的作用，由“争端裁决委员会”（Dispute Adjudication Board，简称 DAB）取代了工程师准仲裁者的地位。

（三）中国与 FIDIC

改革开放以后，我国一些大型国际工程采用 FIDIC 条款进行管理，如鲁布革引水系统工程和世界银行贷款项目京津唐高速公路采用 FIDIC 条款第三版，二滩水电站采用 FIDIC 条款第四版，黄河小浪底水利枢纽工程部分利用了世界银行贷款也采用了 FIDIC“红皮书”。这些项目在建设周期、工程质量和投资控制等方面获得较好效果。如二滩水电站由于采用 FIDIC 条款节省建设资金 5. 5 亿元人民币。

中国于 1996 年正式加入国际咨询工程师联合会。目前，我国建设工程项目管理已全面推行招投标制、项目管理制、项目法人责任制和建设监理制。2005 年 5 月，国际咨询工程师联合会第一次在中国召开年会。为了进一步更好地应用和实施 FIDIC 合同条件，提升国内工程项目在国际市场的竞争力，建设部政策研究中心多次举办建设工程项目管理与风险防范暨菲迪克（FIDIC）合同条件实战型应用研讨会。中国加入世界贸易组织（WTO）以后，国际经济技术合作日益密切，必将在国内外工程市场上带来更加严峻的国际竞争和挑战。因此，建设工程项目更应积极借鉴和采用 FIDIC 合同条件体系，逐步实现承包合同规范化、标准化、制度化，与国际接轨，以获取更大的经济效益和社会效益。

四、中国关于国际工程承包合同法律适用的规定

对于国际工程承包合同的法律适用，国际上普遍的做法是采用当事人的意思自治原则，由当事人协议选择所适用的法律。在当事人没有选择时，根据最密切联系原则适用工程实施所在国的法律。

根据我国《民法通则》第 145 条、《合同法》第 126 条及《涉外民事关系法律适用法》第 41 条的规定，国际工程承包合同应首先适用当事人协议选择的法律；当事人没有选择的，适用与合同有最密切联系的国家的法律。在确定最密切联系地时，《涉外民事关系法律适用法》进一步规定应“适用履行义务最能体现该合同特征的一方当事人经常居所地法律或者其他与该合同有最密切联系的法律。”根据 2007 年最高人民法院《关于审理涉外民事或商事合同纠纷案件法律适用若干问题的规定》第 5 条的规定，人民法院根据特征性履行理论确定建设工程合同的法律适用时，通常适用建设工程所在地法；除非合同明显地与另一个国家或地区的法律具有更密切的联系，则应以另一国家或者地区的法律作为处理合同争议的依据。

第三节　涉外消费者合同

一、涉外消费者合同概述

（一）消费者合同的概念与特征

随着国际经济往来的增多和自然人跨国流动的加大，国际消费已经成为一种极为普遍的现象。国际消费主要通过当事人之间订立合同的方式进行，这种合同的一方当事人为消费者，因此被称为消费者合同。由于对“消费者”的理解不尽一致，各国法律和相关国际公约对“消费者合同”的界定也存在差异，主要表现为三种做法：

1. 将其限定为一方当事人只能是作为消费者的自然人。如 2001 年《俄罗斯联邦民法典》第 1212 条将消费者合同定义为“合同的一方是为了个人、家庭以及与从事经营活动无关的其他需求而使用、取得或订购，或有意使用、取得或订购动产物的自然人”。1987 年《瑞士联邦国际私法》第 120 条第 1 款、国际标准化组织（ISO）消费者政策委员会也持同样的观点。

2. 作为一方当事人的消费者既可以是自然人，也包括法人。如 1984 年西班牙《消费者和使用者利益保护法》规定，个人和法人都可以是消费者和使用者。1980 年海牙国际私法会议第 14 次大会采纳的《有关消费者买卖法律适用公约（草案）》，根据其备

忘录的解释也持这种观点。

3. 授权法官根据当事人习惯居所地所在国的法律来识别消费者合同。如 1978 年《奥地利联邦国际私法法规》第 41 条并未对消费者合同进行定义，仅规定消费者合同是“一方当事人由他有习惯居所的国家的法律将他作为消费者而给予保护的契约”。

消费者合同一般具有以下三个特征：

1. 合同的主体特征。即当事人的一方是进行非职业性购买的消费者，而另一方则是与之相对从事商业行为的经营者，纯粹个人间的合同不属于消费者合同。需要说明的是，国内一些学者称其为“消费合同”。我们认为，消费的概念较为宽泛，包括企业的生产消费、个人的生活消费等。而“消费者合同（consumer contract）”的表达更为准确和易于理解，国外立法也多使用这一概念。

2. 合同的内容特征。随着消费者保护政策的发展，其内容也不断充实，几乎包含了所有以消费者为一方当事人的合同。既包括传统的货物买卖，也包括服务消费甚至信贷消费。如 1986 年《德国民法施行法》第 29 条第 1 款所规定的消费合同，是“在不以买主的职业和行业活动为目的的动产交易或劳务合同以及为这类交易供给资金的合同。”

3. 合同的目的特征。即消费者购买商品、接受服务或者使用贷款的目的是为了个人、家庭或与经营活动无关的其他需求。

（二）涉外消费者合同的概念

国际私法上的消费者合同即涉外消费者合同，指消费者和经营者订立的含有涉外因素的，为满足个人、家庭使用目的而进行的提供货物或服务的合同。由于经济力量和信息等的不对称，当事人中消费者一方的弱势地位突出，这是涉外消费者合同相较于其他类型国际合同的明显特征。

基于消费者合同本身的特殊性，在 20 世纪 60 年代兴起的“消费者保护”运动中，各国通过制定“消费者保护法”等国内实体法，以法律手段为弱方当事人提供最低限度的保护。经济的发展、市场的开放、特别是网络的出现，为消费者进行跨国消费提供了更多机会，同时其弱势地位也愈加突出。消费者面对结构、功能、成分复杂的各类商品，在原本信息来源就受制于经营者的劣势下，又因为各国法律、语言、文化等因素的差异，加剧了这种信息分布的不均衡。对消费者的保护如果仅停留在国内实体法的层面，处于明显下风的消费者对合同的法律适用没有对等的话语权，而对方当事人则可利用其主导地位，选择适用对消费者保护程度较低的国家的法律。因此，对涉外消费者的立法保护必须从国内实体法延伸到国际私法层面。

二、涉外消费者合同的法律适用

在国际私法领域，保护消费者运动发端于欧洲。1980 年，冯梅伦教授在向海牙国际私法会议第 14 次大会提交的《有关消费者买卖法律适用公约（草案）》报告中，首次提出区别普通商业合同和消费者合同的适用规则，并提出对消费者适用特别的保护性冲突规范。同年，欧共体《合同义务法律适用公约》（“1980 年罗马公约”）第 5 条规定：消费者合同适用消费者经常居所地法；当事人可以协议选择其他法律，但这种选择不得剥夺消费者经常住所地法的强制规定所赋予消费者的保护。该公约确立了“有利于消费者保护原则”，是首个采用保护性冲突规则保护消费者的立法。之后，许多国家和国际公约对涉外消费者合同的法律适用制定了专门的、特殊的规定。2009 年 12 月 17 日开始适用的欧盟《合同义务法律适用的 593/2008 条例》（罗马条例Ⅰ）延续了“1980 年罗马公约”的原则。此外，美洲国家近年来对消费者保护的国际私法立法体现出极高的热情，巴西政府提交的《美洲国家跨境消费者合同的法律适用公约（草案）》若获通过，将是世界上首部规定消费者合同法律适用的专门性冲突法公约。在各国国内法层面，瑞士、德国、日本、韩国、乌克兰、奥地利、意大利等国相继出台对消费者合同的保护性冲突规则。

国际私法对涉外消费者合同的特别规定，并非建立在对一般合同之债法律适用原则的否定之上。它仍以意思自治和最密切联系原则为基础，考虑消费者合同的自身特点，对处于弱势地位的消费者利益予以特殊保护，主要体现在两个方面：一是对当事人意思自治的限制；二是在当事人未作选择时有关法律适用的规定。

（一）意思自治原则的限制

意思自治作为合同关系法律适用的首要原则，建立在当事人独立平等的基础之上，体现为社会成员依据自己的理性判断和自由意志，决定合同关系的法律适用。如前所述，消费关系中双方地位存在明显悬殊，实践中这一原则蜕变为由经营者单方面选择对自己有利的法律，而消费者要么一无所知要么无奈接受。因此，许多国家和国际公约对该原则进行了必要限制甚至完全排除。例如，英国《不公平合同条款法》第 27 条第 2 款 b 项规定，只要消费者在联合王国惯常居住并且订立合同的主要步骤是在联合王国进行的，而不论是通过当事人本人还是他的代理人，一律适用该法的强制性规则。《瑞士联邦国际私法》对消费者合同的意思自治也完全排除，明确规定“法律的选择被排除在外”而适用消费者惯常居所地法。

更多的国家则是通过对意思自治进行必要限制来实现对消费者利益的保护。其中，强制性规则的适用是近来合同冲突法中经常使用的一种方式。与授予当事人无限的选择自由相对，强制性规则的适用要求当事人自主选择的法律不能违反强制性规则的规定。第二次世界大战后，许多国家都制定了关于消费者保护的强制性规则，当事人选择的法律将在这些强制性规则以外保持效力。需要指出，一般涉外合同中，强制性规则的优先适用一般针对的是本国或者国际条约中的有关规定，对案件涉及的外国强制性规则应否适用，多数国家并无明确规定。而涉外消费者合同中，许多国家都将消费者惯常居所地国的强制性规则作为消费者保护的底线。如《俄罗斯联邦民法典》第 1212 条、韩国 2001 年修订的《国际私法》第 27 条、日本 2006 年《法律适用通则法》第 11 条、2005 年《乌克兰国际私法》第 45 条等。一方面，它能在很大程度上避免经营者利用其优势，选择对消费者不利的准据法，保障消费者惯常居所地法律对消费者的保护。另一方面，消费者惯常居所地法并不总能对消费者提供最有利的保护，特别是对于一些来自发展中国家的消费者来说，其惯常居所地国的消费者立法并不完善，相应的保护程度也较低。因此，允许当事人选择适用其他国家的法律作为准据法，只要这种选择不剥夺消费者惯常居所地的强制性规定所提供的保护，换言之，以消费者惯常居所地国的强制性规则作为消费者保护的底线。

在适用消费者惯常居所地国的强制性规则时需注意，多数国家和国际公约都规定了适用这些强制性规定的条件。如 2001 年《俄罗斯联邦民法典》第 1212 条将适用消费者住所地的强制性规则限定为三种情形："（1）合同是因为在该国向消费者发出要约或者广告而订立，并且消费者是在该同一国家实施了为缔结合同所必需的行为；（2）要约人或其代理人在该国收到消费者的订购；（3）消费者订购动产物、劳务和服务的行为系在另一国家所为，但访问该国是要约人为促使消费者订立合同而提议的。"设定这些条件的原因主要在于，法律基于消费者的弱势地位在给予其特别保护的同时，应在当事人之间达成平衡。由于消费者可能散居各处，若毫无限制的在任何情况下都适用消费者惯常居所地的强制性规则，就容易破坏当事人尤其是经营者的合理期待，造成另一种法律适用上的不公平。因此，德国、韩国、乌克兰等国的国际私法都将消费者合同与消费者住所或惯常居所地存在联系作为适用这些地域强制性规则的条件。

（二）当事人未作选择时的法律适用

在一般涉外合同领域，如果当事人缺乏有效的法律选择，国际私法的理论和实践一般主张适用最密切联系原则。大陆法系国家多通过特征性履行方法将最密切联系原则具体化，即适用特征性履约方的住所地法、惯常居所地法或营业所所在地法。而对于涉外消费者合同，消费者通常履行的是金钱给付义务，经营者履行的才是体现合同特征的义务。这样，依据特征性履行方法确定的准据法通常是经营者非常熟悉的自己的营业地所在国的法律。这对处于弱势地位的消费者十分不利，消费者的利益往往得不到很好的保护。

为了保护消费者利益，在涉外消费者合同的当事人未作有效法律选择时，许多国家的国际私法做出了特殊规定，即只要消费者合同与消费者惯常居所地存在一定联系，就适用消费者惯常居所地法律。如 1986 年德国《民法典施行法》第 29 条第 2 款规定：对于消费者合同，如果当事人没有做出法律选择，则适用消费者惯常居所地法律，只要合同是在以下情况下成立的：（1）合同的缔结是基于发生在该国的明示要约或广告，并且消费者在该国实施了缔结合同所必需的法律行为；（2）要约人或其代理人是在该国接受消费者的订购；（3）合同涉及的是货物销售，消费者是在另一国家提出他的订货，但访问该国是销售方为促使消费者订立合同而提议安排的。《俄罗斯联邦民法典》第 1212 条、《立陶宛民法典》第 1. 39 条等都有类似规定。

这种规定将一般合同领域的"最密切"联系原则修正为"适度"联系原则，力求在存在地位悬殊的消费者和经营者之间形成平衡。一方面，规定适用消费者比较熟悉的其惯常居所地法，弥补消费者在涉外消费者合同中的弱势地位；另一方面，这种保护的目的并非使消费者成为强势方，而是达成二者之间的平衡。因此，要求消费者合同与消费者惯常居所地存在适度联系，即缔约过程中一些活动或行为必须发生于消费者的惯常居所地国，以维护经营者正当期望的利益。

三、中国关于消费者合同法律适用的规定

在 2011 年 4 月 1 日《涉外民事关系法律适用法》实施之前，我国没有专门针对涉外消费者合同的冲突规范，主要是依据《民法通则》第 145 条以及《合同法》第 126 条的规定，按照一般合同来处理。即对于消费者合同首先适用当事人选择的法律；当事人没有选择法律的，适用与消费者合同有最密切联系的法律。这种规定没有考虑消费者合同的特殊性，缺乏对当事人意思自治的必要限制；在适用最密切联系地法律时也忽略了

对消费者的保护。在2007年最高法院《关于审理涉外民事和商事合同纠纷案件法律适用若干问题的规定》中，以特征性履行方法为买卖合同、借款合同、保险合同等17种合同确定应适用的法律，这当中并不包括消费者合同。因此，实践中法院对于何为与消费者合同有最密切联系的国家仍有不同认识。更为尴尬的是，由于缺乏以保护消费者为结果导向的规则，法院最终所确定的与合同有“最密切”联系的法律，可能是消费者合同所有连接因素所指向的法律中消费者保护程度最低的法律，从而做出不利于消费者保护的判决。

《涉外民事关系法律适用法》出台以后，该法第42条成为当前我国关于涉外消费者合同法律适用的主要依据。它规定：“消费者合同，适用消费者经常居所地法律；消费者选择适用商品、服务提供地法律或者经营者在消费者经常居所地没有从事相关经营活动的，适用商品、服务提供地法律。”与目前国际上越来越多的国家为消费者合同制定专门冲突规范的做法一致，我国涉外民事关系《法律适用法》将消费者合同从一般的民商事合同中抽离出来，为其规定了单独的法律适用方法。第一，对于涉外消费者合同，规定了消费者单方的有限意思自治，即消费者选择适用商品、服务提供地法的，则适用商品、服务提供地法律；第二，消费者未选择法律适用的，适用消费者经常居所地法律，但经营者未在该地从事相关经营活动的，则适用商品、服务提供地法律。

与其他国家的立法相比，《涉外民事关系法律适用法》在以下三方面规定不同：第一，对当事人意思自治的限制更为严格，规定为消费者单方面有限的意思自治。经营者没有选择法律的权利，它必须服从消费者做出的有效法律选择；而可供消费者选择的法律，只限于商品、服务提供地国法。第二，当事人未选择法律时适用消费者经常居所地法，但没有将之设定在“适度”联系的基础之上。为平衡消费者和经营者的利益，《涉外民事关系法律适用法》没有从正面规定合同必须与消费者经常居所地之间存在特定联系或情形，而是从反面做了排除规定，经营者在消费者经常居所地没有从事相关经营活动的，则不适用消费者经常居所地法而适用商品、服务提供地法。第三，没有规定“最低标准原则”，即没有将消费者惯常居所地国的强制性规则规定为消费者保护的底线。《涉外民事关系法律适用法》虽然赋予消费者在其经常居所地法和商品服务提供地法之间选择最有利于保护自己的法律，而这两种法律的识别和判断对于个人消费者而言极具难度，很难做出理性经济的选择。

第四节　国际劳动合同

一、概述

（一）劳动合同的概念

劳动合同也称雇佣合同，是劳动者与用人单位（雇主）之间确立劳动关系，明确双方权利义务的合同。从本质上讲，劳动合同是一种民事合同关系，由双方当事人按平等协商的原则建立，双方均有平等的相互选择的权利。但在劳动过程中，劳动关系一经建立，劳动者就将劳动力的支配权交给用人单位，从而服从用人单位的规章制度；用人单位负责在劳动过程中对劳动者进行指挥和管理。因此，在劳动合同中，劳动者相对处于被动、弱势地位，用人单位完全可能利用自己的有利地位规避劳动关系中出现的问题。

基于劳动关系的特殊属性，各国立法往往就劳动者的最低工资、工作时间和假日、工作条件、解雇、社会保险和劳动争议等问题作出专门规定，劳动合同中涉及上述事项的约定应受这些专门立法的调整，换言之，这些特别规定直接关系到劳动合同的成立、效力与履行。例如，1900 年《德国民法典》第 611 条只是把劳动合同视作纯粹的给付交换关系，但 2001 年对民法典第 611 至 630 条进行了修订，要求对一般劳动条件进行监督。此外还颁布了工资给付法、工作时间法、休假法、解雇保护法等一系列特别法进一步规范劳动关系。

（二）国际劳动合同的概念

国际劳动合同是指具有涉外因素的劳动合同。根据涉外民事关系的传统理论，只要法律关系在主体、客体和内容三要素中，任一要素与外国发生联系即为涉外法律关系。就劳动合同而言，如果劳动者具有外国国籍或者用人单位为外国企业，或者劳动者的经常居所地、用人单位的主营业地位于国外；或者劳动合同的缔结、履行、变更、解除等法律事实发生在国外，均构成国际劳动合同。当今日益细化的社会分工及日益增多的跨国境劳动合作，使国际劳动关系的发生成为一种普遍现象。由于各国劳动法律制度存在很大差别并将继续存在下去，国际劳动合同领域法律冲突的发生难以避免，劳动合同的法律适用问题显得更加突出和重要。

二、国际劳动合同的法律适用

由于劳动法的社会性和劳动合同的特殊性，决定了国际劳动合同的法律适用具有不同于一般合同的特征，体现出较其他领域更多的复杂性。

（一）意思自治原则的适用问题

作为民事合同的一种，当今绝大多数的立法和实践均允许当事人选择适用于劳动合同的法律，但劳动合同又具有不同于一般合同的法律特征，各国普遍强调对劳动者（弱者）权益的保护，导致意思自治原则在国际劳动合同中的适用受到更多更复杂的限制，强制性规范的适用具有突出地位。

1. 意思自治原则的限制适用

意思自治原则是合同领域首要的法律适用原则，这已为各国普遍接受。由于劳动关系中劳动者居于弱势地位，各国立法倾向于对劳动合同的法律适用作出特别规定，用以限制用人单位滥用意思自治，这种限制主要表现在两个方面：

（1）对当事人选择法律的范围作出限制。例如，根据 1987 年《瑞士联邦国际私法法规》第 121 条第 3 款的规定，劳动合同当事人可通过意思自治来选择合同准据法，但当事人只能在劳动者惯常居所地国家的法律与雇主营业所或住所或惯常居所所在地国家的法律之间进行选择。

（2）当事人选择的法律不能排除强制性规定对劳动者提供的保护。例如，2008 年欧盟《关于合同之债法律适用的 593/2008 号条例》（《罗马条例Ⅰ》）第 8 条第 1 款规定："个人雇佣合同，依当事人根据第 3 条（选择自由）规定所选择的法律。但是，这种法律选择的结果，不得剥夺未进行法律选择时依照本条第 2 款、第 3 款和第 4 款规定应适用的法律中那些不得通过协议加以减损的强制性条款给雇员提供的保护。"第 9 条第 2 款规定："本条例的任何规定均不得限制法院地法中强制性条款的适用"可见，《罗马条例Ⅰ》授权当事人在不会使劳动者丧失无法律选择时应该适用的法律的强行性保护的范围内自主选择适用于劳动合同的法律。换言之，当事人选择法律的自由受到履约过程中雇员的惯常工作地法、雇主营业所所在地法、最密切联系地法以及法院地法中强制性规则的限制。

日本 2006 年《法律适用通则法》第 12 条、韩国 2001 年《国际私法》第 28 条、加拿大《魁北克民法典》第 3118 条等都规定，当事人未作选择时应适用的客观准据法中关于对劳动者保护的强制性规定不能被当事人合意选择的法律所排斥，只有在当事人所选择的法律对劳动者提供了更大力度的保护时，当事人所选择的法律才能被适用。也就是说，把当事人主观选择的法律与未作选择时应适用的客观准据法进行比较，适用更有利于保护劳动者的法律。

2. 意思自治原则的完全排除

一些国家在劳动合同的法律适用问题上完全排除当事人的意思自治。例如，根据 1999 年斯洛文尼亚《关于国际私法与诉讼的法律》第 21 条，雇佣合同适用合同规定的雇员惯常工作地法；若雇员不仅在一国进行惯常工作，则依照雇主所在地或住所地法。突尼斯《国际私法典》第 67 条规定："劳务合同由劳动者惯常完成其工作的地方所属国的法律支配。劳动者惯常在几个不同国家实施劳务的，劳务合同由其雇主机构组成地法支配，但整体情势表明该合同与另一国家有更密切联系的，合同由该国的法律支配。"可见，突尼斯也完全排除了当事人自主选择法律的权利，而是通过建立特殊连结点以及考虑最密切联系原则来确定最终适用的法律。

它们的主要理由在于：其一，如果允许当事人协议选择适用的法律，则受雇于同一雇主的不同劳动者由于选择不同，其地位也可能各不相同。其二，劳动合同双方当事人地位的不平等，往往演变为雇主单方的意思自治。其三，认为调整国际劳动合同关系的法律，不仅有私法规范而且有公法规范。如果适用意思自治，当事人协议选择的法律可能会违背有关国家的公法规范。

（二）当事人未作选择时的法律适用问题

对于一般合同之债，当事人未对法律适用作出有效选择时，一般按最密切联系原则确定合同准据法。劳动合同兼具人身性与财产性、平等性与隶属性等特征，使各国在劳动合同的法律适用问题上，往往对最密切联系原则做了变动式运用。

1. 用客观连接点限制或取代最密切联系地的适用

鉴于"最密切联系地"本身并非是一个空间确定的连接因素，英美法系采取较为灵活的方式，由法官在审理案件时根据对合同诸要素的分析加以确定；大陆法系往往运用"特征性履行"的方法探求合同与特定地域之间的关联。在确定劳动合同的最密切联系地时，劳动履行地特别是惯常劳动履行地具有特别重要的地位，各国的立法和实践往往将劳动者的惯常劳动履行地法作为合同的客观准据法。

例如，2006 年日本《法律适用通则法》第 12 条规定："（1）即使依据第 7 条或第 9 条选择或变更了与合同有最密切联系法律之外的法律，当雇员向雇主声明与雇员有最密切联系法律中的强制性规定应予以适用时，该强制性规定应予以适用于劳动合同的成立和效力；（2）基于第一款，一项劳动合同与劳动供给地存在密切联系，当劳动供给地无法确定时，受雇营业地与劳动合同有最密切联系。(3) 当事人未选择法律时，应适用的法律应与合同项下劳动供给地有最密切联系。”日本这一规定将最密切联系地限定为与劳动合同有关的劳动供给地或受雇营业地。

瑞士则在当事人未就劳动合同的法律适用作出选择时，直接规定依客观连接点确定合同准据法。《瑞士联邦国际私法法规》第 121 条规定：“劳动合同，适用劳动者惯常完成其工作所在地国家的法律。如果劳动者惯常在多个国家完成其工作，则劳动合同适用雇主的营业所所在地国家的法律，或者，在雇主无营业所时，适用其住所地或惯常居所地国家的法律。”

2. 将最密切联系原则作为兜底条款加以规定

以《罗马条例Ⅰ》的相关规定为典型，首先依“特征性履行”方法确定客观连接点作为推定，再以“最密切联系原则”作为兜底加以规定。该条例第 8 条第 2 款、第 3 款首先规定：“当事人未选择适用于个人雇佣合同的法律时，该合同由雇员在履行合同的过程中从事惯常工作地国家法支配，若无此种国家，则由雇员为履行合同从事惯常工作的出发地国法律支配。”“如果依照第 2 款不能确定应适用的法律，则合同由聘用该雇员的营业所所在地国法支配。”最后在第 4 款中规定：“如果整体情况表明，合同与本条第 2 款或第 2 款所指国家之外的另一国有更密切联系，则适用该另一国的法律。”这种先以固定连接点确定合同准据法，再把最密切联系原则作为兜底条款，在例外情况下加以适用的立法方法，兼顾了法律适用的确定性与灵活性，在保证法律适用结果的预见性和统一性基础上，兼顾了个案公正。

德国 1986 年《民法典施行法》也采取了这种“推定—例外”的方式规定劳动合同中最密切联系原则的适用，该法第 30 条第 2 款规定：“在无法律选择的情况下，雇佣合同适用下述国家的法律：(1) 雇员在履行合同时依其惯常工作的这个国家的法律，即使他被临时派到另一国家；或 (2) 如果雇员通常不在同一国家从事劳动，则为雇佣该劳动者的企业营业所所在地国家的法律。如果根据一般情况，雇佣合同与另一国家存在更为密切的联系时，适用该另一国家的法律。”

三、中国关于劳动合同法律适用的规定

（一）一般规定

2011 年《涉外民事关系法律适用法》将劳动合同的法律适用单独加以规定，实现了劳动领域法律适用从无到有的一大进步。我国关于劳动合同的法律适用规则如下：

首先，适用我国法律的强制性规定。根据《涉外民事关系法律适用法》第 4 条的规定：“中华人民共和国法律对涉外民事关系有强制性规定的，直接适用该强制性规定。”2012 年最高人民法院《关于适用〈中华人民共和国涉外民事关系法律适用法〉若干问题的解释（一）》第 10 条又进一步规定，我国法律和行政法规中，凡牵涉劳动者权益保护领域的特殊规定，都无须通过冲突规范指引而直接适用于涉外民事关系。

其次，以明确、具体的客观连接点解决劳动合同的法律适用问题。《涉外民事关系法律适用法》第 43 条规定：“劳动合同，适用劳动者工作地法律；难以确定劳动者工作地的，适用用人单位主营业地法律。”需要注意，根据上述司法解释第 6 条的规定：“中华人民共和国法律没有明确规定当事人可以选择涉外民事关系适用的法律，当事人选择

适用法律的，人民法院应认定该选择无效。”可见，我国在劳动合同的法律适用上，完全排除了当事人的意思自治，以客观论的方法直接规定适用劳动者工作地法，工作地难以确定的，适用用人单位主营业地法。

（二）关于劳务派遣法律适用的规定

劳务派遣，是指劳务派遣单位（用人单位）与接受以劳务派遣形式用工的单位（用工单位）订立劳务派遣协议，按约定向用工单位派遣劳务者的行为。劳务派遣使二元劳动关系变成了三方关系，即用人单位与被派遣劳动者、用人单位与用工单位、用工单位与被派遣劳动者三方之间的关系。我国《涉外民事关系法律适用法》第 43 条根据我国涉外劳务派遣的实际情况，对其法律适用作出了规定：“劳务派遣，可以适用劳务派出地法律。”

从世界各国对劳务派遣的规定来看，存在“单一雇主”和“联合雇主”两种规制模式。我国采“单一雇主”模式，规定派遣单位作为被派遣劳动者法律上的雇主，应与被派遣劳动者签订劳动合同，承担主要的劳动保护义务；派遣单位与用工单位签订劳务派遣协议，用工单位承担与工作场所相关的部分义务。我国《劳动合同法》第 58 条规定：“劳务派遣单位是本法所称用人单位，应当履行用人单位对劳动者的义务。劳务派遣单位与被派遣劳动者订立的劳动合同，除应当载明本法第 17 条规定的事项外，还应当载明被派遣劳动者的用工单位以及派遣期限、工作岗位等情况。劳务派遣单位应当与被派遣劳动者订立二年以上的固定期限劳动合同，按月支付劳动报酬；被派遣劳动者在无工作期间，劳务派遣单位应当按照所在地人民政府规定的最低工资标准，向其按月支付报酬。”可见，劳动者的切身利益与劳动合同的另一方当事人劳务派遣单位密切相关。因此，劳务派遣可以适用劳动者工作地法律；若工作地难以确定时，可以适用用人单位主营业地法律；同时，还“可以适用”劳务派出地法律。

当用人单位将劳动者派遣到用工单位后，劳动者的劳动内容、劳动地点、劳动时间等具体事项都是由用工单位落实的。因此，在劳动者工作地难以确认时，可以适用用人单位主营业地法律，也可以适用用工单位劳务派出地法。我国立法使用“可以适用”这一表述，说明用工单位劳务派遣地法律并非必须适用的法律，出于保护劳动者的考虑，当用工单位劳务派遣地法律的保护水平低于用人单位主营业地法律或劳动者工作地法律时，也可以不适用派遣地法律。因此，劳务派遣可以适用劳动者工作地法律，若工作地难以确定时，也可以适用用人单位主营业地法律，还可以适用劳务派出地法律。

思考题

1. 简述国际技术转让合同的法律适用。
2. 简述国际工程承包合同的法律适用。
3. 国际消费者合同的法律适用有何特殊考虑？
4. “最密切联系原则”在国际消费者合同的法律选择中为什么会受到限制？
5. 为什么“惯常劳动履行地”对劳动合同的法律适用具有特别重要的意义？

第十二章　涉外侵权行为之债

自20世纪50年代以后，随着工业化的发展及国际交往的发展，尤其是跨国公司的兴起，侵权行为不仅在一国之内大量存在，而且经常跨越一国国界，成为具有涉外因素的侵权行为。侵权法也因此成了国际私法中的热门话题。各国学者对国际私法中的侵权法问题研究热情大增，各国在立法上也加强了对涉外侵权行为法律适用的立法规定。

第一节　概述

涉外侵权行为是当今社会所面临的普遍法律问题，它是涉外之债的发生根据之一。侵权行为之债，一般认为是指不法侵害他人人身或财产权利，并造成损失而承担民事责任所构成的一种法定之债。如果此种债权债务关系的一方或双方当事人为外国人或者其住所、经常居所地位于外国，或者被侵害的客体位于外国，或者侵害行为或侵害结果发生在外国，就构成涉外侵权行为之债。

由于涉外侵权行为与数个国家存在联系，而各国历史、经济、文化等方面的差异，对侵权行为的认识不同，有关侵权行为法的具体规定也不同，因此会产生法律冲突。其主要表现在以下方面：

1. 侵权行为法规定的范围不同。相较而言，西方国家法律保护的个人权利范围较宽，侵权行为法深入到社会的各个角落；而在法律尚不发达的国家，法律所保护的权利不够广泛，侵权行为发生的领域也就小。例如，对家庭关系的干扰、侵犯隐私、滥用法律程序是法律发达国家所规定的侵权行为，但在很多法制尚不完善的国家尚未将它们作为侵权行为处理。

2. 侵权行为的构成要件规定不同。各国关于侵权行为构成的规定各有特色，差异较大。例如，法国法规定的侵权行为的构成要件有过错、损害以及二者之间的因果关系。德国法的规定是违法性、侵犯权利和错意。普通法国家对侵权行为没有一般构成要件的规定，而只对个别侵权行为规定其构成。

3. 侵权行为可能涉及的当事人不同。例如，许多国家不存在对未出生的人的侵权行为，但也有国家确定了胎儿的损害赔偿请求权，如《日本民法典》第721条即规定，胎儿就其损害赔偿请求权，视为已出生。又如，在一些西方国家，如果受害人死亡，不仅亲属有赔偿请求权，死者的情夫、情妇、雇主、未婚夫或未婚妻等人有时也享有这种权利。

4. 损害赔偿的原则、标准、数额和限额各国规定不同。在损害赔偿的原则上，一些国家采取损失多少、补偿多少的全部补偿原则；而英美法系国家则在对受害人充分补偿原则外，对存在严重过失的侵权采取惩罚性损害赔偿原则。对于赔偿标准，英美法系实践中较多采用可预见性标准，但不少大陆法系国家不承认这种标准。在赔偿数额上，各国经济发展水平相差较大，一般而言发达国家的损害赔偿数额要高于发展中国家。至于赔偿限额，各国法律规定的差异主要体现在无限额和限额高低两个方面。

5. 各国法律关于侵权行为诉讼时效的长短规定不同。

6. 是否允许责任竞合各国法律规定不同。实践中，经常发生侵权责任与违约责任的竞合，如旅客运输中因为承运人的过错致使旅客受伤或致残，承运人既违反了安全运输旅客的合同义务又侵犯了旅客的人身权。各国在处理责任竞合问题上存在较大分歧。如法国法禁止责任竞合，只有在没有合同关系存在时才产生侵权责任；而德国法则允许责任竞合，受害人可以选择其中一项请求权提起诉讼。

涉外侵权行为之债，即在构成侵权行为的诸要素中至少包含一种外国因素的侵权行为之债。国际私法对侵权行为的研究，主要是解决因侵权行为的涉外性而引起的法律冲突现象。对这些问题的解决，各国通常区分一般侵权行为和特殊侵权行为，并分别采用不同的法律适用原则来确定准据法。

第二节　一般侵权行为之债的法律适用

由于各国在侵权立法上的差异，对于一个行为是否构成侵权，行为人是否应负损害赔偿责任，以及应负损害赔偿责任的范围等问题，各国法律上的解释是不一样的，这就存在一个法律适用问题。在涉及含有外国因素的侵权行为发生时，各国法院实际采用了多种不同的冲突规则确定准据法。根据各国的实践及主要的国际私法学说，适用于涉外侵权行为之债的冲突规则主要有以下几种。

一、传统法律适用原则

（一）侵权行为地法原则

1. 理论根据。侵权行为地法原则几乎从13世纪的法则区别说以来就一直为欧洲各国普遍采用，随后又传至其他国家。适用侵权行为地法的理由，传统理论认为是“场所支配行为”这一古老原则的具体体现，但各国学者对它的解释却有不同。有的认为，这是由侵权行为之债的发生根据决定的，侵权行为的发生是基于法律的规定，而非当事人的自由意志，因此只能采用侵权行为地法；有的从当事人权利平衡的理论解释，认为之所以要适用行为地法是因为权利平衡正是在此地被打破；也有学者提出，适用行为地法是当地公共秩序的要求，并且易于查明事实和确定法律上的责任；还有观点从保护行为地国的主权角度指出，不适用侵权行为地法就是对行为地国主权的侵犯；也有学者从既得权理论分析，侵权行为地法给当事人一种与损害赔偿请求权类似的既得权，受害人不管在何处起诉都携带该法所授予的权利，受诉法院只不过是被请求支持或协助取得这一权利。

2. 侵权行为地的确定。尽管侵权行为地法原则已为各国普遍采纳，但对于侵权行为地的认定却存在差异。一是主张以加害行为实施地为侵权行为地；二是主张以损害结果发生地为侵权行为地。欧洲大陆法系国家较多采用前者，英美法系国家一直未对侵权行为地给出明确定义，实践中采用后者的情形较多。目前为了保护受害人利益，国际立法趋势则是采取第三种做法，即允许当事人或法官选择加害行为实施地或损害结果发生地为侵权行为地。例如，德国 1996 年颁布的《民法典施行法》第 40 条第 1 款规定："基于侵权行为提起的诉讼，适用赔偿义务人行为地国法律，受害人可以要求适用结果发生地国法律以代替上述法律"。

3. 共同属人法对侵权行为地法原则的限制和补充。尽管对于侵权行为通常适用侵权行为地法，但如果在侵权行为中加害人和受害人具有同一国籍或在同一国家拥有住所或惯常居所，许多国家立法规定适用该国法律。如德国有关法律即规定，"如果赔偿义务人与受害人在责任事件发生时在同一国家拥有惯常居所，则适用该国法律"。各国立法一般将当事人共同属人法作为对侵权行为地法原则的限制或补充，由法院加以优先适用或选择适用，这是对传统冲突规范进行软化处理的立法表现之一。

（二）法院地法原则

一般认为，法院地法原则的理论源自于德国。首先明确提出法院地法原则的是德国学者韦希特尔，他的观点得到了萨维尼的支持。在《现代罗马法体系》第八卷中，萨维尼对侵权行为适用法院地法的观点进行了论述，认为侵权行为与犯罪行为相类似，适用外国法不合适；同时侵权行为与法院地的公共秩序有密切关系，只适宜适用法院地法。

但是，目前在侵权行为的法律适用上单采法院地法原则的国家已是鲜见，一般都是重叠适用侵权行为地法和法院地法。

（三）重叠适用侵权行为地法和法院地法

重叠适用侵权行为地法和法院地法目前为大多数国家所采用，但在具体运用过程中各国的侧重有所不同。

1. 以侵权行为地法为主，兼采法院地法。这种观点认为，一种行为合法与否应以行为地法为原则，但为维护法院地的公共秩序，对依行为地法发生的侵权必须在法院地法承认的范围内，才能得到赔偿。目前为许多国家立法所采，如《泰国国际私法》第 15 条规定："因不法行为而产生之债，依物或不法行为事实发生地法，但泰国法律不承认在外国发生的事实为不法行为时，则不适用本条规定"。

2. 以法院地法为主，兼采侵权行为地法。典型代表是英国的"双重可诉原则"。所谓双重可诉，即指当英国法院接受一个发生在外国的侵权行为诉讼时，首先依自己的法律观点判定这个行为如果发生在英国是否也可以提起侵权之诉，然后再参考行为地法，如该行为在当地也是不正当的，才能为英国法院所受理。但是，法院受理后只会适用英国法进行判决。需要注意的是，英国传统的双重可诉原则有弱化的趋势，在 1995 年通过的《英国国际私法（杂项规定）》中，除诽谤、反不正当竞争等少数领域，已彻底废除了此项原则。1999 年 5 月 21 日通过的《德意志联邦共和国关于非合同债权关系和物权的国际私法立法》，也废止了采取双重可诉原则的《德国民法典施行法》第 38 条的规定。

二、侵权行为法律适用的新发展

（一）侵权行为自体法（最密切联系原则）

基于对侵权行为地法原则和法院地法原则的批评，英国著名国际私法学者莫里斯

1951在《哈佛法律评论》上发表《论侵权行为自体法》一文，首次将自体法的要领引入侵权行为领域并形成一种理论。他主张侵权行为应适用其自体法，即与侵权案件有最密切联系的法律，“尽管这个法律在多数情况下仍是侵权行为地法，但是应该有一个足够广泛而且足够灵活的冲突规范，以使其能顾忌种种例外情况”。这一学说已为许多国家的立法和司法实践所采用。

1963年纽约法院审理的贝科克诉杰克逊（Babcock v. Jackson）案，标志着侵权行为自体法在美国发展的转折点。贝科克和杰克逊都是纽约居民，1960年9月16日，贝科克搭乘杰克逊所有并驾驶的汽车（免费）前往加拿大度周末。汽车在加拿大安大略省境内行驶时撞到高速公路边的一堵墙上，致使贝科克受重伤。回到纽约后，贝科克对杰克逊提起诉讼，指控他疏忽驾驶有过失行为，要求其承担赔偿责任。在一审阶段，法院适用侵权行为地法——加拿大安大略省的法律审理。依照加拿大相关法律的规定，除以盈利为目的的商业性营运乘客外，汽车所有人或驾驶人对于车内乘坐的人所受到的伤害、死亡以及由此引起的损失概不负责。初审法院基于上述规范，否定了原告的诉讼请求。原告不服并上诉，上诉法院维持原判，原告再次上诉到纽约州最高法院。审理此案的富德法官认为，法院不是将侵权行为地作为决定性依据考虑，而要考查哪个国家的法律与案件有最密切联系。本案涉及一个纽约车主由于驾驶失误导致一个纽约居民搭乘者的伤害，被告驾驶的汽车车库位于纽约州，该车在纽约州注册并进行保险。与之形成鲜明对比的是，安大略省与该事故的唯一联系只是事故偶然发生在那里。因此，纽约州与该案的联系更为紧密和重要，法院运用最密切联系原则推翻了原判，最终适用纽约州相关法律审理此案。

（二）最有利于受害人的法律

侵权法的目的之一是追究加害人的责任以分散受害人的损失。因此，在侵权行为的法律适用方面，适用最有利于受害人的法律成为许多国家新近立法的一种选择。有些国家的立法采用利益分析和结果选择等方法，允许受害人或法院在一定范围内选择一种对受害人最有利的法律。例如，1982年《南斯拉夫冲突法》第28条规定：“除对个别情况另有规定者外，民事侵权责任依行为实施地法或结果发生地法，其适用视何种法律对受害人最为有利”。

（三）当事人意思自治

私法自治的观念本来流行于民事主体的平等交易领域，但有些国家立法也将其引入到侵权法领域，这是侵权行为法律适用方面一个令人瞩目的发展。由于侵权案件的特殊性，这些国家一般仅允许当事人协议选择适用法院地国法。例如，《瑞士联邦国际私法法规》第132条规定：“当事人可在侵害事件发生后的任何时候约定适用法院地国法”。2002年实施的《俄罗斯联邦民法典》第1219条第3款规定：“在损害行为发生后或者其他导致损害的事件出现后，由此引起的债权债务关系的双方当事人可以协议选择适用法院地国法律”。当然，这一点已被一些国家的立法所突破。例如，1999年《德意志联邦共和国关于非合同债权关系和物权的国际私法立法》第42条规定：“非合同债权关系据以产生的事件发生后，当事人可以选择应适用的法律。第三人的权利不受影响。”又如，荷兰2001年《关于侵权行为引起的债务关系的冲突法法令》第6条第1款规定：“如果当事人已一致选择了适用于侵权债权债务关系的准据法，则适用当事人选择的法律，而无须考虑前述第 3 条、第 4 条和第 5 条之规定。”

三、中国关于涉外侵权行为法律适用的一般规定

我国《民法通则》第 146 条规定：“侵权行为的损害赔偿，适用侵权行为地法律。当事人双方国籍相同或者在同一国家有住所的，也可以适用当事人本国法律或者住所地法律。中华人民共和国法律不认为在中华人民共和国领域外发生的行为是侵权行为的，不作为侵权行为处理。”2011 年《涉外民事关系法律适用法》第 44 条则规定：“侵权责任，适用侵权行为地法律，但当事人有共同经常居所地的，适用共同经常居所地法律。侵权行为发生后，当事人协议选择适用法律的，按照其协议。”同时，该法第 51 条明确规定，《民法通则》第 146 条“与本法的规定不一致的，适用本法”。可见，我国已就侵权行为的法律适用确立起新的适用原则。

（一）意思自治原则

这是我国立法首次就一般侵权肯定了当事人的意思自治原则。尽管新近许多国家的立法确认了国际私法上关于一般侵权的意思自治，但各国在具体规定上还是存在诸多不同。例如，在选法主体上，存在双方意思自治和单方意思自治的差异；在选法范围上，存在是否有法院地法这一空间限制的区别；在选法时间上，也有是否仅在侵权行为发生后即仅允许事后选择的不同做法。根据《涉外民事关系法律适用法》的规定，当事人必须以明示的方式选择侵权责任应适用的法律；和绝大多数国家的立法一致，当事人的选择限于侵权行为发生之后；在选法范围上，只要当事人愿意选择适用某一法律，就应予以尊重，而并未如瑞士、俄罗斯和日本那样规定为附空间限制的意思自治。

（二）侵权行为地法原则

侵权行为发生后，当事人未就侵权责任的法律适用做出有效选择的，适用侵权行为地法律。对比《民法通则》第 146 条的规定，新的冲突规则在范围部分使用“侵权责任”，其外延比原“侵权行为的损害赔偿”宽泛得多，也与我国 2010 年 7 月 1 日起施行的《侵权责任法》相关概念协调一致，有利于法律的承继性和操作性。在这一原则中，关于“侵权行为地”的认定至关重要，但我国立法并未对此作出明确规定。虽然根据《涉外民事关系法律适用法》第 51 条的规定，“与本法的规定不一致的”《民法通则》第 146 条不再适用，但围绕它的司法解释，即最高人民法院《关于贯彻执行〈中华人民共和国民法通则〉若干问题的意见（试行）》第 187 条，将侵权行为地划分为侵权行为实施地和侵权结果发生地的做法还是值得肯定。根据该司法解释的规定，如果侵权行为实施地法律和侵权结果发生地法律不一致，人民法院可以选择适用。

值得注意的是，《涉外民事关系法律适用法》取消了《民法通则》在侵权行为构成上采用的“双重可诉原则”。双重可诉原则，是《民法通则》在特定情况下对侵权行为的性质进行认定的特殊规定。而新的冲突规则不再设置这种特殊的法律适用规则，包括侵权行为性质认定在内的、有关“侵权责任”的所有问题都按照该法第 44 条的规定进行处理。

（三）共同属人法原则

共同属人法原则是我国确定侵权行为准据法的例外原则。和原《民法通则》的规定相比，新的规则有如下变化：第一，共同属人法的标准发生变化。从当事人具有相同国

籍或者住所地所在国相同，变为当事人的“经常居所地”相同；第二，它的适用条件发生变化，从供法院选择适用的系属，变为具有排除侵权行为地法直接适用的系属，法官不再有酌情裁量权，体现出立法者力图以客观标准取得冲突规范稳定性和一致性的价值取向。

第三节　特殊类型侵权行为的法律适用

传统上对侵权行为的法律适用，各国立法通常不分侵权行为的种类和性质，只笼统规定统一的法律适用原则。随着侵权行为种类的复杂化和多样化，各国立法出现了区别一般侵权行为和特殊侵权行为适用不同法律的趋势。

一、海上侵权行为及其法律适用

发生在海上的侵权行为，包括发生在一国领海内或者不属于任何国家管辖的公海上的侵权行为，大致可归结为以下四种情形：（1）船舶相撞，或船舶与海上设施碰撞所发生的侵权行为；（2）船舶内部的侵权行为；（3）因海上运输事故致旅客死伤、行李毁损所发生的侵权行为；（4）因船舶油污排放或泄漏造成污染损害所发生的侵权行为。

（一）船舶相撞，或船舶与海上设施碰撞所致的侵权行为

领海是国家领土的组成部分，受国家主权的支配和管辖。对于发生在一国领海内的碰撞，各国一般按侵权行为法律适用的通行原则处理，适用侵权行为地法。碰撞发生在公海，传统的侵权行为法原则受到限制，实践中各国较多适用法院地法处理。如果有关船舶具有同一国籍，许多国家规定适用其共同本国法。

有关船舶碰撞法律适用的国际公约，1977 年经国际海事法律委员会全体会议通过的《统一船舶碰撞中有关民事管辖权、法律选择、判决的承认和执行方面若干规则的公约》第 4 条规定，除当事人另有协议外，碰撞在一国内水或领海内发生时，适用该国法律；如碰撞发生在领海以外的水域，则适用受理案件法院的法律，但如有关的船舶都在同一国登记或由它出具证件，或即使没有登记或由它出具证件，但都属同一国家所有，则不管碰撞在何处发生，都适用该国法律。此外，该公约还明确排除了反致。

（二）发生在船舶内部的侵权行为

侵权行为发生在船舶内部，由于船舶被视为船旗国的浮动领土，且行为并未影响船外其他国家利益，因此无论该船舶处于公海还是某国领海，多数国家主张适用船旗国法。但是，如果船舶处于他国领海内，发生在船舶内部的侵权行为影响又及于船外领海国的利益，一些国家认为这种侵权行为就应视为发生在该领海国内，应适用侵权行为地法即领海国法。

（三）因海上运送事故导致人身和财产损害所发生的侵权行为

这类侵权行为因有运输合同关系存在，一些国家遂主张依合同准据法来处理承运人的责任问题，但旅客和货物的安全常受到许多国家的强制性法律保护，这种法律不得在合同中运用法律选择条款加以规避。

在海上旅客运输方面主要有 1974 年缔结的《国际海上旅客及其行李运输的雅典公约》（简称《1974 年雅典公约》）。该公约共 28 条，其主要内容涉及公约的适用、承运

人的责任、履行承运人、责任限额、货币单位和折算、责任限制权利的丧失、索赔的根据、诉讼时效、管辖权等。国际海事组织于1976年、1990年、2002年对该公约进行了三次修订。1976年修订（简称《1976年议定书》）的主要变化是将《1974年雅典公约》使用的货币单位法郎改为特别提款权。中国于1994年3月5日加入《1974年雅典公约》和《1976年议定书》。

（四）因船舶油污排放或泄漏造成污染损害所发生的侵权行为

海上油污是潜在的巨大灾祸，为保证因船舶逸出或排放油类而遭损害的有关各方能得到适当补偿，经各国共同努力，1969年国际海事组织在布鲁塞尔订立了《国际油污损害民事责任公约》，该公约业已生效，我国于1980年4月正式加入。该公约主要是一个统一实体法公约，涉及油污损害赔偿范围、责任构成、免责事项、责任限制、管辖权等基本内容。国际海事组织先后于1976年、1984年、1992年形成对该公约的3个议定书。《1976年议定书》以特别提款权代替金法郎，作为赔偿限额的计算单位。《1984年议定书》对公约作了若干重要修改，如扩大了公约适用的船舶范围和地理范围，对油污损害的定义进一步予以明确，大幅度提高赔偿限额等。由于《1984年议定书》规定了较为严格的生效条件，国际海事组织又通过了《1992年议定书》，其实质内容与《1984年议定书》相同，但规定了较宽的生效条件。中国1999年1月5日向国际海事组织交存了加入书，成为《1992年议定书》的缔约国，2000年1月5日对我国生效。

（五）中国关于海上侵权行为法律适用的立法与实践

我国《海商法》第十四章“涉外关系的法律适用”针对海上侵权行为的法律适用作了相应规定。首先，确定了三项原则。(1) 国际条约优先适用。如果中国缔结或参加的国际条约与海商法有不同规定的，适用国际条约的规定，但我国声明保留的条款除外。(2) 国际惯例补缺原则。我国法律和我国缔结或参加的国际条约没有规定的，可以适用国际惯例。(3) 公共秩序保留原则。《海商法》第276条规定：“依照本章规定适用外国法律或者国际惯例，不得违背中华人民共和国的社会公共利益”。

其次，《海商法》就船舶碰撞所致的侵权行为有明确规定，该法第273条规定：“船舶碰撞的损害赔偿，适用侵权行为地法律。船舶在公海上发生碰撞的损害赔偿，适用受理案件的法院所在地法律。同一国籍的船舶，不论碰撞发生于何地，碰撞船舶之间的损害赔偿适用船旗国法律”。第275条规定：“海事赔偿责任限制，适用受理案件的法院所在地法律。”这些规定在我国《涉外民事关系法律适用法》2011年4月1日起施行以后，作为“特别规定”而继续适用；对于其他海上侵权行为，则应按照前述我国《涉外民事关系法律适用法》的有关规定进行处理。

二、空中侵权行为及其法律适用

发生在国际航空运输中的侵权行为，主要有以下4种情形：(1) 因航空器碰撞所发生的侵权行为；(2) 发生在航空器内的侵权行为；(3) 因航空器事故致旅客伤亡或物品毁损的侵权行为，(4) 航空器失事对地（水）面第三人造成的损害。

（一）因航空器碰撞所发生的侵权行为

各国立法对此种情况作出专门规定的较少，毕竟此类侵权行为出现的情况不多。各国司法实践的一般做法是，碰撞发生在具有相同国籍的航空器之间，不论碰撞发生在何处，均适用航空器国籍国法；碰撞的航空器具有不同国籍，发生在一国领空内的碰撞事件适用碰撞地国法，发生在公海上空的碰撞事件适用受理案件的法院地国法。也有国家出于保护受害方利益的考虑，主张当碰撞的航空器不具有同一国籍时，适用被碰撞或受害方的航空器登记地国法。

（二）发生在航空器内部的侵权行为

航空器内部侵权行为主要指旅客之间或旅客和乘务人员之间发生的殴打、侮辱、性侵犯等行为，各国一般主张适用航空器登记地国法。原因无外乎航空器飞行速度快而侵权行为地难以确定，况且航空器内部的侵权行为与航空器航行地面所属国的关系实属偶然，在公空航行更是没有侵权行为地法可循。而将航空器视作其登记地国的浮动领土，侵权行为地法原则即可理解为航空器登记地国法，这样更合乎情理也更易于确定法律的适用。

（三）航空器事故致旅客伤亡或物品毁损的侵权行为

对于此类侵权行为的解决，国际上目前主要适用有关国际公约的规定。调整这一问题的国际公约主要有：(1)《统一国际航空运输某些规则的公约》（简称《1929年华沙公约》）。华沙公约自1933年生效以来，经过多次修改和补充。我国于1958年7月15日递交加入书，1958年10月18日起对我国生效。(2)《修改1929年10月12日在华沙签订的统一国际航空运输某些规则的公约的议定书》（简称《海牙议定书》）。我国于1975年8月20日递交加入书，1975年10月15日起对我国生效。(3)《统一非缔约承运人所办国际航空运输某些规则以补充华沙公约的公约》（简称《瓜达拉哈拉公约》）。该公约1964年5月1日生效，我国未加入该公约。此外还有修改《1929年华沙公约》的《1971年危地马拉议定书》及4个蒙特利尔附加议定书，从而形成了以《华沙公约》为龙头的8个文件，总称“华沙公约体系”。其中《1929年华沙公约》是调整航空运输的基本国际公约，它是第一个明确规定航空运送人权利与义务的公约，确定了推定过失责任、有限责任和禁止免责三项运送人的基本责任原则。需要指出的是，1999年国际民航组织缔约国大会在蒙特利尔通过了旨在取代华沙公约体系的、全新的《统一国际航空运输某些规则的公约》（简称《1999年蒙特利尔公约》）。它对国际航空运输规则和承运人责任制度进行了重大修改，最大特点是在旅客伤亡责任制度方面突破旧华沙体制的有限责任原则，首创承运人责任承担的“双梯度责任制”，即承运人在10万个特别提款权请求范围内的责任采严格责任制，超出10万个特别提款权请求部分的责任采推定过失责任。同时，又在原来四种管辖权基础上（《1929年华沙公约》第28条第1款规定“有关责任的诉讼，应该由原告选择，在一个缔约国的领土内，向承运人住所地或其主营业所所在地或签订合同的机构所在地法院提起，或者向目的地法院提起”），增加了专用于旅客伤亡的第五管辖权法院即旅客的“主要且永久居所”地法院。该公约已于2003年正式生效，中国于2005年6月1日向国际民航组织交存批准书，同年7月31日起对中国生效。

虽然航空器事故致旅客伤亡或物品毁损的侵权行为主要适用统一实体法解决，但对于不属于公约界定的国际运输或者相关公约未作规定的事项仍然需要由冲突规范调整解决。各国在司法实践中多主张适用航空器登记地国法或法院地法。

(四) 航空器失事对地（水）面第三人造成的损害

这类侵权行为虽然有 1933 年《统一有关航空器对地（水）面第三方造成损害的某些规则的公约》和 1952 年《关于外国航空器对地（水）面第三者造成损害的公约》两个统一实体法规范，但由于参加国不多，作用极为有限。冲突法进行间接调整在解决此类侵权行为时仍是主要的方法。

航空器对地（水）面第三人造成损害主要分为两种情况：一是损害发生在一国主权领域内，一般适用侵权行为地法。如 1992 年罗马尼亚《关于国际私法关系的调整第 105 号法》第 144 条规定："飞机对陆地造成之损害适用损害发生地国法"。二是损害发生在公海等一国主权领域外的地面或水面，各国一般主张适用法院地法，也有国家规定适用航空器国籍国法律。例如，1995 年越南《民法典》第 835 条规定："飞行器在国际空间或船舶在公海造成的损害赔偿，由飞行器或船舶国籍国法确定，但越南社会主义共和国海上交通法和航空法另有规定的除外"。

(五) 中国关于航空侵权行为法律适用的立法与实践

我国《民用航空法》是调整民用航空活动的专门法律，该法第十四章"涉外关系的法律适用"同样确定了法律适用的三原则，即国际条约优先适用原则、国际惯例补缺原则和公共秩序保留原则。航空侵权的法律适用原则，该法第 189 条规定："民用航空器对地面第三人的损害赔偿，适用侵权行为地法律。民用航空器在公海上空对水面第三人的损害赔偿，适用受理案件的法院所在地法律"。

三、道路交通侵权行为及其法律适用

从各国的立法来看，许多国家并未针对涉外道路交通侵权作专门规定，侵权行为地法仍然是基本的法律适用原则。自美国贝科克诉杰克逊案后，最密切联系原则逐渐为一些国家的司法实践所采纳。在国际条约方面，1971 年海牙《公路交通事故法律适用公约》是规范含有涉外因素的公路交通事故法律适用的统一冲突法公约。该公约已于 1975 年 6 月生效。

《公约》第 1 条规定了其目的和适用范围。公约的目的在于规定由于公路交通事故而引起的非合同性质的民事责任，并且只适用于涉及一辆或数辆机动或非机动车辆，并与公路、向公众开放的地面或特定人有权通行的私有地面上的交通有关的事故。

公约规定，交通事故的准据法是事故发生地国法，但也有例外。(1) 下列情况下可以适用车辆登记地国法：如果仅有一辆车涉及事故，且它是在非事故发生地国登记的，则可适用登记地国法；如果有两辆或两辆以上的车涉及事故，则只有在所有车辆均在同一国内登记才能适用登记地国法。如果有一人或数人与事故有关，而在事故发生时人在车辆之外并可能负有责任，则要求所有这些人均在车辆登记地国有惯常居所，才能适用登记地国法。(2) 如果车辆没有登记或在几个国家登记，则以车辆的经常停放地法取代登记地法。公约第 7 条强调，无论适用的法律是什么，在确定责任时都应考虑事故发生时当地有效的交通规则和安全规则。

我国尚未参加《公路交通事故法律适用公约》，涉外公路交通侵权行为的法律适用问题在我国现行立法中未作专门规定，故应依照《涉外民事关系法律适用法》第 44 条关于侵权行为的一般规定处理。值得注意的是，由我国国际私法学会草拟的《国际私法

示范法》将涉外公路交通事故作为一类特别侵权加以单独规定，并明显借鉴了《公路交通事故法律适用公约》的内容。

四、产品责任及其法律适用

涉外产品责任作为一种特殊的侵权责任最初发端于英美国家，是指由于产品缺陷而造成消费者、使用者或第三人的人身伤害或财产损失，该产品的生产者或销售者依法应承担的法律责任。现代社会，人员和商品的跨国流动日益频繁，国际经济全球化使得产品的设计、生产、销售、消费、使用过程并不经常在一个国家完成，这使得许多产品责任纠纷含有涉外因素，提出了涉外产品责任的法律适用问题。

（一）各国关于产品责任法律适用的立法与实践

对于涉外产品责任的法律适用，多数国家并未在立法中加以明确规定，而按照侵权行为法律适用的一般原则即侵权行为地法来确定产品责任的准据法。一些国家在新近立法中对产品责任的法律适用作了专门规定，如突尼斯 1998《国际私法典》、意大利 1995 年《国际私法制度改革法案》、瑞士 1988 年《国际私法典》、2002 年《俄罗斯民法典》等。总结各国近年来的立法和实践，产品责任的法律适用表现出以下几个方面的特点：

1. 有限的意思自治被引入产品责任领域。许多新近立法都赋予受害人一定范围的法律适用选择权，如 1995 年意大利的《国际私法制度改革法案》第 63 条规定，“关于产品责任，被损害方可以选择适用制造商所在地法或制造商品的管理机构所在地法，或者产品销售地法，除非制造商能证明该产品未经其同意而在那个国家上市销售”。

2. “排除被告不可预见的法律的适用”观念已逐渐为各国接受。如瑞士《国际私法》第 133 条规定侵权行为适用损害结果发生地法，须以加害人可以预见到损害将在该国发生为条件。

3. 以保护受害人利益为导向在产品责任法律适用方面表现尤为突出。如 1992 年罗马尼亚《关于国际私法关系的调整第 105 号令》第 114 条规定，产品责任适用消费者选择的法律，包括消费者住所或惯常居所地法。美国的许多判例都反映出法官从消费者或使用者的利益出发考虑应适用的法律。

4. 最密切联系原则的引入，使得涉外产品责任法律适用日趋灵活。一些国家法院在处理涉外产品责任案件时，法官可以在政策分析、利益比较、结果选择的基础上决定何国法律与事件及当事人有最重要关系，就适用该国法律。

（二）海牙《产品责任法律适用公约》

由于产品责任日益演变为一个国际性课题。1973 年在海牙国际私法会议上通过了《产品责任法律适用公约》，自 1977 年 10 月 1 日开始生效，我国尚未加入该公约。它是迄今为止唯一一部国际性产品责任法律适用方面的专门公约，反映了国际上有关涉外产品责任法律适用的一般做法和发展趋势。

对涉外产品责任的法律适用，该公约规定了 4 种适用顺序：第一适用顺序即公约第 5 条的规定，适用的法律应是直接受害人的惯常居所地法，只要该国同时又是被请求承担责任人的主营业地；或直接受害人取得产品地。第二适用顺序即如果不存在公约第 5 条规定的情形，则按公约第 4 条规定，适用的法律应是侵害地法，但也需符合下列条件之一：该国同时又是直接受害人的惯常居所地；或该国同时又是被请求承担责任人的主营业地；或该国同时又是直接受害人取得产品地。第三适用顺序即公约第 6 条的规定，如果第 4、5 条指定适用的法律均不适用，原告可以主张适用侵害地国法。第四适用顺序则规定，如果第 4、5 条指定适用的法律都不适用，并且原告没有提出主张适用侵害地国法时，则适用被请求承担责任人的主营业地法。

公约在确定涉外产品责任的准据法方面，立法技术独具特色：(1) 采用两个主要连接点和一个补充性连接点。两个主要连接点即受害人惯常居所地和侵害地，原告原则上可以在两者所指定的法律中择一适用。同时，公约还规定了一个补充性连接点——被告的主营业地所在国，即公约前面明确规定的法律不得适用时，可予适用。(2) 公约采用"选择性重叠连接点"，即有条件的选择和以重叠性连接点指定准据法加以适当限制，公约的上述连接点并非具有纯粹的选择性，这些连接点必须和其他连接点构成重叠连接点时，所指定的法律才得以适用。

公约的立法精神值得肯定，既考虑到着重保护消费者、受害人利益，又兼顾到诉讼当事人双方权利义务的对等。如公约第 7 条规定，如果被请求承担责任人证明他不能合理预见产品或他自己的同类产品会经由商业渠道在该国销售，则第 4、5、6 条规定的侵害地国家和直接受害人的惯常居所地法均不适用。

（三）中国的立法与实践

我国产品责任立法相对较晚，分散规定在《民法通则》、《产品质量法》和《消费者权益保护法》中，2010 年 7 月 1 日施行的《侵权责任法》以第五章专章规定了产品责任，成为我国处理产品责任案件的主要法律依据。但是上述法律均没有对产品责任的冲突规范作出规定，我国涉外产品责任的法律适用由《民法通则》第 146 条调整，即主要受侵权行为地法规则的支配。

2011 年《涉外民事关系法律适用法》首次将产品责任冲突规范从一般侵权行为冲突规范中独立出来，借鉴和吸收了其他国家以及国际公约的先进立法经验，形成了由多重连接点构成的冲突规范层叠体系。该法第 45 条规定："产品责任，适用被侵权人经常居所地法律；被侵权人选择适用侵权人主营业地法律、损害发生地法律的，或者侵权人在被侵权人经常居所地没有从事相关经营活动的，适用侵权人主营业地法律或者损害发生地法律。"根据涉及产品责任实质因素的重要性，该条规定确定了三个连接点：被侵权人经常居所地、侵权人主要营业地和损害发生地，法律的适用顺序分为三个层次：

1. 被侵权人有权在侵权人主营业地法和损害发生地法中进行选择，依被侵权人的选择确定准据法。这实际上是赋予了受害人有限度的单方意思自治，体现了法律规制中对强者的适当限制和对弱者的特殊保护。值得注意的是，本条仅允许当事人在侵权人主营业地法和损害发生地法中进行选择。"损害发生地"相较于"侵权行为地"更为具体，指损害结果发生地，属于事实认定的范畴，一般情形下不会产生较大争议。因此，受害人可以比较侵权人主营业地法和损害发生地法何者对其有利，选择应适用的准据法，尤其是侵权人主营业地国提供的产品责任保护水准高于损害发生地国时，加入"侵权人主营业地"这一连接点有利于加强对受害人的保护。

2. 被侵权人没有选择适用侵权人主营业地法或损害发生地法的，适用被侵权人经常居所地法。该条规定构成受害人未行使单方意思自治权之后的补充规定，被侵权人放弃选择适用侵权人主营业地法或损害发生地法的，由法院主动、强制适用被侵权人经常居所地法。可见，法院主动适用被侵权人经常居所地法，是位次于受害人选择适用侵权人主营业地法、损害发生地法的。这对于尊重受害人的意思自治以及保护受害人利益至关重要。

3. 被侵权人没有选择适用侵权人主营业地法或损害发生地法，同时侵权人在被侵权人经常居所地没有从事相关经营活动的，由法院酌情确定适用侵权人主营业地法或损害发生地法。该款规定在保护受害人利益的同时，增设侵权人的可预见性保护规则，兼顾到侵权人利益。当根据客观连接点的指引应当适用受害人经常居所地法为产品责任准据法时，如果侵权人在受害人经常居所地并没有从事相关经营活动的，表明受害人经常居所地并非与产品责任间存在最密切联系，仅为一偶然的辅助性连接因素。此时，不应适用受害人经常居所地法，而应由法院酌情在侵权人主营业地法或损害发生地法间确定应适用的法律。

思考题

1. 我国《涉外民事关系法律适用法》与《民法通则》对一般侵权行为之债的法律适用规定有何不同，试对这些不同作出评价。

2. 什么是双重可诉原则？谈谈你对双重可诉原则的看法。

3. 我国对产品责任侵权的法律适用是如何规定的？

第十三章　知识产权的国际保护

经济全球化使各国经济、文化交流日益密切，知识产权关系的涉外因素不断增加，知识产权保护的地域性特征正在减弱。如何使在一国产生的知识产权得到国际性的保护，成为各国普遍关注的问题。从19世纪末以来，一些主要发达国家先后缔结了一些有关保护知识产权的国际公约。到20世纪，这种公约、条约不断增多，逐渐形成了一套由多边国际公约、条约和双边协定组成的保护知识产权的国际法律制度。

第一节　概述

一、知识产权的概念

知识产权（Intellectual Property）是指个人或组织对其在科学、技术、文学艺术等领域内创造的精神财富依法享有的专有权利。知识产权是一种无形财产权，有广义和狭义之分。

广义上的知识产权，目前有两个重要的国际公约所认可。《建立世界知识产权组织公约》（WIPO）虽未对知识产权作概念上的界定，但以列举加概括的方式界定了知识产权。WIPO认为，广义的知识产权是指工业、科学、文学或者艺术领域的知识活动所产生的法律权利，包括专利权、商标权、著作权、邻接权、商业秘密权、产地标记权、集成电路图设计权、反不正当竞争权等各项权利。《与贸易有关的知识产权协定》（以下简称Trips协议），Trips协议也未对知识产权的概念作出界定，但也列举了其适用的知识产权的具体范围，包括版权和相关权利、商标、地理标识、工业设计、专利、集成电路布图设计（拓扑图）和未披露信息。可见Trips协议将知识产权的范围扩展到商业秘密。

狭义上的知识产权，即传统意义上的知识产权，一般分为工业产权和著作权两大类。1893年《巴黎公约》所设立的国际局和《伯尔尼公约》所设立的国际局合并为一个机构，该机构称为“保护知识产权联合国际局”，自此，“知识产权”这一术语正式地包括版权和工业产权两部分。工业产权包括商标权和专利权。专利权是指国家专利部门根据有关法律规定授予发明创造人或合法申请人对发明、实用新型、工业品外现设计在法定期限内所享有的独占权或专有权，其主要内容有制造权、使用权、销售权、进口权、转让权和许可使用权等。商标权是指商标所有人对法律确认并给予保护的商品商标、服务标记、厂商名称、产地标记或原产地名称等所享有的专有权。版权又称著作权，是指科学理论、文学艺术、音乐、戏剧、绘画、雕塑、摄影等作品所享有的一种专有权。

本章阐述的知识产权是狭义的知识产权。

二、知识产权的特点

知识产权作为一种特殊的财产权，具有以下几个特点。

（一）无形性

这是知识产权与有形财产权相区别的重要标志。知识产权的无形性是指知识产权必须依附于有形物才能表现出来，如雕塑作品必须通过具体的雕塑物才能表现，商标必须通过图案才能表现，作家的思想只有通过作品来表现；知识产权的转让只是转让使用权，而且可以多次转让，而有形财产权只能转让其本身，且只能转让一次。

（二）专有性

专有性亦称独占性、排他性或垄断性，指未经权利人许可，任何人不得使用、转让权利人的知识产品，否则便构成侵权，必须承担相应的法律责任。当然，这种转让权也不是绝对的，各国知识产权法都规定了强制许可原则。比如，版权法中规定为教学和科研而翻译、复制作品的，可以不经作者同意，不向其支付报酬。

（三）时间性

时间性指权利人依法取得的知识产权只能在法律规定的期限内受到保护，一旦超过法律规定的有效期，这一权利就自行消灭，相关知识产品成为人类社会的共同财富。例如，我国法律规定，专利权的保护期为 20 年；著作权的保护期为作者在世之年加上死后 50 年，商标权的保护期为 10 年。

（四）地域性

地域性指依据某一国法律而取得的某一项专有权，只在该国境内有效，受该国法律保护，而不具有域外效力。历史上最早的知识产权是封建君主通过特别榜文、敕令的形式授予的一种特权，这种权利只能在君主管辖地域内行使。但随着世界经济的发展，各国之间的交往日益密切，知识产权的地域性特征正在弱化。国家之间通过签订条约、协定制定统一的知识产权法，这样一国产生的知识产权不仅在该国有效，其效力也超越了该国范围，具有域外效力。

三、知识产权国际保护制度的产生及特点

19 世纪下半叶，随着科学技术的进步和工业生产的迅速发展，西方垄断资本家为了扩张，不仅输出商品，而且也输出资本和技术，知识产权贸易市场开始形成和发展，许多知识产品打破一国界限流入他国。如前所述，由于知识产权具有严格的地域性特点，这就出现了知识产权的地域性与知识产品的国际性需求之间的巨大矛盾，逐渐产生了知识产权如何在他国受到法律保护的问题。

问题产生的原因是多方面的。首先，因为受知识产权地域性的限制，各国的知识产权法只能保护在本国取得的权利而无法保护在外国出版的作品、注册的商标等知识产品，这就使得一国的知识产权往往在他国遭到严重的侵权，因此，知识产权的权利人迫切需要其他各国对其知识产权加以承认和保护。其次，如果一国的知识产权必须分别向各其他国家申请才能获得保护，这不仅会给申请人带来沉重的负担，实际上也不可能完

全做到，而且也加大了各国知识产权管理机关的工作量。这也需要制定统一的知识产权法律加以协调。

当前所说的知识产权的国际保护，是指某一国授予外国人或在外国取得智力成果的人以知识产权并对这种权利给予法律保护。知识产权的国际保护具有以下几个特点：(1) 保护的对象具有涉外性。或者是获得知识产权的主体是外国人，或者是知识成果这种客体是产生于外国。(2) 保护的条件是内外国之间存在条约关系或互惠关系。(3) 保护的方式是由内国给予外国人或者在外国拥有智力成果的人以知识产权，承认权利人在内国对其知识产权享有专有权，禁止其他非权利人在未经许可的情况下加以使用、出售、转让等行为。

第二节　知识产权保护的国际公约与国际组织

迄今为止，国际社会有关保护知识产权的国际公约主要有《保护工业产权巴黎公约》、《保护文学艺术作品伯尔尼公约》、《商标国际注册马德里协定》、《商标注册条约》、《专利合作条约》、《世界版权公约》、《保护表演者、录音制品制作者与广播组织公约》、《建立世界知识产权组织公约》以及一些区域性的保护知识产权条约等。

一、专利权保护的国际公约

(一)《保护工业产权巴黎公约》

《保护工业产权巴黎公约》(以下简称《巴黎公约》) 于 1883 年在法国巴黎签订，于 1884 年 7 月生效。《巴黎公约》是保护工业产权方面缔结时间最早、成员国最为广泛、影响时间最长的一个综合性国际公约。公约自缔结以来经过多次修订，形成了不同的文本，目前大多数国家采用的是 1967 年的斯德哥尔摩文本。我国于 1984 年加入《巴黎公约》，自 1985 年 3 月 19 日起该公约对我国生效。我国在参加《巴黎公约》时作了保留声明，即如果我国对《巴黎公约》的解释问题或适用问题上与其他国家发生争议，我国将不按照国际法院规约将争议提交国际法院解决。

《巴黎公约》保护范围涉及发明、实用新型、工业品外观设计、商标、服务标记、商号、原产地标记或原产地名称以及制止不正当竞争。由于各成员国利益方面的矛盾和立法上的差异，《巴黎公约》并没有给各成员国提供一套统一适用的工业产权法，仅规定了各成员国必须遵守的基本原则和一些对各成员国国内立法的最低要求。这些原则主要有国民待遇原则、优先权原则、强制许可原则、独立性原则。

1. 国民待遇原则。《巴黎公约》第 2 条规定：在工业产权的保护方面，公约成员国的国民（自然人和法人）在其他成员国内应享有各该国法律现在或今后给予其国民的各种利益，无论他们在该国是否有住所或营业所，只要他们遵守对该国国民适用的条件和手续；第 3 条规定：非成员国的国民，只要在任一成员国领土内有住所或有真实的、正当的工商营业所，也可享有与公约成员国国民同样的待遇。

2. 优先权原则。《巴黎公约》第 4 条规定，对发明、实用新型、外现设计和商标的申请人给予优先权。即申请人自首次向任一成员国提出申请之日起，可以在一定的期限内以同一发明或商标向其他成员国提出申请，以第一次提出申请的日期作为在后提出申请的日期。具体而言，发明和实用新型的优先权期间是 12 个月，外观设计和商标为 6 个月。

3. 强制许可原则。《巴黎公约》第 5 条规定：各成员国可采取立法措施，规定在一定条件下可以核准强制许可，以防止专利权人可能对专利权的滥用。具体而言，专利权人自提出申请日起满 4 年，或自批准专利权之日起满 3 年若无正当理由未实施或没有充分实施的，各成员国可以根据任何人的申请，给予其实施该发明的强制许可。当然，取得强制许可方应向专利权人支付合理的报酬；同时，强制许可不具独占性，除取得强制许可的第三人外，专利权人仍可以实施其专利。另外，在颁发第一个强制许可证满两年后，如果专利权人仍无正当理由而未实施或未充分实施专利，主管部门可撤销该专利权。

4. 独立权原则。《巴黎公约》第 4 条之（2）规定：一个申请人就同一项发明和商标在不同成员国取得的专利权和商标权是彼此独立、互不影响的。即同一发明或商标在一成员国被授予了专利权或商标权后，在其他成员国不一定能够获得专利权或商标权；某项专利或商标的申请被某一成员国驳回，并不妨碍其他成员国批准该项专利申请或注册商标申请；某一成员国撤销了某项专利申请或注册商标申请，或者作了专利权、商标权的无效宣告，并不影响其他成员国承认该项专利权、商标权继续有效。但是，商标独立性原则有一例外，即如果一项商标在本国已经获得了合法的注册，那么在一般情况下，它在其他成员国的申请就不应被拒绝。

此外，《巴黎公约》还规定：发明人有权要求在专利上署名；成员国不得以专利产品或以专利方法制造的产品的销售受到国内法限制为由，拒绝授予专利权或宣告专利权无效；成员国的船只、飞机或车辆暂时进入另一成员国时，在其运输工具上使用了后一国家批准的专利权，不视为侵权；一种产品输入到对该产品的制造方法有专利权保护的成员国时，就该进口产品，专利权人应享有进口国法律对按照该专利方法在其境内制造产品所授予的一切权利；在任何情况下，成员国都不得以商品的性质为由，拒绝给有关商品注册商标；对于成员国商标主管机关认定的驰名商标，不论其在其他成员国是否注册，都应受到保护；成员国应禁止两种标记作为商标，一是成员国的国徽、国旗或其他象征国家的标记，二是成员国参加的政府间组织的旗帜、徽记、名称及其缩写。成员国希望获得上述保护的，应当符合公约规定的条件。

（二）《专利合作条约》

《专利合作条约》于 1970 年 6 月 19 日在华盛顿签订，于 1978 年生效。该条约是一个非开放性的国际条约，它只对《巴黎公约》的成员国开放，一个国家只有参加了《巴黎公约》之后才可申请加入《专利合作条约》。我国于 1993 年 9 月 13 日正式向世界知识产权组织递交加入书，1994 年 1 月 1 日对我国生效。

《专利合作条约》是在《巴黎公约》的原则指导下产生的一个关于专利申请程序的公约，对专利申请的接受与审查程序规定了国际统一规则，不涉及专利的批准问题，完全是程序性的。条约的主要内容是确立了“一项发明一次申请制度”，即成员国的居民或国民只需向受理国际专利申请的本国专利机构提出一次申请，并指明其发明拟获得哪些国家的专利权，其申请效力等同于申请人分别向各成员国提出专利申请的效力。这大大简化了在成员国范围内申请专利的手续，既方便了申请人在两个以上国家提出专利申请，同时也减轻了各成员国专利局的工作量。

具体而言，国际申请应首先向成员国专利局提出，并至少指定一个其希望获得专利权的成员国（指定国）。受理局接受申请并进行形式审查，确定国际申请日，然后，再将申请案分别提交给世界知识产权组织国际局和国际检索单位。国际检索单位收到转来的申请案之后，对申请案进行新颖性检索，以确定是否与已存在的技术重复，国际检索单位对申请案进行检索后提出国际检索报告，分别送交申请人和国际局。自国际申请日起满 18 个月后，国际局应公布国际申请案和检索报告，并将该申请案及检索报告一同送交指定国专利局。自国际申请日起满 20 个月之后，国际申请进入国内阶段，由指定国专利局根据其国内法进行审批，以决定是否授予专利权。

二、商标权保护的国际公约

《巴黎公约》对商标权的国际保护原则作了明确规定，但对于商标在成员国的注册问题未作规定，容易引起各个成员国重复同一手续或程序，对商标注册问题造成不利。解决商标权国际注册问题的是《商标国际注册马德里协定》和《商标注册条约》。

（一）《巴黎公约》

《巴黎公约》保护商标权的部分同保护专利权的部分相近，其中关于国民待遇原则、优先权原则、强制许可原则、独立性原则的规定基本相同，在专利权保护部分已经论述，有关条款的内容不再重述。

（二）《商标国际注册马德里协定》

《商标国际注册马德里协定》（简称《马德里协定》）于 1891 年 4 月 1 日在西班牙马德里缔结，1892 年 7 月 15 日生效。该协定的成员国必须是《巴黎公约》的成员国，我国于 1989 年 7 月加入公约，同年 10 月 4 日对我国正式生效。

《马德里协定》是一个程序性的国际商标注册公约，共有 18 条，其主要内容如下：

1. 商标国际注册程序。商标注册的申请人在其国内获得商标注册后，可向本国主管商标的机关提交商标国际注册的申请，并缴纳有关费用。本国主管机关审查后，将申请案转呈世界知识产权组织国际局，国际局对该申请案进行形式审查后认为符合要求的，予以公布并通知申请人所要求的对其商标予以保护的成员国，由有关成员国依其国内法决定是否准予其商标注册申请。

2. 国际注册的效力。国际局通过申请案审查之日起，就等于直接向要求对其商标予以保护的成员国进行注册申请，有关成员国如果在 1 年内不向国际局提出驳回注册的声明，便视为该商标已在该国核准注册。

3. 国际注册的期限。经国际局注册的商标，其有效期为 20 年，且可以无限续展，每次展期也是 20 年。在有效期届满前 6 个月，国际局将向商标权人明示商标权即将到期。对于期满而又未提出续展的，可给予 6 个月的宽展期，在宽展期内提出续展的，要缴纳一定数额的罚款。

（三）《商标注册条约》

《商标注册条约》于 1973 年 6 月 12 日在维也纳签订，1980 年 8 月 7 日生效，该协定的成员国必须是《巴黎公约》的成员国。

根据《商标注册条约》的规定，申请人可以直接向世界知识产权组织国际局提出申请，并获得国际注册，不必要事先经过本国商标注册机构注册。各成员国在接到国际局的文件后15个月内未加拒绝，该申请案的“国际注册”便在该国自动生效。如果该项注册生效3年后未在该国使用，该国可以取消其注册。商标注册的有效期为10年，也可以无限期续展，续展期为10年。国际商标注册可以在国际局登记后转让。

三、版权保护的国际公约

版权在我国又称著作权，其保护同工业产权的保护一样，传统上受地域性的限制，即一国法律保护的版权只在该国境内有效，若要使本国法律保护的版权也在国外受到保护，则主要通过签订国际条约来实现。目前，有关版权保护的国际公约主要有《保护文学艺术作品伯尔尼公约》和《世界版权公约》。

（一）《保护文学艺术作品伯尔尼公约》

1886年9月9日，英国、法国、德国、意大利、西班牙、比利时、瑞士、利比里亚、海地、突尼斯10个国家在瑞士缔结了《保护文学艺术作品伯尔尼公约》（以下简称《伯尔尼公约》）。该公约于1887年12月5日生效，是世界上第一个保护文学、艺术和科学作品的国际公约，也是至今影响最大的版权公约。公约历经几次修订，最新文本是1971年巴黎文本，该文本也是目前大多数成员国采用的文本。我国于1992年7月正式加入《伯尔尼公约》。公约就著作权国际保护的基本原则、最低限度保护标准及对发展中国家的特殊待遇等问题作了较为详尽的规定。

《伯尔尼公约》调整范围十分广泛，包括以任何形式表现出来的文学、艺术和科学作品。在版权保护方面，公约采取的主要原则有国民待遇原则、自动保护原则、独立保护原则。

1. 国民待遇原则。《伯尔尼公约》规定的国民待遇原则又称“双国籍国民待遇”，从公约的第3条、第4条及第5条可以看出，以下几种人可享有国民待遇：（1）成员国的国民，不论其作品是否发表，此即公约中的“作者国籍”标准；（2）非成员国国民，但其作品是首次在一成员国出版或在一成员国及一非成员国内同时出版，此即公约中的“作品国籍”标准；（3）虽非成员国国民，但在一成员国有惯常居所的；（4）电影作品的作者，只要其作品的制片人在某一成员国有惯常居所的；（5）建筑作品及有关艺术品的作者，只要建筑物或建筑物中的艺术品位于成员国境内的。

2. 自动保护原则。《伯尔尼公约》规定，享有及行使依国民待遇所提供的有关权利时，不需要履行任何手续。根据这一原则，公约成员国国民及在成员国有惯常居所的其他人，在作品完成时即自动享有版权；非成员国国民又在成员国无惯常居所者，其作品首先在成员国出版时即享有版权。

3. 版权独立原则。《伯尔尼公约》规定，享有国民待遇的作者在任何成员国所得到的版权保护，不以其作品在来源国是否还受到保护为条件。

此外，《伯尔尼公约》还规定了最低限度保护标准。公约规定，各成员国不论是对本国作品还是对外国作品的版权保护都不得低于公约规定的最低限度。作者就其文学艺术作品享有的权利受公约保护，不考虑其表现方式和形式。保护期限为作者有生之年和死后的50年，对于难于确认的匿名作品和笔名作品，保护期限为发表后的50年。

（二）《世界版权公约》

1952年9月6日在日内瓦签订了《世界版权公约》，1955年9月16日正式生效。我国于1992年7月1日正式加入该公约。《世界版权公约》与《伯尔尼公约》是两个相互独立的公约，一国可以选择参加其一，也可以同时参加，但原先参加《伯尔尼公约》的成员国，不能退出原公约而只参加《世界版权公约》。根据《世界版权公约》第17条附加声明的规定，既参加了《伯尔尼公约》又参加了《世界版权公约》的国家之间的版权保护关系，应服从《伯尔尼公约》的条款。

《世界版权公约》的规定在许多方面与《伯尔尼公约》类似，与《伯尔尼公约》的主要不同之处如下：

1. 保护的客体。《世界版权公约》规定各成员国应对文学、科学、艺术作品，包括文字、音乐、戏剧和电影作品，以及绘画、雕刻和雕塑七种作品的作者及其他版权所有者的权利，提供充分有效的保护。相对于《伯尔尼公约》，该公约的保护客体较少。

2. 保护的权利。与《伯尔尼公约》相比，《世界版权公约》只保护经济权利而不保护精神权利，即使对于经济权利，也只列举了四项，即复制权、表演权、广播权和演绎权。

3. 保护期限。《世界版权公约》规定作品的保护期不得少于作者有生之年及其死后25年；对于摄影作品和实用艺术作品，其保护期不少于10年。与《伯尔尼公约》相比，受《世界版权公约》保护的作品的保护期较短。

4. 非自动保护原则。根据《世界版权公约》的规定，受保护的作品只要具备一定形式，便可在其他成员国自动受到保护，而不必履行任何登记注册手续。具备一定形式是指在作品的版权页上必须标有三项内容：版权标记；首次出版的年份；版权所有人的姓名。这一规定是对《伯尔尼公约》及泛美版权公约的妥协。

（三）关于邻接权保护的《保护表演者、录音制品制作者与广播组织公约》

1961在罗马签订了《保护表演者、录音制品制作者与广播组织公约》，简称《罗马公约》。该公约是世界上第一个关于邻接权国际保护的国际公约。《罗马公约》是“非开放性”的，即参加国必须是《伯尔尼公约》或者《世界版权公约》的成员国。公约规定了受公约保护的主体、保护的对象、取得保护的条件、保护的期限。

1. 公约保护的主体。对此，公约采用了国民待遇原则。对于表演者、录音制品制作者和广播组织，公约分别规定了可在另一缔约国享有国民待遇的条件。

（1）对于演员、音乐家、歌唱者等表演者，只要符合下列条件之一，便可在另一缔约国享有国民待遇：表演在另一缔约国进行的；表演已被录制在受该公约保护的录制品上；虽然表演未被录制，但在该公约所保护的广播节目中播放。

（2）对于录音制品制作者，只要符合下列条件之一，可在任何成员国享受国民待遇：录音制品制作者是一成员国的国民；首次录音是在另一个成员国制作的；录音制品是在另一成员国首次发行的。

（3）对于广播组织，只要符合下列条件之一，成员国就应当给予其国民待遇：该广播组织的总部设在罗马公约的缔约国中；有关节目是从公约缔约国中首次发送。

2. 公约保护的对象。公约的保护对象是邻接权。而所谓邻接权是指表演者、录音制品制作者与广播组织者共同使用作品时，产生的与版权相邻的新的权利。

表演者的邻接权有：未经表演者同意，不得广播和向公众传播他们的表演；不得录制他们未曾录制过的表演；不得复制他们的表演的录音或录像。录音制品制作者的邻接权有：享有授权或禁止他人直接或间接复制其录音制品的权利。广播组织的邻接权有：授权或禁止他人传播其广播节目；授权或禁止他人录制其广播节目；授权或禁止他人复制其广播节目的录音或录像；授权成或禁止在收门票的公共场所向公众传播电视节目等方面的权利。

3. 取得保护的条件。公约对此采用了自动保护和非自动保护原则。公约对于表演者享有部分邻接权、广播组织就广播节目享有全部邻接权，实行的是自动保护原则。但对录音制品制作者就其录音制品享有的邻接权以及表演者就载有其表演的录音所享有的邻接权，提出了形式上的要求，即受保护的录音制品的一切复制件上必须标有“录制品邻接权保留”符号、首次发行年份和主要表演者及权利人姓名，实行的是非自动保护原则。

4. 保护的期限。公约规定给予邻接权的保护期限不少于 20 年。录音制品或录制于录音制品中的表演的保护期，自录制年份的 12 月 31 日起计算；未录制于录音制品中的表演，自表演发生年份的 12 月 31 日起计算；广播节目自播出年份的 12 月 31 日起计算。

四、《与贸易有关的知识产权协议》

经关贸总协定乌拉圭回合谈判于 1994 年达成的《与贸易有关的知识产权协定》(以下简称《TRIPS 协定》)，作为世界贸易组织协议的重要组成部分，已成为目前有关知识产权国际保护最重要的多边协议，适用于所有世界贸易组织成员。

(一)《TRIPS 协定》产生的背景

在 1986 年以前，知识产权国际保护问题基本上都是在世界知识产权组织（WIPO）的范围内讨论的，大部分是关于国际货物贸易的运行规则，只有个别条款提到了原产地标志、专利、商标和版权的保护问题。这些条款的立法初衷并非为知识产权国际保护确立一套专门的制度，而只是不让知识产权保护问题妨碍国际贸易的自由进行，也不让贸易自由化妨碍知识产权的行使和保护。自 20 世纪 70 年代末 80 年代初以来，在国际贸易中高科技产品和技术贸易的比重不断上升，知识和技术的跨国界流动更加频繁，技术含量高的产品进入市场后很容易被仿冒，使研制者和生产者的利益得不到保护，知识产权的争端不断产生。而传统的 WIPO 不存在实施保护和解决争端的专门组织，还有一些国家并无知识产权立法。美国等发达国家一直试图把知识产权保护纳入关贸总协定多边法律框架中，在 GATT 最后一轮多边谈判——乌拉圭回合谈判中，经多次磋商 1986 年 9 月埃斯特角城部长会议决定把知识产权问题列入谈判日程。1991 年 12 月初步达成了《与贸易有关的知识产权协议》。1994 年 4 月各国代表在摩洛哥的马来喀什签字，于 1995 年 1 月 1 日生效，于 2001 年 12 月 11 日对中国生效。

(二)《TRIPS 协定》的主要内容

1. 与其他知识产权保护公约的基本关系

《TRIPS 协定》在其序言中强调要与 WIPO 和其他国际组织建立和发展相互支持的关系，并将已有的 30 多个知识产权条约进行了分类：(1) 基本完全肯定、要求全体成员必须遵守并执行的国际公约。这类国际公约有 4 个：《保护工业产权巴黎公约》、《保护文学和艺术作品的伯尔尼公约》、《保护表演者、录音制品制作者与广播组织公约》、《集成电路知识产权条约》。(2) 基本完全肯定、要求全体成员按对等原则执行的国际公约。这类国际公约共有十余个，主要是《巴黎公约》的子公约。(3) 不要求全体成员遵守并执行的国际公约。凡是 TRIPS 没有提到的也不属于上述两类的公约，均不要求全体成员遵守并执行，主要有《世界版权公约》、《录音制品公约》等。

2. 提出了知识产权保护的若干原则

《TRIPS 协定》再次强调和肯定了以往国际知识产权保护公约中已经提到了的重要原则：国民待遇原则、社会公德和公众健康原则、对权利的合理限制原则、保障公共程序原则、权利的地域性独立原则、优先权原则、版权自动保护原则等。同时，也提出了有关知识产权保护的一些新原则，如最惠国待遇原则、透明度原则、争端解决原则和对行政终局决定的司法审查原则等。

(1) 国民待遇原则。该原则在 1883 年通过的《巴黎公约》中已经提到，TRIPS 再次要求各个成员必须共同遵守这个基本原则。TRIPS 规定，该原则除了适用于独立主权国家外，独立关税地区也可以适用；TRIPS 协议将国民待遇原则的运用范围较以往扩大了很多，但基于保护公共秩序、社会公德和公众健康的普遍考虑，对于那些违法的、危害公众健康、危害社会公德的知识产权不会给予保护。

(2) 权利地域性独立原则。《TRIPS 协定》第 2 条肯定了《巴黎公约》、《伯尔尼公约》规定的权利地域性独立原则，强调各成员国对知识产权保护的法律制度是独立的，知识产权的保护只在其依法加入并且确认的成员的行政区域内受到保护。各个成员国可以根据其具体的需要在不违反协定规定的条件下自行决定适当的方法来实施 TRIPS 的规定。

(3) 优先权原则。专利、商标申请优先权原则是《巴黎公约》最早提出来的，它规定在第一次提出专利、商标注册申请后，在一定的期限内又在其他成员国提出同一申请，可以将第一次申请日作为申请或注册日。《TRIPS 协定》第 62 条第 3 款规定了这一原则同样适用于服务商标，将商标优先权的适用范围由商品商标扩大到服务商标。

(4) 版权自动保护原则。版权自动保护原则是《伯尔尼公约》首先提出来的，《TRIPS 协定》第 9 条第 1 款规定了这个原则，并加以强调和肯定。

(5) 最惠国待遇原则。它是指任何成员方对另一国国民所给予的利益、优惠、特权及豁免，应立即无条件地给予所有其他成员国的国民。最惠国待遇原则是 WTO 的一个基本原则，《TRIPS 协定》首次将该原则延伸到知识产权保护领域。

(6) 透明度原则。《TRIPS 协定》第 63 条规定了透明原则，它源于 GATT 第 10 条第 1 款“任何缔约方实施的关于下列内容的普遍适用的法律、法规、司法判决和行政裁定应迅速公布，使各国政府和贸易商能够知晓”。透明度原则是防止各成员间产生争端的前提条件和重要措施。

(7) 争端解决原则。此原则来自于 GATT，《TRIPS 协定》将《争端解决规则及程序的谅解》明确地适用于知识产权问题的磋商和争端解决中，将 WTO 的争端解决程序引入知识产权保护中，对其保护提供了更大的执行力。

(8) 对行政终局决定的司法审查原则。该原则明确了 TRIPS 对知识产权有关程序的行政终局决定都应接受司法当局的审查。这在《TRIPS协定》第41条和第62条予以明确规定。

3. 规定了成员保护知识产权的最低要求

《TRIPS协定》从7个方面规定了成员保护各类知识产权的最低要求，包括：版权与邻接权、商标权、地理标志权、工业品外观设计权、发明专利权、集成电路布图设计权和未披露的信息权（即商业秘密）等，并涉及对限制竞争行为的控制问题。

此外，《TRIPS协定》对各成员的知识产权执法提出了总体要求，包括民事、行政程序及司法救济措施。另外，此协议有条件的将不同类型的成员加以区别。原则上将成员国分为发达国家成员、发展中国家成员、正在从中央计划经济向市场经济转轨国家成员、最不发达国家成员等几类，在一些条款的执行上给予不同的限期。

第三节 知识产权的法律冲突及法律适用

一、知识产权的法律冲突

传统的国际私法之所以很少涉及知识产权的法律冲突和法律适用问题，是因为知识产权的严格地域性决定了它不具有域外效力，当然也不会发生法律冲突。没有法律冲突也就不存在法律适用的问题了。但从19世纪以来，由于世界经济、文化的迅速发展，知识产权的地域性特征逐渐减弱，人们在一个国家所取得的专利、商标和著作的专有权，也迫切需要在其他国家得到法律保护，但由于缔约国之间立法的差异，就会在专有权的原始国和被请求国之间产生法律冲突。

首先，《巴黎公约》和《伯尔尼公约》在保护的主体上均确立了国民待遇原则，这导致在知识产权领域一成员国的国民在其他成员国内享有与后者国民相同的权利，从而取得相应的法律地位，这为涉外知识产权关系的产生提供了前提条件。其次，《巴黎公约》和《伯尔尼公约》在对涉外知识产权关系保护程度上又确立了独立保护原则，即各成员国对相应知识产权的保护依其本国法，这实际上又相互承认了各成员国本国知识产权法的法律效力，接受了法律冲突的存在。再次，随着国际交流的发展，一项智力成果在甲国开始进行，在乙国完成，在丙国取得注册或者获得专利，在丁国实施的现象也屡见不鲜，这就使得一项权利往往涉及多个国家的法律效力。

二、知识产权的法律适用

知识产权的法律适用问题，实质上是关于知识产权的国际保护问题，即用什么样的法律来保护超越一个国家界限的知识产权。知识产权的法律适用经历了由单纯国内专利法、商标法、著作权法进行调整，到以国内立法与国际条约相结合来调整的过程。具体来讲，知识产权法律适用的原则有以下几种：

（一）适用国际条约原则

适用国际条约原则即指专利权、商标权、著作权的国际保护适用国际公约或条约。用国际公约或条约来统一专利权、商标权、著作权的国际保护条件，能够避免法律冲突，使知识产权的国际保护简便易行，也有利于知识产权在全球范围的转让和流动。所以，我们应该对知识产权国际保护中条约的作用给予足够的重视。目前，调整知识产权国际保护的国际公约很多，如在专利权方面就有《巴黎公约》、《专利合作条约》、《斯特拉斯堡公约》、《欧洲共同体专利公约》；在商标权方面有《巴黎公约》、《商标国际注册马德里协定》、《商标注册条约》、《尼斯条约》、《商标图形分类协定》、《比荷卢统一商标法》；在版权方面有《伯尔尼公约》、《世界版权公约》、《跨国著作权法》（《班吉协定》）；在邻接权国际保护方面有《保护表演者、录音制品制作者和广播组织公约》、《保护录音制品制作者防止未经许可复制其录音制品公约》、《关于播送由人造卫星传播的载有节目信号的公约》；以及涉及知识产权各个领域并有新的发展的《与贸易有关的知识产权协定》。

（二）适用原始国法律原则

适用原始国法律原则指知识产权争议应适用知识产权产生国或首次授予国法律。其主要理由是认为可以保证知识产权在不同的国家有相同待遇，避免侵权人有机会选择知识产权的准据法。1928 年的《巴斯塔曼特法典》采用了这种做法，其第 105 条、第 108 条分别规定："一切财产，不论其种类，均依其所在地法。""工业产权、著作权以及法律所授予并准许进行某种活动的一切其他经济性的类似权利，均以其正式登记地为其所在地法。"1967 年《法国民法典》第 2305 条规定："文化及艺术产权由作品的首次发表地法规定，工业产权由注册或登记地法规定。"1966 年《波兰国际私法》规定："出版契约，依发行人缔约时住所地法。"适用原始国法律是各国使用最早和最普遍的原则。

（三）适用保护国法律原则

适用保护国法律原则即指一项在原始国产生的知识产权能否在某外国得到真正的保护，应该取决于实施权利行为地法或者侵权发生地法，而不是其他准据法。《奥地利联邦国际私法法规》第 34 条规定："无形财产的创立、内容和消灭，适用使用行为或侵权行为发生地国家的法律。"

（四）原始国法律和保护国法律兼用的原则

根据该原则，知识产权的产生和存续适用原始国法律，知识产权的使用行为适用保护国法律。1929 年《匈牙利国际私法》第 19 条和第 20 条规定，著作权依被请求保护的国家的法律，对发明者或者利益继承人的保护，适用专利证发出国或专利申请地法。

（五）意思自治与最密切联系原则

该原则多适用于知识产权的转让合同和技术许可协议。根据该原则，在满足以下三个条件的情况下，知识产权的转让可以适用当事人选择的法律。第一，所选择的法律必须与许可协议有实质性的联系或合理的依据；第二，所选择的法律不得违背输入国的强制性规定；第三，所选择的法律不得违背有关国家的公共利益和秩序。如果当事人没有明示或默示适用哪国法律时，则适用与知识产权转让关系有最密切联系的国家的法律。

第四节　中国关于知识产权国际保护的立法

一、中国知识产权保护的法律体系

我国自 80 年代以来，相继加入了许多重要的保护知识产权的国际公约，与许多国家签订了有关知识产权保护的双边协定，有关涉外知识产权方面的国内立法也不断完善，形成了较为完善的知识产权国际保护体系。

（一）专利权方面

我国于1984年颁布了《专利法》，1992年9月做了部分修改，扩大了专利保护的技术领域，延长了专利的保护期限；2000年8月，为加大专利保护的力度，简化专利审批程序，我国按《TRIPS协定》的要求进一步完善了《专利法》的有关规定，修改后的《专利法》于2001年7月1日生效。为了便于实施，我国于2001年6月发布了《专利法实施细则》。2008年对《专利法》进行了第三次修订，2010年修订了《专利法实施细则》。此外，还制定有《专利代理条例》、《关于受理台胞专利申请的规定》、《关于港澳地区专利申请若干问题的规定》等。

在国际条约方面，我国于1984年11月加入《保护工业产权的巴黎公约》，自1985年3月19日起该公约对我国生效。但我国在参加时有保留声明，即如果我国对《巴黎公约》的解释问题或适用问题与其他国家发生争议，我国将不按照国际法院规约将争议提交国际法院解决。1993年参加了《专利合同条约》，该条约于1994年1月1日起对我国生效。2000年，加入世界贸易组织，我国必须按照《TRIPS协定》的要求，对知识产权提供国际保护。

（二）商标权方面

我国1982年颁布了《商标法》，1993年对《商标法》进行了修订；2001年10月对《商标法》进行了第二次修订，按照《TRIPS协定》完善了《商标法》的有关规定，并于2002年8月3日发布了《商标法实施条例》。2013年对《商标法》进行了第三次修订，自2014年5月1日起施行；2014年修订了《商标法实施条例》，自2014年5月1日起施行。此外，还制定有《关于禁止擅自持他人商标在国外注册的通知》、《关于对外贸易中商标管理的规定》、《关于商标法修改决定施行后商标案件管辖和法律适用问题的解释》等。在国际条约方面，我国于1989年5月25日决定加入《商标国际注册马德里协定》。

（三）著作权方面

我国1990年颁布了《著作权法》，2001年和2010年进行了修订；1991年6月颁布了《计算机软件保护条例》、2002年8月2日发布了《著作权法实施条例》，这两部行政法规都经过了2011年和2013年两次修订。在国际条约方面，我国于1992年加入《保护文学艺术作品伯尔尼公约》和《世界版权公约》，随后又于1993年加入《保护录制者、防止录制品被擅自复制日内瓦公约》。为符合国际版权公约的规定，作为一种过渡性安排，我国于1992年9月颁布了《实施国际著作权条约的规定》，对公约其他成员国作者的著作权按公约的要求给予保护，保护水平高于对中国作者的保护。2001年《著作权法》取消了外国作者的超国民待遇，给国内作者和国外作者以同等的保护。

二、中国关于涉外知识产权法律适用的规定

2011年4月1日起施行的我国《涉外民事关系法律适用法》首次就涉外知识产权的法律适用作了专章规定，共三个条文，没有对专利权、商标权与著作权加以区分规定。其中，第48条是关于涉外知识产权关系法律适用的一般规定：“知识产权的归属和

内容，适用被请求保护地法律。”第 49 条是关于知识产权合同关系的法律适用规则："当事人可以协议选择知识产权转让和许可使用适用的法律。当事人没有选择的，适用本法对合同的有关规定。”第 50 条是关于知识产权侵权责任的法律适用规则："知识产权的侵权责任，适用被请求保护地法律，当事人也可以在侵权行为发生后协议选择适用法院地法律。”需要注意，《涉外民事关系法律适用法》第 49 条和第 50 条关于知识产权合同关系和侵权关系的法律适用，相较于该法第 41 条和第 44 条关于一般合同之债和一般侵权之债的法律适用，构成特别规定和一般规定的关系，应得到优先适用。

思考题

1. 什么是知识产权的国际保护?

2. 简要分析我国《涉外民事关系法律适用法》第 48 条的规定，如何理解该条冲突规范的适用范围以及“被请求保护地法律”?

第十四章　涉外婚姻家庭关系

婚姻家庭是文明社会的基石，世界上每个国家都有自己的婚姻家庭立法。这些法律不仅反映各国的社会经济制度，而且受到各国不同的道德观念、宗教信仰、自然条件以及传统的生活方式和风俗习惯的影响，有关婚姻家庭的立法也就各不相同。由于国际上这一领域还没有统一实体规范，对涉外婚姻家庭关系就主要依靠各国的冲突规范和统一冲突规范来调整。较之其他民商事关系，法院的司法管辖权显得尤为重要，许多国家将其纳入本国专属管辖范围。同时，它也是涉及冲突法基本问题最多的领域，识别、反致、公共秩序保留和法律规避问题较多出现在婚姻家庭领域。因而，婚姻家庭关系的法律适用显得较为复杂和特殊，在传统国际私法中占有重要地位。

国际私法所调整的涉外婚姻家庭关系，主要表现在两个方面：一是在一国领土范围内，本国人与外国人之间和外国人之间的婚姻家庭关系；二是在一国境外，本国人之间和本国人与外国人之间的婚姻家庭关系。就婚姻家庭关系的内容而言，涉及涉外结婚、离婚、夫妻关系、亲子关系、收养关系和监护关系等。

第一节　涉外结婚

结婚是男女双方依照法律规定的条件和程序确立夫妻关系的法律行为，即它的有效成立应当符合法律规定的实质要件和形式要件。由于各国法律关于婚姻成立要件的规定存在诸多不同，法律冲突实难避免，各国关于解决法律冲突的规定也并不一致。

一、结婚实质要件及其法律适用

（一）结婚实质要件的法律冲突

所谓结婚的实质要件是指法律规定的当事人结婚必须具备的条件和必须排除的条件，前者亦称结婚的积极条件，如当事人必须达到法定婚龄、具有结婚能力等；后者亦称结婚的消极条件或禁止条件，如双方不属于禁止结婚的血亲等。从各国的婚姻立法来看，对结婚实质要件的不同规定主要体现在以下方面：

1. 各国规定的法定婚龄不同。法定婚龄是法律规定的最低结婚年龄，各国通常根据自然人生理、心理和精神上的成熟，同时考虑社会情况、人口政策等因素来确定。从总体来看，各国立法关于法定婚龄的规定相差悬殊，大致可以分成高位、中位和低位。高位者，男 20 岁女 18 岁左右；中位者，男女均约 18 岁；低位者，男女均 16 岁以下。

高位（男/女）	中位（男/女）	低位（男/女）
中国（22/20） 阿尔及利亚（21/18） 越南（20/18）	法国（18/18）新加坡（18/18） 日本（18/16）俄罗斯（18/16） 巴基斯坦（18/16）埃及（18）	巴拉圭（16/15）墨西哥（16/15） 格鲁吉亚（15/15）尼日尔（15） 马尔代夫（15/15）肯尼亚（16）

2. 结婚当事人双方自愿。目前，世界上除少数国家在不同程度上存在包办婚姻残余外，几乎所有国家法律都规定结婚必须男女双方自愿。例如，1804 年《法国民法典》第 146 规定“未经合意不得成立婚姻”。另外，一些国家规定的法定婚龄较低，立法中常常要求未达一定年龄的人结婚必须征得父母同意，在结婚当事人双方自愿问题上作了一定限制。例如，日本规定未满 20 岁，格鲁吉亚规定未满 18 岁，新加坡规定未满 21 岁非经父母同意不得结婚。

3. 禁止近亲通婚。禁止血亲结婚是优生优育和维护必要伦理纲常的要求，各国法律都规定直系亲属不能结婚，但对旁系血亲不能结婚的范围则有不同的规定。例如，《日本民法典》第 734 条规定“三亲等的旁系血亲不得结婚”，保加利亚规定四亲等以内的旁系亲属不得结婚，罗马尼亚禁止五亲等以内的旁系血亲间通婚。关于姻亲之间能否结婚的问题，有些国家法律明文禁止一定范围的姻亲结婚，如日本、法国、瑞士、丹麦等国法律均禁止直系姻亲间结婚。但姻亲关系解除后能否结婚，各国的立法也不尽一致。有的仍加以限制，如《日本民法典》第 735 条规定，即使因为离婚或一方死亡而使姻亲关系消失，也不得结婚。有的则规定因姻亲关系终止而解除结婚禁令，如《法国民法典》规定，夫妻一方死亡，共和国检察官有权取消直系姻亲间禁婚的限制。

4. 配偶制。目前除伊斯兰国家、少数非洲国家和印度的正统印度教徒允许一夫多妻制，世界各国均实行一夫一妻制。伊斯兰世界的一些国家也开始对传统的多妻制度进行立法限制，如 1967 年《伊朗家庭权利保护法》规定：“如果已婚丈夫同时希望与另一女人结婚，必须得到法院的许可”。法院负责调查丈夫的经济状况，审核他是否能够公平对待诸妻。约旦、摩洛哥等国法律规定，婚姻双方当事人可以约定丈夫不得多妻。

5. 禁止患有一定疾病的人结婚。为保护配偶另一方的健康以及出于优生优育的考虑，世界上许多国家对患有某些疾病的人结婚进行了限制，但各国规定的具体疾病却有所不同。如《瑞士民法典》第 97 条规定“精神病人，无论何种情形无婚姻能力”，古巴禁止艾滋病病毒感染者结婚。我国《婚姻法》规定，患有医学上认为不应当结婚的疾病的，禁止结婚。

6. 其他有关禁止性规定。有些国家禁止不同种族、不同民族或异教徒之间通婚，如摩洛哥和阿尔及利亚的家庭法均明确禁止穆斯林妇女与非穆斯林男人结婚。也有国家对离婚者的再婚进行限制，如《日本民法典》第 733 条规定，女子在解除前婚之日起 6 个月内禁止结婚；《法国民法典》规定，双方协议离婚者，3 年内均不得再结婚。

（二）结婚实质要件的法律适用

对于结婚实质要件的法律冲突，目前国际上主要采用的法律适用原则如下：

1. 适用婚姻缔结地法。依照该法律适用原则，凡婚姻缔结地法认为有效的婚姻，则到处都有效；凡婚姻缔结地法认为无效的婚姻，则在其他地方也无效。适用婚姻缔结地法的理由主要有三方面：其一，根据“场所支配行为”原则，结婚这一法律行为应受婚姻缔结地法支配；其二，根据既得权理论，当事人依据婚姻缔结地法成立婚姻后，即依该法律取得一种既得权，这一权利应得到其他国家的承认与保护；其三，婚姻的有效成立与否关系到婚姻缔结地所在国的善良风俗和公共秩序，必须适用婚姻缔结地法。

目前，美国许多州和大多数拉丁美洲国家，如墨西哥、阿根廷、秘鲁、智利、巴拉圭、巴西等均采用这一原则。国际公约方面，于 1931 年缔结的斯堪的那维亚国家《关于婚姻的国际私法公约》也采纳了这种法律适用原则。实践中，适用婚姻缔结地法简便易行，容易辨认。但完全依照该原则也会助长当事人规避本国法中关于结婚实质要件的规定，使得“迁徙结婚”这种法律规避现象大量增加。

2. 适用当事人属人法。由于结婚涉及自然人的特别行为能力并导致当事人身份关系的改变，因而一些国家主张适用当事人的属人法。在适用当事人属人法的国家中，法国、日本等大陆法系国家主张适用当事人本国法，英国、加拿大、澳大利亚等国则主张适用当事人住所地法。适用当事人属人法时，如果双方当事人属人法相同，该法律适用原则自然简便易行；如果双方当事人的属人法分属不同国家，各国形成了以下几种做法：

(1) 适用当事人各自属人法。即分别适用双方当事人各自的本国法或住所地法，这种实践不问双方属人法是否存在抵触，只要双方当事人符合各自属人法规定的结婚实质要件即可。这种做法比较宽松，有利于当事人婚姻关系的成立，采用的国家较多。如日本、德国、奥地利、土耳其等。1902 年《海牙婚姻法律冲突公约》第 1 条“缔结婚姻的权利依当事人各自的本国法，但其本国法规定应适用其他国法律者，不在此限”，也采此种做法。

(2) 重叠适用当事人属人法。即重叠适用双方当事人的本国法或住所地法，这种实践要求结婚的实质要件必须同时符合双方的属人法。这样的规定是较为严格的，只有少数国家采用。如 1979 年《匈牙利国际私法法令》第 37 条第 1 款的规定。

(3) 适用法院地法。当事人中有一方的国籍或住所在法院地国时，有的国家主张适用法院地法。如德国《国际私法》第 13 条就作出了这种规定。

按照当事人属人法原则，无论婚姻在何地举行，结婚的实质要件均应遵循其属人法。这样，可以在一定程度上减少当事人规避法律的机会，增强法律关系的稳定性。但机械适用当事人属人法也可能与婚姻缔结地的公共秩序相抵触，从而增加结婚的障碍和困难。在适用过程中，如果双方当事人属人法相互歧义或者涉及无国籍人结婚问题就更不好处理。

3. 混合制。为了兼顾婚姻缔结地和当事人国籍国或住所地国的公共秩序，避免单一法律适用原则可能存在的不足，增强法律适用的针对性、合理性和灵活性，现在越来越多的国家采用了一种“混合制”的规定，即在结婚实质要件的法律适用上兼采婚姻缔结地法和当事人属人法。从各国实践来看有两种做法。

(1) 适用婚姻缔结地法为主兼采当事人属人法。例如，《瑞士国际私法》第 44 条和第 45 条规定适用婚姻缔结地法为一般原则，“在瑞士举行结婚的实质要件由瑞士法律支配”，“在外国有效缔结的婚姻，在瑞士也予以承认”。同时规定一定条件下可以依据当事人的属人法，“如果在瑞士的外国人之间结婚不符合瑞士法律规定的实质要件，但满足当事人一方本国法规定的要件时，仍可以举行结婚”；“在外国缔结的婚姻，如果当事人任何一方为瑞士人或双方在瑞士有住所，他们在外国结婚显然有意规避瑞士法律规定的无效原因的，则不予承认”。

(2) 适用当事人属人法为主兼采婚姻缔结地法。例如，《匈牙利国际私法》第 37 条和第 38 条规定，婚姻实质要件以适用当事人属人法为原则，同时以婚姻缔结地法予以限制，不能存在不可逾越的障碍。

二、结婚形式要件及其法律适用

(一) 结婚形式要件的法律冲突

所谓结婚的形式要件是指婚姻合法成立在形式上的必备条件，即法律规定的结婚必须履行的程序或手续，如办理结婚登记或举行宗教仪式等。关于结婚的形式要件，各国立法有不同的规定。归纳起来主要有以下三种方式。

1. 民事登记方式。婚姻当事人必须到法律指定的婚姻登记机关办理登记手续，取得一定的证件后婚姻才有效成立。日本、法国、德国、保加利亚等国都采用这一方式。但是婚姻登记机关和登记程序并不完全相同，如俄罗斯要求在国家户籍机关登记，法国要求当事人登记前必须张贴结婚公告等。

2. 宗教婚姻方式。婚姻当事人必须按照自己信仰的宗教教规的规定，举行一定的宗教仪式后婚姻才有效成立。西班牙、葡萄牙、希腊等国采用这一方式。也有一些国家允许当事人在宗教婚姻方式和民事登记方式中任选一种，无论按哪一种方式结婚都视为有效，如英国、挪威、瑞典、巴西等国。

3. 事实婚姻方式。事实婚姻方式又称普通婚姻方式，是指不要求履行任何法律手续和仪式，只要男女双方当事人同意结婚并以夫妻身份同居，就成为法律上有效的婚姻。冰岛、瑞士、奥地利等国和美国的一些州均承认这种结婚方式为有效。我国在 1994 年 2 月 1 日之前的司法实践中也认可事实婚姻。

此外，还存在领事婚姻这一特殊的结婚形式。所谓领事婚姻，是指在驻在国不反对的情况下，一国驻国外的领事或外交代表为本国侨民依照本国法律规定的方式办理结婚手续而成立婚姻的制度。这一问题的实质在于驻在国是否承认外国人之间在其内国按照当事人本国法缔结婚姻。驻在国认可领事婚姻方式的，依照这种方式缔结的婚姻在派遣国和驻在国均被视为有效，并且也为任何第三国所承认；驻在国不承认领事婚姻方式的，则领事婚姻只能在派遣国有效，在驻在国是无效的，对第三国来说也可能会被认定为无效。领事婚姻方式现已为许多国家如英国、匈牙利、土耳其、日本等国的国内立法所采纳，它还体现在有关国家签订的双边领事条约和一些国际公约中。

(二) 结婚形式要件的法律适用

1. 适用婚姻缔结地法。根据“场所支配行为”原则，一些国家规定结婚的形式要件适用婚姻缔结地法，结婚方式只要符合婚姻缔结地法的规定即为有效。例如，《土耳其国际私法和国际诉讼程序法》第 12 条第 2 款“结婚的形式适用婚姻举行地法律”。1978 年《海牙结婚仪式和承认婚姻有效公约》第 2 条规定“婚姻的形式要件依婚姻举行地国家的法律”。

2. 适用当事人属人法。一些推行宗教婚姻的国家认为，结婚的宗教仪式并不只是单纯的方式问题，而是灵魂的洗礼，属于实质问题。为了维护本国的公序良俗，这些国家规定本国人或住所在本国的人即使在外国举行结婚，也必须依属人法规定的宗教仪式结婚。西班牙、希腊、塞浦路斯等国即是如此主张。

3．适用婚姻缔结地法或当事人属人法。单纯适用婚姻缔结地法或单纯适用当事人属人法常常会出现“跛脚婚姻”现象，即同一婚姻在一国合法有效而在另一国不被承认。为了避免发生这种情况，一些国家的立法采用选择适用婚姻缔结地法或当事人属人法的方式。日本、奥地利、约旦等国的国内立法即是此种做法。日本2007年《关于法律适用的通则法》第24条第2款规定：“婚姻的形式，适用婚姻举行地法律”，第3款规定：“尽管有第2款的规定，婚姻的形式只要符合当事人一方的本国法，即为有效。但婚姻在日本举行，且当事人一方为日本人时，不在此限”。国际条约方面，1902年《海牙婚姻法律冲突公约》也接受这种主张，该公约第5条规定“依婚姻缔结地法规定方式举行的婚姻，不论任何缔约国均应认为有效”，第7条规定“婚姻的形式在举行地国认为无效，但如依各该当事人的本国法举行的，在其他国家应认为有效”。

近年来一些国家以选择性冲突规范规定结婚方式的法律适用，以较为灵活宽松的态度对待结婚的形式要件问题，反映出广泛承认结婚效力的立法倾向。例如，1995年《意大利国际私法制度改革法案》第28条规定：“就结婚形式而言，如果依据婚姻举行地法，或依据婚姻举行时施行的至少夫妻一方的本国法，或依据婚姻举行时的夫妻双方共同居住地国家的法律，被认为有效，则该婚姻为有效。”

三、中国对涉外结婚法律适用的规定

我国处理涉外婚姻问题的法律规定主要有：1983年民政部发布的《中国公民同外国人办理婚姻登记的几项规定》，1983年外交部、最高人民法院、民政部、司法部、国务院侨务办公室联合发布的《关于驻外使领馆处理华侨婚姻问题的若干规定》，1983年民政部作出的《关于办理婚姻登记中几个涉外问题处理意见的批复》，1986年通过的《民法通则》，1997年民政部、外交部发布的《出国人员婚姻登记管理办法》以及2003年国务院颁布的《婚姻登记条例》等。

关于涉外结婚的法律适用问题，1986年《民法通则》第147规定：“中华人民共和国公民和外国人结婚适用婚姻缔结地法律”。该条规定未区分结婚的实质要件和形式要件，对涉外婚姻的类型规定也不周延，不能不说是留有缺陷。2011年《涉外民事关系法律适用法》对涉外结婚的法律适用做了新的规定，并在该法第51条明确指出《民法通则》第147条“与本法的规定不一致的，适用本法”。因此，自2011年4月1日起，关于涉外结婚的法律适用应依照《涉外民事关系法律适用法》新的规定确定，即结婚实质要件依该法第21条确定其法律适用，形式要件依该法第22条确定。

（一）关于结婚实质要件的法律适用的规定

我国《涉外民事关系法律适用法》第21条规定：“结婚条件，适用当事人共同经常居所地法律；没有共同经常居所地的，适用共同国籍国法律；没有共同国籍，在一方当事人经常居所地或者国籍国缔结婚姻的，适用婚姻缔结地法律。”该条规定一改我国国际私法理论界和实务界比较流行和推崇的结婚实质要件依“婚姻缔结地法原则”，采用了混合原则，以当事人的经常居所地法和本国法为主，以婚姻缔结地法为补充。从整个条文的表述来看，三种情形属递进关系，有选择适用的先后顺序，不可重叠或同时适

用。即首先应适用当事人共同经常居所地法律；在双方不存在共同经常居所地时，采用当事人属人法中的共同国籍国法；当事人既不存在共同经常居所地，也不拥有共同国籍，并且在一方当事人经常居所地或者国籍国缔结婚姻的，才能适用婚姻缔结地法。

对于双方当事人的经常居所地、国籍国以及婚姻缔结地均不存在重合的情况应如何适用法律，《涉外民事关系法律适用法》第 21 条未作规定。此种情形下，应根据《涉外民事关系法律适用法》第 2 条第 2 款的规定“本法和其他法律对涉外民事关系法律适用没有规定的，适用与该涉外民事关系有最密切联系的法律”，适用与涉外结婚有最密切联系国家的法律。

（二）关于结婚形式要件的法律适用的规定

《涉外民事关系法律适用法》第 22 条规定：“结婚手续，符合婚姻缔结地法律、一方当事人经常居所地法律或者国籍国法律的，均为有效。”该条规定属于无条件的选择性冲突规范，只要按照婚姻缔结地法律、一方当事人经常居所地法律或者国籍国法律中任何一种法律所要求的结婚手续缔结婚姻，即被视为有效。相较于《民法通则》第 147 条仅规定适用婚姻缔结地法的做法，《涉外民事关系法律适用法》第 22 条体现出较大的灵活性，其目的是尽可能使结婚形式要件得到有效确认，不使婚姻仅因形式要件欠缺而无效。

（三）结婚实质要件和形式要件区分的法律适用

同世界上大多数国家的立法一样，我国对涉外结婚的形式要件和实质要件也作了区分规定，分别适用不同的法律适用原则。《涉外民事关系法律适用法》第 21 条以有条件的冲突规范类型，对结婚实质要件的法律适用规定了严格的适用条件和顺序；第 22 条则以无条件的冲突规范类型，对结婚的形式要件规定了较多的连接点且要求宽松。究竟应适用第 21 条还是第 22 条的规定，首先必须区分需要解决的问题属于结婚的实质要件问题还是形式要件问题。多数国家法律关于二者的区分标准差别不大，冲突表现并不明显。实践中争议较多的主要集中在对宗教仪式、未达到一定年龄的人结婚须经法定代理人同意、代理婚姻等情形下，关于结婚实质要件和形式要件的判断。这在国际私法上属于涉外民事关系的定性问题，应当按照《涉外民事关系法律适用法》第 8 条的规定，依法院地法为依据进行识别。

第二节　涉外离婚

离婚是在配偶生存期间依法解除婚姻关系的法律行为。离婚制度是各国婚姻法律不可缺少的组成部分。同结婚一样，离婚制度受到各国历史文化、宗教信仰、风俗习惯等影响，在立法内容和司法实践中存在诸多差异。目前，世界各国的法律大都允许离婚，但亦有禁止离婚的，如西方一些信奉天主教的国家长期禁止离婚，只能别居。即使在允许离婚的国家，各国立法对离婚的原因、方式、程序及法律后果等方面的规定互有不同，经常发生法律冲突。同时，由于离婚不仅涉及婚姻当事人双方人身关系的变化、共同财产的分割，还关系子女的抚养和教育等社会问题，各国对涉外离婚案件的管辖权问题一般都在本国法律中作了明确规定。因此，如何解决涉外离婚案件的管辖权和法律适用问题就成为国际私法的重要任务。

一、涉外离婚的法律冲突

涉外离婚的法律冲突包括离婚实质要件和形式要件两个方面的冲突。离婚的实质要件指离婚的条件或理由；形式要件则指离婚的法定程序或方式。

（一）涉外离婚实质要件的法律冲突

现代各国立法一般均对离婚的实质要件有明确规定，但具体规定的内容和方式则不相同，主要有三种方式。

1. 对离婚条件仅作原则性规定。如我国1980年《婚姻法》仅将“夫妻感情确已破裂”作为法院判决离婚的唯一实质要件；原《苏俄婚姻和家庭法》第33条规定“如果法院确认夫妻双方已无法继续共同生活和维持家庭，应准予离婚”。

2. 对离婚条件作具体列举。例如，英国列举夫妻关系变节、不可治愈的精神病、道德上的罪过行为等作为离婚理由。《日本民法典》第770条第1款对准予离婚的理由作出如下列举：（1）配偶有不忠行为；（2）配偶一方被另一方恶意遗弃；（3）配偶生死不明在3年以上；（4）配偶患强度精神病无康复希望；（5）有其他难以继续婚姻关系的重大事由。

3. 原则性规定和列举相结合。例如，1970年《意大利离婚法》确定的离婚原则性规定是“夫妻在精神和物质方面的共同生活难以维持”。同时，又列举了5种离婚理由：（1）一方在婚前或结婚时犯罪（政治犯罪除外），在结婚后被判刑；（2）双方曾被判别居，或双方达成别居协议并经法院批准，现分居已满5年；如果一方不同意离婚，分居期应满6年；如果当时别居判决是出于离婚原告的过错，分居期应满7年。（3）一方是精神病患者；（4）一方已在国外缔结婚姻；（5）一方无能力完成婚姻。挪威、瑞典、英国等均采此种立法方式。

（二）离婚形式要件的法律冲突

在离婚的形式要件方面，世界各国主要采取两种方式。

1. 仅允许通过判决离婚。即由夫妻双方或一方向法院提出离婚申请，法院依法作出判决。目前只有少数国家采用这种方式，如德国《民法典施行法》第17条第2款明确规定“在德国只能通过法院判决离婚”。究其原因，认为法律若承认协议离婚就会把婚姻关系降到普通契约关系地位，忽视了社会在婚姻稳定上的利益。

2. 兼采协议离婚和判决离婚两种方式。即在法律规定的范围内允许当事人以协议的方式自愿离婚，双方未能达成离婚协议可由一方向法院提起离婚诉讼，具备法定离婚理由的法院依法判决离婚。尽管这是目前绝大多数国家在离婚形式要件方面的普遍做法，但各国仍然在协议离婚的范围和具体手续、判决离婚的具体程序等方面存在诸多差异，有关法律冲突在所难免。

此外，一些伊斯兰国家采用宗教离婚方式。例如，中东一些国家采用“达拉克(talak)”宗教方式离婚，犹太人要在犹太教法师前宣布离婚等。

二、涉外离婚案件的管辖权

涉外离婚案件的管辖权是一个相当重要的问题。一方面，在适用法律之前首先得确定适用法律的主体，由不同国家行使管辖权往往导致不同的法律适用，从而产生不同的判决结果。另一方面，它与判决的承认与执行紧密相连，一国法院是否已合法有效地取得管辖权，是其所作离婚判决能否为有关外国承认与执行的重要条件之一。从目前各国的有关规定来看，涉外离婚案件的管辖权主要有以下几种原则。

（一）国籍国法院管辖原则

这些国家一般规定，只要当事人一方为内国人则由内国法院管辖，外国人之间的离婚案件原则上由其本国法院管辖。采用此种立法例最为典型的是法国，《法国民法典》第 14 条和第 15 条确定了国籍管辖原则。在法国处理涉外离婚案件的司法实践中，只要当事人之一为法国人即由法国法院行使管辖权；双方当事人均为外国人的，原则上应由其本国法院管辖，法国法院无管辖权。德国、土耳其、奥地利、匈牙利等国采用这一原则。

（二）住所地法院管辖原则

英美法系国家多以住所或惯常居所作为确定涉外离婚案件管辖权的标准。英国 1973 年《住所与婚姻诉讼法》规定，诉讼开始时婚姻当事人任何一方在英国有住所，或到诉讼开始之日止当事人任何一方在英国惯常居所满一年，英国法院有权受理离婚诉讼或司法别居诉讼。美国在传统上住所地州的法院被认为是与离婚有密切关系的法院。当然，作为行使离婚管辖权基础的住所概念也在发生变化，从婚姻住所地到无过错方的住所地，再发展到夫妻任何一方的住所地。1971 年《美国第二次冲突法重述》在住所以外又采用了密切联系因素，确定各州拥有管辖权的情形是夫妻双方均有住所的州、夫妻一方住所所在州、夫妻双方在该州虽无住所但与该州有联系并且依此解除双方婚姻是合理的州。葡萄牙、西班牙、挪威、荷兰、瑞典等国采用这一原则。

（三）兼采住所地和国籍标准确定管辖权原则

目前，许多国家在确定离婚案件管辖权问题上兼采住所地和国籍两种标准。例如，《瑞士国际私法》第 59 条规定："对受理离婚或别居的诉讼有管辖权的法院是：（1）作为被告的一方住所地的瑞士法院；（2）作为原告的一方住所地的瑞士法院，但原告在瑞士必须有一年以上的居住期或者具有瑞士国籍"。第 60 条又规定："配偶双方在瑞士没有住所但其中一方具有瑞士国籍的，如果诉讼在配偶一方住所地不能提起或进行这种诉讼显然不合理时，瑞士法院对受理离婚或别居的诉讼有管辖权。"这种管辖权原则也反映在有关的国际条约中，1902 年《海牙离婚及分居法律冲突与管辖冲突公约》和 1970 年《海牙承认离婚和别居公约》均兼采住所地和国籍两种标准确定管辖权。

三、涉外离婚案件的法律适用

关于涉外离婚案件的法律适用，主要有以下几种原则。

（一）适用法院地法

这一原则最早由德国学者萨维尼所倡导，他认为有关离婚的法律属于强行法的范畴，涉及一国的民族习惯、伦理观念和公共秩序，因而离婚案件只能适用法院地法。该理论后为许多国家的立法所采纳，如英国、美国、丹麦、挪威、瑞典以及拉丁美洲的智利、乌拉圭等国。英美国家的法院一旦确定自己对离婚案件有管辖权，一般就只适用法院地法。由于英国和美国的法院主要以当事人的住所或惯常居所作为行使管辖权的依据，适用法院地法通常就是适用当事人的住所地法或惯常居所地法。

但这种法律适用原则也存在缺陷：(1) 依法院地法作出的判决可能为当事人本国所不承认，从而产生同一婚姻在一国已被解除而在另一国仍被认为有效的矛盾情形，出现所谓“跛脚婚姻”现象。(2) 可能促使当事人寻找对自己有利的法院去起诉，产生原告投机性选择法院问题。

(二) 适用当事人属人法

鉴于离婚是解除既存婚姻关系的一种法律行为，与当事人的身份密切相连，法国、西班牙、卢森堡以及非洲的阿尔及利亚、多哥、布隆迪等国，主张应受与当事人有永久关系的属人法支配。同时，主张婚姻关系的创设与解除应受同一法律支配，由于欧洲国家多以当事人属人法作为结婚实质要件的准据法，故认为离婚案件也应受属人法管辖。

这一法律适用原则在过去的欧洲国家多表现为适用丈夫本国法，由于不符合男女平等的时代要求，许多国家相继采取了其他的法律适用规则。例如，《希腊民法典》第16条规定：“离婚和别居适用起诉前夫妻在婚姻存续中的最后共同本国法；如无共同国籍，适用结婚时丈夫的本国法。”又如，意大利《国际私法制度改革法案》第31条第1款规定：“别居或解除婚姻应由提出别居或解除婚姻请求之时夫妻双方共同的内国法支配；如没有共同内国法，应适用婚姻生活主要所在地国家的法律。”美洲一些国家如加拿大、秘鲁等则主张适用夫妻住所地法。《加拿大魁北克民法典》第3090条规定：“夫妻分居适用夫妻住所地法。夫妻双方住所位于不同国家，则适用其共同居所地法；没有共同居所，则适用其最后共同居所地法；没有最后共同居所地，则适用法院地法。”

法院依当事人本国法作出的离婚判决能得到其本国的承认和执行，减少“跛脚婚姻”现象。但法院地法和当事人属人法如果发生冲突，常常会导致法院援引公共秩序保留制度，这时当事人的属人法就难以为法院地法所承认和执行。单纯适用当事人属人法，如果双方当事人的国籍或者住所不同，就会给法院适用法律带来困难。有的国家规定重叠适用双方当事人属人法，这显得太过严格，不利于当事人达到离婚的目的。因此，有不少国家采用属人法和法院地法结合的折中主义。

(三) 折中主义：当事人属人法和法院地法结合

1. 重叠适用当事人属人法和法院地法。一些国家出于避免“跛脚婚姻”现象发生的考虑，规定离婚应重叠适用当事人属人法和法院地法。例如，《泰国国际私法》第27条规定：“离婚，如配偶各自本国法不承认时，泰国法院不予承认。这时离婚的原因，依诉讼地法。”1902年《海牙离婚及分居法律冲突与管辖冲突公约》第1条也规定：“夫妻非依其本国法及法院地法均准许离婚时，不得为离婚之请求。本条规定对于别居适用之。”这样可以使离婚判决在法院地和其本国都得到承认和执行，但显然不利于当事人达成离婚。

2. 选择适用当事人属人法或法院地法。选择适用当事人属人法或法院地法的国家，多采用有条件的选择方式。例如，《波兰国际私法》第18条规定：“离婚适用双方当事人的共同本国法，当事人无共同本国法的适用夫妻住所地国法，住所不在同一国的适用法院地法。”《土耳其国际私法和国际诉讼程序法》第13条规定：“离婚和别居的原因和效力适用夫妻双方共同的本国法。夫妻双方国籍不同的，适用双方共同住所地法。没有共同住所地的，适用双方共同居所地法。上述法律都无法适用的，适用土耳其法律。”

（四）适用有利于实现离婚的法律

近年来，一些国家新近颁布的国际私法对以往限制离婚的规定呈现出日渐放宽的趋势。最普遍的做法是在涉外离婚法律适用中规定多个连接点，供法官从有利于当事人实现离婚的角度选择所适用的法律。例如，《奥地利联邦国际私法法规》第 20 条规定，离婚的要件和效力，依离婚时支配婚姻人身效力的法律。如依该法不能根据所举的事实而解除，或适用于婚姻人身效力的准据法（包括共同属人法、最后共同属人法、共同习惯居所地法、最后共同习惯居所地法、奥地利法或与配偶有最密切联系的法律）无一存在时，则适用离婚时原告的属人法。1986 年修订的《德国国际私法》第 17 条第 1 款、1988 年《瑞士联邦国际私法法规》第 61 条第 3 款等规定也反映出适用有利于实现离婚的法律的倾向。

四、中国有关涉外离婚的法律规定

（一）中国对涉外离婚案件管辖权的规定

2012 年《民事诉讼法》第 21 条规定："对公民提起的民事诉讼，由被告住所地人民法院管辖；被告住所地与经常居住地不一致的，由经常居住地人民法院管辖。"同时，第 22 条规定对不在中国领域内居住的人提起有关身份关系的诉讼，由原告住所地人民法院管辖；原告住所地与经常居住地不一致的，由原告经常居住地人民法院管辖。可见，我国主要是以当事人的住所确定涉外离婚案件的管辖权，以原告就被告为一般原则，特定情况下采用被告就原告原则。

另外，根据最高人民法院 1992 年《关于适用〈中华人民共和国民事诉讼法〉若干问题的意见》的规定，我国法院在以下几种情况下也具有管辖权：(1) 在国内结婚并定居国外的华侨，如定居国法院以离婚诉讼须由婚姻缔结地法院管辖为由不予受理，当事人向人民法院提出离婚诉讼的，由婚姻缔结地或一方在国内的最后居住地人民法院管辖。(2) 在国外结婚并定居国外的华侨，如定居国法院以离婚诉讼须由国籍所属国法院管辖为由不予受理，当事人向人民法院提出离婚诉讼的，由一方原住所地或在国内的最后居住地人民法院管辖。(3) 中国公民一方居住在国外，一方居住在国内，不论哪一方向人民法院提起离婚诉讼，国内一方住所地的人民法院都有权管辖。如国外一方在居住国法院起诉，国内一方向人民法院起诉的，受诉人民法院有权管辖。(4) 中国公民双方在国外但未定居，一方向人民法院起诉离婚的，应由原告或者被告原住所地的人民法院管辖。

由于各国对离婚案件管辖权的规定各不相同，可能产生对同一离婚案件两国法院都行使管辖权的情况，1992 年最高人民法院《关于适用〈中华人民共和国民事诉讼法〉若干问题的意见》对此作了规定。其第 306 条规定："中华人民共和国人民法院和外国法院都有管辖权的案件，一方当事人向外国法院起诉，而另一方当事人向中华人民共和国人民法院起诉的，人民法院可予受理。判决后，外国法院申请或者当事人请求人民法院承认和执行外国法院对本案作出的判决、裁定的，不予准许；但双方共同参加或者签订的国际条约另有规定的除外。"

（二）中国对涉外离婚案件法律适用的规定

1986 年《民法通则》颁布前，我国对涉外离婚的法律适用问题一直没有制定正式的法律。当时我国处理涉外离婚案件的指导思想是：在不妨碍我国法律基本原则的前提下，应尽量避免出现被当事人本国认为无效和无法执行的离婚判决。在这种指导思想下，中央人民政府法制委员会于 1950 年 11 月 8 日《关于中国人与外侨、外侨与外侨婚姻问题的意见》中确立了“以法院地法为主，兼顾当事人本国法”的原则。但 1951 年 10 月 16 日，中央人民政府内务部在《关于外侨相互间及外侨与中国人之间的婚姻问题的暂行处理意见》中，转而坚持单边的法院地法主义，规定：外国人之间或中国人与外国人之间，如果当事人本国法与我国婚姻法不一致，为避免当事人处于不利的境地，可提醒当事人考虑，但当事人双方经考虑后坚持要离婚的，则按我国婚姻法的规定处理。

到了 1986 年《民法通则》出台，采取有限制的双边冲突规范类型，该法第 147 条规定：“中华人民共和国公民和外国人离婚，适用受理案件的法院所在地的法律。”1988 年最高人民法院《关于贯彻执行〈中华人民共和国民法通则〉若干问题的意见（试行）》第 188 条进一步规定：“我国法院受理的涉外离婚案件，离婚以及因离婚而引起的财产分割，适用我国法律。认定其婚姻是否有效，适用婚姻缔结地法律。”根据这些规定，只要是我国法院受理的涉外离婚案件，一律采取法院地法主义，排除了我国法院适用外国法的可能性。对于诉讼离婚，《民法通则》仅就中国人与外国人之间离婚的法律适用作了规定，调整主体单一、立法不周延、规定不全面；对于协议离婚，则未作规定。

2011 年《涉外民事关系法律适用法》分别就协议离婚和诉讼离婚的法律适用作出规定，并在第 51 条明确指出《民法通则》第 147 条的规定与该法规定不一致的，适用该法的规定。对于诉讼离婚，该法第 27 条规定：“诉讼离婚，适用法院地法律。”这一规定延续了原《民法通则》第 147 条关于涉外离婚法律适用单一制原则，对离婚的实质要件、形式要件和效力均一致适用法院地法。

对于协议离婚，该法第 26 条规定：“协议离婚，当事人可以协议选择适用一方当事人经常居所地法律或者国籍国法律。当事人没有选择的，适用共同经常居所地法律；没有共同经常居所地的，适用共同国籍国法律；没有共同国籍的，适用办理离婚手续机构所在地法律。”这是我国首次从立法上对协议离婚的法律适用作出明确规定：首先，将当事人的意思自治原则引入协议离婚领域。与诉讼离婚相比，协议离婚是在夫妻双方自愿的基础上完成，起主要作用的是当事人意志，当事人可以协议选择适用一方当事人经常居所地法律或者国籍国法律。其次，当事人没有选择的，以有条件的冲突规范类型规定了其法律适用规则，即优先适用当事人的共同经常居所地法律；没有共同经常居所地的，适用共同国籍国法律；没有共同国籍的，适用办理离婚手续机构所在地法律。

第三节　夫妻关系

夫妻关系，是指夫妻之间依照法律规定相互享有的权利和承担的义务关系，包括夫妻人身关系和夫妻财产关系。涉外夫妻关系，则是指不同国籍的婚姻当事人缔结的婚姻或者同一国籍的婚姻当事人在国外缔结的婚姻所产生的夫妻间人身关系和财产关系。在世界历史上，相当长的时期内都实行“夫妻一体主义”，即妻的法律人格为夫所吸收，从而完全丧失独立性，无财产所有能力和行为能力。随着社会进步，男女平等为许多国家确定为宪法原则后，夫妻同权原则才逐渐被确定下来，理论上称之为“夫妻别体主义”。这种进步倾向，为国际私法上夫妻人身关系和财产关系的法律适用，带来了许多新的变化。

一、夫妻人身关系及其法律适用

夫妻人身关系，是指具有合法婚姻关系的男女双方，在社会和家庭中的身份地位等方面的权利义务关系，一般包括姓名权、同居义务、忠诚义务、住所决定权、从事职业和社会活动的权利、日常家务代理权等方面的内容。由于各国政治、经济、社会风俗、历史传统、宗教信仰、生活方式的不同，常有不同的法律规定。如关于夫妻地位，1804年《法国民法典》规定：夫应保护其妻，妻应顺从其夫；我国《婚姻法》规定，夫妻在家庭中地位平等。关于姓名权，《瑞士民法典》规定：妻从夫姓；《德国民法典》规定，有约定依约定，无约定从夫姓；我国《婚姻法》第14条则规定：夫妻双方都有各用自己姓名的权利。关于住所决定权，《瑞士民法典》规定，由丈夫单方行使；《法国民法典》规定，配偶双方协商确定。关于日常家务代理权，1965年《法国民法典》规定：夫妻双方均有权单独签订目的为维持共同生活或者子女教育的契约，凡由一方缔约的债务，他方负连带责任；《日本民法典》规定：夫妻一方就日常家事与第三人实施法律行为，他方对由此产生的债务负连带责任，但是，对第三人预告不负责任意旨者，不在此限；1970年英国《婚姻程序及财产法》规定：夫妻负有家事代理权。

为解决夫妻人身关系方面的法律冲突，国际条约和各国立法大致有以下几种不同做法。

（一）适用当事人属人法

由于夫妻人身关系涉及当事人的身份能力问题，适用当事人属人法进行调整为各国广泛接受。其中，大陆法系国家多主张适用当事人本国法。受夫权主义影响，一些国家的立法以丈夫的属人法作为夫妻人身关系的准据法。例如，《阿拉伯联合酋长国有关国际私法的规定》第13条就规定，婚姻的人身效力适用结婚时丈夫的本国法。目前，除约旦、埃及、阿联酋等少数国家仍坚持适用丈夫本国法外，欧洲国家新近立法中以当事人共同属人法调整夫妻人身关系的趋势有所加强，并且共同居所或住所地标准日渐为一些大陆法系国家立法所采纳。例如，意大利《国际私法制度改革法案》第29条规定：“夫妻人身关系应由双方共同内国法支配。具有不同国籍或有多个共同国籍的夫妻，其人身关系应由婚姻生活主要所在地国家的法律支配。”

英美和一些拉丁美洲国家如秘鲁、委内瑞拉等，主张适用当事人的住所地法。理论上认为住所是夫妻家庭的重要场所，并且婚姻关系与住所地的公共秩序紧密相关，因此，夫妻人身关系主要应适用住所地法。例如，《秘鲁民法典》第2077条规定：“夫妻人身关系，依婚姻住所地法。如无共同住所地，则适用最后共同住所地法。”

（二）原则上适用夫妻属人法，特定问题上以行为地法加以限制

一些国家认为，夫妻人身关系常涉及行为地的公共秩序和善良风俗，如夫妻日常家务代理权中一方与第三人为特定行为是否应取得另一方的许可或同意，该行为的效力如何等问题，就与行为地的公共秩序和善良风俗相关，因而在原则上主张依当事人属人法，但在特定问题上应依行为地法。如1905年《婚姻对夫妻身份和财产关系效力的法律冲突公约》第1条规定：“关于夫妻身份上之权利义务，依其本国法定之。但前项权

利义务的行使，非依行为地法所认可的方式，不得为之。”

（三）以属人法为主，兼采与夫妻关系有最密切联系的国家法律

例如，《瑞士国际私法》第 48 条规定：“婚姻的效力，适用配偶双方共同住所地的法律。配偶双方的住所地不在同一国家的，婚姻的效力适用与之有最密切联系的住所地国家的法律”。又如，日本 2007 年《关于法律适用的通则法》第 25 条规定：“婚姻的效力，于夫妻双方的本国法相同时，适用其共同本国法；无共同本国法而夫妻双方的惯常居所地法相同时，适用其共同惯常居所地法；既无共同本国法亦无共同惯常居所地法时，适用与夫妻双方有最密切联系的地方的法。”

近年来，随着社会的进步和妇女地位的提高，较多国家关于夫妻人身关系的立法，抛弃了传统的单一属人法原则，出现多种系属选择适用的特点。例如，奥地利联邦《国际私法法规》就列出 6 种法律适用规则并依次予以适用：配偶双方共同属人法；最后的共同属人法；配偶双方均设有共同居所的国家的法律；配偶双方最后均有习惯居所的国家的法律；奥地利亦即法院地法；与配偶双方有较强联系的第三国法律。

二、夫妻财产关系及其法律适用

夫妻财产关系又称夫妻财产制，是指具有合法婚姻关系的男女双方在婚前和婚姻关系存续期间的财产所有权制度，包括财产的归属、管理、使用、收益和处分，以及债务的清偿，婚姻终止时财产的分割等内容。各国根据自身的经济条件、立法传统、风俗习惯等确定自己国家的夫妻财产制。总的来看，依财产关系的成立，可分为约定财产制和法定财产制；依财产内容的性质，可分为分别财产制和共同财产制。各国关于夫妻财产制的立法，比起夫妻人身关系的法律更加纷繁复杂。而夫妻财产关系的法律适用问题与财产关系本身一样错综复杂，主要有以下几种做法。

（一）意思自治原则

大多数西方国家如美国、英国、法国等把夫妻财产关系看作是一种特殊的契约关系，都主张适用解决契约关系的法律冲突规范来处理夫妻财产关系的法律冲突，即实行当事人意思自治。但在采取夫妻意思自治的国家中，有的对夫妻选择法律的范围不加任何限制，如法国、奥地利、美国、荷兰等；有的则对夫妻选择法律的范围作一定限制，如意大利《国际私法制度改革法案》规定，只能在夫妻一方或双方本国法或惯常居所地法之间进行选择。德国《民法典施行法》第 15 条第 2 款、瑞士《国际私法典》第 52 条第 2 款的规定与此相似。国际公约方面，1978 年《海牙夫妻财产制法律适用公约》第 3 条规定：“夫妻财产制受配偶双方婚前所指定的国内法支配。配偶双方仅得指定下列法律之一：(1) 指定时为配偶一方国籍所属国家的法律；(2) 指定时为配偶一方有惯常居所地国家的法律；(3) 配偶一方婚后所设定的第一个新惯常居所地国家的法律。据此指定的法律适用于他们的全部财产。但无论如何，他们可以指定不动产的全部或一部适用不动产所在地法律。”

如果双方未作选择，各国处理方式不一。土耳其规定适用夫妻双方共同本国法律，没有共同本国法律的，适用财产所在地法律。瑞士则列出 4 种法律适用规则并依次予以适用：配偶双方共同住所地法；配偶双方最后共同住所地法；共同本国法；法院地法即适用瑞士法。意大利、奥地利等国则规定受适用于夫妻人身关系的法律支配。

（二）当事人属人法

也有一些国家在夫妻财产关系上排除当事人的意思自治，硬性规定应适用的法律。较早的立法多规定夫妻财产制适用丈夫本国法，现在以夫妻共同本国法处理的立法更为常见。例如，波兰1966年《国际私法》第17条规定：“（1）夫妻之间身份及财产关系，依夫妻双方的本国法。夫妻财产契约的缔结、修改或解除亦依夫妻双方的本国法。（2）夫妻依契约而产生的财产关系，依缔结契约时夫妻所服从的本国法。（3）夫妻双方无共同本国法的，依夫妻住所地国法；夫妻住所不在同一国的，依波兰法。”也有一些拉美国家主张适用夫妻住所地法处理夫妻财产关系。例如，《秘鲁民法典》第2078条规定：“婚姻财产制和夫妻财产关系，依最早的婚姻住所地法。”

在确定夫妻财产关系准据法的过程中，还有两个需要注意的问题。

1. 关于动产和不动产在法律适用上采区别制还是同一制

一些国家主张区分动产和不动产分别适用不同的冲突规则，这样可以使解决夫妻财产关系的准据法与解决物权和继承关系的准据法保持一致，并且使关于财产尤其是不动产的处置易于得到物之所在地国的承认和执行。比较典型的立法如奥地利1977年《国际私法》，该法第19条是关于夫妻财产制的规定：“夫妻财产依当事人明示选择的法律；如果没有此种选择，则依双方结婚时支配其人身关系的法律”。但涉及不动产，该法第32条明确规定：“不动产的物权即使符合国内其他冲突规范的适用范围，也应适用第31条的规定（不动产所在地法）”。《美国第二次冲突法重述》亦采区别制，它的第233条规定，婚姻对既有土地权益的效力依土地所在地法院决定应适用的法律；第257条规定，婚姻对动产权益的影响依与配偶及动产有最重要联系的州的本地法。

也有国家认为在夫妻财产制上采取区别制，会使夫妻财产关系的处理更为复杂，因而主张在夫妻财产制问题上采用同一制。如1979年的《匈牙利国际私法》、1987年的《瑞士联邦国际私法法规》和1992年的《罗马尼亚国际私法》等。

2. 关于支配夫妻财产关系的法律采可变原则还是不变原则

由于婚姻存续时间可能很长，适用于夫妻财产关系的冲突规范连接点的具体事实可能发生改变，是否会引起准据法的变更，始终存在两种对立的观点，即准据法可变主义与准据法不变主义。以瑞士为代表的国家主张，当夫妻双方住所发生变更时，原来的夫妻财产制的准据法也应发生变更；而以奥地利、希腊等国为代表的另一派观点则认为，在婚姻关系开始时确立的夫妻财产制准据法应一直支配婚姻关系的始终，并不受其间夫妻住所变更的影响。在国际条约方面，1978年海牙《夫妻财产制法律适用公约》采取可变原则，但该公约第8条同时又规定，这种准据法的变更只能及于未来的效力，在准据法变更前属于配偶双方原来的财产不受新适用的法律支配。

三、中国的有关规定和实践

1. 关于夫妻人身关系的实践与立法

在《涉外民事关系法律适用法》出台之前，我国没有关于夫妻人身关系和财产关系法律适用的专门条款。1988年最高人民法院《关于贯彻执行〈中华人民共和国民法通则〉若干问题的意见（试行）》中分散地规定了夫妻间的扶养关系和监护关系应适用的准据法，且该两项法律关系作为夫妻人身关系中的重要内容适用的冲突规范并不相同，夫妻人身关系中的其他内容，如同居义务、姓名权、忠实义务等内容则未涵盖。

《涉外民事关系法律适用法》第 23 条首次从立法上对夫妻人身关系的法律适用作出了规定："夫妻人身关系，适用共同经常居所地法律；没有共同经常居所地的，适用共同国籍国法律。"这一规定采纳了国际私法领域人身关系适用属人法的理论，强调经常居所地在自然人属人法体系中的地位，将自然人的经常居所地法和国籍国法均作为属人法，以有条件的选择性冲突规范类型加以规定。对于夫妻双方既无共同经常居所地，又无共同国籍国的情形，应当适用《涉外民事关系法律适用法》第 2 条第 2 款关于最密切联系原则的规定，适用与夫妻人身关系有最密切联系的国家的法律。

2. 关于夫妻财产关系的实践与立法

《涉外民事关系法律适用法》出台之前，我国仅有两个条款涉及夫妻财产关系的法律适用问题。《民法通则》第 147 条规定，中国公民与外国人离婚适用受理案件的法院所在地法律。最高人民法院《关于贯彻执行〈中华人民共和国民法通则〉若干问题的意见（试行）》第 188 条将之解释为"我国法院受理的涉外离婚案件，离婚以及因离婚而引起的财产分割，适用我国法律。"即对我国法院受理的涉外离婚案件中的财产分割一概适用法院地法，而对非离婚财产分割引起的其他夫妻财产关系问题，则没有相关规定予以调整。

《涉外民事关系法律适用法》第 24 条规定："夫妻财产关系，当事人可以协议选择适用一方当事人经常居所地法律、国籍国法律或者主要财产所在地法律。当事人没有选择的，适用共同经常居所地法律；没有共同经常居所地的，适用共同国籍国法律。"可见，我国在夫妻财产关系的法律适用上：(1) 首先采取有限意思自治原则，当事人选择法律的范围限于一方的经常居所地法、国籍国法或者主要财产所在地法，否则视为未选择，以确保选择的法律与夫妻财产关系有实际联系。(2) 如果当事人双方未选择夫妻财产关系的准据法，则适用与夫妻人身关系一致的法律适用规则，即适用共同经常居所地法律；没有共同经常居所地的，适用共同国籍国法律。这是基于夫妻财产关系与人身关系之间的强关联性，也是世界上大多数国家的一致做法。需要指出，如果当事人没有共同经常居所地或者共同国籍的，按照该法第 2 条第 2 款的规定，应适用与夫妻财产关系有最密切联系的国家的法律。

第四节　父母子女关系

父母子女关系又称亲子关系，是指父母与子女之间的一种法律关系，包括父母子女间的人身关系和财产关系。依照父母与子女之间是否有血缘关系，可划分为亲生父母子女关系和养父母子女关系。本节讨论亲生父母子女关系，按照子女是否为有效婚姻关系孕育所生，它又可分为婚生父母子女关系和非婚生父母子女关系。

一、婚生子女身份及其法律适用

凡在有效婚姻关系存续期间怀孕所生的子女为婚生子女，否则即为非婚生子女。尽管目前许多国家的立法正在努力缩小婚生子女与非婚生子女的差别，但法律上对非婚生子女的歧视和不平等待遇仍在不同程度上存在。子女是否具有婚生身份经常影响其姓名、住所、国籍、扶养和继承等问题。而各国对于如何认定子女婚生身份的法律规定并不完全相同。例如，《日本民法典》第772条规定，自婚姻成立之日起200天后，或自婚姻解除或撤销之日起300天以内所生的子女可确定为婚姻期间怀孕子女。《法国民法典》第312条规定，子女系在婚姻期间怀孕者，夫即为父。第313条又规定，离婚或夫妻分居300天以内，或自最终驳回离婚请求或夫妻和解以后满180天而出生的子女，可确定为婚生子女。不少国家还规定丈夫有权对子女的婚生资格提出异议，但否认婚生的理由或根据各不相同。

各国关于婚生子女身份的法律适用主要有以下几种做法。

（一）适用父母属人法

由于子女是否婚生问题涉及人的身份地位，不少国家认为应以父母属人法作为准据法，但具体规定不尽一致，大体上可分为：

1. 适用生母之夫的本国法。这些国家认为，生母之夫是一家之长，应适用其属人法决定子女的身份问题。如1946年《希腊民法典》第17条规定："子女的婚生适用子女出生时其母之夫的本国法。子女如在婚姻解除后出生，婚后适用婚姻解除时其母之夫的本国法。"1939《泰国国际私法》第29条也作了类似规定。这一原则多为较早一些国家的立法所采用，如日本、德国、意大利等。

2. 适用生父之住所地法。丹麦即采此种做法，英国也有类似判例认为生父的住所地才是其行使亲权的中心场所，应以此作为确定子女婚生身份的准据法。

3. 适用子女出生时生母的属人法。1804年《法国民法典》第311～314条规定，子女是否婚生的问题由子女出生时生母的属人法决定。

4. 适用父母共同属人法。《奥地利联邦国际私法法规》第21条规定，子女婚生的要件及因此而发生的争议，依该子女出生时配偶双方的属人法，如子女出生前婚姻已解除，依解除时配偶双方的属人法。

5. 分别适用父母各自的属人法。子女的婚生地位虽然与父母双方均有关系，但司法实践中有的只是确定与其生父的婚生关系，有的则是确定与其生母的婚生关系。因此，在具体法律适用上凡是要确定与其父亲婚生关系的，适用父亲属人法；确立与其母亲婚生关系的，则适用母亲属人法。荷兰法律即规定，子女是否为婚生各自分别适用父母的属人法。这种立法的不足在于，若父母属人法不同，则可能产生同一个子女对父亲而言为婚生，对母亲来说却是非婚生子女。

（二）适用子女属人法

一些国家从保护子女利益出发，规定应采用子女属人法为准据法。例如，1965年《波兰国际私法》第19条第2款规定："父子关系或母子关系的承认或否认，依出生时子女的本国法。"1988年《瑞士联邦国际私法法规》第66条第1款也规定："亲子关系的成立、确认和异议，由子女的习惯居所地国家的法律支配。"

但以子女属人法为准据法并不一定总是对确认子女的婚生地位有利，特别是在依血统确定国籍的国家，子女国籍的取得以婚生为前提，而婚生地位的确认又有赖于国籍的取得，这种情况下"子女本国法"无从产生。为此，意大利法律采取了有利于保护子女利益的规定，其《国际私法制度改革法案》对于子女的身份确定以子女本国法为首要连接点的同时，又规定只要符合子女出生时父母任一方本国法的规定，子女婚生地位即为成立。

（三）适用有利于确定子女婚生的法律

由于适用子女属人法并不一定对子女就是有利的，近年来一些国家的立法明确规定应适用有利于子女婚生的法律。1994 年《加拿大魁北克民法典》第 3091 条规定："亲子关系的成立适用子女的住所地法或本国法或者在子女出生时父母一方的住所地法或本国法中最有利于子女的法律。"1984 年《秘鲁民法典》第 2083 条、1996 年《列支敦士登国际私法》第 22 条等，均是通过冲突规范直接指向对子女最有利的法律加以保护。

（四）适用支配婚姻效力的法律

1982 年《土耳其国际私法和国际诉讼程序法》第 15 条规定："子女的婚生，适用子女出生时调整其父母婚姻效力的法律。"1972 年《塞内加尔家庭法》第 844 条第 1 款也作了类似的规定。

二、非婚生子女的准正及其法律适用

（一）非婚生子女准正的法律冲突

由于不少国家对婚生子女和非婚生子女法律地位的规定并不相同，非婚生子女权益的保护是一个不可回避的社会问题。为改变非婚生子女的不幸境遇，一些国家在立法上建立起非婚生子女准正制度（legitimation），使其取得婚生子女的身份和地位。但各国对于非婚生子女准正制度的规定差异较大，需要国际私法的调整。根据各国的有关立法，非婚生子女准正一般包括以下几种方式：

1. 婚姻准正。婚姻准正即非婚生子女可因其生父母事后结婚而取得婚生子女地位的准正方式。具体有两种主要的做法：（1）仅以生父母结婚为准正要件。例如，我国台湾地区"民法"亲属编第 1064 条规定："非婚生子女，其生父与生母结婚者，视为婚生子女。"（2）以生父母结婚和认领为准正的双重要件。例如，《瑞士民法典》第 259 条第 1 款规定："婚前所生子女，如其生父母结婚，并经认领或判决确定了父权，同样适用关于婚姻存续期间所生子女的规定。"

2. 认领准正。认领准正一般是指生父承认非婚生子女是自己所生，从而确立法律上的权利和义务关系。至于母亲是否能作为认领人，一些国家认为母亲身份的确定是基于子女出生的事实并经确认或者在出生证上登记母亲的姓名而自动取得，无须认领；而意大利和澳门民法则规定，认领人既可以是生父，也可以是生母。认领主要有两种方式：（1）自愿认领，即自愿承认为该非婚生子女的生父或生母，并对其承担抚养义务的法律行为，无需他人或法律的强制。（2）强制认领，即当非婚生子女的生父母不主动认领时，有关当事人可以诉请法院予以强制认领的制度。

3. 国家行为准正。这种准正方式可以追溯到罗马法时代，罗马皇帝可以敕令宣布非婚生子的准正。目前，很多国家授权法院或特别行政机构代表国家宣布准正。这种方式主要通过确认亲子关系的诉讼，由法院作出判决，宣布子女是否为婚生子女。有些国家的法律明确规定了子女或其生母有权提起确认父子关系的诉讼。因此，可以使子女在父母一方死亡、父母不可能事后结婚或父亲不愿认领的情况下，由国家行为（法院判决）宣布准正，因而带有某些强制的性质。

（二）非婚生子女准正的法律适用

目前，非婚生子女准正的法律适用主要有两种立法方式：

1. 同一制。同一制不区分准正方式的不同，笼统规定应适用的法律。例如，1982年《土耳其国际私法和国际诉讼程序法》第16条规定："非婚生子女的准正适用准正时父亲的本国法。父亲本国法无法确定的，则适用母亲的本国法或子女的本国法。"希腊、土耳其、原南斯拉夫、塞内加尔等国均采同一制，大多以属人法为准据法，但具体规定也有不同。

2. 区别制。由于不同的准正方式有其不同的特点，许多国家区分不同形式适用不同的冲突规则。

(1) 对于事后婚姻准正的法律适用，或规定依父母事后结婚时的住所地法（如英国和美国），或主张适用父母属人法（如奥地利），或主张适用子女属人法（法国曾有类似判决），或兼采事后婚姻缔结地法和子女属人法（如秘鲁），或适用支配事后婚姻效力的法律（如德国）。

(2) 对于认领准正的法律适用，常区分认领的形式要件和实质要件分别确定其准据法。一般来说，认领的形式要件只要符合认领行为发生地的要求即可。至于认领实质要件的法律适用，或主张依父之属人法（如泰国），或主张适用子女属人法（如奥地利），或主张适用父母和子女的属人法。

(3) 对于通过国家行为准正的法律适用，或主张依准正国家的法律（如原捷克斯洛伐克），或主张适用父母属人法（如美国），或主张适用子女属人法（如原南斯拉夫），或主张分别适用父母和子女的属人法（如秘鲁）。

三、父母子女关系的法律适用

父母子女关系即父母子女之间的权利义务关系。实践中，各国立法主要规定父母对未成年子女的人身和财产两方面的权利和义务，但在具体规定的内容上各国立法仍有差异。例如，《日本民法典》第882条第1款明确规定父母对子女有惩戒权，德国却规定惩戒权得经法院许可才能实施，而更多的国家则没有规定。又如，法国、德国、日本等国民法典规定父母对未成年子女的财产有使用、收益权，而《瑞士民法典》却予以限制，规定"子女财产中被指定为以生息为目的或以储蓄为目的的赠与，父母不得动用。"

从各国立法看对父母子女关系的法律适用，一般有两种模式予以规定。

（一）区分模式：区分婚生子女和非婚生子女分别确定法律适用规则

一些国家认为，婚生或非婚生子女与父母的关系存在很大差别，因而应适用不同的准据法。希腊、泰国、多哥等国持这种态度。多哥主张婚生父母子女关系适用调整婚姻效力的准据法；非婚生子女与父母的关系则适用母亲的本国法，涉及承认问题的适用父亲本国法。泰国主张嫡出亲子间的权利义务依父之本国法，而非婚生子与其母之间的权利和义务，依母之本国法。

（二）不区分模式：不区分婚生子女和非婚生子女确定统一的法律适用规则

随着婚姻观念的改变，在亲子问题上就婚生子女和非婚生子女区分对待，被认为是对非婚生子女的歧视。更多的国家在此问题上采不区分模式，如原来在父母子女关系上区分婚生子女和非婚生子女对待的德国，也于1997年颁布《关于改革亲子关系法的法律》对1986年《民法典施行法》进行了修订，规定亲子关系统一适用子女惯常居所地法律。各国的做法不尽一致，主要有以下几种：

1. 适用父母属人法。这些国家认为父母在家庭中居于主导地位，较早立法尤其重视父亲具体的家庭支配权，故父亲属人法为首先应适用的法律。例如，1898年《日本法例》第20条规定，父母子女间的法律关系，依父的本国法；如无父时，依母的本国法。一些普通法系国家则认为，父亲的住所是行使亲权的中心场所，故应适用父亲的住所地法来调整父母子女关系。英国法院的判例采取这种做法。

2. 适用子女属人法。出于为子女的幸福和利益考虑，一些国家的立法和实践主张适用子女的属人法。例如，1987年《瑞士联邦国际私法法规》第82条规定，父母子女关系由子女的习惯居所地国家的法律支配。1995年《意大利国际私法制度改革法案》第36条规定，父母子女间的人身和财产关系，包括亲权在内，应由子女的本国法支配。

3. 适用父母子女共同属人法。一些国家认为，对于父母子女关系单纯强调适用子女属人法或父母属人法都未见妥当，因而主张适用父母子女共同的属人法。例如，1982年《南斯拉夫法律冲突法》第40条规定："(1) 父母和子女之间的关系，依他们的共同本国法；(2) 如父母和子女的国籍不同，依他们的共同住所地法；(3) 如父母和子女的国籍不同、住所不同，只要子女和父母中的任何一人为南斯拉夫公民，则依南斯拉夫法。"1987年《瑞士联邦国际私法法规》第82条在规定父母子女关系由子女惯常居所地国家的法律支配的同时，又用但书规定"如父母任何一方在子女的惯常居住地均无住所，而父母与子女有同一国籍的，则适用该国的法律。"

四、中国的有关规定和实践

在《涉外民事关系法律适用法》出台之前，我国对于父母子女关系的法律适用没有明确规定。关于非婚生子女的法律地位问题，我国《婚姻法》第25条规定："非婚生子女享有与婚生子女同等的权利，任何人不得加以危害或歧视。"所以，在我国法律制度中也就不存在婚生身份的确定和非婚生子女准正的规定，但由于其他国家还存在着类似的概念和不同的规定，我国的国际私法仍需要制定关于非婚生子女和准正的冲突规范。在父母子女的权利义务关系上，《民法通则》第148条的规定仅涉及父母子女之间的相互扶养问题，规定扶养适用与被扶养人有最密切联系的国家的法律。

《涉外民事关系法律适用法》第25条规定："父母子女人身、财产关系，适用共同经常居所地法律；没有共同经常居所地的，适用一方当事人经常居所地法律或者国籍国法律中有利于保护弱者权益的法律。"该条款对于父母子女关系采统一法律适用规则，即不区分婚生子女和非婚生子女、不区分父母子女间的人身关系和财产关系，统一适用同一冲突规范。具体而言，首先适用父母子女共同经常居所地法律。共同经常居所地是父母对未成年子女行使亲权的中心，也是成年子女赡养父母的中心，与父母子女关系通常具有最密切的联系。如果父母和子女没有共同经常居所地，则适用一方当事人经常居所地法律或者国籍国法律中有利于保护弱者权益的法律。该规定吸收了近代国际私法淡化"管辖选择"，重视"规则选择"的趋势，有利于父母子女之间弱者（如未成年子女或年迈需赡养父母）利益的保护。

第五节 涉外收养

收养，是在收养人和被收养人之间建立父母子女关系的一种法律行为。收养关系一经成立，收养人和被收养人之间即产生拟制血亲关系。除某些伊斯兰国家外，世界上绝大多数国家都承认收养制度。国际私法上的收养，是指具有国际因素或涉外因素的收养。从广义上看，只要收养当事人、收养关系的内容或产生、变更、消灭收养关系的法律事实发生在国外都属于含有涉外因素的收养。但海牙国际私法会议 1993 年通过的《跨国收养方面保护儿童及合作公约》则作狭义解释，只有收养人与被收养人的惯常居住地位于不同国家才为涉外收养。收养主要涉及三个方面的法律问题，收养的成立、效力及解除，由于各国对这些问题的规定不同，如何解决其法律适用问题就成为国际私法的重要任务之一。

一、收养成立及其法律适用

（一）收养成立的法律冲突

收养的成立必须符合收养的形式要件和实质要件。形式要件即收养的法律程序，各国一般要求经过申请及有关部门的核准备案，进行公证或登记。但具体规定各不相同，如 1977 年《德国收养法》采法院裁定制、英国采法院判决制，收养成立需经法院裁定或判决，一经作出不得撤销；日本、瑞士等国采行政申报或许可制，由收养人向有关行政机关申报，经行政机关受理或宣告收养成立。

收养的实质要件，包括收养人和被收养人的年龄、身份和意思表示等内容，各国法律规定不同。如在年龄方面，1804 年《法国民法典》第 343 条规定，收养人须在 50 岁以上且须大于被收养人 15 岁以上；我国《收养法》规定一般情况下收养人须满 30 岁而被收养人应不满 14 岁。又如在身份方面，奥地利禁止天主教父收养子女，日本禁止收养尊亲属及年长者为子女。

（二）收养成立的法律适用

1. 收养形式要件的法律适用。在收养形式要件的法律适用上，几乎所有国家都采用“场所支配行为”原则，主张适用收养成立地法。例如，1992 年罗马尼亚颁布的《关于调整国际私法法律关系的第 105 号法令》第 32 条规定：“收养的形式适用收养成立地国家的法律。”

2. 收养实质要件的法律适用。关于收养实质要件的法律适用主要有以下几种做法：

（1）适用法院地法。这为英美国家所主张。在英国收养成立实质要件的法律选择并不重要，英国法院首先关心的是收养案件的管辖权问题。英国法院一旦确定对涉外收养案件有管辖权，一般就只适用英国国内法来解决。在美国，1971 年《美国第二次冲突法重述》第 289 条也规定“法院适用其本地法决定是否准许收养”。国际条约方面，1965 年海牙《收养管辖权、法律适用和判决承认公约》也采类似规定，适用有管辖权的主管机关所属国法。

（2）适用收养人属人法。收养人是成立收养关系主动的一方，收养的成立对于收养人的权利义务影响也较大，一些国家主张适用收养人属人法作准据法。例如，1986 年

《德国民法施行法》第 22 条规定，子女收养适用收养人在收养时所属国法律。《意大利国际私法制度改革法案》第 38 条第 1 款、《波兰国际私法》第 22 条第 1 款也采用此种做法。

（3）适用被收养人属人法。法国和比利时有少数判例曾采被收养人属人法为准据法，但完全以被收养人属人法为准据法的国家并不多见，很多国家只是在某些要件上适用被收养人属人法。例如，《奥地利国际私法法规》第 26 条第 1 款在规定收养依养父母各自属人法的同时，又规定"如子女的属人法要求取得他的同意或他与之具有亲属关系的第三者的同意，该法在此限度内起决定作用"。《意大利国际私法制度改革法案》第 38 条第 2 款也规定："如果成年被收养人的本国法要求收养需经被收养人同意，则被收养人本国法应予适用。"

（4）适用收养人和被收养人各自的属人法。收养不仅涉及收养人而且也涉及被收养人的身份地位，对双方的权利义务都有影响。因此，一些国家认为应适用收养人与被收养人的属人法，这样做还考虑到了收养在国外得到承认的问题。例如，《土耳其国际私法和国际诉讼程序法》第 18 条第 1 款规定："收养的能力和条件适用收养时当事人各自的本国法律"。《秘鲁民法典》第 2087 条第 1 款规定："在收养人和被收养人的住所地法均允许时，才能为收养"。国际立法方面，1993 年海牙《跨国收养方面保护儿童及合作公约》也规定，收养程序的开始须适用收养人所在国和被收养人所在国双方的法律。

二、收养效力及其法律适用

（一）收养效力的法律冲突

收养的效力，指成立收养关系所引起的法律后果，主要包括养子女与养父母、养子女与生父母两方面的关系，还涉及养子女与养父母及生父母近亲属的关系。基于不同的收养目的，收养效力各国的规定也不相同，存在完全收养和简单收养的区分。

普通法系国家大都从一开始就选择了完全收养模式，主张收养的目的在于使被收养人完全融入收养家庭，规定被收养人取得收养人婚生子女的身份，同时解除被收养人与其生父母之间的权利义务关系。而大陆法系国家最早选择的则是简单收养模式，如 1804 年《法国民法典》、1889 年《西班牙民法典》均只规定了简单收养，即收养在被收养人与收养人之间建立父母子女关系的同时，与其生父母之间的亲子关系仍然存在。简单收养的目的仅在于为被收养人提供某种形式的社会帮助，较之完全收养并不能更好的保护被收养人的最大利益，因而法国等一些欧洲相继将完全收养纳入立法，在国内法中同时规定两种收养模式。从现代各国的收养立法来看，完全收养占据主导地位的趋势越来越明显。晚近立法如 1988 年《日本收养法》、1989 年《哥伦比亚收养法》、1990 年《巴西收养法》均只规定了完全收养。尽管如此，并不意味着简单收养就消失了，1992 年玻利维亚新通过的法律仍规定了完全收养和简单收养两种形式，即使采完全收养模式的国家，在具体规定上仍差别较大，因此在收养的效力上会产生法律冲突。

（二）收养效力的法律适用

鉴于收养效力主要涉及收养当事人之间因身份改变而产生的人身关系和财产关系，各国一般适用收养当事人的属人法处理，但具体规定仍有所不同。

1. 适用收养人属人法。由于收养成立后，收养人与被收养人之间形成父母子女关系，一些国家因此主张收养的效力适用收养人属人法。实践中，奥地利、土耳其、意大利、罗马尼亚等一些国家采用此种做法。例如，《奥地利联邦国际私法法规》第 26 条第 2 款规定："收养的效力依收养人的属人法；如收养人为夫妻，则适用支配婚姻人身效力的法律；如夫妻一方死亡的，则依另一方属人法。"意大利《国际私法制度改革法案》第 39 条规定："被收养人与收养人或收养人夫妻双方以及收养人亲属之间的人身和财产关系受收养人本国法或者收养人夫妻双方共同本国法支配；如果收养人夫妻双方无共同国籍，则由双方共同居所地法或者双方婚姻生活主要所在地法支配。"

2. 适用被收养人属人法。有的学者如法国魏斯则主张收养制度的设立是为了保护被收养者的利益，故收养的效力应适用被收养人的属人法。实践中，部分国家的立法也作了这样的规定。例如，阿根廷《收养法》第 32 条规定："如果收养是在海外成立的话，收养人和被收养人之间的法律地位、权利和义务应受被收养人所在国的当时的法律支配。"

3. 重叠适用收养人和被收养人属人法。也有国家主张对涉外收养效力重叠适用收养人和被收养人的属人法。例如，1982 年《南斯拉夫法律冲突法》第 45 条规定："(1) 收养的效力，依收养发生时收养人和被收养人的本国法。(2) 如收养人和被收养人国籍不同，依他们共同住所地法。(3) 如收养人和被收养人国籍不同，住所也不在同一国家，只要其中一人为南斯拉夫公民，则依南斯拉夫法。(4) 如收养人和被收养人都不是南斯拉夫公民，则依被收养人的本国法。"

4. 区分情况分别适用收养人和被收养人属人法。《泰国国际私法》第 17 条规定：养父母与养子女之间收养效力，适用养父母本国法；养子女与血亲属之间的权利和义务，适用养子女本国法。一些国际条约则要求区分不同问题分别适用收养人或被收养人的属人法。例如，《布斯塔曼特法典》第 74 条规定："收养的效力，就收养人的遗产而言，依收养人的属人法调整，但关于姓氏及被收养人对其原来家庭所保留的权利义务，以及收养人对其遗产的关系，依被收养人的属人法调整。"

三、收养解除及其法律适用

收养关系基于一定法律事实的存在而发生，也可以在一定条件下解除。引起收养关系解除的原因，一是收养关系当事人一方死亡；二是当事人依法办理了收养解除手续。收养的解除既可依双方当事人的协议而解除，也可依当事人一方的要求而解除。对此各国的具体规定有所不同。

关于收养解除的法律适用主要有两种做法：

1. 适用与收养成立相同的准据法。例如，《奥地利联邦国际私法法规》第 26 条第 1 款规定："收养及收养关系终止的要件，依养父母各自的属人法。"《意大利国际私法改革法案》第 38 条第 1 款、《列支敦士登国际私法》第 27 条第 1 款都对收养解除和收养成立规定了相同的法律适用原则。

2. 适用与收养效力相同的准据法。例如，匈牙利《关于国际私法的第 13 号令》第 44 条第 1 款规定，收养的效力和收养的终止适用收养人收养或者终止收养时的属人法。

四、中国的有关规定与实践

对于涉外收养问题，1991 年通过的《收养法》仅在第 20 条对外国人在中国收养子女作了简单规定。1998 年对《收养法》的修改，在涉外收养方面并未作太大改动，第 21 条规定："外国人依照本法可以在中华人民共和国收养子女。外国人在中华人民共和国收养子女，应当经其所在国主管机关依照该国法律审查同意。收养人应当提供由其所在国有权机构出具的有关收养人的年龄、婚姻、职业、财产、健康、有无受过刑事处罚等状况的证明材料，该证明材料应当经其所在国外交机关或者外交机关授权的机构认证，并经中华人民共和国驻该国使领馆认证。该收养人应当与送养人订立书面协议，亲自向省级人民政府民政部门登记。收养关系当事人各方或者一方要求办理收养公证的，应当到国务院司法行政部门认定的具有办理涉外公证资格的公证机构办理收养公证。"

此外，国务院民政部 1999 年 5 月 25 日根据《收养法》发布了《外国人在中华人民共和国收养子女登记办法》，司法部、民政部 1993 年发布的《外国人在中华人民共和国收养子女实施办法》同时废止。《登记办法》第 2 条规定："外国人在中华人民共和国境内收养子女，应当依照本办法办理登记。收养人夫妻一方为外国人，在华收养子女，也应当依照本办法办理登记。"对于涉外收养的法律适用，《登记办法》第 3 条规定："外国人在华收养子女，应当符合中国有关收养法律的规定，并应当符合收养人所在国有关收养法律的规定；因收养人所在国法律的规定与中国法律的规定不一致而产生的问题，由两国政府有关部门协商处理。"由此可见，这是一条重叠性冲突规范，即在中国境内进行的涉外收养，必须同时符合中国有关收养的法律和收养人所在国的法律。但它未涉及中国人在中国境外收养子女的法律适用，也未区分收养的成立、效力、解除等问题分别加以规定。

《涉外民事关系法律适用法》第 28 条则采取分割论，将涉外收养的法律适用区分为收养的成立、收养的效力及收养的解除三个方面分别作出规定，以兼顾和保护收养人与被收养人双方的利益。(1) 对于收养的成立，规定"收养的条件和手续，适用收养人和被收养人经常居所地法律"，即收养的成立必须同时符合收养人和被收养人双方经常居所地法律的规定。通过这种"重叠适用"确保跨国收养的成立得到双方主要生活地区的共同承认，减少或消除"跛足收养"现象。(2) 对于收养的效力，规定"适用收养时收养人经常居所地法律"，这也是目前国际上大多数国家采用的主张，由于"经常居所地"是一个可变连接点，该条规定将其限定为"收养时"以避免出现动态冲突问题。(3) 对于收养关系的解除，规定"适用收养时被收养人经常居所地法律或者法院地法律"。这一规定属于无条件的选择性冲突规范，在被收养人属人法和法院地法的适用上没有先后顺序的要求。一方面，基于收养关系的解除对被收养人的利益影响较大，规定可以适用被收养人的经常居所地法，体现了注重保护弱方利益的立法倾向；另一方面，收养的解除往往与法院地的公共秩序、善良风俗相关，各国的有关规定在很大程度上属于强制性规范的范畴，因此规定也可以适用法院地法。

在国际条约方面，2005 年 4 月 27 日第十届全国人民代表大会常务委员会第十五次会议决定，批准于 1993 年 5 月 29 日经海牙国际私法会议第 17 次外交大会通过的、于 2000 年 11 月 30 日由中华人民共和国政府代表签署的《跨国收养方面保护儿童及合作公约》。该公约并没有制定国际收养实体法的意图，主张加强各国合作机制，创设了一套适用于缔约国的统一的收养程序。

第六节 涉外监护

监护，一般是指对无民事行为能力人和限制民事行为能力人的人身、财产及其他合法权益进行监督与保护的法律制度。这种制度源于罗马法，现为各国普遍采用，但内容规定却有不同。

监护可分为未成年人监护和成年人监护：(1) 未成年人监护，大陆法系一般在未成年人无父母或父母不能行使亲权时设立。可见，监护和亲权在大陆法系是两个不同的概念。亲权建立在亲子关系上，监护则并不强调亲子关系为基础。(2) 成年人监护，一般针对禁治产人（无民事行为能力人）设立；一些国家还针对准禁治产人（限制民事行为能力人）设有保佐制度。而在英美法系国家则不划分亲权与监护，也未在监护之外另设保佐制度，实行所谓“大监护”制度。

一、涉外监护的法律冲突

各国立法对监护的规定差异很大，在涉外监护中常常产生法律冲突。

关于被监护人的范围。各国通常将无行为能力人和限制行为能力人作为被监护人的范围，但具体规定存在差异。如有的国家采取“结婚成年制”，即未成年人因结婚而取得成年的资格并获得行为能力，因而在有些法定婚龄低于成年年龄的国家，仅针对未婚的未成年人实行监护。针对欠缺行为能力的成年人，各国规定的保护对象范围也不同，晚近立法有扩大的倾向。如日本为保护因精神障碍判断能力不充分的老年人，1999 年通过民事特别法《关于任意监护制度的法律》创设了任意监护制度。经修订的《法国民法典》规定，凡人的精神官能已受到疾病损坏或因残疾或年龄而衰竭，或者体能受到损坏，如妨碍当事人表达其意志，在民事行为中需要由他人持续代理的，可以对其设立监护（第 492 条）；对在民事生活行为中需要得到指导与监督的人，对由于挥霍浪费、纨绔不羁、游手好闲，有可能自陷贫困或影响履行家庭义务的成年人，可以实行财产管理（第 508、508-1 条）。

关于监护人的范围。根据大多数国家的法律规定，监护人可分为三种：(1) 遗嘱监护人，由被监护人的父母在遗嘱中指定；(2) 法定监护人，由法律规定的一定范围内的亲属依照法定顺序充任；(3) 选任监护人，是有关机构所指定的监护人，在日本为家庭法院、法国为亲属会议、德国为监护法院予以指定。然而，对于哪类人能作为监护人各国的规定不一。例如，多数国家规定未成年人的父母均是其监护人，但有些国家却规定只有被监护人最亲近的父系亲属才能作为法定监护人。不少国家法律还对被监护人的范围加以限制，一般均规定未成年人、禁治产人及准禁治产人及破产人不得为监护人，也有国家禁止对被监护人起诉或曾起诉的人及其配偶和直系亲属担任监护人。除个人可作为监护人外，有的国家规定有关官方机构和社会团体也可作为监护人。

此外，各国法律对监护人的职责和权利、监护的种类和设定、监护终止等方面的规定也不相同，在国际私法上提出了涉外监护的法律适用问题。

二、涉外监护的法律适用

监护制度是为保护被监护人的利益而设置的，故大多立法都以被监护人的属人法作为有关监护问题的准据法，在某些情况下亦允许适用法院地法。目前，一些新近立法在涉及监护人的某些利益方面也允许适用监护人属人法。

（一）适用被监护人属人法

绝大多数国家主张适用被监护人属人法作为涉外监护关系的准据法，以最大限度保护被监护人利益，实现监护制度的法律功能。大陆法系国家多主张适用被监护人本国法，一些美洲国家则主张适用被监护人住所地法。前者如《波兰国际私法》第 23 条规定“监护依被监护人的本国法”；后者如《秘鲁民法典》第 2071 条规定“监护和其他保护无行为能力人的制度，依无行为能力人的住所地法”。

（二）适用监护人属人法

尽管监护是为保护被监护人人身和财产利益而设置的一种法律制度，但它也会在某些方面涉及监护人的利益，故一些国家在立法中同时规定了某些情形下监护人属人法应予适用。例如，《匈牙利国际私法》第 48 条第 2 款规定：“监护人执行监护的义务的范围，适用监护人的属人法。”2002 年生效的《俄罗斯联邦民法典》第 1239 条首先规定监护或保护依照被监护人的属人法，又在第 2 款规定“监护人（保佐人）接受监护关系的责任依被任命的监护人的属人法确定”。

（三）适用法院地法

英国在监护问题上首先从管辖权入手，一旦英国法院对某一涉外监护案件确认管辖权，它便只适用英国法。意大利《国际私法改革法案》第 43 条规定“针对无行为能力成年人的保护措施的条件和效力，以及无行为能力人与其监护人之间的关系，适用该无行为能力人的本国法”时，又补充规定“为了临时性和在紧急情况下保护无行为能力人的人身和财产，意大利法官可采取意大利法律所规定的措施”。

在国际公约方面，关于未成年人监护的国际公约有三个：一是 1902 年《关于未成年人监护的海牙公约》；二是 1961 年《关于未成年人保护的管辖权和法律适用的海牙公约》，后者现已取代前者；三是 1996 年《关于父母责任和保护儿童措施的管辖权、法律适用、承认及执行和合作公约》，明确提出以其取代前两个公约。该公约已于 2002 年 1 月 1 日起生效，目前有包括澳大利亚、法国、德国、瑞士、西班牙等 33 个缔约国。

关于成年人保护的国际公约有两个：一是 1902 年海牙《关于禁治产及类似保护措施的公约》；二是 2000 年海牙国际私法会议通过的《关于成年人国际保护公约》，该公约在缔约国间取代 1905 年海牙《关于禁治产及类似保护措施的公约》。该公约已于 2009 年 1 月 1 日生效，有爱沙尼亚、芬兰、法国、德国、瑞士和英国 6 个缔约国。

三、中国的有关规定和实践

关于涉外监护的法律适用问题，1988 年最高人民法院《关于贯彻执行〈中华人民共和国民法通则〉若干问题的意见（试行）》第 190 条规定：“监护的设立、变更和终止，适用被监护人的本国法律。但是，被监护人在我国境内有住所的，适用我国的法律。”可见，我国法院在司法实践中以被监护人本国法为处理涉外监护问题的一般原则，在特殊情况下适用被监护人的住所地法。

《涉外民事关系法律适用法》第30条规定："监护，适用一方当事人经常居所地法律或者国籍国法律中有利于保护被监护人权益的法律。"这条规定属于有条件的选择性冲突规范，即需要从一方当事人的"经常居所地法律"和"国籍国法律"中，依有利于保护被监护人权益这一标准，选择其中之一作为准据法调整涉外监护关系。

思考题

1. 《民法通则》和《涉外民事关系法律适用法》对涉外结婚规定的异同何在？
2. 试论宗教仪式、未成年人结婚须经法定代理人同意等情形下，应如何识别它属于结婚的实质要件还是形式要件？
3. 简述当事人意思自治原则在涉外夫妻关系中的适用。
4. 试述涉外亲子关系法律适用的国际趋势。
5. 我国《涉外民事关系法律适用法》关于涉外收养有何规定？其特点又有哪些？
6. 我国关于涉外监护法律适用的规定特点何在？

第十五章　涉外继承问题

继承是指自然人死亡后，按照法定程序将死者所留的财产及与财产有关的权利义务转移给他人的一种法律制度，其中死者称为被继承人，死者留下的财产及权利义务统称为遗产，承受遗产的当事人称为继承人。

继承有法定继承和遗嘱继承两种。继承法在不同法系国家的法律中所处的地位是不同的。英国和美国等国认为继承在本质上属于财产所有权的一种转移方式，因此，在这些国家的国际私法著作中，是把它放在财产权编内作为财产的“总括转移”方式来讨论的。但在罗马法系的许多国家中，虽然也不否认继承是财产的一种转移方式，但其强调这种转移是与特定身份相联系的。总的来说，继承的实质和中心问题是被继承人把生前对财产所享有的所有权，包括权利和义务转移给继承人，因此继承权是从所有权派生出来的一种权利，对所有权的保护和发展有着极为重要的意义。

所谓涉外继承是指该法律关系的主体、客体和权利义务据以产生的法律事实诸要素中，有一个或一个以上因素涉及外国的继承，即继承人和被继承人一方或双方具有外国国籍或其住所、经常居所地位于国外，或者遗产的全部或部分在国外，或者被继承人死亡的事实发生在国外。国际私法就是调整这种具有涉外因素的法定继承、遗嘱继承、无人继承财产关系的。

涉外继承关系在国际私法上有几个显著的特点：

1. 国际私法中没有调整涉外继承的统一实体规范，因此，对涉外继承关系几乎全是通过援引国际条约或国内立法中的冲突规范来加以调整。

2. 调整涉外继承关系时，常用的冲突原则是属人法、物之所在地法和行为地法。这主要是由于继承关系一方面与人的身份有关，另一方面又涉及物之所在地的利益；同时，如果当事人通过订立遗嘱的方式来处分其财产，还要受到行为地法的支配。

3. 没有统一的管辖权原则。由于各国继承法的具体规定差异很大，因此涉外继承案件由不同国家的法院管辖，依其冲突规范援引的准据法可能不同，最后导致不同的甚至截然相反的判决结果。各国从保护本国当事人和处于本国境内的财产利益出发，都力主对涉外继承案件的管辖权。在实践中，常常按继承人的国籍、被继承人的住所及遗产所在地为标志来确定管辖，而且不动产基本上都由不动产所在地国管辖，也有不少国家把涉外继承案件整个列入在专属管辖范围，从而排斥其他国家的管辖权。

第一节 法定继承

一、法定继承的法律冲突

法定继承，也称非遗嘱继承，是指按照法律规定的继承人的范围、顺序和继承份额以及遗产分配的方法而进行的财产继承。各国立法中都有法定继承的规定，但具体的内容则不尽相同，具体表现在以下几个方面：

（一）继承人的范围问题

西方国家的立法中，通常把继承人的范围规定得很宽，几乎凡是有亲缘关系的生存者都列入继承人范围，这是因为西方国家是提倡个人本位主义的社会，基于"私有财产神圣不可侵犯"的法律原则，立法重在保护个人权利和私有财产。例如，《德国民法典》规定，被继承人的配偶和下至子女、孙子女、曾孙子女和玄孙子女等直系卑血亲，及上至父母、祖父母、曾祖父母直至于高祖父母等直系尊亲属都有继承权。而原苏联和东欧国家的立法对继承人的范围规定较窄。例如，根据1964年《苏俄民法典》的规定，只有配偶、子女、父母、兄弟姐妹、祖父母、外祖父母及由被继承人生前抚养过一年以上且丧失劳动能力的人才有继承权。这些规定表现出社会主义国家在继承立法上的社会本位主义，因为若上述法定继承人不存在，遗产就可能归于国家。

继承人的范围除上述一些不同规定外，不同国家法律对某些人如配偶、兄弟姐妹、养子女、非婚生子女等能否作为继承人，也有不同规定。一般来讲，大多数国家都规定配偶有继承权，而且是主要继承人，但《法国民法典》（第72－3号法律）第765条则规定，只有在死者未遗有按其亲等得为继承人的血亲，也未遗有非婚生子女时，遗产才归配偶继承。大多数国家也都规定兄弟姐妹有继承权，而西班牙规定兄弟姐妹没有继承权。对于养子女，有的国家如中国和日本都规定可以作为继承人，有的国家如西班牙规定不可以作为继承人，有的国家如法国只承认养子女对其养亲的遗产继承权，而对其他亲属的遗产没有继承权。目前，大多数国家的立法都已经废除歧视非婚生子女的条款，但仍有少数国家对非婚生子女的继承权有限制。例如，法国规定，只有经过合法认领的非婚生子女才有继承死亡父母遗产的权利。

（二）继承人的顺序问题

各国立法对继承人的顺序规定也不相同。一般而言，凡对继承人范围规定较宽的国家，其法律上的继承人顺序就较为复杂，而对继承人范围规定较窄的国家，其法律上的继承人顺序则较为简单。例如，《日本民法典》将继承人分为三个顺序：（1）直系卑亲属；（2）直系尊亲属；（3）兄弟姐妹及其代位人。配偶可以与任何一个顺序的继承人共同继承，只是取得遗产的份额多少要视参加哪一顺序而定。《德国民法典》规定了五个继承顺序：（1）直系血亲卑亲属；（2）父母及其血亲卑亲属；（3）祖父母、外祖父母及其血亲卑亲属；（4）曾祖父母及其直系血亲卑亲属；5. 高祖父母、更远亲等的亲属及其直系血亲尊亲属、卑亲属。与《日本民法典》规定相似，《德国民法典》也规定作为继承人的配偶不列入一定顺序，可以与任何一个顺序的继承人同时继承，继承份额的多少视其参加哪一个顺序而定。英国没有成文规定，根据有关判例，其法定继承人顺序大致为：(1) 生存配偶和直系卑亲属；(2) 父母；(3) 兄弟姐妹；(4) 祖父母、外祖父母；(5) 叔、伯、姑、舅、姨。我国《继承法》第 10 条规定了两个继承顺序：(1) 配偶、子女、父母；(2) 兄弟姐妹、祖父母和外祖父母。第 12 条还作出了特别的规定："丧偶儿媳对公、婆，丧偶女婿对岳父、岳母，尽了主要赡养义务的，作为第一顺序的继承人。"

(三) 继承遗产的份额问题

各国的立法规定，对同一顺序继承人的继承份额，基本上采取平等分配原则，但对配偶继承份额的规定，差异较大。如配偶同被继承人的直系卑亲属共同继承时的应继承份额：日本规定为 1/2；德国规定为 1/4；英国为个人的动产 4 万英镑及其余遗产的 1/2。配偶同被继承人的尊亲属共同继承时的应继承份额：日本规定为 2/3；德国规定为 1/2；法国为 1/2 遗产的用益权；英国为个人动产 8. 5 万英镑及其余遗产的 1/2。配偶同被继承人的兄弟姐妹共同继承时的应继承份额：日本规定为 3/4；法国仍为 1/2 遗产的用益权。我国《继承法》第 13 条规定："同一顺序的继承人继承遗产的份额，一般应当均等。对生活有特殊困难的缺乏劳动能力的继承人，分配遗产时，应当予以照顾。对被继承人尽了主要扶养义务或者与被继承人共同生活的继承人，分配遗产时，可以多分。有扶养能力和有扶养条件的继承人，不尽扶养义务的，分配遗产时，应当不分或少分。继承人协商同意的，也可以不均等。"

除以上方面外，关于代位继承、继承权的丧失、继承权的放弃以及继承权的恢复等问题，各国规定也不尽相同。

由于各国法律对法定继承规定不同，因而在审判实践中对某一涉外继承关系，依据不同国家的法律处理就会得到不同甚至是截然相反的结果，从而产生法律冲突。例如，一位华侨，住所在日本，未立遗嘱在日本死亡，在日本留下一笔遗产，其在日本的子女和在我国的父母都要求继承这笔遗产，向日本法院提起诉讼。如依我国《继承法》的规定，父母和子女都是第一顺序继承人，可以同时继承；如依日本法，则只有子女才可以继承，因为日本民法规定，子女是第一顺序继承人，父母是第二顺序继承人，第二顺序继承人只能在没有第一顺序继承人时才可以继承。

二、法定继承的法律适用

各国调整涉外继承的冲突原则虽然有很多区别，但综合各国立法和审判实践，以及有关的双边或多边条约，确定涉外法定继承准据法大致采用三个原则，即遗产所在地法原则、被继承人本国法原则和被继承人住所地法原则。这三个原则代表着三类不同的国家利益，从而构成了涉外法定继承的法律适用内容。在实践中，各国在运用这些冲突原则时，又分为"区别制"和"同一制"两种不同的做法。

(一) 区别制 (scisssion system)

区别制又称为分割制，是指将遗产区分为动产与不动产，分别适用不同的准据法，即动产适用被继承人的属人法，不动产适用不动产所在地法。

这一制度，最早是由 14 世纪意大利法则区别说创始人巴托路斯的弟子巴尔特提出来的。巴尔特根据法则区别说的理论，主张把动产继承归入"人法"范畴，适用死者的属人法，而把不动产继承列入"物法"范畴，适用物之所在地法。

目前，区别制已为许多国家的立法及司法判例所采纳，美国、英国、英联邦国家、法国、比利时、卢森堡、马达加斯加、中非、塞内加尔、加蓬、泰国等国持这种实践。一般来说，采取区别制的国家都主张不动产继承依物之所在地法。正如美国学者斯托雷所说："不动产无遗嘱继承排他地适用物之所在地法，是一条确定且得到普遍承认的原则。"究其原因，主要是因为不动产价值较大，同所在地国家利益密切相关，适用物之所在地法，可保证有关判决的执行。关于区别制中的动产继承，又分两种情况：（1）保加利亚、卢森堡等少数国家适用被继承人本国法。例如，1972 年《塞内加尔家庭法》第 847 条第 1 款规定："涉及与继承范围、继承顺序以及继承人之间各自资产与债务的转移有关的遗产归属问题，由死者本国法确定。"（2）大多数国家适用被继承人住所地法。例如，《泰国国际私法》就规定，"不动产继承，依财产所在地法"（第 37 条）；"动产继承，无论法定继承或遗嘱继承，都依被继承人死亡时之住所地法"（第 38 条）。

实行区别制的最大缺陷是，如果被继承人的遗产中既有动产又有不动产，而且分散在几个国家时，继承要分别受几个法律的支配，从而导致法律适用的不统一，带来种种麻烦和困难。例如，根据其中一国法律，某人是有继承权的，而根据另一国法律，他却没有继承权；根据其中一国法律，其继承份额多或享有特留份，而根据另一国法律，其继承份额少或不享有特留份等。于是，在 19 世纪中叶以后，特别是经萨维尼和孟西尼等学者的提倡，财产继承上的"同一制"又出现在许多国家的国际私法立法与实践中了。

（二）同一制（unitary system）

同一制又称为单一制，是指把遗产视为一个整体，不分动产和不动产，也不问其在何地，统一适用同一准据法，即被继承人的属人法。

动产和不动产继承依照死者的属人法这条古老的冲突规范，渊源于古罗马法的"普遍继承"。按照古代罗马法的观点，继承就是继承人在法律上取得被继承人的地位，是死者人格的延伸。英国著名法律史学家梅因曾指出，古罗马人通常认为"继承权是对于死者全部法律地位的继承"，就是说死者肉体人格消亡，但他的法律人格仍存在，毫无减损地传给其继承人。还有学者从继承法与亲属法之间所具有的紧密联系来论证统一适用死者属人法的意义，认为继承应统一适用死者的属人法。虽然目前世界上许多国家采取继承依被继承人属人法的同一制原则，但由于对属人法有两种不同的理解，所以，它又有下面两种情况：

1. 继承依被继承人本国法。采取这一冲突规则的国家主要有德国、意大利、日本、奥地利、西班牙、葡萄牙、荷兰、希腊、土耳其、伊拉克、墨西哥、波兰、匈牙利、前南斯拉夫等国。例如，日本《关于法律适用的通则法》第 36 条规定："继承，适用被继承人的本国法。"德国《民法典施行法》第 25 条第 1 款规定："继承，适用被继承人死亡时的本国法。"

2. 继承依被继承人的住所地法。采取这一冲突规则的国家有挪威、丹麦、冰岛、哥伦比亚、阿根廷、秘鲁、尼加拉瓜等国。例如，1984 年《秘鲁民法典》第 2100 条规定："继承，无论遗产位于何国，只适用死者最后住所地法。"

在继承的准据法上采用同一制有一个最大的优点，就是简单方便。因为依这种制度，不管死者的遗产分布在多少个国家，也不管他的遗产是动产还是不动产，均构成一个单一的财团，一律对待，全体共同继承人也都是该财团的共同所有人，这一财团可以对全体债务人负责。而且在同一制下，一项遗嘱处分的有效或无效，一个人有无继承人资格，都将由一个法律作出裁判，这显然可以避免采用区别制时碰到的麻烦与困难。

尽管目前国际私法对涉外继承准据法趋向于采用同一制，但同一制和区别制是各有优劣的。采用区别制的判决易于得到不动产所在地国的承认和执行，而采用同一制，如果死者遗留的不动产不在其国籍或住所地国境内，那么，根据死者属人法作的判决，很难在不动产所在地国得到承认和执行。正是因为同一制也有这些不足，所以，有些采用同一制的国家在特定条件下对区别制作出某些让步，以求对不动产继承得到切实可行的处理。还应看到，法国、英国以及其他一些国家，虽然对涉外法定继承关系区分动产和不动产，而分别适用属人法和遗产所在地法，但是，这两条冲突规则在同一涉外继承关系中的地位并不完全相等，起主要作用的是被继承人属人法而不是遗产所在地法，因为继承人的范围、继承人的顺序、继承人对遗产的继承权利都由被继承人属人法决定，遗产所在地法只适用于不动产的转移、清理和分割等问题。

另外，在实行同一制原则的国家中，还有极少数国家是采用继承依遗产所在地法的同一制原则。遗产所在地法是一条古老的冲突规范，首先提出这一原则的是 14 世纪意大利的法学家巴托路斯。他认为继承的主要问题是财产问题，有关继承的问题与遗产所在地的社会状况有密切关系，因此，处理与遗产有关的继承问题，应根据遗产所在地法来解决。遗产所在地法原则是与封建经济制度相适应的，但随着各国社会经济交往的进一步发展，一个人的财产可能遍及许多国家，在处理遗产继承时就会受到多种法律的支配，从而给法律适用带来新的困难。所以，无论动产还是不动产，继承一律适用遗产所在地法的古老做法，已逐渐被淘汰。目前，除乌拉圭等个别国家采用此原则外，其他国家都已不再采用。

三、法定继承中对法律适用的限制

涉外继承与有关国家及其公民切身利益有关。在实践中，当一国的冲突规范指向适用外国法时，被援引的外国法并不能完全得到适用而可能受到一系列限制，甚至会被排除适用。从各国立法规定和司法实践看，这种限制主要表现在以下几个方面：

（一）为优待本国公民而限制外国法适用

有些国家为了使本国公民依本国法所享有的继承权得以实现，在立法上专门规定了优待本国公民的条款，即所谓“优先权”或“先扣权”制度。这是指当外国人和本国人同为继承人时，法院判定本国人享有优先继承和先行扣留遗产的权利，即使按照应适用的外国法，本国人不是继承人时也是如此，如法国、比利时、阿根廷等国法律中都有类似的规定。1896 年《德国民法施行法》第 25 条规定，在德国有住所的外国人死亡时，其遗产继承依被继承人本国法，但如德国人对此遗产依德国法可主张继承权时，则按照德国法的规定继承。

（二）采用反致排斥外国法适用

在涉外继承问题上，许多国家采用反致制度以限制外国法的适用。例如，日本在涉外继承上是采用同一制的，并且只适用死者本国法，但如死者是一个采取区别制国家的公民时，则对其在日本留下的不动产，日本法院就会根据该死者本国的冲突规则反致适用日本法关于该不动产继承的规定。国际私法上反致的著名案例几乎都发生在继承问题上，如1878年法国最高法院判决的“福尔果案”，便是在涉外继承中运用反致排斥外国法适用的著名案例。

（三）援用公共秩序保留制度排斥外国法适用

由于各国立法关于法定继承的具体规定差异很大，一国法院在处理涉外法定继承案件时，如果依照冲突规范应适用某外国法，便可能援用公共秩序保留制度排除外国法的适用。比如，一个允许养子女和非婚生子女有继承权的国家，往往会拒绝适用不允许养子女和非婚生子女有继承权的国家的法律。

四、中国关于涉外法定继承的规定

中华人民共和国成立以来，我国政府一直十分关注涉外继承问题的处理。早在1954年，外交部与最高人民法院就共同发布了《外国人在华遗产继承问题处理原则》，该原则规定：“外国人在华土地，不属于外国人遗产的范围，其死亡后，任何人不得继承；外国人在华遗产中的动产，在互惠的原则下，可按被继承人国家的法律处理。对于不存在互惠关系的国家公民遗留在我国境内的遗产，原则上依我国法律处理。”上述规定对外国人遗产的范围进行了限定，对外国人在我国境内的动产依据互惠原则可按被继承人的本国法处理。

实行对外开放政策以来，涉外继承案件不断增多。1985年颁布的《中华人民共和国继承法》总结了以往我国处理涉外继承案件的实践经验，参照一些国家的立法规定，对我国处理涉外继承的法律适用原则作了明确规定。我国《继承法》第36条规定：“中国公民继承在中华人民共和国境外的遗产或者继承在中华人民共和国境内的外国人的遗产，动产适用被继承人住所地法律，不动产适用不动产所在地法律。外国人继承在中华人民共和国境内的遗产或者继承在中华人民共和国境外的中国公民的遗产，动产适用被继承人住所地法律，不动产适用不动产所在地法律。”最高人民法院《关于贯彻执行〈中华人民共和国继承法〉若干问题的意见》第63条进一步明确规定：“涉外继承，遗产为动产的，适用被继承人住所地法律，即适用被继承人生前最后住所地国家的法律。”上述规定确立了我国涉外继承中的“区别制”，不动产继承适用不动产所在地法；动产继承适用被继承人住所地法，适用外国法不再以互惠为条件。

1986年《民法通则》第149条规定：“遗产的法定继承，动产适用被继承人死亡时住所地法律，不动产适用不动产所在地法律。”该规定坚持涉外继承中的区别制原则，将被继承人所有的遗产区分为动产和不动产，分别适用被继承人死亡时的住所地法和不动产所在地法。它明确了其适用范围限于法定继承，对被继承人所在地这一动态连接点规定了时间限制，一定程度上弥补了《继承法》的立法缺陷。

2011年《涉外民事关系法律适用法》第31条规定：“法定继承，适用被继承人死亡时经常居所地法律，但不动产法定继承，适用不动产所在地法律。”这条关于涉外法定继承的双边冲突规范，与《民法通则》第149条相比：（1）去掉了“动产”，反映了我国在涉外法定继承问题上建立起以“同一制为主，区别制为辅”的混合性制度。即对涉外法定继承的态度是总括地适用被继承人的属人法，顺应国际私法理论和实践中的同一制原则特征，在但书中将不动产继承排除在外。（2）用“经常居所地法律”取代“住所地法律”，符合国际上对惯常居所地法日益重视的发展趋势，体现了我国国际私法立法的开放性。

第二节 遗嘱继承

遗嘱是被继承人生前依法对其遗产或其他事务进行预先处分，并于死后发生法律效力的法律行为。遗嘱继承就是按照被继承人在其遗嘱中所作的意思表示而进行的继承，即在不违反有关法律强制性规定的情况下，被继承人根据自己的意思设定继承人范围、顺序和应继份额等来自行处理自己财产的继承。由于遗嘱继承的根据是死者的遗嘱，故遗嘱能否成立和遗嘱是否有效就是遗嘱继承的前提，而各国关于遗嘱人的行为能力，遗嘱的形式要件和实质要件，遗嘱的效力和遗嘱的变更和撤销等，规定各异。因此，解决涉外遗嘱继承就必然要解决上述问题的法律适用。

一、遗嘱人行为能力的法律冲突和法律适用

（一）遗嘱人行为能力的法律冲突

遗嘱人的行为能力，是指遗嘱人是否具备通过遗嘱处分自己财产的能力。各国对此规定不同，多数国家规定，遗嘱能力与一般行为能力相同，即只有成年后具备完全行为能力的人才有立遗嘱的能力。但也有一些国家规定，达到一定年龄的未成年人，也具有立遗嘱能力。例如，法国规定，18 岁为成年，但 16 岁以上的人就可以立遗嘱；日本规定，20 岁为成年，但年满 15 岁的人就可以立遗嘱。我国《继承法》第 22 条规定：“无行为能力人或限制行为能力人所立遗嘱无效。”

因此，对同一份涉外遗嘱，适用不同国家的法律，就会产生不同甚至截然相反的结果。如一个 16 岁的中国青年在日本居住，因病死亡后，所留遗嘱的有效性，适用中国法和适用日本法结果就会完全相反。

（二）遗嘱人行为能力的法律适用

解决遗嘱人的立遗嘱能力，一般认为应适用当事人的属人法。立法采用当事人本国法的国家有日本、韩国、奥地利、捷克、埃及、土耳其等国，而俄罗斯、阿根廷则主张主要适用当事人的习惯居所地或住所地法。也有国家采取放宽态度，对遗嘱能力适用多种连接因素指引准据法。例如，1988 年瑞士联邦《国际私法法规》规定，遗嘱人的立遗嘱能力可以适用遗嘱人的住所地法、习惯居所地法或本国法。但是关于不动产的遗嘱，上述国家多采用不动产所在地法。

此外，适用当事人的属人法时，究竟应当适用当事人的立遗嘱时的属人法还是适用当事人死亡时的属人法，在立法和学说上是有分歧的。有人主张适用新连接点，因为遗嘱是当事人死亡后才发生效力的，即应当适用遗嘱人死亡时的属人法；也有人主张适用立遗嘱时旧连接点，因为只要遗嘱的实质要件和形式要件符合立遗嘱时的属人法，立遗嘱这一法律行为本身就已经有效成立了。为了充分保护遗嘱人的处分权，有的国家采用无条件选择规范，适用有利于遗嘱成立的属人法。

二、遗嘱方式的法律冲突和法律适用

（一）遗嘱方式的法律冲突

遗嘱方式，是指遗嘱成立的形式，可分为口头和书面形式两种。书面形式又分为亲笔遗嘱、公证遗嘱和秘密遗嘱。各国法律对于遗嘱方式一般均有明文规定，但却不尽一致。例如，《日本民法典》将遗嘱分为普通遗嘱方式和特殊遗嘱方式。普通遗嘱方式又包括自书遗嘱、公证遗嘱和秘密遗嘱三种。自书遗嘱必须由立遗嘱人亲笔书写遗嘱全文，写明年月日，签名盖章；公证遗嘱要有两个以上证人到场，由立遗嘱人口述，公证人笔录，立遗嘱人签名盖章；秘密遗嘱必须由立遗嘱人在证书上签名密封，同时必须由两名证人和一名公证人在场。特殊遗嘱方式包括死亡危急、传染病隔离、船舶遇难等情况下所立的遗嘱。死亡危急的人所立遗嘱要有三个以上证人在场，由一个人按遗嘱人口授笔录，到场人签名盖章，在20天内由家庭裁判所确认；船舶遇险时面临死亡危急的人所立遗嘱，要有船长或事务员一人和其他两位证人到场，由证人笔录口授遗嘱，签名盖章，立遗嘱后，需证人或利害关系人申请家庭裁判所予以确认才能有效。

在英国法中，对遗嘱方式的规定比较简单，一般有自书遗嘱和公证遗嘱，只对军人及水手允许使用口头遗嘱。无论是自书遗嘱还是公证遗嘱，只要遗嘱上签有遗嘱人的姓名，而且该签字有两人证明，即为合法。加拿大只规定了自书遗嘱一种方式，《加拿大继承法》（1980年安大略修正案）第6条规定："遗嘱人亲子书写遗嘱、签名，就可以订立一个完全有效的遗嘱，不拘形式，不需要证明人在场证明和签名。"

（二）遗嘱方式的法律适用

从各国司法实践看，解决遗嘱方式的冲突原则一般有三种，即依行为地（遗嘱地）法、依遗嘱人属人法和依财产所在地法，但具体运用又有所不同。

1. 区分动产和不动产分别选择适用法律。例如，英国、美国、日本、南斯拉夫、匈牙利、法国等主张区分动产和不动产分别选择适用遗嘱方式的准据法。这些国家一般规定不动产遗嘱方式适用不动产所在地法，动产遗嘱方式可在遗嘱人属人法和立遗嘱地法之间选择适用。

2. 统一适用遗嘱人属人法或行为地法。例如，荷兰将遗嘱方式视为遗嘱能力问题，因而立法规定不论动产或不动产遗嘱方式都要受遗嘱人本国法支配。又如，《泰国国际私法》规定："遗嘱的方式，依遗嘱人本国法或依遗嘱地法。"目前，采取这一原则的国家主要有泰国、埃及、捷克、波兰、土耳其等国家。

3. 统一适用遗产所在地法。这是极少数国家的规定，如阿根廷、巴拉圭、乌拉圭等国的立法规定，不论动产和不动产遗嘱方式均适用遗产所在地法。

遗嘱作为一种法律行为，当受"场所支配行为"原则支配，自应严格遵循遗嘱行为地法。但遗嘱制度本身又要求在遗产处分上充分尊重遗嘱人的意思表示，且遗嘱也是一种准身份行为，而非纯粹的财产行为，因而遗嘱方式适用当事人属人法也无可非议。同时，遗嘱作为一种单方法律行为和一般法律行为还是有很大区别的。基于这些原因，考虑到立遗嘱人可能遇到的各种实际情况，为给遗嘱人订立合法遗嘱提供方便条件，尽可能使遗嘱有效成立，当今许多国家在立法中对遗嘱方式准据法的确定采取了灵活宽松的态度，以无条件的选择性冲突规范来规定遗嘱方式的法律适用。这种越来越宽松和灵活的立法趋势，在1961年海牙《遗嘱处分方式法律冲突公约》中也集中地反映出来。该条约第1条规定，动产遗嘱方式只要符合遗嘱人立遗嘱地法，或遗嘱人立遗嘱时或死亡时的本国法、住所地法或居所地法之一的，均为有效。这一做法目前已得到世界各国广泛的承认。

三、遗嘱效力和内容的法律冲突和法律适用

（一）遗嘱效力和内容的法律冲突

所谓遗嘱的效力，是指法律在何种条件下承认其有效。遗嘱的效力和遗嘱的内容直接相关，遗嘱内容如不符合强制性的限制规定，会导致部分或全部遗嘱无效。由于各国立法赋予遗嘱人处分财产的权利不同，因而当遗嘱人在内国订立遗嘱处分其在外国的财产或者在外国订立遗嘱处分其在内国的财产，或者依某国法律规定订立的遗嘱需要其他国家认可时，该遗嘱的实质内容是否合法有效，便可能会因适用法律不同而产生法律冲突问题。

遗嘱的内容，即遗嘱人处理遗产的意思表示，包括继承人范围及继承人份额等内容。比较各国立法可以看出，英美法系国家的法律赋予遗嘱人很大的权利。例如，英国1938年前的立法规定，遗嘱人可以将其财产一部或全部留给任何人而不管是否有其他法定继承人存在。1938年英国《继承法》对遗嘱人的权利规定了一定限制，但其遗嘱处分权依然很大，如规定只有无生活依靠的亲属，才有权对死亡时住所在英国的死者的遗产申请法院留给合理的生活费。与此相反，大陆法系国家对遗嘱自由做了较大限度的限制。如《法国民法典》规定，遗嘱人只有在无直系血亲及直系卑血亲时，才能以赠与遗嘱处分其全部财产；在有婚生子女1人时，只能处分其遗产的半数；有婚生子女2人时，处分其遗产不得超过1/3；有婚生子女3人以上时，处分其遗产不得超过1/4；父系和母系各有尊亲属1人或数人时，处分其遗产不得超过半数；仅一系有尊亲属时，处分其遗产不得超过3/4。再如《日本民法典》规定，遗嘱人可以处分其财产的全部或一部分，但不得违反关于特留份的规定。我国《继承法》也规定，公民可以立遗嘱将个人财产指定由法定继承人的一人或者数人继承，可以立遗嘱将个人财产赠给国家、集体或者法定继承人以外的人，但应当对缺乏劳动能力又无生活来源的继承人保留必要的份额。

（二）遗嘱效力及内容的法律适用

关于遗嘱效力和内容的法律适用，各国实践中所采用的原则不同，概括起来主要有以下三种情况。

1. 适用立遗嘱人的本国法。德国、日本、奥地利、土耳其、波兰、匈牙利等国均采用这一原则，这些国家一般都强调遗嘱实质要件与遗嘱人本国有密切关系，因而应适用遗嘱人本国法。但由于遗嘱人立遗嘱后可能发生国籍改变，这时应适用遗嘱人立遗嘱时的本国法还是适用遗嘱人死亡时的本国法，各国规定又有不同。多数国家规定应适用立遗嘱时遗嘱人的本国法，如日本《关于法律适用通则法》第37条规定："遗嘱成立及其效力依立遗嘱时遗嘱人本国法。"也有一些国家规定既可以适用遗嘱人立遗嘱时本国法，也可以适用遗嘱人死亡时的本国法。

2. 适用立遗嘱人住所地法。阿根廷、泰国、前苏联和民主德国等均采用这一原则。

至于适用立遗嘱时还是死亡时的住所地法，各国规定也有不同。例如，《泰国国际私法》第42条规定："遗嘱全部或部分条款失效或消灭，依遗嘱人死亡时的住所地法。"而《民主德国法律适用条例》第26条规定："遗嘱的争议和因遗嘱表示上的瑕疵而造成的法律后果，应当依照立遗嘱人在订立遗嘱时的住所地国家的法律。"

3. 区别动产和不动产适用不同的法律。英国、美国、法国等国，对于遗嘱继承的实质要件及效力，也和法定继承一样，区分动产与不动产，分别适用不同的法律，即动产适用遗嘱人住所地法，不动产适用遗产所在地法。如美国《冲突法重述（第二次）》第239条规定："（1）遗嘱能否使土地权益发生转移以及被转移权益的性质，依土地所在地法院所适用的法律。（2）法院通常适用本地法决定此类问题。"第263条同时又规定："（1）遗嘱能否使动产权益发生转移以及被转移的性质，依遗嘱人死亡时住所地州法院所适用的法律。（2）法院通常适用本地法决定此类问题。"可见，美国司法实践中的主张是不动产遗嘱的内容和效力适用不动产所在地法；动产遗嘱的内容和效力适用遗嘱人死亡时住所地法。英国学者指出，在英国的审判实践中采用的规定是：动产遗嘱的内容或实质有效性，由遗嘱人死亡时的住所地法支配，不动产遗嘱的内容或实质有效性，由不动产所在地法支配。

四、遗嘱变更和撤销的法律冲突和法律适用

（一）遗嘱变更和撤销的法律冲突

遗嘱是在遗嘱人死亡时才发生法律效力的单方法律行为。从遗嘱人订立遗嘱起到他死亡为止这段时间内，遗嘱人可以依法变更遗嘱的部分内容或者撤销原遗嘱的全部内容，也可以因毁灭原遗嘱的行为而撤销遗嘱。对于遗嘱人变更或者撤销遗嘱的方式，各国规定不同。如《法国民法典》规定，遗嘱人得以日后重新订立遗嘱，或在公证人前做成公证书以声明改变意志而全部或部分地撤销原遗嘱；如果日后重订的遗嘱未明白取消前遗嘱，则前遗嘱中与新订遗嘱相抵触或者相反的条款无效。《日本民法典》规定，遗嘱人可以按订立遗嘱的方式随时撤销其遗嘱的全部或一部分；前后遗嘱相抵触部分，视为后遗嘱撤销前遗嘱；遗嘱人故意毁弃遗嘱时，其被毁弃部分视为撤销，遗嘱人故意毁弃遗赠标的物时亦同。由于各国对于变更和撤销遗嘱的规定存在差异，因而适用不同国家法律来判定遗嘱是否撤销和变更就会得到不同结果。例如，一个日本人在中国订立公证遗嘱，指定其中国籍妻子为其全部财产的继承人后，又立一份自书遗嘱，指定由他在日本的女儿继承其全部财产。该日本人死后，母女因继承纠纷诉诸我国法院。在本案中，依中国法律，自书遗嘱不得撤销公证遗嘱，日本人的遗产应由其妻全部继承；但依日本法律，公证遗嘱可以被新的自书遗嘱撤销，该日本人的财产应由其女儿全部继承。

（二）遗嘱变更和撤销的法律适用

遗嘱的变更和撤销涉及变更和撤销遗嘱的能力及变更和撤销遗嘱的方式两个方面。一般来说，多数国家都采用与遗嘱能力和遗嘱方式相同的法律适用原则。例如，《奥地利联邦国际私法法规》规定："对遗嘱的撤销，类推适用遗嘱能力及遗嘱有效性的其他要件的冲突规则。"日本《遗嘱方式准据法法令》规定："遗嘱的撤销依遗嘱方式的准据法。"海牙《遗嘱处分方式法律冲突公约》也明确规定："遗嘱方式的准据法，也用于撤销以前所为的遗嘱。"

但是，也有部分国家立法对遗嘱变更和撤销的法律适用问题作了专门规定。例如，《泰国国际私法》第42条规定：“撤销全部或部分遗嘱，依撤销时的遗嘱人住所地法。”这一规则，与泰国关于遗嘱方式和遗嘱能力的冲突规则并不相同。

五、中国处理涉外遗嘱继承的规定

在《涉外民事关系法律适用法》出台之前，我国法律对涉外遗嘱继承的法律适用无明确规定，《继承法》第36条只是笼统地规定了涉外继承的法律适用，而未指明这种涉外继承是否包括涉外法定继承和涉外遗嘱继承。2011年《涉外民事关系法律适用法》则分别就遗嘱方式、遗嘱效力的法律适用作了规定，并在第51条明确指出《继承法》第36条与该法规定不一致的，适用该法的规定。

《涉外民事关系法律适用法》第32条规定：“遗嘱方式，符合遗嘱人立遗嘱时或者死亡时经常居所地法律、国籍国法律或者遗嘱行为地法律的，遗嘱均为成立。”可见，对遗嘱方式的法律适用，我国采取单一制的立法例，不论动产还是不动产的遗嘱继承，遗嘱方式均适用相同的冲突规则。遗嘱人的经常居所地、国籍国以及遗嘱行为地三个连接点没有轻重之分，也没有条件限制，属于无条件的选择性冲突规范。同时，对其中的动态连接点遗嘱人的“经常居所地”和“国籍国”加以了时间限制：立遗嘱时或死亡时，符合国际私法尽量扩大遗嘱方式准据法范围这一立法趋势。

《涉外民事关系法律适用法》第33条规定：“遗嘱效力，适用遗嘱人立遗嘱时或者死亡时经常居所地法律或者国籍国法律。”该规定同样坚持同一制，以属人法作为遗嘱效力的准据法，并且扩大连接点的时间和空间范围，遗嘱的效力适用遗嘱人立遗嘱时的经常居所地法、立遗嘱时的国籍国法、死亡时的经常居所地法、死亡时的国籍国法之其一为有效的，该遗嘱即为有效。

第三节 无人继承的财产

无人继承财产亦称绝产，是指没有法定继承人也没有遗嘱继承人，或者全部继承人都放弃继承权或被剥夺继承权的遗产。在没有法定继承人的条件下，虽有遗嘱但其遗嘱只处分了部分遗产或遗嘱只部分有效，其未经处分的遗产或遗嘱无效部分的遗产，一般也属于无人继承的财产。

涉外无人继承的财产，是指有涉外因素的无人继承的财产，即内国公民死亡后留在外国的无人继承财产和外国公民死亡后留在内国的无人继承的财产。

一、无人继承财产的法律冲突

对于无人继承的财产，各国一般都承认归国家所有。在实践中，各国具体处理的规定不同：一种是国家以特殊继承人资格取得，实际上归被继承人国籍所属国的国库取得，理论上称之为“继承权主义”；另一种是国家以先占权取得，实际上归遗产所在地国家国库取得，理论上称之为“先占权主义”。一个国家究竟以何种资格或名义取得这种无人继承财产，是以各国自己的法律规定决定的。

（一）国家以特殊继承人资格取得无人继承财产

首先提出这一主张的是德国学者萨维尼。他认为国家和地方团体可假定为最后的继承人。目前，采用这一主张的有德国、意大利、西班牙、瑞士等国家。例如，1986 年《德国民法典》第 1936 条规定："继承开始时，被继承人既无血亲，又无配偶，以被继承人死亡时所属邦之国库为法定继承人。被继承人如果不属于任何邦的德国公民，则以德国国库为其法定继承人。"

（二）国家以先占权取得无人继承财产

这是法国学者魏斯的主张。他认为对于无人继承的财产，为防止个人先占而引起社会紊乱和公益受到侵害，国家应根据领土主权以先占取得。目前，采取这一主张的国家有英国、美国、法国、奥地利、土耳其等国家。例如，英国 1925 年的《遗产管理法》和 1962 年的《未立遗嘱人遗产法》都规定，没有任何人对遗产提出要求时，遗产应归于国家，国家以先占权取得无人继承财产。《法国民法典》第 539 条规定，一切无主物或无人继承的财产，或继承人放弃继承的财产，均归国家所有。

由于各国对国家以何种资格取得无人继承财产的立法规定和解释不同，无人继承财产归何国所有就会产生两种不同的结果。如果认为国家以主权者身份依先占权取得无人继承财产，那么，该项财产应归财产所在地国家所有，因为财产位于该国领土，它能比任何其他国家先行占有该财产；如果认为国家以特殊继承人的身份取得无人继承的财产，那么，该项财产应归属于被继承人国籍所属国家，因为只有国籍才表示个人与特定国家之间的固定的法律联系。因此，在处理涉外无人继承财产最终归属问题时便可能产生法律冲突。例如，有一住所在德国的德国人在英国死亡后，在英国留下一笔动产，根据英国的冲突规则，动产继承依被继承人住所地法，因而该笔动产应按德国法处理。由于依德国法该德国人既无法定继承人，也无遗嘱指定继承人和受赠人，因而该动产变成为无人继承财产。按德国法，该项无人继承财产应由德国国库以继承人资格继承取得；而按英国法，该项无人继承财产的性质属于无主物，应由英国国库以先占权取得。这就提出究竟应依何国法律确定该项无人继承财产的归属问题。

二、无人继承财产的法律适用

无人继承财产的法律适用，涉及两方面的问题：一是应适用何国法律判定被继承人遗留下的财产是否为无人继承财产；二是应适用何国法律解决无人继承财产的归属问题。对前者，各国一般均主张依继承的准据法，如上述举例中，应依德国法判定该项财产属于无人继承财产；对后者，除个别国家外，大多数国家一般都没有明确的法律规定，实践中各国采用的冲突原则有以下三种。

（一）适用被继承人的本国法

德国在审判实践中即采用此原则解决境内无人继承财产的归属问题。如被继承人本国法把国家对无人继承财产的权利视为继承权，则德国就把该项财产交给被继承人所属国的国库所有；如被继承人本国法把国家对无人继承财产的权利视为对无主财产的先占权，则德国就以先占权名义把该项财产收归德国国库所有。一般来说，采用此原则的国家多是主张国家以特殊继承人资格取得无人继承财产的国家。

（二）适用财产所在地法

1978 年《奥地利联邦国际私法法规》即采用此原则。该法规第 29 条规定：“如依继承准据法遗产无人继承，或将归于作为法定继承人的领土当局，则在各该情况下，应以死者死亡时财产所在地国家法律。”这就是说，奥地利对于涉外无人继承财产的归属，只适用财产所在地法。法国在审判实践中也采用这一原则。一般来说，采用此原则的国家多是主张以先占权取得无人继承财产的国家。

（三）适用继承准据法

英国在以往的判例中曾采用此项原则解决无人继承的财产的归属。但是，当依继承准据法应把无人继承财产移交给被继承人本国时，它又往往以财产所在地法，即英国法取代，以达到英国国家以先占权取得外国人的无人继承财产的目的。如前述举例中，英国最终适用的并不是德国法（继承的准据法）而是财产所在地的英国法。

三、中国处理无人继承财产的法律规定

如前所述，无人继承财产的法律适用涉及无人继承财产的确定和无人继承财产的归属两个问题。对于无人继承财产的确定问题，我国法律没有明确规定，一般认为应适用继承关系的准据法来加以确定。即对于某一财产是否属于无人继承的财产，应当依照《涉外民事关系法律适用法》第 31 条、32 条和 33 条的规定适用法律。

对于无人继承财产的归属问题，我国《继承法》第 32 条规定：“无人继承又无人受遗赠的遗产，归国家所有；死者生前是集体所有制组织成员的，归所在集体所有制组织所有。”我国也形成了一些处理外国人遗留在我国的无人继承财产归属的实践原则。如 1954 年我国外交部、最高人民法院发布的《外人在华遗产继承问题处理原则》第 6 条规定：“外人在华遗产，如所有合法继承人及受赠人均拒绝受领，或继承人之有无不明，而在公告继承期间（公告期限六个月）无人申请继承者，即视为绝产，应收归公有。上述遗产之处理，应报外交部批准。”第 7 条规定：“外人在华遗产动产，在互惠原则上，可按被继承人国家的法律处理。建交国人所遗动产绝产，在互惠原则下，可交其本国驻华使领馆接受。”此外，我国与其他国家缔结的一些国际条约对此也曾作出规定。例如，1986 年《中蒙领事条约》第 29 条第 4 款规定：“派遣国公民死亡后在接受国境内遗留下的遗产中的动产，应将其移交给派遣国领事官员。”1988 年最高人民法院《关于贯彻执行〈中华人民共和国民法通则〉若干问题的意见（试行）》第 191 条规定：“在我国境内死亡的外国人，遗留在我国境内的财产如果无人继承又无人受遗赠的，依照我国法律处理，两国缔结或者参加的国际条约另有规定的除外。”

2011 年《涉外民事关系法律适用法》首次以立法的形式对无人继承遗产归属的法律适用作出规定，该法第 35 条规定：“无人继承遗产的归属，适用被继承人死亡时遗产所在地法律。”根据该条规定，无人继承遗产的归属，不论该遗产是动产还是不动产，均适用被继承人死亡时遗产所在地法律。

思考题

1. 试述法定继承中的同一制和区别制。
2. 中国立法对涉外遗嘱继承的法律适用是如何规定的?
3. 我国如何解决无人继承的财产问题?

第十六章　国际民事诉讼程序

第一节　概述

一、国际民事诉讼程序和国际民事诉讼法的概念

国际民事诉讼程序也称涉外民事诉讼程序，是指一国法院审理涉外民商事案件时，法院、当事人及其他诉讼参与人进行涉外民事诉讼活动所必须遵守的专门程序。

国际民事诉讼程序解决的是国际民商事法律纠纷。这种纠纷从内国法院贯彻内国民商事诉讼法角度看为涉外民事案件，即“当事人一方或双方是外国人、无国籍人、外国企业或组织，或者当事人之间民事法律关系的设立、变更、终止的法律事实发生在外国，或者诉讼标的物在外国的民事案件”（见最高人民法院《关于适用〈中华人民共和国民事诉讼法〉若干问题的意见》第304条）。从国际私法的视野看，涉外因素又称国际因素，使用国际民事诉讼概念时，则更多地考虑了国家与国家之间存在的民商事法律关系及其发生纠纷时需解决的问题。因为，内国法院在审理涉外民事案件时，由于此类案件存在的国际因素，而必然会遇到和审理内国民事案件不同的特殊问题。例如，涉外民事案件，何国法院对该案件有管辖权？此即涉及所谓一国民事诉讼裁判之国际管辖权分配问题。又如，同一民事案件，如先后或同时在不同的两个国家提起诉讼时，发生国际民事诉讼的竞合问题，法院该如何处理才妥当合理？一国法院对于外国人的当事人能力及诉讼能力，其认定标准如何？何种标准最合情合理？当事人一方不在法院地国境内，如何向他送达法律文书或调查在外国的证据，以及对外国法院判决如何承认和执行？总之，国内所发生的民事诉讼法上的各种程序法问题，如将其范围推广及于涉外案件时，立即成为国际民事诉讼所讨论解决的法律问题。而专门用于解决这些特殊问题，以合理、有效调整国际民事法律关系当事人、法院及其他参与诉讼的证人、代理人等之间诉讼活动的规范，在国际私法上被称为国际民事诉讼法，也就是说，国际民事诉讼法是规定国际民事诉讼程序的各种法律规范的总和。

二、国际民事诉讼法的法律渊源

国际民事诉讼法的法律渊源包括国内法渊源和国际法渊源两个部分。

（一）国内法渊源

为维护本国司法主权及保障内国法院涉外民事诉讼活动的顺利进行和开展，各国一般都在国内法中对涉外民事诉讼程序作出专门规定。各国具体采取的立法形式主要有以

下几种：（1）以单行法规的形式规定国际民事诉讼法规范。如日本 1938 年《外国法院司法协助法》、英国 1975 年《域外证据法》、1978 年《国家豁免法》。（2）以专篇或专章形式专门就国际民事诉讼程序进行系统规范。如 1972 年《加蓬民法典》第 4 章，《德国民事诉讼法典》第 1、2、6、7、8、10 编。（3）以分散的形式规定国际民事诉讼法规范。如 1987 年《瑞士联邦国际私法法规》除了在第 1 章第 1 节规定涉外民事案件管辖权外，在其他各章节还就各类涉外民事案件管辖权、外国判决承认与执行等分别作了具体规定。（4）在内国的执行性立法中规定相关国际民事诉讼程序。所谓内国执行性立法，是指一国为实施自己参加或缔结的国际条约而制定的相应规则。如日本为执行 1954 年《国际诉讼程序公约》而于 1970 年颁布的有关规定。

关于一国法院的判例能否成为该国涉外民事诉讼法的渊源，是有争议的。英美法系国家，判例是法律渊源之一，因此，在这些国家国内判例也就自然成为国际民事诉讼法的渊源，可成为法院在司法实践中的直接依据。大陆法系国家，在成文法没有规定的情况下，也依赖于判例作为审判依据，如日本 1967 年出版的《涉外判例百选》。我国内地目前不承认判例可以作为国际民事诉讼法的渊源，判例是香港地区重要的法律渊源。有学者认为，随着香港、澳门的回归，中国将面临大量区际民事诉讼程序法律冲突，承认判例在中国民事诉讼法中的渊源地位，对于弥补中国成文法的缺漏、推进中国国际民事诉讼法的发展、促进中国对外民商事交往具有重要意义。因此，在国际民事诉讼中，我国对判例的地位和作用应有足够的认识。

我国国际民事诉讼法的国内法渊源主要包括：（1）法律层面：2012 年修订的《民事诉讼法》、2011 年的《涉外民事关系法律适用法》和 1999 年的《海事诉讼特别程序法》。（2）最高人民法院颁行的一系列相关司法解释性规定。如《关于涉外海事诉讼管辖权的具体规定》（1986 年）、《关于适用〈中华人民共和国民事诉讼法〉若干问题的意见》（1992 年）、《关于人民法院受理申请承认外国法院离婚判决案件有关问题的规定》（1999 年）、《关于涉外民商事案件诉讼管辖若干问题的解释》（2001 年）、《关于适用〈海事诉讼特别程序法〉若干问题的解释》（2003 年）、《关于涉外民事或商事案件司法文书送达问题的若干规定》（2006 年）、《关于涉台民事诉讼文书送达的若干规定》（2008 年）、《关于审理船舶碰撞纠纷案件若干问题的规定》（2008）、《关于涉港澳台民商事案件司法文书送达问题的若干规定》（2009）、《关于人民法院认可台湾地区有关法院民事判决的补充规定》（2009）、《关于内地与香港特别行政区法院相互认可和执行当事人协议管辖的民商事案件判决的安排》（2009）、《关于审理涉台民商事案件法律适用问题的规定》（2010）、《关于人民法院办理海峡两岸送达文书和调查取证司法互助案件的规定》（2011）等。（3）最高人民法院或最高人民法院会同有关部门为执行我国缔结或参加的国际条约而制定的执行性规定。如 1986 年最高人民法院、外交部、司法部《关于我国法院和外国法院通过外交途径相互委托送达法律文书若干问题的通知》、1992 年最高人民法院、外交部、司法部《关于执行〈关于向国外送达民事或商事司法文书和司法外文书文约〉有关程序的通知》、2013 年最高人民法院《关于依据国际公约和双边司法协助条约办理民商事案件司法文书送达和调查取证司法协助请求的规定》等。

（二）国际法渊源

国际民事诉讼法的国际法渊源，主要包括关于国际民事诉讼程序的双边条约和多边条约。目前，较有影响的普遍性多边国际条约主要有：1954 年海牙《民事诉讼程序公约》、1958 年《关于国际有体动产买卖案件协议管辖权公约》、1961 年《维也纳外交关系公约》和《关于废除外国公文书认证的公约》、1963 年《维也纳领事关系公约》、1965 年《关于收养的管辖权、法律适用和裁决的承认公约》、1965 年《关于向国外送达民事或商事司法文书和司法外文书的公约》和《选择法院公约》、1970 年《关于从国外调取民事或商事证据的公约》、1971 年《民事案件外国判决的承认与执行公约》及其《议定书》、1980 年《国际司法救助公约》、2004 年《联合国国家及其财产管辖豁免公约》等。较有影响的区域性国际条约包括：美洲国家间 1928 年的《布斯塔曼特法典》、北欧国家间 1933 年的《关于司法判决的承认公约》和 1974 年的《关于相互间司法协助的协定》、欧共体 1968 年的《民商事管辖权和判决执行公约》、1987 年的《民商事司法管辖权和判决执行公约》、欧盟理事会 2000 年的《关于在成员国送达民商事司法文书或司法外文书的第 1348/2000 号条例》等。

我国已于 1975 年加入 1961 年《维也纳外交关系公约》；1979 年加入 1973 年《维也纳领事关系公约》、1946 年《联合国特权与豁免公约》、1947 年《专门机构特权与豁免公约》；1980 年加入 1969 年《国际油污损害民事责任公约》；1986 年加入 1978 年《国际通讯卫星组织特权、免除和豁免议定书》；1987 年加入 1959 年《纽约公约》；1987 年加入 1981 年《国际海事卫星组织权与豁免议定书》；1991 年加入 1965 年《关于向国外送达民事或商事司法文书和司法外文书的公约》；1993 年承认 1907 年的《和平解决国际争端公约》对我国生效；1997 年加入 1970 年《关于从国外调取民事或商事证据的公约》与 1969 年《维也纳条约法公约》；2009 年接受 2008 年的《海上事故或海上事件安全调查国际标准和建议做法规则》等。

至于国际惯例是否为国际民事诉讼法的国际法渊源，这个问题在理论上存有争议，而且不同国家对此态度不同。我国对此没有明文规定，一般认为我国不承认国际惯例是国际民事诉讼法的渊源。但也有学者认为只要不违背我国的公共秩序，可以采用国际惯例以弥补法律规定的不足。

三、国际民事诉讼法的基本原则

国际民事诉讼法的基本原则是指在制定和实施国际民事诉讼法规范、处理国际民商事法律争议时所必须遵守的基本准则，包括国家主权原则、国民待遇原则、平等互惠原则、遵守国际条约和尊重国际惯例原则等。

（一）国家主权原则

尊重各国主权或各国相互尊重主权是处理国与国之间关系的基本原则。国家主权原则是调整国际公法、国际私法关系的最基本原则，是现代国际法建立的原则。国际民事诉讼因为具有国际因素，涉及不同国家的司法管辖权，因此，国家主权原则也是国际民事诉讼中的首要原则。

国家主权原则在国际民事诉讼法领域表现为：（1）国家有权通过立法形式对该国境内所有诉讼活动进行规定。（2）外国人在该国境内进行诉讼活动都必须遵守当地的诉讼法规范；（3）有关国家还可以根据自己的国家利益、社会利益规定对某些案件行使专属管辖权，从而排除其他国家审理有关案件的可能性。在司法方面，一个国家的法院有权依据本国的诉讼规范受理并审理案件；除非国际条约或有关国家法律有相反规定，外国人有义务接受所在国法院的司法管辖权；（4）国家及其财产在国外享有司法豁免权。（5）一般情况下，内国法院在审理涉外民事案件时仅依照内国法即法院地法中规定的涉外民事诉讼程序进行。

（二）国民待遇原则

国民待遇原则是指一个国家对外国人在某些方面给予与本国国民同等的待遇。在国际民事诉讼领域，国民待遇原则表现为：一个国家把给予本国国民的民事诉讼权利也给予在本国境内的外国人。一国法院并不仅仅以有关当事人具有外国国籍或无国籍或在外国有住所为理由而要求其提供诉讼费用担保，或对其采取"诉讼保全"等限制其诉讼权利的措施。外国人在内国境内所享有的权利不能超出内国国民所享有的权利范围，任何基于所谓"文明世界"的"国际标准"或"最低标准"而要求超出当地国民所享有的权利范围的主张都是不合理和不公平的。

（三）平等互惠原则

平等互惠原则又称对等原则、互利原则、公平互利原则。平等互惠原则在国际民事诉讼领域表现在两个方面：一是平等。各个国家在平等的基础上相互赋予对方国家和国民以民事诉讼权利；在同等的条件下相互适用对方的诉讼立法、相互给予司法协助等。二是互惠。大多数国家诉讼立法都明确规定：如果有关国家之间不存在互惠关系，如果有关外国赋予内国国民以不平等的民事诉讼权利，内国立法或司法机关就可以施以对等的限制。平等和互利并非彼此孤立的，而是互相紧密地联系成为一个整体，没有双方地位的平等，就不可能互利，只有一方获利就不可能是真正的平等。实行这一原则的目的在于保证内国公民和法人在各该外国享有同等的民事诉讼权利，防止内国公民和法人在外国境内遭受诉讼歧视，同时，还起着防止外国公民和法人在内国享有诉讼特权的作用。

（四）遵守国际条约和尊重国际惯例原则

该原则要求各国对于其缔结或参加的国际条约应善意、忠实地履行和遵守，不得任意背弃或违反。一方面，国家在制定国内诉讼法规范时，应符合本国所缔结或加入的国际条约的有关规定；另一方面，司法机关在审理有关国际民商事案件时，应优先适用本国缔结或加入的国际条约的规定（加入时声明保留的除外）。当国际条约或国内立法都没有规定时，可以参照国际惯例对有关争议作出公正处理。

四、国际民事诉讼程序与国际私法、国内民事诉讼程序的关系

国际民事诉讼程序主要解决的是涉外民事案件的管辖权以及由此引起的其他诉讼程序问题；国际私法是国际民事法律关系的实体解决方法。任何一个国际民事案件的处理，首先要解决国际民事诉讼程序的问题，尤其是这个案件管辖权归何国法院，然后才进一步解决案件当事人的实体权利义务用何种法律冲突法及准据法或何种统一实体法来处理的问题。就两者实际运作而言，国际私法的效用实现要依赖于国际民事诉讼程序的运作，否则根据国际私法的冲突法及有关准据法或统一实体法规范所确定的当事人权利义务就得不到保护落实；而国际民事诉讼程序如果没有国际私法，其运作将是毫无目的和意义的诉讼浪费。国际私法和国际民事诉讼程序是解决国际民事纠纷的两个不可或缺

的方面。国际私法是国际民事诉讼程序的基石，而国际民事诉讼程序是实现国际私法的最基本保障。

国际民事诉讼程序与国内民事诉讼程序都是由一国法院在审理国际民事案件中统一适用的。这表现在一国法院审理任何一个涉外民事案件过程中，总是需要运用两套程序：审理民事案件的国内民事诉讼程序（比如，我国两审终审程序，不仅适用于国内民事诉讼，而且适用于国际民事诉讼，不能说人民法院审理涉外民事案件不实行两审终审而是一审终审）和涉外民事诉讼的特别程序（比如，我国《民事诉讼法》第四编对涉外民事诉讼的特别规定，以及我国缔结或参加的国际民事诉讼程序条约规定）。同一国际民事诉讼案件，遇有涉外因素的特殊诉讼问题，按国际民事诉讼程序先行或特别解决，遇有一般诉讼问题如审级、审理裁判方式等，则按国内民事诉讼程序执行。因此，国际民事诉讼程序与国内民事诉讼程序是特殊和一般的关系。这决定了在国际民事诉讼实务中前者优先适用，后者对前者补充，但后者又是对前者的落实，前者离开后者不能实现其诉讼功用（比如，内国法院只有运用内国民事诉讼程序才能有效执行经过国际民事诉讼程序被内国承认的外国法院判决）。可见，国际民事诉讼程序总是要通过国内民事诉讼程序实现其功用的。当然，国际民事诉讼程序与国内民事诉讼程序也是有区别的：(1) 两者的法律渊源不同。前者既包括国内立法又包括国际条约，后者只有国内立法。(2) 两者运用中涉及的司法权主体不同。前者涉及内国法院和外国法院的两国司法权力协同配合，后者纯粹由内国法院独立自主运作。(3) 两者适用对象不同。前者专门适用于国际民事案件诉讼，后者既适用于国内民事案件诉讼也适用于国际民事案件诉讼。

第二节 国际民事诉讼管辖权

一、国际民事诉讼管辖权的概念和意义

（一）国际民事诉讼管辖权的概念

国际民事诉讼管辖权是指一国法院或具有审判权的其他司法机关受理、审判具有国际因素的民事、商事案件的权限。站在内国法院的角度上，国际民事诉讼管辖权亦称涉外民事诉讼管辖权。

一般而言，国际民事诉讼管辖权涉及三方面的问题：一是某一涉外民事案件应由何种机构（法院或仲裁庭）受理；二是若某一涉外民事案件应由法院受理，那么该案件应由何国法院受理；三是若某一涉外民事案件已确定由某国法院受理，那么该案件应由该国的哪一级法院受理。这三者中，某一涉外民事案件应由何国法院受理是国际民事诉讼管辖权所要解决的核心问题。该核心问题的内容为：一国应根据哪些原则或标准来确定内国法院是否有权受理某一涉外民事案件。正因为如此，有学者将国际民事诉讼管辖权规则称为国际民事裁判权规则，它是用来划分各国对涉外民事案件的裁判管辖权的规则，加上“裁判”二字的目的在于表明这种管辖权与国内立法管辖权和行政管辖权是有区别的。

（二）国际民事诉讼管辖权的分类

1. 对人诉讼管辖权和对物诉讼管辖权

以诉讼目的为标准而将国际民事诉讼管辖权区分为对人诉讼管辖权和对物诉讼管辖权，是英美法系国家的做法。对人诉讼的目的在于解决当事人对于所争议的标的物的权利与利益，在英国是指针对某人提起的诉讼，以迫使他从事某种行为或不从事某种行为。前者如偿还债务，赔偿因违约或侵权造成的损失，或依约履行义务；后者如通过法院发出强制禁令迫使他不从事某种行为。法院判决的效力仅及于诉讼中的双方当事人，法院对这种诉讼的管辖权一般以有关诉讼的传票能否送达给被告为基础。而对物诉讼的目的则在于通过法院的判决确定某一特定财产的权利和当事人的权利，判决的效力不仅及于有关的双方当事人，且及于所有与当事人或该特定财产有法律关系的其他人。英国法中唯一的对物诉讼是指对船舶或与船舶有关的其他货物如船货，或者对飞行器或气垫船的海事诉讼。在美国还存在准对物诉讼，如取消抵押权、财产分割、判决产权归属、收回不动产以及特定的恢复动产等诉讼。法院对这种诉讼的管辖权一般以有关标的物在法院国境内或有关当事人的住所或惯常居所在法院国境内为基础。

2. 属地管辖权和属人管辖权

属地管辖权和属人管辖权是大陆法系国家基于其确定管辖权的侧重点不同而对国际民事诉讼管辖权所作的分类。属地管辖权侧重于法律事实或法律行为的地域性质或属地性质，强调一国法院对于其所属国领域内的一切人、物以及法律事件和行为都具有管辖权，管辖权的基础是被告在法院地国境内设有住所或惯常居所，或物之所在地或法律事件和行为发生地位于该国领域内。属人管辖权则侧重于诉讼当事人的国籍，强调一国法院对于其本国国民参与的诉讼具有管辖权，管辖权的基础是诉讼当事人中有一方是法院地国的国民。

3. 专属管辖权和任意管辖权

专属管辖权和任意管辖权是各国都采取的一种分类。综观各国的立法和实践，一般都将那些标的与国家的公共政策或重大的政治、经济问题联系紧密的法律关系无条件地划归内国法院专属管辖的范围，而排除任何其他国家法院的管辖权。反之，对于那些与国家和社会重大政治、经济利益关系不大，对内国国民的重大利益影响不大的诉讼，则实行任意管辖，即规定既可由内国法院管辖，也可由外国法院管辖。在任意管辖的情况下，原告可依法选择管辖法院。

4. 强制管辖权和协议管辖权

以是否允许当事人协议确定管辖权为标准可将国际民事诉讼管辖权区分为强制管辖权和协议管辖权。前者是指一国基于某些案件的审理与国家社会、政治、经济的稳定与发展，与国家的重大利益密切相关这一考虑，规定由内国法院统一行使管辖权，不允许当事人单方或双方任意改变。后者则是指一国对于某些不影响国家重大政治、经济利益的案件允许当事人双方通过协议交由某国法院管辖。

主合同的无效是否同时导致合同中的选择法院条款无效？美国最高法院已承认选择法院条款的独立性原则。1980 年《联合国国际货物销售合同公约》第 81 条第 1 款规定：宣告合同无效不影响合同中关于解决争端的任何规定。争端解决条款当然包括选择法院条款。2005 年海牙《协议选择法院公约》第 3 条规定，构成合同一部分的排他性选择法院协议应被视为与合同其他条款独立的条款。排他性选择法院协议的有效性不能仅因合同无效而被异议。我国 1999 年《合同法》第 57 条规定，合同无效、被撤销或终止的，不影响合同中独立存在的有关解决争议方法的条款的效力。

（三）国际民事诉讼管辖权的意义

国际民事诉讼管辖权问题被称为国际司法运作的核心问题，具有十分重要的意义，具体表现在以下几个方面：

（1）国际民事诉讼管辖权是国家主权在国际民事诉讼领域的具体体现。根据国家主权原则，任何主权国家都有属地管辖权和属人管辖权。根据属地管辖权，主权国家有权对其境内的一切人和物以及发生在其境内的一切行为行使司法管辖权（依国际法享有豁免权的除外）；根据属人管辖权，主权国家有权管辖在国外的本国国民。因此，一个国家的法院能否依此行使对有关涉外民事案件的管辖权，可以直接反映出该国的主权状况。而各国之间发生的国际民事诉讼管辖权冲突，正是国家主权发生作用的结果。

（2）管辖权问题是一国法院受理涉外民事案件所必须先行解决的问题。一国法院只有依据有关国际条约和国内法的规定，确定对某一涉外民事案件拥有管辖权之后，才会发生诸如域外送达、取证、判决或裁决的国外承认与执行等一系列国际民事诉讼程序问题。

（3）管辖权的确定直接关系到案件的审理结果。同一涉外民事案件在不同国家法院审理，会因各国法院对案件定性的不同而适用不同的冲突规范，进而导致适用不同的准据法，使案件的最终结果也各不相同，从而直接影响到当事人的权利义务。

正因为国际民事诉讼管辖权具有以上重要意义，所以各国不断扩大本国法院对国际民事案件的管辖权就成为国际民事诉讼管辖发展的趋势之一。如美国新近提出和发展的在“最低联系”（Minimum Contact）理论基础上形成的所谓“长臂管辖权”（Long－Arm Jurisdiction）。

二、国际民事诉讼管辖权的冲突与协调

国际民事诉讼管辖权的冲突，包括积极冲突和消极冲突，是指几个国家根据其国际民事诉讼管辖权制度所确立的原则或规章对同一涉外民商事案件均主张管辖权或均拒绝管辖的现象。

（一）国际民事诉讼管辖权冲突产生的原因

国际民事诉讼管辖权冲突的产生，既有法律方面的原因，也有经济方面的原因。法律方面的原因主要在于：首先，迄今，除有关外国国家、外国国家元首、外交代表以及国际组织及其官员享有司法豁免权的原则为世界各国所公认外，国际社会尚未形成统一的国际民事管辖权制度。其次，基于国家主权原则，很多国家都在其立法中设法扩大自己的国际民事诉讼管辖权。再次，各国所确立的国际民事管辖权制度存在着较大的差异和分歧。各国都根据本国国情并从有利于本国及其国民进行民事诉讼活动的角度来规范国际民事诉讼管辖权，从而形成各个不同的管辖权制度。最后，各国对国际民事诉讼管辖权法律制度的识别也不尽一致。

国际民事诉讼管辖权冲突的产生也源于经济原因。一方面，由于各国实体法、程序法和公共政策的不同，涉外民商事争议当事人在选择法院时往往会权衡在某一国法院进

行诉讼的利弊，不同当事人倾向于选择在对自己最有利的法院进行诉讼，或者，在一方当事人已选择在一国法院起诉的情况下，另一方当事人通过提出对该国法院管辖权的抗辩并向对自己有利的国家法院起诉，以使诉讼朝最有利于自己的方向发展。而且，在利益追求的驱动下，即使同一当事人也可能选择在多个国家的法院起诉，从而实现个人利益最大化。另一方面，受诉法院基于维护国家主权和本国政治、经济、社会利益的需要，也会根据案件与本国及本国当事人之间的利害关系决定是否予以受理。而一旦受诉法院均决定受理或拒绝受理案件，国际民事诉讼管辖权的冲突就现实而具体的产生了。相同的当事人基于同一诉讼请求或案件事实，先后或同时向两个或两个以上国家的法院起诉，而两个或两个以上国家法院均可以受理的情形称为“平行诉讼”。从立法和实践来看，各国对“平行诉讼”问题的解决有两类做法：一是英美法系国家基于有关判例规则，由法院自由裁量决定；二是部分大陆法系国家根据国内法的规定来决定支持一事两诉或禁止一事两诉。

（二）国际民事诉讼管辖权冲突的协调

坚持国际协调原则是解决国际民事诉讼管辖权冲突的有效途径。它是指各国在确定国际民事诉讼管辖权立法和司法活动时，都应该考虑到其他国家的有关立法和司法实践，考虑到国际社会的一般做法，从而达到尽可能避免和消除国际民事诉讼管辖权冲突的目的。

1. 从立法方面对国际民事诉讼管辖权冲突加以协调

（1）尽量减少专属管辖权方面的规定，使其只限于与国内公共政策和最大利益有关的事项。

（2）为了避免和消除国际民事诉讼管辖权的积极冲突，应考虑国际社会的一般规定，使自己的管辖权规范能得到大多数国家的承认；而为了避免和消除国际民事诉讼管辖权的消极冲突，应尽量采用双边规范规定管辖权，并在一些容易发生消极冲突的环节规定补救性条款。比如，考虑到国际案件的复杂性，1991 年加拿大《魁北克民法典》通过第 3135 条第 1 款将“不方便法院原则”引入魁北克法律当中，通过 3136 条引进瑞士法律中的“必要法院（Forum of Necessity)”，其目的是在特定情况下给当事人提供在魁北克法院起诉的机会。又如，我国最高人民法院《关于适用〈中华人民共和国民事诉讼法〉若干问题的意见》第 13、14 条规定：“在国内结婚并定居国外的华侨，如定居国法院以离婚诉讼须由婚姻缔结地法院管辖为由不予受理，当事人向人民法院提出离婚诉讼的，由婚姻缔结地或一方在国内的最后居住地人民法院管辖。”“在国外结婚并定居国外的华侨，如定居国法院以离婚诉讼须由国籍所属国法院管辖为由不予受理，当事人向人民法院提出离婚诉讼的，由一方原住所地或在国内的最后居住地人民法院管辖。”

（3）在立法上尽量扩大当事人协议选择管辖法院的范围。如《民事诉讼法》第 34 条规定：“合同或者其他财产权益纠纷的当事人可以书面协议选择被告住所地、合同履行地、合同签订地、原告住所地、标的物所在地等与争议有实际联系的地点的人民法院管辖，但不得违反本法对级别管辖和专属管辖的规定。”

（4）积极参与国际立法，通过国际社会的共同努力合作，达到避免和消除国际民事诉讼管辖权冲突的目的。国际社会已制定了一些调整民事案件管辖权的多边和双边公约。如《国际有体动产买卖协议管辖公约》（1958 年）、《关于未成年人保护的管辖权和法律适用公约》(1961 年)、《收养管辖权法律适用和判决承认公约》(1965 年)、《协议选择法院公约》(2005 年)等。但这些公约仅涉及个别领域，比较全面规定管辖权的公约并不多见。

2. 从司法方面对国际民事诉讼管辖权冲突加以协调

(1) 在司法上充分保证有关当事人通过协议选择管辖法院的权利。只要有关协议不与国内专属管辖权规范抵触，就应承认该协议的效力，从而排除其他形式的管辖权。应该承认，赋予当事人协议管辖的权利并且各国普遍认可这一管辖基础，是当前解决国际民事诉讼管辖权冲突的最佳途径，这一途径通过 2005 年海牙《协议选择法院公约》的制定与生效正在得以实现。

(2) 采用一事不再理原则。在外国法院依据其本国法律具有管辖权，而且该外国法院的管辖权又不与国内法院的专属管辖权相冲突的情况下，国内法院应承认该外国法院正在进行或已经终结的诉讼程序的法律效力，拒绝受理对同一案件提起的诉讼。一事两诉或多诉不利于降低诉讼成本，也不利于稳定当事人之间的法律关系。因此，各国纷纷采纳一事不再理原则作为解决管辖权积极冲突的普遍性规则。

(3) 采用不方便法院原则。所谓不方便法院原则是指一国法院依据内国法或有关国际条约，对某一涉外民事案件享有管辖权，但因其本身审理该案件非常不方便或不公平，而拒绝行使管辖权，使当事人在另一更为方便的法院进行诉讼的制度。不方便法院原则已为许多普通法系司法实践所采纳。在大陆法系的日本，采用了与不方便法院原则类似的“特殊情况”(special circumstance)原则。我国上海市中级人民法院曾适用不方便原则审理了日本公民起诉要求与定居日本的中国籍妻子离婚的案件。

(4) 采用先受诉管辖原则。由于平行诉讼导致法院的重复劳动、增加诉讼成本，可能产生判决结果的冲突，德国法和法国法都规定了解决管辖权冲突的办法——先受诉管辖原则。先受诉管辖原则是指相同当事人就同一争议基于相同事实以及相同诉因同时或先后在两个以上国家法院起诉，一般由先受理的法院行使管辖权的制度。

(5) 采用有效原则。有效原则又称有利于判决的承认和执行原则，是指各国在确定国际民事诉讼管辖权时，应确保其法院判决能够被执行或被他国承认和执行。有效原则要求有权行使管辖权的法院（不包括协议管辖法院）尽可能限制自身的管辖冲动，从日后判决有效承认和执行方面，尤其是判决的域外承认和执行方面作权衡考虑。尽管有关国家基于国内法拥有管辖权，但如果判决可能不被有效执行的话，该国或同时几个国家遵循有效原则自动放弃管辖权。这对于管辖权积极冲突的协调和解决无疑是非常有利的。

(6) 中止诉讼。中止诉讼的做法起源于英格兰，历史上很早就确立了英格兰法院之间由于诉因竞合而停止诉讼的做法，如 1874 年有关在教会法院和普通法院之间就相同原告提起的诉讼而判定“不应提起两个相同的诉讼来困扰被告是正义和公平的规则的要求”。中止诉讼一般适用于国内法院已经受理了案件但还没有作出判决的情况。此外，中止诉讼往往以能合理预期外国法院能够在合理期限内作出能被内国法院承认的判决为条件。在案件中止审理后，如果外国法院拒绝行使管辖权或者未能在合理的期限内作出判决，内国法院将应原告的申请继续对案件进行实质的审理。

三、中国关于国际民事诉讼管辖权的规定和实践

（一）国内立法及相关司法解释的规定

1.《民事诉讼法》及相关司法解释的规定

我国《民事诉讼法》除在第 2 章对管辖问题作出一般规定外，还在第四编就涉外民商事案件的管辖权作了特别规定。此外，最高人民法院 1992 年《关于适用〈中华人民共和国民事诉讼法〉若干问题的意见》、2008 年《全国法院涉港澳商事审判工作座谈会纪要》也就管辖权问题作了补充规定。

（1）普通管辖。与大多数国家一样，我国也是以被告住所地或惯常居所地为普通管辖的依据，即采原告就被告的原则。根据《民事诉讼法》第 21 条及相关司法解释的规定，凡涉外民商事案件中的被告住所地在中国境内的，中国法院就有管辖权；被告的住所地与经常居住地不一致的，只要其经常居住地在中国境内，中国法院也有管辖权。以上所称被告包括自然人、法人或其他经济组织。此外，就涉外经济案件的普通管辖而言，最高人民法院于 1989 年《全国沿海地区涉外涉港澳经济审判工作座谈会纪要》还指出，凡是被告在中国境内有住所、营业所或设有常驻代表机构的，或者被告在中国境内有非争议财产的，中国法院均可管辖。

（2）特别管辖。我国《民事诉讼法》第 23 条至 32 条对特别管辖作了十分详细的规定：因合同纠纷提起诉讼的，由被告住所地或合同履行地法院管辖；因保险合同纠纷提起的诉讼，由被告住所地或者保险标的物所在地人民法院管辖；因票据纠纷提起的诉讼，由票据支付地或者被告住所地人民法院管辖；因公司设立、确认股东资格、分配利润、解散等纠纷提起的诉讼，由公司住所地人民法院管辖；因铁路、公路、水上、航空运输和联合运输合同纠纷提起的诉讼，由运输始发地、目的地或者被告住所地人民法院管辖；因侵权行为提起的诉讼，由侵权行为地或者被告住所地人民法院管辖；因铁路、公路、水上和航空事故请求损害赔偿提起的诉讼，由事故发生地或者车辆、船舶最先到达地、航空器最先降落地或者被告住所地人民法院管辖；因船舶碰撞或者其他海事损害事故请求损害赔偿提起的诉讼，由碰撞发生地、碰撞船舶最先到达地、加害船舶被扣留地或者被告住所地人民法院管辖；因海难救助费用提起的诉讼，由救助地或者被救助船舶最先到达地人民法院管辖；因共同海损提起的诉讼，由船舶最先到达地、共同海损理算地或者航程终止地的人民法院管辖。

我国《民事诉讼法》第 265 条还就因合同纠纷或其他财产权益纠纷对在中国领域内没有住所的被告提起的诉讼，规定了中国法院可据以行使管辖权的多种连接因素：如果合同在中国领域内签订或履行，或诉讼标的物位于中国领域内，或被告在中国领域内有可供扣押的财产，或被告在中国领域内设有代表机构，则合同签订地、合同履行地、诉讼标的物所在地、可供扣押的财产所在地、侵权行为地或代表机构住所地人民法院均可行使管辖权。

另外，根据《民事诉讼法》第 22 条规定，对不在我国领域内居住的人以及下落不明或宣告失踪的人提起的有关身份关系的诉讼，由原告住所地或经常居住地的中国法院管辖。对此，最高人民法院《关于适用〈中华人民共和国民事诉讼法〉若干问题的意见》作了进一步的补充和解释。

值得注意的是，对于网络域名民事纠纷案件管辖权，2001 年最高人民法院《关于审理涉及计算机网络域名民事纠纷案件适用法律若干问题的解释》第 2 条规定：涉及域名的侵权纠纷案件，由侵权行为地或者被告住所地的中级人民法院管辖。对难以确定侵权行为地和被告住所地的，原告发现该域名的计算机终端等设备所在地可以视为侵权行为地。涉外域名纠纷案件包括当事人一方或者双方是外国人、无国籍人、外国企业或组织、国际组织，或者域名注册地在外国的域名纠纷案件。在中华人民共和国领域内发生的涉外域名纠纷案件，依照民事诉讼法第四编的规定确定管辖。

(3) 专属管辖。根据我国《民事诉讼法》第 33 条和第 266 条的规定，属于专属管辖的案件为：因位于中国境内的不动产纠纷提起的诉讼；因在中国境内的港口作业发生纠纷提起的诉讼；因继承遗产纠纷提起的诉讼，被继承人死亡时住所地或主要遗产所在地在中国境内的；因在中国境内履行的中外合资经营企业合同、中外合作经营企业合同、中外合作勘探开发自然资源合同发生的纠纷提起的诉讼。

(4) 协议管辖。我国《民事诉讼法》第 34 条确认了协议管辖，规定："合同或者其他财产权益纠纷的当事人可以书面协议选择被告住所地、合同履行地、合同签订地、原告住所地、标的物所在地等与争议有实际联系的地点的人民法院管辖，但不得违反本法对级别管辖和专属管辖的规定。"第 127 条是关于应诉管辖的规定：原告向中国法院起诉，被告未对中国法院的管辖提出异议，且应诉答辩的，视为承认中国法院为有管辖权的法院。

2.《海事诉讼特别程序法》及相关司法解释的规定

在国际民事诉讼中海事诉讼占很大比例，而且往往存在不同于一般国际民事诉讼程序的特别之处。为适应中国海事审判的实践发展需要，1999 年全国人大常委会通过了《海事诉讼特别程序法》。该法与《民事诉讼法》之间是特别法与普通法的关系：前者未作规定的，可以适用后者；前者作出了不同规定的，则应优先适用前者的规定。该法规定了海事诉讼的地域管辖、专属管辖和协议管辖。对于协议管辖，该法第 8 条规定："海事纠纷的当事人都是外国人、无国籍人、外国企业或者组织，当事人书面协议选择中华人民共和国海事法院管辖的，即使与纠纷有实际联系的地点不在中华人民共和国领域内，中华人民共和国海事法院对该纠纷也具有管辖权。"由此，中国海事诉讼的协议管辖制度实现了一个重大突破，即取消了协议法院与案件之间存在联系的要求。

3. 关于解决管辖权冲突的实践

(1) 平行诉讼的处理

1992 年最高人民法院《关于适用〈中华人民共和国民事诉讼法〉若干问题的意见》第 306 条规定："中华人民共和国人民法院和外国法院都有管辖权的案件，一方当事人向外国法院起诉，而另一方当事人向中华人民共和国人民法院起诉的，人民法院可予受理。判决后，外国法院申请或者当事人请求人民法院承认和执行外国法院对本案作出的判决、裁定的，不予准许；但双方共同参加或者签订的国际条约另有规定的除外。"《意见》第 15 条规定："中国公民一方居住在国外，一方居住在国内，不论哪一方向人民法院提起离婚诉讼，国内一方住所地的人民法院都有权管辖。如国外一方在居住国法院起诉，国内一方向人民法院起诉的，受诉人民法院有权管辖。"

在中国与其他国家缔结的双边司法协助条约中，对平行诉讼问题的处理则更符合国际社会的普遍实践。其一，多数条约或协定规定，只要有关案件正在被请求国法院审理，无论请求国法院和作出判决的法院谁先受理该案件，被请求国均可拒绝承认与执行对方法院的判决。其二，中国与蒙古、意大利等国缔结的司法协助条约或协定规定，被请求国法院并不能因为案件正在由其审理而当然地拒绝承认与执行外国法院的判决，只有在被请求国法院比作出裁决的外国法院先受理该案的情况下，才能拒绝承认与执行外国法院的判决。其三，也有双边司法协助条约如 1987 年《中华人民共和国和法兰西共和国关于民事、商事司法协助的协定》第 22 条未规定在此情况下可以拒绝承认或执行外国的判决。

（2）不方便法院原则的适用

2005 年最高人民法院《第二次全国涉外商事海事审判工作会议纪要》第 11 条指出：我国法院在审理涉外商事纠纷案件过程中，如发现案件存在不方便管辖的因素，可以根据“不方便法院原则”裁定驳回原告的起诉。“不方便法院原则”的适用应符合下列条件：一是被告提出适用“不方便法院原则”的请求，或者提出管辖异议而受诉法院认为可以考虑适用“不方便法院原则”；二是受理案件的我国法院对案件享有管辖权；三是当事人之间不存在选择我国法院管辖的协议；四是案件不属于我国法院专属管辖；五是案件不涉及我国公民、法人或者其他组织的利益；六是案件争议发生的主要事实不在我国境内且不适用我国法律，我国法院若受理案件在认定事实和适用法律方面存在重大困难；七是外国法院对案件享有管辖权且审理该案件更加方便。2008 年最高人民法院《全国法院涉港澳商事审判工作座谈会纪要》第 7 条指出：人民法院受理的涉港澳商事案件，如果被告未到庭应诉，即使案件存在不方便管辖的因素，在被告未提出管辖权异议的情况下，人民法院不应以职权主动适用不方便法院原则放弃对案件的管辖权。

（二）我国缔结或参加的国际条约的规定

中国缔结或参加了许多涉及国际民事司法管辖权问题的国际条约，根据“条约必须信守”的国际法原则以及中国法律中奉行的“国际条约优先”原则，中国还须遵守中国所缔结或参加的有关国际条约的规定。例如，1951 年《国际铁路货物联运协定》第 29 条即是关于管辖权的规定，“凡有权向铁路提出赔偿请求的人，即有权根据货物运输合同提起诉讼”，“这种诉讼职能由受理赔偿请求的铁路国的适当法院管辖”。此类国际条约主要还有：1929 年和 1999 年《统一国际航空运输某些规则的公约》、1969 年《国际油污损害民事责任公约》（经 1992 年议定书修正）。

（三）中国关于有权审理涉外民事案件的法院的规定

在确定涉外民事案件由我国法院管辖后，接下来便是决定由哪一具体法院管辖。这原本属于国内民事诉讼管辖权问题，但由于其与国际民事诉讼管辖权密切相关，故在此阐述。

1982 年《民事诉讼法（试行）》规定涉外民事案件第一审由中级人民法院管辖，但 1991 年《民事诉讼法》修正后规定，涉外民事案件的第一审法院是基层人民法院，只有重大涉外民事案件的第一审才由中级人民法院管辖。根据 1992 年最高人民法院《关于适用〈中华人民共和国民事诉讼法〉若干问题的意见》第 1 条，所谓重大涉外案件是指争议标的额大，或者案情复杂或者居住在国外的当事人人数众多的涉外案件。当然，涉外海事、海商案件则由各海事法院管辖第一审，它的上诉审法院应是各海事法院所在省、自治区、直辖市的高级人民法院。

2002 年最高人民法院《关于涉外民商事案件诉讼管辖若干问题的规定》（以下简称《规定》）对涉外民商事案件进行集中管辖。它规定：第一审涉外民商事案件由下列人民法院管辖：（1）国务院批准设立的经济技术开发区人民法院；（2）省会、自治区首府、直辖市所在地的中级人民法院；（3）经济特区、计划单列市中级人民法院；（4）最高人民法院指定的其他中级人民法院；（5）高级人民法院。上述中级人民法院的区域管辖范围由所在地的高级人民法院确定（第 1 条）。对国务院批准设立的经济技术开发区人民法院所作的第一审判决、裁定不服的，其第二审由所在地中级人民法院管辖（第 2 条）。该《规定》适用于下列案件：（1）涉外合同和侵权纠纷案件；（2）信用证纠纷案件；（3）申请撤销、承认与强制执行国际仲裁裁决的案件；（4）审查有关涉外民商事仲裁条款效力的案件；（5）申请承认和强制执行外国法院民商事判决、裁定的案件（第 3 条）。发生在与外国接壤省份的边境贸易纠纷案件，涉外房地产案件和涉外知识产权案件，不适用该《规定》（第 4 条）。涉及中国香港、澳门特别行政区和台湾地区当事人的民商事纠纷案件的管辖，参照《规定》处理（第 5 条）。

此外，2004 年和 2010 年发布的最高人民法院《关于加强涉外商事案件诉讼管辖工作的通知》和最高人民法院《关于进一步做好边境地区涉外民商事案件审判工作的指导意见》对涉外案件的管辖法院作了补充规定。

第三节　外国人的民事诉讼地位

一、概述

（一）外国人民事诉讼地位的概念

外国人的民事诉讼地位，是指外国人（包括外国自然人和外国法人以及无国籍人）在内国境内享有什么样的民事诉讼权利、承担什么样的民事诉讼义务，并能在多大程度上通过自身的行为行使民事诉讼权利和承担民事诉讼义务的实际状况。它通常涉及以下一些问题：外国人民事诉讼地位的一般原则、外国人的诉讼权利能力和诉讼行为能力以及诉讼费用担保、诉讼代理等。

（二）外国人民事诉讼地位的国民待遇原则

对于外国人的民事诉讼地位，当今国际社会普遍实行的是国民待遇原则，即给予外国人与内国人同等的民事诉讼地位。实践中，各国为确保在外国的本国国民能真正享有这一待遇，一般都规定以对等或互惠为条件，即如果对方国家无相反的法律规定或相反的司法实践，则推定在对方国家境内的本国国民在民事诉讼地位方面享有国民待遇，此所谓互惠推定原则；一旦证明某一外国国家对在该外国的本国国民的民事诉讼地位加以限制，则可根据对等原则限制该外国国民在本国的民事诉讼地位。

国民待遇原则保证外国人在内国进行民事诉讼不受歧视，但外国人诉讼享有国民待遇并不意味着外国人在国际民事诉讼的每一个环节、每一项制度的实施上都达到绝对的平等。在某些方面给予外国人与内国人同等待遇是必要的，比如起诉、要求法庭公正地进行庭审程序等基本的诉讼权利，遵守法庭纪律等基本的诉讼义务。对于其他具有涉外特殊性的程序，绝对的权利义务平等则有失科学，如诉讼期间不宜划一等。

二、外国人的民事诉讼能力

外国人的民事诉讼能力是外国人民事诉讼地位的重要组成部分，它直接关系到一个外国人是否有资格在内国开展或参与国际民事诉讼活动，能否作为民事诉讼当事人在内国法院起诉或应诉等问题。外国人的民事诉讼能力包括外国人的民事诉讼权利能力和民事诉讼行为能力。

（一）外国人的民事诉讼权利能力

外国人的民事诉讼权利能力，又称当事人能力，是指外国人有无资格成为内国民事诉讼当事人，获得内国法院对其民事权利的司法保护。它是外国人的民事实体权利能力在诉讼领域的必然延伸，但是即使一国赋予外国人民事实体权利能力，也并不意味着同时赋予其民事诉讼权利能力。例如，英美法系国家规定交战时被定性为敌性外国人的不得在内国法院起诉。

对于外国人民事诉讼权利能力的确定，各国大都采用了与确定外国人民事实体权利能力相同的法律适用原则——属人法原则，即外国人是否具有民事诉讼权利能力，应依其属人法确定。在外国人民事诉讼权利能力上，有时会因各国立法不同而使外国人民事诉讼权利能力内容上有冲突。对此，国际私法上的通常做法是：外国人民事诉讼权利能力，依法院地国法确认。如果：(1) 外国人依其国籍国法没有民事诉讼权利能力而依法院地国法具有民事诉讼权利能力的，法院应认可外国人有当事人资格。(2) 外国人在依其国籍国法享有某些民事诉讼权利，而法院地国家公民在内国法上不享有这些民事诉讼权利的，法院不予认可外国人享有这些民事诉讼权利。例如，2002 年《俄罗斯联邦民事诉讼法典》第 339 条第 1 款规定："外国公民、无国籍人的民事诉讼权利能力依其属人法。"第 5 款规定："依据其属人法无诉讼权利能力的人，如果依据俄罗斯法当事人拥有诉讼权利能力，在俄罗斯联邦境内可以视为有诉讼权利能力。"

（二）外国人的民事诉讼行为能力

外国人的民事诉讼行为能力，是指外国人通过自己的行为有效地行使民事诉讼权利和承担民事诉讼义务的能力，即外国人实际参加国际民事诉讼活动的能力。

对于外国人的诉讼行为能力，各国诉讼立法一般都作了明确规定，普遍承认外国人的诉讼行为能力依其属人法。如德国、日本等国的诉讼立法规定，外国人民事诉讼行为能力依其本国法；英美法系国家则原则上依据住所地法来决定外国人的民事诉讼能力问题。为了求得民商事关系的稳定，保护善意当事人特别是本国国民的合法利益，许多国家在规定当事人属人法原则之外，辅之以法院地法原则来处理。例如，《匈牙利国际私法》第 64 条规定："当事人在诉讼案件中的权利能力和行为能力适用其属人法。根据属人法没有行为能力或有限制行为能力的非匈牙利公民，如按照匈牙利法具有行为能力，在向匈牙利法院或者其他机关提起的诉讼中应视为具有行为能力。"又如，《日本民事诉讼法》第 51 条规定："外国人依据其本国法律虽然没有诉讼能力，但依据日本法律有诉讼行为能力的，视为有诉讼行为能力的人。"

三、诉讼代理制度

诉讼代理是指代理人依据法律的规定、法院的指定或诉讼当事人及其法定代理人的委托，而以当事人的名义代为进行诉讼活动的一种制度。诉讼代理可分为法定代理、指定代理和委托代理。在国际民事诉讼中，各国关于法定代理和指定代理的制度基于国民待遇原则对内外国人并无太大差别，没有形成有别于国内民事诉讼的特别规定，所涉及的主要是委托代理和领事代理。

1. 委托代理

各国的立法和实践一般都允许参与国际民事诉讼的外国当事人委托律师进行诉讼，但可以委托什么样的人作为诉讼代理人以及代理人的法定权限等问题，各国规定有所不同。一般都规定外国当事人只能委托在内国（法院地国）执业的律师担任诉讼代理人。这是因为：一方面，与外国律师相比，内国律师更熟悉和精通内国法律，从而能更好地为当事人提供法律服务；另一方面，诉讼是国家行使司法主权的活动，允许外国律师以律师的身份参与诉讼，等于变相允许外国律师干预内国司法，不利于维护内国的司法主权。也有一些国家或地区，允许符合一定条件的外国律师在互惠基础上在内国执业，但一般仅限于向委托人提供有关律师所属国的法律咨询服务，或代理当事人到律师所属国进行诉讼。如在英国，外国律师经英国律师公会认可具有“资格”即准许其加入律师公会。在法国，巴黎律师公会也接纳了若干名外籍律师。

关于诉讼代理人的法定权限问题，采用律师诉讼主义的国家规定，律师可以基于授权实施所有的诉讼行为，行使任何诉讼权利，而无须当事人亲自出庭参与诉讼，如法国、奥地利等国。而采用当事人诉讼主义的国家，如英国、美国等，则规定不管当事人或其法定代理人是否委托诉讼代理人，他们都必须亲自出庭参与诉讼。

2. 领事代理

领事代理是国际民事诉讼中的一种特殊的代理制度，是指一国的驻外领事可以依据有关国家的立法和国际条约的规定，在其管辖范围内的驻在国法院，依职权代理本国国民参与有关的诉讼程序，以保护有关自然人或法人在驻在国的合法权益。1963 年《维也纳领事关系公约》第 5 条明确规定了领事代理制度，该公约第 5 条第 9 款规定：“以不抵触接受国内施行之办法与程序为限，遇派遣国国民因不在当地或由于其他原因不能于适当期间自行辩护其权利与利益时，在接受国法院及其他机关之前担任其代表或为其安排适当之代表，俾依照接受国法律规章取得保全此等国民之权利与利益之临时措施。”当今各国普遍采纳了这一制度，许多国家还在其国内立法和双边领事条约中对此制度作了详细规定。

四、诉讼费用担保制度

诉讼费用担保制度，一般是指外国人或在内国未设有住所的人在内国法院提起民事诉讼时，应被告的请求或依内国法律的规定，为防止原告滥用其诉讼权利或败诉后拒不支付诉讼费用，而由内国法院责令原告预先提供一定的金钱或实物作为担保的一项制度。

除诉讼费用担保制度外，许多国家还规定了诉讼费用预付制度，即要求原告在起诉时预先缴纳民事诉讼费用。不过，两种制度之间显然是有区别的：如果仅仅因为原告是外国人或未在内国设立住所而要求其提供诉讼费用担保，并以此作为受理案件的前提，而对内国人却不做这种要求，此即诉讼费用担保制度；诉讼费用预付制度的前提则是对内国人和外国人一视同仁，并在特殊情况下还允许外国原告申请减免预付费用。

对于是否要求外国人提供诉讼费用担保、提供担保的范围及免除担保的条件等，各国的态度和做法主要有以下几种：(1) 不要求外国人提供诉讼费用担保。(2) 在互惠的基础上免除外国人提供诉讼费用担保的义务。(3) 对于满足特定条件的外国原告（如外国原告在内国有可供扣押的财产）不要求提供诉讼费用担保。(4) 不要求在内国有住所的原告提供诉讼费用担保。(5) 要求所有原告提供诉讼费用担保。(6) 要求所有外国原告提供诉讼费用担保。

为便利外国人参与国际民事诉讼，减少或消除外国人的不合理限制甚至歧视，一些国家开始寻求在互惠或条约基础上免除诉讼费用担保，以真正贯彻和实现外国人民事诉讼地位上的国民待遇原则。例如，1954 年海牙《民事诉讼程序公约》第 17 条第 1 款和第 2 款规定：“对在其中一国有住所的缔约国国民在另一国法院作为原告或诉讼参加人时，不得以他们是外国人或者在境内没有住所或居所，命令他们提供任何（不管以何种名称）的担保或保证金。同一原则适用于要求原告或诉讼参加人为担保诉讼费用而缴纳的预付费用。”

五、中国对外国人民事诉讼地位的法律规定和实践

1. 有关国民待遇原则的规定

我国《民事诉讼法》在外国人民事诉讼地位上确立了国民待遇原则。该法第 5 条规定：“外国人、无国籍人、外国企业和组织在人民法院起诉、应诉，同中华人民共和国公民、法人和其他组织有同等的诉讼权利义务。外国法院对中华人民共和国公民、法人和其他组织的民事诉讼权利加以限制的，中华人民共和国人民法院对该国公民、企业和组织的民事诉讼权利，实行对等原则。”此外，我国缔结的许多双边条约中也作了规定。例如，1987 年《中比司法协助协定》第 1 条第 1 款规定：“在民事方面，缔约一方的国民在缔约另一方领域内，享有与另一方国民同等的司法保护，有权在与另一方国民同等的条件下，在另一方法院进行诉讼。”

2. 有关外国人民事诉讼能力的规定

对于外国人民事诉讼权利能力和民事诉讼行为能力的法律适用，我国现行立法均未作出明确规定。目前，一般认为，《民事诉讼法》第 5 条虽然规定的是外国人在我国享有与中国当事人同等的民事诉讼权利和义务，但依此立法精神可以确认，外国人的民事诉讼权利能力与民事诉讼行为能力也可以和中国当事人的民事诉讼权利能力和民事诉讼行为能力同等，不能因法无明文规定，任意否定外国人的民事诉讼权利能力和行为能力。也有观点认为，对于外国人的民事诉讼权利能力和民事诉讼行为能力的法律适用，应类推适用我国《涉外民事关系法律适用法》关于自然人民事权利能力（第 11 条）和民事行为能力（第 12 条）的有关规定。

3. 有关诉讼代理制度的规定

我国《民事诉讼法》及相关司法解释、我国缔结或参加的有关国际条约，对我国涉

外民事诉讼中的代理制度作了相应规定。《民事诉讼法》第 263 条规定："外国人、无国籍人、外国企业和组织在人民法院起诉、应诉，需要委托律师代理诉讼的，必须委托中华人民共和国的律师。"第 264 条规定："在中华人民共和国领域内没有住所的外国人、无国籍人、外国企业和组织委托中华人民共和国律师或者其他人代理诉讼，从中华人民共和国领域外寄交或者托交的授权委托书，应当经所在国公证机关证明，并经中华人民共和国驻该国使领馆认证，或者履行中华人民共和国与该所在国订立的有关条约中规定的证明手续后，才具有效力。"另外，最高人民法院《关于适用〈中华人民共和国民事诉讼法〉若干问题的意见》第 308 条规定："涉外民事诉讼中的外籍当事人，可以委托本国人为诉讼代理人，也可以委托本国律师以非律师身份担任诉讼代理人；外国驻华使、领馆官员，受本国公民的委托，可以以个人名义担任诉讼代理人，但在诉讼中不享有外交特权和豁免权。"需要指出，我国已先后批准若干家外国律师行在北京、上海、广州等城市开业。但是，外国律师不得以律师身份在我国人民法院出庭参与诉讼，不得从事我国法律事务，他们的业务主要在于向我国委托人提供他们所属国家或地区的法律咨询服务，或代理我国当事人到他们所属国或地区进行诉讼活动。

我国是《维也纳领事关系公约》缔约国，承认并采用领事代理制度。我国与美国、意大利、印度、波兰、匈牙利、罗马尼亚、蒙古、土耳其、阿根廷、墨西哥等许多国家签订的双边领事条约中，均规定了领事代理制度。例如，《中国和澳大利亚领事协定》第 11 条规定，遇派遣国国民不能及时保护自己权利和利益时，领事官员可根据接受国法律规章为保护国民权利和利益采取临时性措施，在接受国法院或其他主管当局前代表该国民或为其安排适当的代理人，直至该国民指定了自己的代理人或本人能自行保护其权利和利益时为止。此外，最高人民法院《关于适用〈中华人民共和国民事诉讼法〉若干问题的意见》第 309 条规定："涉外民事诉讼中，外国驻华使、领馆授权其本馆官员，在作为当事人的本国国民不在我国领域内的情况下，可以以外交代表身份为其本国国民在我国聘请中国律师或中国公民代理民事诉讼。"

4. 有关诉讼费用担保的规定

对于诉讼费用担保问题，中国经历了从要求外国人提供担保到实行在互惠前提下互免担保的变迁过程。最高人民法院 1984 年《民事诉讼收费办法（试行）》第 14 条第 2 款特别规定："外国人、无国籍人、外国企业和组织在人民法院进行诉讼，应当对诉讼费用提供担保。"1989 年最高人民法院出台《人民法院诉讼收费办法》，废止了原试行收费办法对外国人诉讼费用担保的规定。2007 年最高人民法院《诉讼费用交纳办法》第 35 条又规定："外国人、无国籍人、外国企业和组织在人民法院进行诉讼，适用本办法。但外国法院对我国公民、法人或者其他组织的诉讼费用负担，与其本国公民、法人或者其他组织在诉讼费用交纳上实行差别对待的，按对等原则处理。"

第四节　国际民事司法协助

国际民事司法协助制度是应国际民事诉讼的客观需要而产生的。基于国家主权原则，各国法律只能在其本国境内实施，其司法机关也只能在本国领域内行使司法主权。一国既不能强制别国遵从自己的法律和管辖，也无义务遵从别国的法律和管辖。但是，在涉外案件中的证据位于国外、诉讼当事人位于国外或者需予以执行的财产位于国外等情况下，如果不借助有关国家的协助，司法程序就无法进行下去，当事人的合法权益也就无从保护，直接影响各国法律的权威，并最终破坏各国为开展民事交往而建立起来的良好秩序。

一、国际民事司法协助概述

（一）国际司法协助的概念

国际民事司法协助又称国际司法协助，国际上没有形成一个统一称谓。有的国家称为“司法协助”（judicial assistance），有的国家称为“法律协助”（legal assistance），也有国家称为“司法合作”或“司法联系”。在英美等国立法中甚至没有民事司法协助这一概念，它们将域外送达、取证和外国判决的承认与执行作为各自独立的问题分别加以规定。在国际民事诉讼领域中，司法协助一般泛指国家间根据国际条约和国内法规定，在涉外民事案件程序上，允许相互代为或者协助实施与诉讼有关一些司法行为。

（二）国际司法协助的范围

从司法协助的范围及内容看，无论在理论上还是实践中，都有狭义和广义两种不同主张。狭义上的司法协助是指国家间所发生的送达文书、代为询问当事人和证人、收集证据等行为。广义的司法协助还包括外国法院判决和外国仲裁机构裁决的承认和执行。我国在立法和实践中采纳的是广义的司法协助观点。我国《民事诉讼法》第 27 章“司法协助”第 280 条到第 283 条专门规定了判决或裁决的承认与执行问题。中国与许多国家签订的双边司法协助协定中，也将承认与执行外国法院的判决和仲裁裁决纳入其中。如 1991 年《中意司法协助条约》将外国人在民事诉讼中的法律地位、交流法律情报资料、免除文书认证、户籍文书的送交、外国仲裁裁决的承认与执行等纳入国际民事司法协助的范围。

（三）国际司法协助的依据

国际司法协助，必须以协助国之间的双边民事司法协助协定和条约，或者共同参加的有关民事司法协助国际公约，以及国内立法有关规定为根据进行。在无条约规定为根据时，各国在从事司法协助中则要求依据互惠原则。如违反这些根据或者无互惠关系，则受托国家有权拒绝司法协助请求。

（四）国际司法协助的有关机关

国际司法协助的主体，除当事人外涉及的机关包括中央机关、主管机关和外交机关。它们在国际民事司法协助中的作用各不相同。(1) 中央机关，即一国根据其缔结或参加的国际条约而指定或建立的在司法协助中起联系或转递作用的机关。1965 年海牙《关于向国外送达民事或商事司法文书和司法外文书的公约》（以下简称海牙《送达公约》）首先创立了“中央机关”制度，即设立中央机关以取代以往的外交机关来作为国际民事司法协助专门的联系途径或工作机关。1987 年中国国务院正式批准在司法部内设立司法协助局，确定了司法部为中国司法协助的中央机关的地位。中国在 1991 年批准加入海牙《送达公约》和 1997 年批准加入海牙《关于从国外调取民事或商事证据的公约》的两个决定中，也均指定司法部为中国司法协助的中央机关。(2) 主管机关，即依国际条约或国内法的规定，有权向外国提出国际民事司法协助请求和有权执行外国提出的国际民事司法协助请求的机关。一般而言，各国通过国际民事司法协助程序完成的都是司法行为，因而各国的主管机关也主要是司法机关。(3) 外交机关。长期以来，外交机关一直是国际民事司法协助中的重要机关。外交机关在国际民事司法协助中主要有如下作用：一是作为司法协助的联系途径；二是作为解决司法协助条约纠纷的途径；三是在查明外国法方面的作用；四是出具诉讼费用减免证明书方面的作用。

二、国际司法协助请求的途径和受托国家实行司法协助的条件

(一) 国际司法协助请求的途径

根据各国立法和国际条约规定，法院委托主要有以下几种途径。

1. 外交途径。即一国法院将其需要委托的司法协助事项制成委托书，交给本国外交部门，由本国外交部门通过外交途径转送到受托国家的外交部门，再由该国外交部门将委托书交给该国管辖法院。一般认为，这一途径适用于两国之间有外交关系但未订有双边或多边国际民事司法协助条约的情况。但事实上，外交途径也可在有司法协助缔约关系的国家之间进行。例如，1954 年海牙《民事诉讼程序公约》第 9 条规定，各缔约国可通知其他缔约国，声明在其境外履行的司法协助委托，应通过外交途径传递。又如，法国和苏联《关于民商事案件送达司法和公证文件及执行司法委托的协定》第 1 条规定，由法国（苏联）机关发出的须在对方境内执行的关于民商事案件的司法委托书，应由法国驻莫斯科大使馆送达苏联外交人民委员会（应由苏联驻巴黎大使馆送达法国外交部），由该委员会（该部）负责送达主管机关。

2. 领事途径。即一国法院将司法协助委托书交给本国驻在受托国的领事，由领事把委托书交给受托国法院。例如，1954 年海牙《民事诉讼程序公约》第 9 条规定："司法协助委托，由委托国领事转交给受托国指定的机关；该受托机关将证明受托事项实施或者妨碍实施理由的文件，寄给委托国领事。"

3. 直接委托途径。即委托国法院将司法协助委托书，直接交给受托国法院，不需经其他机构中转。直接途径，须有两国之间的司法协助协定、条约为根据。1954 年海牙《民事诉讼程序公约》第 9 条第 4 款规定："本条规定不妨碍两个缔约国之间商定，由它们各有关机关之间直接传递司法协助委托。"

4. 中央机关途径。即委托国法院依国内法定程序将司法协助委托书，交给本国中央机关，由本国中央机关把委托书交给受托国中央机关，再由该中央机关交给受托国管辖法院。1965 年海牙《送达公约》首创了"中央机关"途径：每一缔约国应指定一个中央机关，接收来自其他缔约国的送达请求书，并予以传递；每一缔约国应依其本国法律组建中央机关。1970 年海牙国际私法会议《关于从国外调取民事或商事证据的公约》(以下称海牙《取证公约》) 亦有如此规定。通过中央机关途径使手续简化，委托书也有统一范本格式，无须经过认证或者其他类似手续。

5. 委托本国外交官或领事直接协助途径。即委托国法院将司法协助要解决的事项，直接委托本国驻在事项涉及国的外交代表或领事官员，由他们在驻在国直接落实协助事项，而不转由驻在国主管机关协助履行。1954 年海牙《民事诉讼程序公约》第 2 章第 15 条规定，本章司法协助委托途径的规定，"不妨碍各国通过本国外交官或领事直接执行委托事项，但此种执行以有关国家之间条约所允许或者委托事项被执行地国不反对为

限”。1965 年海牙《送达公约》和 1970 年海牙《取证公约》均有类似规定。

（二）受托国法院实施司法协助的条件

根据各国立法和国际条约，受托国法院都要对司法协助的委托事项进行审查，一般认为，只有委托协助的事项（行为）不损害受托国的主权和安全以及社会公共秩序，且属于受托国法院管辖范围，则受托国法院可以实施司法协助。但如果发现有下列情况之一时，受托国法院可拒绝履行外国法院的司法协助委托：

第一，对委托书的真实性有怀疑；

第二，根据受托国法律，委托履行的行为，不属于该国司法机关的职权范围；

第三，委托履行的行为，是受托国法律禁止的诉讼行为；

第四，委托履行的行为，是与受托国的主权与安全不相容的行为；

第五，委托国与受托国之间不存在互惠。

1954 年海牙《民事诉讼程序公约》第 2 章“司法协助委托”第 11 条第 3 款规定：“除下列情况外，不得拒绝执行委托事项：（一）文件的真实性未被证实；（二）委托事项不属于委托国的司法管辖；（三）受托国认为在其领域内执行该项委托危害其主权和安全。”在此情况下，应立即通知委托国，并应说明拒绝执行司法协助委托事项的理由。

三、国际民事司法协助的费用问题

关于国际民事司法协助的费用问题，各国立法规定不同。一般来说，如果有关的国际条约没有做出相反规定，应由请求国支付司法协助的费用，而且应由它依据在国内执行类似行为时所适用的规范来确定该项费用的数额。此外，在有关国际条约未作其他规定的情况下，被请求国还可以就其本国机构的协作行为收取一定费用。至于上述费用应由哪一方当事人承担及由谁预交的问题，则由各国加以规定。当然，涉及国际司法协助的有关国际条约大都要求缔约国之间相互免费提供司法协助，规定被请求国不能收取执行有关请求的费用，但同时亦规定请求国应支付给证人、鉴定人以及翻译人员的费用，因司法人员或依履行地国法律有关主管人员参加而引起的费用，以及执行请求国要求的特别程序所花的费用。

四、国际司法协助的法律适用和公共秩序

（一）国际司法协助的法律适用

国际民事司法协助的法律适用，是指被请求国司法机关在提供国际民事司法协助时，应以何国法律来具体实施此种司法协助行为。

1. 国际民事司法协助法律适用的一般原则

鉴于国际社会主权林立、利益分歧的现实状况，加上程序问题适用法院地法传统规则的惯性，各国立法和一些国际条约大都规定国际民事司法协助问题适用被请求国法律。例如，瑞士《国际私法法规》规定：“在瑞士执行司法协助活动，依照执行地所属州的法律。”1995 年《意大利国际私法制度改革法》第 71 条第 3 款规定，送达文书应遵循意大利法。1965 年海牙《送达公约》第 5 条第 1 款第 1 项规定，被请求国得“根据被请求国法律规定的向在其境内的人送达或通知该国制作的文件的方式”送达。1970 年海牙《取证公约》第 9 条第 1 款规定：“负责执行嘱托书的司法机关应根据其本国法

所规定的方式和程序进行。”

2. 国际司法协助法律适用的例外情形

(1) 依请求国提出的特别程序或方式提供国际民事司法协助，但此种特别程序或方式不得与被请求国法律或公共秩序相抵触。例如，在取证程序中，有的国家要求证人宣誓，有的国家要求原被告当面对质，有的国家要求对取证过程进行录音录像或对所取得的证据格式有特殊要求等。这些要求如得不到满足可能会影响证据的有效性，因此，各国允许在不违反本国法律基本原则的情况下适用请求国法律中的某些程序规则。例如，《意大利国际私法制度改革法》第 71 条第 3 款规定：“送达应遵循意大利法律规定的方式。但外国法院或外国主管机关明确要求的方式可以得到考虑，只要其不与意大利法律制度的基本原则相抵触。”

(2) 对国外取得的证据主要以请求国法律确定其效力。例如，《日本民事诉讼法》第 264 条规定：“在外国所进行的证据调查，虽然违背该国法律但不违背日本法时，仍然有效。”《德国民事诉讼法典》第 369 条规定：“外国官厅所为的证据调查，符合于受诉法院所适用的法律，而依外国法有欠缺者，不得提出异议。”此外，《匈牙利民事诉讼法典》第 204 条第 3 款也有类似规定。

(3) 适用第三国法律。一般而言，民事司法协助中只涉及请求国和被请求国两个国家，并不涉及第三国，因此第三国法律的规定一般不属于考虑的范畴。但在个别情况下第三国法律也可能影响到民事司法协助的进行。例如，在调查取证中，有时在被请求国境内被调查的证人是第三国国民，他可能依其本国法律在作证方面享有一定的豁免权或本国法律禁止其就某些事项作证，如有的国家禁止银行职员提供涉及银行业务的证言等。此种情况下，一些国家主张该证人依第三国法律所享有的权利也应该受请求双方的尊重，这就产生了适用第三国法律的问题。但由于这种情况极为罕见而且在举证方面存在许多困难，适用第三国法律的做法并未为国际社会所公认。

(二) 国际司法协助中的公共秩序

国际民事司法协助中的公共秩序，是指如果请求国提出的司法协助事项与被请求国的公共秩序相抵触，则被请求国有权拒绝提供司法协助。在国际司法协助中，公共秩序保留的法律后果是终止司法协助程序。国际民事司法协助中的公共秩序已成为当今国际社会普遍认可的一项制度。例如，1965 年海牙《送达公约》第 13 条规定：“按照本公约规定送达或通知请求，只有在被请求国认为此项请求的执行将损害其主权或安全时，才得被拒绝同意。”

五、中国有关司法协助的法律规定

改革开放以前，我国没有同外国签订司法协助协定，也没有参加任何一个有关司法协助的国际公约，国内也缺乏这方面的立法。1982 年 3 月《民事诉讼法（试行）》出台，专编作出“涉外民事诉讼程序的特别规定”，局面有所改观。随着对外开放力度加大，《民事诉讼法》的实施和修正以及我国与外国订立或参加的双边、多边条约从无到有、由少到多，目前已形成以《民事诉讼法》、司法解释、双边条约、多边条约所构成的司法协助规范统一体系，对中外民商事司法协助起到规范、保障和促进作用。

1. 关于司法协助的根据和范围。我国《民事诉讼法》第 276 条规定：“根据中华人民共和国缔结或者参加的国际条约，或者按照互惠原则，人民法院和外国法院可以相互请求，代为送达文书、调查取证以及进行其他诉讼行为。”应注意中国对外签订的双边司法协助协定应优先适用，只有无司法协助协定时才适用中国所参加的多边条约。

2. 关于司法协助的途径。我国《民事诉讼法》第 277 条规定：“请求和提供司法协助，应当依照中华人民共和国缔结或者参加的国际条约所规定的途径进行；没有条约关系的，通过外交途径进行。外国驻中华人民共和国的使领馆可以向该国公民送达文书和调查取证，但不得违反中华人民共和国的法律，并不得采取强制措施。除前款规定的情况外，未经中华人民共和国主管机关准许，任何外国机关或者个人不得在中华人民共和国领域内送达文书、调查取证。”

3. 关于司法协助的费用问题。我国与许多国家签订的双边司法协助条约对司法协助的费用问题作出了相互提供免费司法协助的规定，但对于应支付给证人、鉴定人等的费用不在免除之列。例如，《中法司法协助协定》第 10 条规定：“送达司法文书和司法外文书不收取任何费用。”第 17 条规定：“代为调查取证不收取费用，但是有关鉴定人、译员的报酬，应由请求一方负担。”

4. 关于司法协助的法律适用。我国在国内立法和有关双边条约中对此作了明确规定。《民事诉讼法》第 279 条规定：“人民法院提供司法协助，依照中华人民共和国法律规定的程序进行。外国法院请求采用特殊方式的，也可以按照其请求的特殊方式进行，但请求采用的特殊方式不得违反中华人民共和国法律。”此外，双边条约方面，如《中波司法协助的协定》第 11 条规定：“被请求机关提供司法协助，适用本国法律。”《中意司法协助条约》第 11 条第 1 款规定：“司法协助适用的法律：(1) 被请求机关提供司法协助，适用本国法律。(2) 被请求机关提供民事司法协助，亦可应请求适用缔约另一方的法律，但以不违背被请求的缔约一方法律的基本原则为限。”

5. 关于司法协助中的公共秩序。我国国内立法以及我国缔结或参加的国际条约，也都肯定和确认了国际民事司法协助中的公共秩序制度。我国《民事诉讼法》第 276 条第 2 款规定：“外国法院请求协助的事项有损于中华人民共和国的主权、安全或者社会公共利益的，人民法院不予执行。”国际条约方面，如《中蒙司法协助条约》第 9 条规定：“如果被请求的缔约一方认为提供司法协助有损于本国的主权、安全或公共秩序，可以拒绝提供。但应将拒绝的理由通知提出请求的缔约一方。”

第五节　域外送达与域外取证

一、域外送达

(一) 域外送达的概念

域外送达是指一国司法机关依据有关的国内立法或国际条约的规定，将司法文书和司法外文书递送给居住在国外的诉讼当事人或其他诉讼参与人的行为。2006 年最高人民法院《关于涉外民事或商事案件司法文书送达问题若干规定》对它所适用的司法文书作了规定：起诉状副本、上诉状副本、反诉状副本、答辩状副本、传票、判决书、调解书、裁定书、支付令、决定书、通知书、证明书、送达回证以及其他司法文书。我国司法协助条约中规定的“司法文书”，与我国民事诉讼法中的“诉讼文书”属于同一概念。司法外文书是指由一个官署或执行员发出的虽与民商事诉讼无直接关系但可能有间接关系的一些文件，如公证书、认证书、汇票的拒绝证书、要求给付的催告书、对他人婚姻的反对书、离婚协议书、对收养的同意书、退租通知书、申请人提交的需要确认的材料等。我国民事诉讼法中与“司法外文书”对应的概念为“非诉讼文书”。

司法文书和司法外文书的送达是一国司法机关代表国家行使国家主权的一种表现，因而一般具有严格的属地性。各国一方面在其国内法中就文书的域外送达及外国文书在内国的送达作出专门规定；另一方面，还签订了各种涉及域外送达的双边和多边条约。关于域外送达的国际规则主要有：1965 年海牙《关于向国外送达民事或商事司法文书和司法外文书公约》、欧盟理事会 2000 年《成员国民商事司法文书及司法外文书域外送达的规则》以及各国间缔结的大量双边司法协助条约和领事条约。截至 2012 年 9 月 3 日，《关于向国外送达民事或商事司法文书和司法外文书公约》已有 67 个成员，该公约于 1992 年 1 月 1 日对我国生效。

（二）域外送达的途径

域外送达主要是通过以下两种途径实现和完成，一是直接送达，即由内国法院根据内国法律和国际条约的有关规定，通过一定方式直接送达；二是间接送达，即由内国法院根据内国法律和国际条约的有关规定，通过一定途径委托外国的中央机关代为送达，亦即通过国际民事司法协助的途径进行送达。

1. 域外直接送达

从各国立法和实践与国际条约来看，直接送达方式主要有以下几种。

（1）外交代表或领事送达。外交代表或领事送达是指一国法院将需要向国外送达的诉讼和非诉讼文书委托给内国驻有关国家的外交代表或领事代为送达。这是国际社会普遍承认和采用的一种方式，一般要求在不违反所在国法律规章规定的情况下以现存国际条约为依据。大多数国家立法和有关国际条约都规定外交代表或领事只能对其所属国国民进行诉讼和非诉讼文书的送达，并且规定不能采取强制措施。例如，1963 年《维也纳领事关系公约》第 5 条第 10 项规定：“依现行国际协定之规定或于无此种国际协定时，以符合接受国法律规章之任何其他方式，转送司法书状与司法以外文书或执行嘱托调查书或代派遣国法院调查证据之委托书。”海牙《送达公约》第 8 条第 1 款规定：“每一缔约国均有权直接通过其外交或领事代表机构向身在国外的人完成司法文书的送达，但不得采用任何强制措施。”第 2 款规定：“任何国家均可声明其对在其境内进行此类送达的异议，除非该文书须送达给文书发出国国民。”第 9 条规定：“此外，每一缔约国有权利用领事途径将文书送交另一缔约国为此目的指定的机关，以便送达。如有特殊情况需要，每一缔约国可为统一目的使用外交途径。”但也有一些国家（如比利时、埃及、卢森堡、挪威等）对此方式持反对态度，认为外国官员在内国境内接受本国法院的委托代为履行诉讼行为，是对内国主权的一种侵犯。

（2）邮寄送达。邮寄送达是指一国法院直接将诉讼文书和非诉讼文书邮寄给国外的诉讼当事人或其他诉讼参与人。此种方式，各国立法和司法实践所持态度不同。海牙《送达公约》第 10 条规定，如送达目的地国不表异议，缔约国有“通过邮寄径直向身在国外的人员送交司法文书的自由。”从公约当事国的情况看，一些国家并不反对接受邮寄送达的文书，在苏格兰和葡萄牙，此种方式甚至是域外送达的主要方式；而阿根廷、保加利亚、德国、瑞士、卢森堡、希腊、韩国、立陶宛、墨西哥、土耳其等国则明确反对向外国采取此种方式向其境内当事人送达文书。

我国《民事诉讼法》第 267 条第 6 项规定："受送达人所在国的法律允许邮寄送达的，可以邮寄送达，自邮寄之日起满三个月，送达回证没有退回，但根据各种情况足以认定已经送达的，期间届满之日视为送达"。需要注意，我国在签订 1965 年海牙《送达公约》时声明，反对采用邮寄送达方式在我国境内进行送达。

（3）个人送达。个人送达是指一国法院将诉讼文书和非诉讼文书交给具有一定身份的个人代为送达。此种个人可能是当事人的诉讼代理人，也可能是当事人选定的人，或与当事人关系密切的人。这种送达方式一般为英美法系各国所承认和采用。英国法律允许将诉讼和非诉讼文书送达给当事人的律师及合同纠纷案件被告人的代理人。美国《联邦民事诉讼程序规则》第 4 条规定，文书可送达给受送达人的代理人或监护人。

（4）公告送达。公告送达是指将需要送达的诉讼和非诉讼文书的内容用张贴公告、登报或广播的方法告知有关当事人或其他诉讼参与人，自公告之日起经过一定的时间即为送达。许多国家规定，在一定条件下适用公告送达的方式。美国在要求执行留置权的诉讼中，如果不能实现当面送达，也可以公告送达。日本、法国、荷兰、希腊等国法律中也允许公告送达。各国规定的送达期限不一样，例如，《匈牙利民事诉讼法》第 102 条第 5 款规定，从法院公告栏上挂出起算第 15 天文件被认为已经送达。《日本民事诉讼法》第 180 条第 2 款规定："对于应当在外国进行的诉讼，进行公告送达时，期间为 6 个月。"采用公告送达显然对受送达人不利，所以，对于公告送达的使用应加以限制，允许采用公告送达的国家大都规定了不同程度的限制。

（5）按当事人协商的方式送达。法院可以依据双方当事人协议的方式，将有关诉讼文书或非诉讼文书送达给有关当事人或其他诉讼参与人。这是英美法系国家采用的一种送达方式。美国规定对外国的代理人或代理处，或对外国国家或外国政治实体的送达，可以以诉讼双方当事人特别协商的办法进行。美国法甚至规定合同当事人可以在合同中规定接受送达的方式。不过由于此种方式完全不考虑送达国家的程序法规定，所以很难在实践中得以实施。

（6）电子送达。虽然海牙《送达公约》制定之初未就电子送达作出规定，但海牙国际私法会议对符合现代科技要求的电子通讯方式还是持认可态度，作了大量调研工作。海牙国际私法会议特别委员会于 2003 年就公约是否允许电子送达做了答复：其一，公约的条款并不阻止或强迫使用现代技术来提供协助，以进一步提升它的实施；其二，公约的条款并不直接处理国内程序问题，但是在国内法与公约的功能之间存在着一定的联系；其三，尽管如此，为公约目的而在国家间进行司法文书的传递，不仅能够而且应该由包括电子邮件在内的现代 IT 商业技术来承担。此情况在实践中已经存在。现实中很多国家也开始了电子送达的立法和实践。

2. 域外间接送达

域外间接送达是指一国法院在审理国际民事案件时，通过国际司法协助的方式所进行的送达。国际司法协助中的送达是指一国法院在受理某一国际民事案件后，将需要送达国外的诉讼文书和非诉讼文书委托给有关国家的司法机关或其他有关机构，并由该外国司法机关或其他有权机构代为送交给居住在该国境内的诉讼当事人或其他诉讼参与人。间接送达必须依照请求国和被请求国双方缔结或共同参加的双边或多边条约，并通过它们依条约指定或建立的中央机关来进行。

（1）请求的提出。根据海牙《送达公约》第 3 条的规定，送达请求应由依请求国法律有权主管的机关或司法官员提出。请求书应附有需要送达的文书或副本，请求书和文书均须一式两份。请求途径一般应依条约规定进行，没有条约关系的通过外交途径进行。海牙《送达公约》的缔约国可依规定通过中央机关提出文书送达请求。不过，海牙《送达公约》第 18 条并不要求此类请求必须通过双方的中央机关提出，也可由请求机关直接向被请求国的中央机关提出。

（2）请求的执行及执行情况的通知。从海牙《送达公约》和有关国家的实践看，被请求国执行请求国的送达请求，主要有以下三种方式：一是正式送达，即依《送达公约》第 5 条第 1 款规定，由被请求国中央机关自行或安排某一适当机构，按照国内法规定的在国内诉讼中对在其境内的人员送达文书的方式进行送达。二是依特定方式送达，即依《送达公约》第 5 条第 1 款第 2 项的规定，按照请求方要求采用的特别方式进行送达，但此种特别方式不得与被请求国的法律相抵触。三是非正式递交。即依《送达公约》第 5 条第 2 款的规定，在被送达人自愿接受时向其送达文书，而不必严格遵守公约中有关形式上的要求。国际社会普遍采用送达回证或由有关机构出具送达证明书的方式，将执行情况通知请求方。

（3）请求的拒绝。根据海牙《送达公约》及各国立法和实践，被请求国一般可以基于以下原因对送达请求予以拒绝：地址不详；请求书不符合要求；执行请求将有损被请求国的公共秩序。不过，《送达公约》第 13 条第 2 款同时又强调指出，一国不得仅以其对送达请求所依据的诉讼标的有专属管辖权或其国内法不允许该项申请所依据的诉讼为由拒绝执行请求。

（三）中国的域外送达制度

我国的域外送达制度主要体现在我国所缔结或参加的涉及文书域外送达的国际条约及我国的国内立法和有关司法解释中。

1. 中国法院向域外送达诉讼文书

根据《民事诉讼法》第 267 条和有关司法解释的规定，中国对在中国领域内没有住所的当事人送达诉讼文书，可以采用下列方式：

（1）依照受送达人所在国与中国缔结或者共同参加的国际条约中规定的方式送达。2013 年最高人民法院发布《关于依据国际公约和双边司法协助条约办理民商事案件司法文书送达和调查取证司法协助请求的规定》做了进一步的规定。

（2）通过外交途径送达。1986 年最高人民法院、外交部、司法部发布了《关于我国法院和外国法院通过外交途径相互委托送达法律文书若干问题的通知》对此作了规定。

（3）向作为受送达人的自然人或者企业、其他组织的法定代表人、主要负责人直接送达。最高人民法院《关于涉外民事或商事案件司法文书送达问题若干规定》第 3 条对此做了规定。

（4）向受送达人委托的有权代其接受送达的诉讼代理人送达。最高人民法院《关于涉外民事或商事案件司法文书送达问题若干规定》第 4 条规定："除受送达人在授权委托书中明确表明其诉讼代理人无权代为接收有关司法文书外，其委托的诉讼代理人为民事诉讼法第 247 条（2012 年修正后为第 267 条）第（4）项规定的有权代其接受送达的诉讼代理人，人民法院可以向该诉讼代理人送达。"

（5）向受送达人在中国境内设立的代表机构或有权接受送达的分支机构、业务代办人送达。同时，最高人民法院《关于涉外民事或商事案件司法文书送达问题若干规定》第 12 条规定："人民法院向受送达人在中华人民共和国领域内的法定代表人、主要负责人、诉讼代理人、代表机构以及有权接受送达的分支机构、业务代办人送达司法文书，可以适用留置送达的方式。"

（6）邮寄送达。受送达人所在国法律允许邮寄送达的，可以邮寄送达；邮寄送达时应附有送达回证。受送达人未在送达回证上签收但在邮件回执上签收的，视为送达，签收日期为送达日期。自邮寄之日起满 3 个月，送达回证没有退回，但根据各种情况足以认定已经送达的，期间届满之日视为送达。2004 年还通过了最高人民法院《关于以法院专递方式邮寄送达民事诉讼文书的若干规定》。

（7）公告送达。不能用上述方式送达的，公告送达，自公告之日起满 3 个月，即视为送达。最高人民法院《关于涉外民事或商事案件司法文书送达问题若干规定》第 9 条规定："人民法院依照民事诉讼法第 247 条（2012 年修正后为第 267 条）第（7）项规定的公告方式送达时，公告内容应在国内外公开发行的报刊上刊登。"最高人民法院《关于进一步做好边境地区涉外民商事案件审判工作的指导意见》第 2 条规定："采用公告方式送达的，除人身关系案件外，可以采取在边境口岸张贴公告的形式。采用公告方式送达时，其他送达方式可以同时采用。"

（8）采用传真、电子邮件等能够确认受送达人收悉的方式送达。

2. 外国诉讼文书向中国的送达

根据《民事诉讼法》第 277 条和有关司法解释的规定，外国诉讼文书向中国的送达可以采用以下途径：

（1）对与中国缔结有司法协助协定的国家，按司法协助协定处理。

（2）对尚未与中国缔结司法协助协定的国家，只要其是 1965 年海牙《送达公约》的成员国，可根据《公约》进行送达。但中国批准加入公约时作了一些声明与保留。例如，第一，指定中华人民共和国司法部为中央机关和有权接收外国通过领事途径转递的文书的机关。第二，外国驻华使领馆只能直接向其在华的本国国民（而非中国国民或第三国国民）送达法律文书。第三，反对采用《公约》第 10 条所规定的方式（即邮局直接送达；文件发送国主管司法人员、官员和其他人员，直接通过目的地国上述人员送达；诉讼利害关系人直接通过目的地国上述人员送达）在中华人民共和国境内进行送达。

（3）外交代表或领事送达。根据我国《民事诉讼法》第 277 条第 2 款的规定，外国驻中国使领馆可以向该国公民送达文书，但不得违反中国法律，并且不得采取强制措施。

（4）既未与中国缔结司法协助协定，又非 1965 年海牙《送达公约》成员国的国家，通过外交途径进行。1986 年最高人民法院、外交部、司法部发布的《关于我国法院和外国法院通过外交途径相互委托送达法律文书若干问题的通知》对此作了详细规定。

二、域外调查取证

（一）域外调查取证的概念和范围

域外调查取证，是指案件的受诉法院在征得有关国家同意的情况下，直接在该国境内收集、提取案件所需的证据，或通过国际民事司法协助途径，以请求书的方式委托有关国家的主管机关在该国境内代为收集、提取案件所需的证据。

与文书送达一样，调查取证也是诉讼活动中一个必不可少的程序。同样作为体现国家司法主权的重要司法行为，调查取证亦具有严格的属地性。为了协调各国不同的取证制度，便于域外取证的开展，国际社会通过努力缔结了大量的双边和多边规则。在多边规则中较有影响的有：（1）1954 年签订于海牙的《民事诉讼程序公约》，该公约第 2 章专门规定了域外调查取证，并适用于中国澳门地区，但中国尚未加入。（2）1970 年海牙《关于从国外调取民事或商事证据的公约》（以下简称《取证公约》），截至 2012 年 8 月 28 日，该公约已有 57 个成员方。中国于 1997 年 7 月 3 日作出加入的决定，自 1998 年 2 月 6 日起对中国生效，并已适用于香港和澳门地区。根据《公约》第 39 条第 4、5 款的规定，加入行为只在加入国和已声明接受该国加入的《公约》缔约国之间发生效力，且加入国和接受该国加入的国家之间自接受国交存接受声明后第 60 日起生效。

由于各国法律差异较大，条约一般都未对域外调查取证的范围作出明确规定，通常由各国在其国内法中自行确定。中国对外签订的双边司法协助协定一般将域外调查取证的范围确定为：询问当事人、证人和鉴定人，进行鉴定和司法勘验，以及其他与调查取证有关的行为。而中国与泰国缔结的双边司法协助协定则未规定域外调查取证的范围。

（二）域外调查取证的方式

域外调查取证的方式分为直接调查取证和间接调查取证两种。前者是指受诉法院在征得有关国家同意的情况下，直接在该国境内收集、提取案件所需的证据。后者则是指受诉法院通过国际司法协助途径，以请求书的方式委托有关国家的主管机关在该国境内代为收集、提取案件所需的证据。间接调查取证采用请求书的方式，在有的国家又称嘱托书方式。

1. 直接调查取证。直接调查取证一般通过以下三种方式进行：

（1）外交或领事人员取证。即一国法院通过该国的领事或外交人员在其驻在国直接调取证据。它有两种情形：一是在驻在国对其本国公民取证，此为大多数国家普遍接受；二是在驻在国对驻在国或第三国公民取证，则各国做法不一。一些国家要求须经驻在国当局许可；一些国家则规定任何情况下外国领事或外交人员都不得对驻在国公民取证。

（2）特派员取证。即法院在审理涉外民商事案件时委派专门的官员去外国境内调查取证的方式。海牙《取证公约》规定了特派员取证制度，但此种方式和程序不能是取证国法律所禁止的。

（3）当事人或诉讼代理人自行取证。这种取证方式主要存在于一些普通法系国家，尤其是美国。尽管《取证公约》在原则上并不否认普通法国家的这一取证方式，但同时也允许缔约国对此提出保留。

2. 间接调查取证。由于受诉法院在其他国家境内调查取证往往受到这样或那样的限制，给域外取证带来诸多不便。因此，各国普遍通过国际司法协助途径委托其他国家代为调查取证，即采间接调查取证方式，它也是海牙《取证公约》所规定的主要方式。《取证公约》第1条至14条对这种域外调查取证方式的各项程序作出了明确和详尽的规定。

(1) 请求的提出。《取证公约》要求各缔约国指定一个中央机关，负责接收来自缔约另一国司法机关的请求书，并转交给内国的主管机关执行。在任何情况下，请求书均可送交中央机关。该公约还规定请求书可直接送交被请求国中央机关，而无须通过请求国中央机关或任何其他机关转交。

(2) 请求的执行及执行情况的通知。《取证公约》明确规定请求书应得到迅速执行。至于执行情况的通知，该公约则规定，证明执行请求书的文书应由被请求国机关通过与请求国机关所采用的相同途径送交请求国机关。如请求书全部或部分未予执行，亦应通过同一途径及时将此通知请求国机关，并告知理由。

(3) 请求的拒绝。《取证公约》明确规定请求书仅得依以下理由拒绝执行：一是请求书的执行在被请求国不属于司法机关的职权范围；二是被请求国认为其主权或安全将会因此而受到损害。《取证公约》同时还明确规定不得仅依以下理由拒绝执行请求书：一是被请求国依其本国法对请求书所涉及的诉讼标的享有专属管辖权；二是被请求国法律规定不允许对请求书所涉事项提起诉讼。

（三）中国的域外调查取证制度

在中国，关于域外取证的规范，其一是规定在国内法中。(1) 关于直接调查取证。根据《民事诉讼法》第277条第2款的规定，中国接受并采取领事取证方式，但取证的对象限于领事所属国国民，而不允许外国领事在中国境内对中国公民或第三国公民取证，且不得违反中国法律和采取强制措施。该条第3款又规定："除前款规定的情况外，未经中华人民共和国主管机关准许，任何外国机关或者个人不得在中华人民共和国领域内送达文书、调查取证。"因此，中国原则上是不允许外国特派员和外国当事人及诉讼代理人在中国境内调查取证的。但是，对于不反对采用这些取证方式的国家和地区，我国当事人当然可以采用这些方式。事实上，我国法院在处理涉及港澳地区的案件时，对处于这些地区的案件，一般是责成有关当事人自行取证。但我国《民事诉讼法》对于如何确认域外证据的真实性问题没有规定，最高人民法院2005年《第二次全国涉外商事海事审判工作会议纪要》第39到45条对此作了说明。(2) 关于间接调查取证，《民事诉讼法》第276条规定："根据中华人民共和国缔结或者参加的国际条约，或者按照互惠原则，人民法院和外国法院可以相互请求，代为送达文书、调查取证以及进行其他诉讼行为。外国法院请求协助的事项有损于中华人民共和国的主权、安全或者社会公共利益的，人民法院不予执行。"就外交途径而言，1986年最高人民法院、外交部、司法部联合发布的《关于我国法院和外国法院通过外交途径相互委托送达法律文书若干问题的通知》指出，中国法院和外国法院通过外交途径相互委托代为调查取证的，可参照该《通知》的有关规定办理。

其二是规定在中国与外国缔结的双边司法协助条约中。有条约关系的，则应按照各该条约的规定进行域外取证。

其三是 1998 年对中国生效的海牙《关于从国外调取民事或商事证据的公约》(《取证公约》)。在加入时中国做了如下声明和保留:(1)根据公约第 2 条,指定中华人民共和国司法部为负责接收来自另一缔约国司法机关的请求书,并将其转交给执行请求的主管机关的中央机关;(2)根据公约第 23 条,声明对于普通法国家旨在进行审判前文书调查的请求书,仅执行已在请求书中列明并与案件有直接密切联系的文件调查请求;(3)根据公约第 33 条,声明除第 15 条以外,不适用公约第 2 章的规定,即对公约第 2 章"由外交或领事人员和特派员获取证据"的所有规定,中国只承诺履行其第 15 条所规定的内容:"在民事或商事案件中,每一缔约国的外交官员或领事代表在另一缔约国境内其执行职务的区域内,可以向他所代表的国家的国民在不采取强制措施的情况下调取证据,以协助在其代表的国家的法院中进行的诉讼。"但"缔约国可以声明,外交官员和领事代表只有在自己或其代表向声明国指定的适当机关递交了申请并获得允许后才能调取证据。"

此外,根据我国《民事诉讼法》、海牙《送达公约》、海牙《取证公约》和双边民事司法协助条约的规定,最高人民法院于 2013 年又发布了《关于依据国际公约和双边司法协助条约办理民商事案件司法文书送达和调查取证司法协助请求的规定》。

第六节　外国法院判决的承认与执行

一、外国法院判决的承认与执行的概念

国际民事诉讼中外国法院判决的承认与执行,是指有关机构对一国法院就国际民事诉讼案件所作出的判决的法律效力予以确认,并在必要时采取措施予以强制执行。它是国际民事司法协助中的核心内容,在国际民事诉讼中具有极为重要的意义。

在理解上述概念时,需要注意:(1)关于"法院"的含义应作广义的理解,既包括具有民商事管辖权的普通法院,也包括劳动法院、行政法院、特别法院,甚至被国家赋予一定司法权的其他机构。如 1979 年《美洲国家间关于外国判决和仲裁裁决域外效力的公约》第 1 条规定,任何缔约国在批准《公约》时,可声明该公约也适用于行使某种审判职能的机关所作出的决定。(2)对此处"判决"也应作广义的理解,不仅指外国法院在民事案件中所作出的判决、裁定和调解书,还包括外国法院在审理刑事附带民事诉讼中所作出的判决以及某些国外公证机构对特定事项所作的决定等。如《中俄司法协助条约》规定:"本条约所指的'法院判决',在中国方面系指法院作出的判决、裁定、决定和调解书;在俄罗斯联邦方面系指法院作出的判决、裁定、决定和法院批准的和解书,以及法院就民事案件的实体问题作出的决定。"

二、承认与执行外国法院判决的依据

(一)承认与执行外国法院判决的理论依据

对于各国为什么要承认和执行外国法院的判决,不同历史时期不同国家的学者从不同角度提出了各种理论和学说。

1. 国际礼让说。英格兰法院从 17 世纪就开始承认外国法院的判决,其理论依据被

认为是源于礼让学说。在国际民商事判决的承认与执行中，坚持司法礼让原则是进一步促进经济上相互依存并展开民商事交流良性发展的需要；对一国内不同法域之间而言，则是建立共同市场即实现人员、资金及技术无障碍流通的需要。因此，礼让原则的实质既是国家对其司法主权所要求的属地性原则的自我限制，也是一国内各法域对其司法自治权所要求的地域性原则的自我约束。其目的就是要求尽量减少或杜绝政治制度的歧义与意识形态领域的差别对解决民商事争议的影响，从而使民商事关系当事人的权益得到稳固而切实的保障。

2. 既得权说。根据这一学说，诉讼当事人一方依据有关外国法院的判决对于诉讼另一方的权利，应属于一种既得权，内国法院既然应该尊重该项既得权，就必须承认创设或确定该项权利的外国法院的判决并予以执行。既得权说的实质是内国法院应尊重胜诉方当事人基于外国法院判决所获得的权利，从而应在内国境内承认与执行该项外国法院的判决。

3. 债务说。该学说的代表人物戚希尔认为，对被告有管辖权的外国法院所作出的由被告支付一笔款项的判决决定了一项债务，该法院所属国任何法院都有责任使这一判决得到执行，内国法院因此也得在内国境内承认与执行该有关的外国判决。债务说自其确立以来，一直为英国法院所采用。

4. 既判力说。既判力说亦可表述为“一事不再理说”，是由美国里斯教授提出的。他认为在承认与执行外国判决方面，一国的利益在于“拒绝浪费其司法资源去重新审理在其他地方业已得到公平审判的案件”；而对于赢得诉讼的当事人来说，维护诉讼果实就是其利益之所在。因此，有关案件经过对该案具有管辖权的外国法院审理并作出确定性判决后，内国法院应根据一事不再理原则，基于有关当事人的请求无须另外审理，而在内国领域内径直承认与执行有关的外国法院判决。

5. 特别法说。该学说认为，外国法院的判决是有关外国法院所属国的特别法，因此，内国法院一般应像承认外国成文法规范一样，基于同样的理由、用同样的方式来承认与执行外国法院的判决。

6. 互惠说。即一国法律之所以规定内国法院应承认与执行外国法院所作出的判决，在于它期望本国法院的判决也能在同样的情况下获得该有关外国法院的承认与执行。该学说首先承认内国的主权地位，认为内国法律规定承认与执行外国法院判决完全是基于本国利益的考量，即希望使内国法院的判决也能得到外国法院的承认与执行，从而保护内国当事人的利益。

其他的理论和学说还有“法律和判决相协调说”、“公平说”、“司法契约说”、“义务说”、“重大关系理论”和“平等互利说”等。

（二）承认与执行外国法院判决的法律依据

1. 国际条约。目前，关于承认与执行外国法院判决的较具影响的国际条约主要有1928年《布斯塔曼特法典》（第四卷）、欧共体1968年《布鲁塞尔公约》、欧共体和欧洲自由贸易联盟1988年《卢迦洛公约》、欧盟理事会2001年《关于民商事案件管辖权及判决承认与执行的规则》、1971年海牙《民商事案件外国判决的承认与执行公约》及其《附加议定书》等。国际社会还有一些专门领域达成了若干此类公约，如1958年海牙《抚养儿童义务判决的承认与执行公约》、1970年海牙《承认离婚与司法别居公约》

以及 1973 年海牙《扶养义务判决的承认和执行公约》等。一些条约还规定有承认和执行外国法院判决的条款，如 1956 年《国际公路货物运输合同公约》第 31 条、1969 年《国际油污损害民事责任公约》第 10 条以及 1970 年《国际铁路货物运输合同公约》第 58 条。除多边国际条约外，各国还签订了大量相互承认与执行对方法院判决的双边条约，这也是各国承认与执行外国法院判决的有效依据。

2. 国内法。多数国家都在其民事诉讼法中规定了内国法院承认与执行外国法院判决的条件。例如，英国为执行外国法院判决先后颁布了 4 个专门法令，即 1868 年《判决延伸法》、1920 年《司法管理法》（第 2 编）、1933 年《外国判决（相互执行）法》、1982 年《民事管辖权和判决法》。

3. 互惠。在不存在条约关系的情况下，各国一般是根据互惠原则承认和执行外国法院的判决。近年来，为切实保障本国或本国当事人的合法权益，各国在承认与执行外国法院判决中对互惠原则的运用已趋于灵活，有些国家如阿根廷、巴西等国甚至已不再将互惠作为承认与执行外国法院判决的条件。

三、承认与执行外国法院判决的条件

由于各国在社会政治制度、经济制度和法律意识方面的不同，在社会组织尤其是司法组织方面的差异，以及在经济领域的利益冲突和对外国法院司法行为的不信任等，几乎所有国家的立法和实践以及有关的国际条约，都在外国法院判决的承认与执行方面确立了一定的审查条件。一般包括以下几个方面的内容。

（一）请求承认与执行的必须是民事判决

这是最基本的前提性条件。当然，这里所指的民事判决，无疑也包括商事判决在内。不过应注意的是在有些国际条约中，为求达成一致意见，又将某些民商事判决排除在其适用范围之外。如 1971 年海牙《民商事案件外国判决的承认与执行公约》虽在第 1 条第 1 款中规定了"《公约》适用于缔约国法院作出的民事或商事判决"（在该条最后它又进一步指出，该《公约》不适用于责令支付一切关税、税款或罚款的判决），但下列本属民商事项的判决却"不适用"该《公约》：（1）人的身份与能力、家庭法上的事项；（2）法人的存在或成立、法人机构的职权；（3）不包括在上述（1）中所指家庭法中的扶养义务；（4）继承问题；（5）破产、清偿协议或类似诉讼程序；（6）社会保障问题；（7）核能所造成的损害。但各国国内法中大多均无这方面的限制。

（二）判决法院具有管辖权

对涉外民商事案件无管辖权的法院所作出的判决是不可能在他国获得承认与执行的。因此，被请求国法院在被请求承认与执行某一外国法院判决时，首先会依一定的标准来审查判定外国法院对该案有无管辖权。对此，主要有以下几种做法：（1）依被请求承认与执行判决地国的法律进行审查。这是在没有相关国际条约或国际条约中未列明管辖权规范或标准的情况下，绝大多数国家的做法。（2）依判决作出国的法律进行审查。例如，1968 年《布鲁塞尔公约》第 4 条第 1 款规定，除专属管辖外，每一缔约国法院的管辖权由各缔约国法律决定。（3）同时依判决作出国和被请求承认与执行判决地国的法律进行审查。这种依双重法律进行审查的做法大大增加了审查的难度。因此，采用的国家比较罕见，只有法国、以色列等极少数国家采用。（4）根据国际条约的规定进行审

查。多数国际条约都规定，只要判决作出国法院依有关国际条约的规定有管辖权，其他缔约国就应承认其有管辖权。

（三）外国法院判决须是确定的终局判决

所谓确定的终局判决，通常是指由一国法院或有权的其他司法机关，依国内法所规定的程序，对案件所作出的具有拘束力的，已经发生法律效力的判决或裁决。因此，能被承认与执行的外国法院判决必须是外国法院在诉讼程序上已经终结，已经不能因不服而对其提出上诉的案件的判决。这一点已为各国立法和实践及有关的国际条约所普遍承认。

（四）外国法院进行的诉讼程序须是公正的

基于保护诉讼中败诉方当事人的合法权益，各国立法和有关国际条约都规定，内国法院在承认与执行外国法院判决时，要求在判决作出的程序中，对败诉方当事人的诉讼权利给予了充分的保护。否则，便可据以认定有关的诉讼缺乏公正性而拒绝承认或执行其判决。就败诉方当事人而言，其诉讼权利可能因以下两种情形而受到损害：其一是未得到合法传唤，从而未能出庭陈述自己的诉讼主张；其二是在无诉讼行为能力时未能得到适当代理。

（五）外国法院判决须是合法取得

许多国家的国内法和 1971 年海牙《民商事案件外国判决的承认和执行公约》第 5 条以及 1973 年海牙《关于扶养义务判决的承认和执行公约》第 5 条等都规定，如果外国法院判决是利用欺骗手段取得的，则可拒绝承认或执行。

（六）不存在平行诉讼的情况

为防止和减少一事两诉、当事人择地行诉现象，各国立法及有关的国际条约都规定，如果出现平行诉讼的情形，即外国法院判决与内国法院就同一当事人之间的同一争议所作的判决，或内国法院已经承认的第三国法院就同一当事人之间的同一争议所作的判决相冲突，内国法院可以拒绝承认和执行。

（七）外国法院适用了内国冲突规范指定的准据法

一般而言，大多数国家并不把外国法院适用了内国冲突规范指定的准据法，作为承认与执行外国法院判决的条件之一，但也有一些国家有这种要求。不过，即便如此，作此要求的国家大多也只要求外国法院仅就特定范围内的民商事关系适用内国冲突规范指定的准据法，或不违反内国冲突法的规定。如原捷克斯洛伐克与波兰缔结的民事司法协助协定规定，可以不承认对方法院判决的情形之一是：在关于权利能力、诉讼行为能力、合法代理权等问题以及关于结婚离婚的效力、夫妻分居的案件，关于收养、认定无行为能力和遗产继承的判决中，未适用判决承认地国的立法规定应予适用的那种法律。

（八）存在互惠关系

从当今国际社会的实践来看，除允许内国法院对外国法院判决作实质性审查的国家以及只允许内国法院基于国家条约承认和执行外国法院判决的国家外，很多国家一般都只规定内国法院可以基于互惠原则承认和执行外国法院的判决，因而不存在互惠关系的情况下得拒绝承认和执行外国法院的判决。

（九）承认与执行外国法院判决不违背内国的公共秩序

承认与执行外国法院判决不得违背被请求国的公共秩序，这是国际社会公认的一项条件。例如，《德国民事诉讼法》第 328 条规定："如果外国判决与德国的善良风俗或德国法的目的相抵触的"应予排斥对其承认与执行。

四、承认与执行外国法院判决的程序

（一）承认与执行请求的提出

外国法院判决如果需要在内国境内发生法律效力，案件当事人或判决作出国法院须向内国法院提出承认与执行判决的请求，这是世界各国立法和实践的普遍要求。提出请求的程序主要涉及三个方面：一是提出请求的主体问题；二是请求的形式问题；三是提出请求的期限问题。

1. 关于提出请求的主体问题。许多国家都允许当事人直接成为请求主体。例如，有的国家规定，承认与执行的请求只能由当事人提出，除非要求执行的事项是收取国家支出的诉讼费用；有的国家规定，此类请求必须由当事人首先向作出判决的初审法院提出，然后再由该法院向被请求国法院提出；还有的国家规定，此类请求既可由当事人直接向被请求国法院提出，也可由作出判决的法院向被请求国法院提出。

2. 关于请求的形式问题。各国法律规定不尽相同，而且大多数国家缺乏明确的规定。一般而言，基于维护司法程序的严肃性和规范性，请求应该采用书面形式并附有关文件。

3. 提出请求的期限问题。关于请求的期限，各国规定亦不尽相同。有些国家根本没有对此期限作出明确规定；即使在作了规定的国家之间，期限长短也很不一致。例如，俄罗斯规定此类请求应在外国判决发生效力的 3 年内提出；英国法规定，此类请求应在判决做出后 6 年内提出。

（二）对外国法院判决的审查

对外国法院判决的审查涉及两方面的问题：一是审查的法律依据问题；二是审查的范围问题，即对外国法院判决是进行实质审查还是形式审查。

1. 关于审查的法律依据问题。国际上通行的做法是依被请求国法律包括被请求国的国内法及被请求国缔结或参加的国际条约进行审查。例如，海牙《民商事案件外国判决的承认与执行公约》第 14 条第 1 款规定："除本《公约》另有规定外，承认与执行外国判决的程序应适用被请求国法律。"

2. 关于审查的范围问题。对此，国际上有实质审查和形式审查之分。所谓实质审查，是指被请求国法院对需要予以承认和执行的外国法院判决，从事实认定和法律适用两个方面进行充分的审查，如果认为事实认定有错误或者法律适用不当，该法院有权根据本国法律予以变更或全部推翻或不予承认和执行。所谓形式审查，则是指被请求国法院不对原判决的事实认定和法律适用进行审查，而仅审查外国法院的判决是否符合本国法律或有关国际条约规定的承认与执行外国法院判决的条件。

由于实质审查过于强调法律中的规定，忽视了外国法律与本国法律之间的差异以及外国法院进行审判活动的权威性，因而一直遭到批判和质疑。目前，国际社会的普遍实践是不对外国法院判决作实质性审查，而仅就是否存在妨碍承认和执行的情况进行审查。例如，1971 年海牙《民商事案件外国判决的承认与执行公约》第 8 条规定，除被请求国法院可根据《公约》有关承认与执行外国判决的条件进行审查外，"对请求国送

交的判决不应作实质性的任何审查”。

需要指出的是，被请求国法院对外国法院判决只作形式审查而不作实质审查，并不等于剥夺了外国法院判决所针对的当事人（被执行人）可对判决的承认与执行提出异议的权利。例如，被执行人可以提出他已履行该判决中所规定的义务，他不是该判决所针对的人等。此外，案外人也可能对执行标的提出有理由的异议，但这种异议仅以被请求国法律允许的范围为限，被执行人也不得借此要求被请求国对外国法院判决进行实质性审查。

（三）承认与执行外国法院判决的具体程序

一国法院在承认与执行外国法院判决时所遵循的具体程序大致有以下几种。

1. 执行令程序。这种程序一般为大陆法系国家如法国、德国、俄罗斯等国所采用。有关的内国法院在受理了当事人或其他利害关系人提出的申请后，先对该外国法院判决进行审查，如果符合内国法所规定的有关条件，即由该内国法院作出一个裁定，并发给执行令，从而赋予该外国法院判决与内国法院判决同等的效力，并依与执行内国法院判决相同的程序予以执行。

2. 登记程序和重新审理程序。这种程序主要为普通法系国家所采用。英国法院目前主要根据判决作出国的不同而分别采用登记程序或重新审理程序来承认与执行外国法院判决。有管辖权的英国法院对于英联邦国家和欧盟各个国家法院所作出的判决采用登记程序，即英国法院在收到利害关系人提交的执行申请后，一般只要查明外国法院判决符合英国法院所规定的条件，就可以予以登记并交付执行。而对于其他不属于上述法律规定的国家的法院判决，英国法院都采用判例法所确定的重新审理程序，即英国法院不直接执行这些国家的法院判决，而是只把它作为可以向英国法院重新起诉的根据，英国法院经过对有关案件的重新审理，确定外国法院判决与英国的有关立法不相抵触时，作出一个与该外国法院判决内容相同或相似的判决，然后由英国法院依英国法所规定的执行程序予以执行。

在美国法院，一般是区分金钱判决和非金钱判决而采用不同的执行程序。对于金钱判决，大多数州的立法和实践都遵循英国判例法中的重新审理程序。至于非金钱判决的承认与执行，美国各州法院所采用的程序不尽一致，基本上没有统一的原则，各州法院完全适用执行地法的有关规定。

3. 自动承认程序。还有些国家对外国法院的判决采取自动承认程序，即符合本国法律规定的关于承认外国法院判决的条件的，不需要任何手续，法律上即被视为当然承认。这种承认方式多见于有关身份关系的外国判决，以及多法域国家内各法域之间的相互承认。法国对于有关身份和能力的外国法院判决就采取了此种形式。此外，一些国际公约也规定，缔约国应相互承认各自所作出的判决，不需要履行任何手续。例如，《布鲁塞尔公约》第 26 条规定：“一个缔约国所作出的判决，其他缔约国应该予以承认，而无须经任何特别程序。”有些拉美国家也将外国法院的判决视为具有“定案性质”，不需要进行正式的确认程序。

4. 宣告。意大利法院对承认与执行外国法院判决的程序比较特别，采用的是宣告有效程序制度。根据其《民事程序法典》的规定，欲在意大利要求承认和执行外国法院判决的人，应向该外国法院判决执行地的上诉法院提起诉讼，请求宣告该外国法院判决有效。在国际条约许可的情况下或在互惠条件下，宣告有效的请求也可以通过外交途径提起。上诉法院根据职权，依该法第797条规定的许可宣告外国法院判决的有效条件，逐一审查。即使只有一个要件不具备，即判决驳回诉讼请求；如果具备全部要求，而且被告并不请求审查原判决的实质，上诉法院即判决宣告原判决在意大利有效。原判决加以有效宣告即构成执行的条件。

五、中国关于承认与执行外国法院判决的规定

（一）中国承认与执行外国法院判决的法律依据

根据《民事诉讼法》及相关司法解释的规定，我国人民法院与有关外国法院之间相互请求承认与执行对方判决时，一般须以两国缔结或参加的国际条约或互惠原则为依据。

1. 国际条约。我国参加的多边国际条约中有关对缔约国判决予以承认与执行的规定，以及我国与法国、波兰、蒙古等30多个国家签订的双边司法协助条约中有关对双方判决相互承认与执行的规定，构成我国承认与执行外国法院判决的国际渊源。

2. 互惠原则。在不存在条约关系的情况下，各国一般根据互惠原则承认和执行外国法院的判决。但在司法实践中，对于与我国没有条约关系的国家的判决，我国并非都要求以互惠为条件才予以承认与执行，对涉及身份、能力的案件，我国一般不要求互惠。例如，最高人民法院1991年《关于中国公民申请承认外国法院离婚判决程序问题的规定》第1条，对于中国公民申请人民法院承认外国法院作出的离婚判决，就没有要求以国际条约和互惠为依据。

3. 国内立法。《民事诉讼法》第280条、第281条、第282条对中国法院与外国法院相互承认与执行判决的制度做了三项原则规定。第280条规定："人民法院作出的发生法律效力的判决、裁定，如果被执行人或者其财产不在中华人民共和国领域内，当事人请求执行的，可以由当事人直接向有管辖权的外国法院申请承认和执行，也可以由人民法院依照中华人民共和国缔结或者参加的国际条约的规定，或者按照互惠原则，请求外国法院承认和执行。"第281条规定："外国法院作出的发生法律效力的判决、裁定，需要中华人民共和国人民法院承认和执行的，可以由当事人直接向中华人民共和国有管辖权的中级人民法院申请承认和执行，也可以由外国法院依照该国与中华人民共和国缔结或者参加的国际条约的规定，或者按照互惠原则，请求人民法院承认和执行。"第282条规定："人民法院对申请或者请求承认和执行的外国法院作出的发生法律效力的判决、裁定，依照中华人民共和国缔结或者参加的国际条约，或者按照互惠原则进行审查后，认为不违反中华人民共和国法律的基本原则或者国家主权、安全、社会公共利益的，裁定承认其效力，需要执行的，发出执行令，依照本法的有关规定执行。违反中华人民共和国法律的基本原则或者国家主权、安全、社会公共利益的，不予承认和执行。"此类规定还包括1991年最高人民法院《关于中国公民申请承认外国法院离婚判决程序问题的规定》、1992年《关于适用〈中华人民共和国民事诉讼法〉若干问题的意见》、2000年《关于人民法院受理申请承认外国法院离婚判决案件有关问题的规定》等。

（二）关于承认与执行外国法院判决的条件

1. 关于"判决法院须具有管辖权"的条件。我国《民事诉讼法》对于应依何国法

律来审查判定判决作出国有无管辖权的问题未作规定，但我国对外签订的双边司法协助条约主要采用以下3种不同的审查标准：(1) 根据我国与法国、蒙古、波兰、古巴等国签订的司法协助条约的规定，依被请求国法律审查请求国法院是否有管辖权。(2) 根据我国与俄罗斯双边司法协助条约的规定，依被请求国对案件是否有专属管辖权来审查请求国法院是否有管辖权。(3) 我国与意大利、西班牙签订的双边司法协助协定则专门规定了若干管辖权标准，并规定只要作出判决的法院符合所列情况之一，即被视为有管辖权。

2. 关于"程序公正"的条件。根据我国缔结的双边司法协助条约，判断外国法院的审判是否符合正当程序的标准主要包括：在缺席判决的情况下，败诉一方当事人是否经过了合法传唤；在当事人无诉讼行为能力时，是否得到了合法代理。

3. 关于"外国法院判决须是确定的终局判决"。我国《民事诉讼法》第281、282条规定，请求我国法院承认和执行外国法院的判决、裁定，必须是已经发生法律效力的判决、裁定。我国与法国、波兰、意大利等国缔结的司法协助条约也规定，依判决作出国的法律，判决已生效或具有执行力是承认与执行的必要条件。

4. "不存在平行诉讼的情况"。1992年《关于适用〈中华人民共和国民事诉讼法〉若干问题的意见》第306条规定："中华人民共和国人民法院和外国法院都有管辖权的案件，一方当事人向外国法院起诉，而另一方当事人向中华人民共和国人民法院起诉的，人民法院可予受理。判决后，外国法院申请或者当事人请求人民法院承认和执行外国法院对本案作出的判决、裁定的，不予准许；但双方共同参加或者签订的国际条约另有规定的除外。"此外，1991年最高人民法院《关于中国公民申请承认外国法院离婚判决程序问题的规定》第12条也规定："该当事人之间的离婚案件，我国法院正在审理或已作出判决，或者第三国法院对该当事人之间作出的离婚案件判决已为我国法院所承认"，外国法院的离婚判决不予承认。

5. 关于判决国法院适用准据法的条件。我国同法国、西班牙等国签订的司法协助协定中对要求原判决国适用的准据法作出了明确的规定。例如，《中法司法协助协定》第22条第2款规定："在自然人的身份或能力方面，请求一方法院没有适用按照被请求一方国际私法规则应适用的法律"时，裁决不予承认和执行，但其所适用的法律可以得到相同结果的除外。

6. 关于互惠关系。对于与我国没有条约关系的国家的法院所做的具有财产内容的判决，我国要求只有在存在互惠关系的条件下才能被承认与执行。但1991年最高人民法院《关于中国公民申请承认外国法院离婚判决程序问题的规定》第1条规定："对与我国没有订立司法协助协议的外国法院作出的离婚判决，中国籍当事人可以根据本规定向人民法院申请承认该外国法院的离婚判决。"此处，中国籍当事人申请中国法院承认外国法院作出的离婚判决，并未以国际条约和互惠关系为条件。

7. 关于不违反公共秩序的条件。我国《民事诉讼法》第282条明确规定："人民法院对申请或者请求承认和执行的外国法院作出的发生法律效力的判决、裁定，依照中华人民共和国缔结或者参加的国际条约，或者按照互惠原则进行审查后，认为不违反中华人民共和国法律的基本原则或者国家主权、安全、社会公共利益的，裁定承认其效力，需要执行的，发出执行令，依照本法的有关规定执行。违反中华人民共和国法律的基本原则或者国家主权、安全、社会公共利益的，不予承认和执行。”

（三）关于承认与执行外国法院判决的程序

1. 请求的提出

（1）关于请求主体的规定。根据我国《民事诉讼法》的规定，我国人民法院和外国法院作出的生效判决、裁定要在对方得到承认和执行，可由当事人直接提出请求，也可由有关法院依照国际条约的规定或互惠原则提出。从我国缔结的双边司法协助协定来看，有以下几种情况：我国与蒙古、俄罗斯等国缔结的司法协助条约规定，承认与执行法院判决、裁定的请求原则上由当事人向作出判决的本国法院提出，由该法院通过中央机关向缔约另一方法院提出；但如果申请人在我国境内有住所或居所，亦可由申请人直接向我国有管辖权的法院提出。我国与波兰、罗马尼亚、古巴缔结的司法协助条约规定，承认与执行法院判决、裁定的请求，可由中央机关向我国法院提出，也可由当事人直接向我国有管辖权的法院提出。我国与法国、西班牙、意大利等国缔结的司法协助条约规定，请求我国承认与执行对方国家法院判决，只能由申请人直接向我国法院提出。而我国与土耳其等国签订的司法协助条约规定，请求我国承认与执行对方国家法院的判决，只能通过中央机关的方式向我国法院提出。

（2）关于请求方式的规定。依中国法律和缔结的双边条约的规定，申请承认与执行外国法院判决，除请求书外，通常还应提供：第一，经法院证明无误的判决书副本，如果副本中没有明确指出判决已生效和可以执行，还应附有法院为此出具的证明书；第二，证明未出庭的当事人已经合法传唤或在其没有诉讼行为能力时已得到适当代理的证明书；第三，请求书和上述第1、2项所指文件经证明无误的被请求方文字或双方认可的第三国文字（通常为英文和法文）的译本。

（3）关于申请的期限。《民事诉讼法》第239条规定：“申请执行的期间为二年。申请执行时效的中止、中断，适用法律有关诉讼时效中止、中断的规定。前款规定的期间，从法律文书规定履行期间的最后一日起计算；法律文书规定分期履行的，从规定的每次履行期间的最后一日起计算；法律文书未规定履行期间的，从法律文书生效之日起计算。”

（4）关于受理承认与执行外国法院判决的管辖法院。根据《民事诉讼法》第281条的规定，受理承认与执行外国法院判决、裁定的法院为“中华人民共和国有管辖权的中级人民法院”。所谓“有管辖权”是指对承认与执行事项有管辖权，而不是指对案件的实质问题有管辖权。因此，有管辖权的中级人民法院一般是指当事人住所地或惯常居所地的中级人民法院或被执行财产所在地的中级人民法院。

2. 对外国法院判决的审查。（1）关于审查的法律依据。我国签订的双边司法协助条约一般都规定，裁决的承认与执行，由被请求的缔约一方法院依照本国法律规定的程序决定。例如，《中意司法协助条约》第25条第1项规定：“关于承认与执行裁决和司法调解书的程序，缔约各方适用本国的法律。”（2）关于审查的范围。我国对请求承认与执行的外国法院的判决进行形式审查，《民事诉讼法》的相关规定体现了该原则，我国缔结的一些双边司法协助条约则做了明确规定。例如，《中保司法协助协定》第22条第2款规定：“被请求的缔约一方的主管机关可以审查该裁定是否符合本协定的规定，但不得对裁决进行实质性审查。”

3. 承认与执行外国法院判决的具体方式。根据《民事诉讼法》第 282 条的规定，在承认与执行外国法院判决的具体程序方面，如果法院所在国与我国存在条约关系或者互惠关系，我国法院采用的是执行令程序。如果法院所在国与我国没有条约关系也没有互惠关系，根据 1992 年最高人民法院《关于适用〈中华人民共和国民事诉讼法〉若干问题的意见》第 318 条的规定，“当事人可以向人民法院起诉，由有管辖权的人民法院作出判决，予以执行。”

4. 承认与执行外国法院判决的效力。请求承认与执行的外国法院的判决一经我国法院裁定承认其效力或可予执行，即与我国法院作出的判决具有同等效力，判决中确定的当事人之间的权利义务在我国得到肯定，当事人不得就同一标的再次向人民法院起诉，被执行人拒绝自动履行判决规定的义务的，胜诉一方当事人有权请求法院强制执行。对此，我国缔结的双边司法协助条约都作出了明确规定。例如，我国与乌兹别克斯坦缔结的《司法协助条约》第 20 条规定：“经缔约一方法院承认或执行的缔约另一方法院的裁决，与缔约一方法院作出的裁决具有同等效力。”

思考题

1. 什么是国际民事诉讼管辖权？与国内民事诉讼管辖权相较，有何特点？
2. 1965 年海牙《关于民商事案件中诉讼和非诉讼文书的国外送达公约》中规定的送达途径有哪些？
3. 我国关于特别管辖和专属管辖是如何规定的？
4. 承认与执行外国法院判决的条件和程序是什么？
5. 我国关于域外取证的规定有哪些？
6. 我国关于司法协助的规定有哪些？

第十七章 国际商事仲裁

第一节 概述

一、国际商事仲裁的起源与发展

通过仲裁方式解决争议，是一项古老的制度。它最早起源于村庄中遇有纠纷时请年长者作出公正的决断，这是仲裁最古老的渊源。仲裁的实质，就是仲裁双方共同约请与争议无利害关系的第三者公断，而对公断的结果，双方当事人必须执行。

仲裁作为解决国际商事争议的一种手段，是随着国际贸易的发展而由商人们自发地创立起来的。作为国际商事仲裁起源之一的中世纪的商人习惯法，既不是由现代意义上的国家立法机关制定的，也不是法学家们的作品，而是商人们在长期的国际商事交易中发展起来的。而中世纪的商人习惯法在当时之所以具有普遍性，就是因为这些从事国际商事交易的商人们无论在英国伦敦，还是在德国科隆或意大利的威尼斯经商，都适用相同的商事惯例。这些惯例的形成和发展，其中一个主要原因，就是商人们自已在各主要集市均设立了处理他们之间的商事争议的行商法院（Piepowder），这些行商法院无疑是统一的，具有现代调解或仲裁的性质，而不是严格意义上的法院。若以现代术语表述，他们具有常设国际仲裁庭的特点。那些非职业性的仲裁员被召集在一起，负责在各地解决争议，无论处理争议的法院设在何处，地方惯例有何区别，他们都会明确的适用相同的商业惯例。

19世纪末，随着商事交易的发展和仲裁解决争议的普遍适用，仲裁逐步发展成为解决争议的一项国内法上的制度。当世界进入20世纪以来，特别是第二次世界大战后，随着科学技术的进步和国际经济贸易的迅速发展，仲裁解决国际商事争议已经得到各国法律的普遍认可。各国间承认与执行在他国作出的仲裁裁决的国际义务，已经固定在1958年《承认与执行外国仲裁裁决公约》（以下简称《纽约公约》）中。鉴于一国法院的判决在另一国家申请执行时可能遇到的种种问题，可以这样认为，通过仲裁解决国际商事争议，已经成为国际商人们首先选择的并最受欢迎的解决争议的方法。

二、国际商事仲裁的概念及特征

（一）国际商事仲裁的概念

国际商事仲裁是指国际经济贸易活动的当事人依据事先或事后所达成的仲裁协议，自愿将有关具有国际因素的商事争议提交给某临时仲裁庭或常设仲裁机构进行审理，由后者依据法律或公平原则做出对双方均有约束力的仲裁裁决的一种争议解决制度。

何为“国际”仲裁，不同的国家有不同的理解。准确理解这一概念，在仲裁中具有十分重要的法律意义。联合国国际贸易法委员会于1985年通过的《国际商事仲裁示范法》第1条第3款规定：“一项仲裁如有以下情况视为具有国际性：(a)仲裁协议的各方当事人在缔结协议时，其营业地位于不同的国家；或(b)下列地点之一位于各方当事人营业地所在地国之外：(ⅰ)仲裁协议中确定的或根据仲裁协议确定的仲裁地点；(ⅱ)履行商事关系的大部分义务的任何地点或与争议标的关系最密切的地点；或(c)各方当事人已明确同意，仲裁协议的标的与一个以上的国家有关。”从这一规定分析，该示范法采用了四种标准：营业地标准、争议性质标准、仲裁地标准和任意性标准。即是说，对一国而言，凡是仲裁协议的一方或双方为外国人、无国籍人或其他外国企业或实体，或仲裁协议订立时双方当事人的住所或营业地位于不同国家；或者即便是仲裁协议双方当事人的住所或营业地位于相同国家，但仲裁地点位于该国境外，或仲裁协议中所涉及的商事关系的设立、变更、终止的法律事实发生在该国境外；或者争议标的位于该国境外者，均可视为国际商事仲裁。

各国法律除对“国际性”的认定标准作了规定以外，大都对“商事”的范围作了规定。联合国《国际商事仲裁示范法》在对“国际商事仲裁”的解释中说：对“商事”一词应作广义解释，使其包括不论是契约性或非契约性的一切商事性质所引起的种种情况。中国于1986年加入《承认及执行外国仲裁裁决公约》时作出了商事保留声明。根据这一声明，中国只对根据中国法律认定为属于契约性和非契约性商事法律关系所引起的争议适用该公约。依据最高人民法院《关于执行我国加入的〈承认及执行外国仲裁裁决公约〉的通知》第2条的规定，所谓“契约性和非契约性商事法律关系”，具体是指由于合同、侵权或者根据有关法律规定而产生的经济上的权利义务关系，例如货物买卖、财产租赁、工程承包、加工承揽、技术转让、合资经营、合作经营、勘探开发自然资源、保险、信贷、劳务、代理、咨询服务和海上、民用航空、铁路、公路的客货运输以及产品责任、环境污染、海上事故和所有权争议等，但不包括外国投资者与东道国政府之间的争端。这一做法与联合国《国际商事仲裁示范法》的理解是一致的。

（二）国际商事仲裁的特征

国际商事仲裁主要有以下几方面的特征：

1. 非强制性。国际商事仲裁完全来自双方当事人的合意，是一种自愿解决争议的方法。当事人之间经过其自愿约定达成的仲裁协议，是进行仲裁的基本前提。

2. 高度的自治性。与诉讼相比，仲裁中的当事人在仲裁过程中享有高度的自治性。当事人可以自由选择仲裁机构、仲裁地点、仲裁员、仲裁的组织形式、仲裁适用的仲裁规则和实体法；当事人还可约定仲裁使用的语言及仲裁费用的分担。

3. 较大的灵活性。首先，庭审方式可以是开庭审理，也可根据当事人约定进行书面审理；其次，当事人并不必然使用仲裁地语言，这与诉讼中当事人必须使用法院地语言不同，仲裁中允许当事人选择进行庭审的语言；再次，仲裁庭可根据实际情况将当事人陈述、辩论、举证和仲裁庭询问有机结合起来，而不必拘泥于仲裁地所在国严格的证据规则。

4. 争议解决的快捷性。一般而言，仲裁解决争议具有快速性这一特点。一方面，当事人可自由约定适用的仲裁规则，为维护自身利益，当事人都会选择方便快捷的仲裁规则；另一方面，大多数国家实行一裁终局的原则，没有上诉程序，更加快捷地解决争议。

5. 审理的中立性与保密性。一方面，在仲裁中，仲裁员由当事人自己选择，按照相关法律与公平原则进行仲裁，具有相当的中立性；另一方面，仲裁一般不公开审理，有利于保护当事人的商业秘密，当事人各方也应对庭审内容进行保密。但是这种保密性并不是绝对的，不得与公共利益相抵触。

6. 执行的可行性。仲裁裁决与法院判决具有相同的法律效力。在仲裁裁决的执行上，各国立法与相关国际条约均赋予仲裁裁决强制执行的效力。如果一方当事人不自觉履行，另一方当事人可向有管辖权的法院请求强制执行。此外，如果该仲裁裁决在外国执行，则较法院判决具有更大优势，世界上一百多个国家均为《纽约公约》的缔约国，根据公约，缔约国有义务承认与执行在另一国境内作出的仲裁裁决，除非裁决有公约规定的拒绝承认与执行的理由。

三、国际商事仲裁的种类

国际商事仲裁按照不同的标准，可以分成以下几类。

（一）机构仲裁与临时仲裁

按仲裁机构的组织形式为标准，可将仲裁分为机构仲裁与临时仲裁。机构仲裁，是指由根据国际条约或国内法而设立的常设仲裁机构进行的仲裁。常设仲裁机构有固定的办公地点，有特定的名称、地点以及仲裁规则，有供选用的仲裁员名册，可为当事人提供各种便利的服务。一般而言，重大案件都是由常设仲裁机构进行裁决的。

临时仲裁，是指由当事人指定的仲裁员自行组成的仲裁庭开展的仲裁，临时仲裁庭对特定案件审理完毕并作出裁决后即自动解散。临时仲裁在程序上比较灵活，在一定条件下能提高工作效率，仲裁费用也相对较低，当事人对仲裁的各个环节有完全的控制权。但是，临时仲裁是否能顺利进行有赖于当事人的密切配合，如当事人在程序问题上不能达成一致，则会造成延误仲裁，使其优势不能发挥。我国仲裁法没有就临时仲裁作出规定，在实践中，目前中国境内只开展机构仲裁，尚未开展临时仲裁。

（二）不同国家国民之间的商事仲裁与国家和他国国民间的商事仲裁

按国际商事仲裁协议主体的法律地位为标准，可将仲裁分为不同国家国民之间的商事仲裁与国家和他国国民间的商事仲裁。不同国家国民之间的商事仲裁，指从属于不同国家的在国际商事交易中所处的法律地位是平等的当事人之间的仲裁，当事人具有对等的权利与义务。这里的国民，不仅包括自然人、法人，也包括其他法律实体。在国际商事仲裁中，大多数属于此类仲裁。

国家与他国国民间的商事仲裁，指一方当事人为主权国家或政府行政主管部门，他方为另一国家国民之间的仲裁。按照一些国家的法律，这类争议不能通过仲裁方式解决，只能诉诸法院。但基于国家法律、双边或多边公约，这类争议也可通过仲裁解决。例如，由世界银行主持制定的《解决国家与他国国民间投资争议公约》，设立解决国家与他国国民间投资争端中心（ICSID），通过调解与仲裁的方式，为解决国家与他国国民间的投资争议提供便利。

（三）双方当事人间的仲裁与多方当事人间的仲裁

按参与仲裁程序的利害关系人数为标准，可分为双方当事人间的仲裁与多方当事人间的仲裁。双方当事人间的仲裁，指仅针对双方当事人间的争议而进行的仲裁，对第三人无管辖权。

多方当事人间的仲裁，指在国际商事合同中，如果两个以上的公司或自然人之间就同一合同或与该合同有关的含有相同仲裁条款的合同产生争议，就可能涉及多方为同一仲裁程序当事人的情况。至于如何处理多方当事人之间的仲裁，主要有以下解决方法：（1）在由多方当事人签署的合同中，可在仲裁条款中作出专门规定，如果合同在履行中发生争议，所有与争议有关的利害关系人均可自愿参加。（2）在涉及连环合同争议的情况下，可在发生争议的各方当事人的同意下，由一个仲裁庭合并审理与此有关的争议。（3）由法院发布有关合并审理的裁定。

（四）友好仲裁与依法仲裁

按仲裁员是否必须依照法律作出裁决为标准，可将仲裁分为友好仲裁和依法仲裁。友好仲裁（Amiable Composition），指仲裁庭在争议当事人授权的情况下，认为适用严格的法律会导致不公平的结果，转而依据公平善意的标准作出对争议当事人有约束力裁决的一种仲裁方式。联合国《国际商事仲裁示范法》第 28 条第 4 款规定："如果当事人明确授权仲裁庭，仲裁庭可以作为友好仲裁人或依公平与善意原则作出裁决。"

依法仲裁，是仲裁庭严格依据有关法律进行的仲裁。不同于友好仲裁，依法仲裁情况下，仲裁员只能根据相关法律及国际公约，参考国际惯例作出仲裁裁决。

四、调整国际商事仲裁的法律规则

（一）国际公约

在世界范围内最有影响的国际公约是《承认与执行外国仲裁裁决公约》，该公约由联合国主持制定，于 1958 年在纽约召开的联合国国际商事仲裁会议上通过，故简称《纽约公约》。《纽约公约》的主要规定是：（1）各缔约国应当承认当事各方所签订或在互换函电中所载明的合同中的仲裁条款或仲裁协议的效力；（2）除公约规定的拒绝承认与执行外国仲裁裁决的情况外，各缔约国应当承认与执行在另一缔约国境内作出的仲裁裁决；（3）公约规定了各国可以拒绝承认与执行的外国仲裁裁决的各项条件。

国际经济贸易领域另一个影响较大的国际公约是通过仲裁方式解决东道国政府与外国投资者之间由于在东道国投资而产生的争议的公约，即《解决国家与他国国民之间投资争议公约》。

除了上述两个普遍性的国际公约外，还有一些地区性的国际公约。如《欧洲国际商事仲裁公约》、《巴拿马公约》等。

（二）国内仲裁立法

各国有关仲裁的立法均调整国际商事仲裁，这些仲裁立法或者表现在这些国家的民事诉讼法中，或者制定了专门的仲裁法，还有一些国家专门制定了调整国际商事仲裁的法律或法规。例如，一些国家根据联合国《国际商事仲裁示范法》制定了本国的商事仲裁法。

我国调整国际商事仲裁的国内立法主要表现在我国于 1994 年制定的《仲裁法》和

1991年制定、2012年第二次修正的《民事诉讼法》中。其中《仲裁法》第七章“涉外仲裁的特别规定”就我国的涉外仲裁，包括涉外仲裁机构的组成、仲裁员的聘任、保全措施、涉外仲裁裁决的撤销和承认与执行问题等，作了专门规定。《民事诉讼法》第二十六章“仲裁”（第271－275条）的规定也是专门针对国际经济贸易、运输和海事争议的仲裁的，主要内容包括：当事人之间订有将他们之间的争议提交仲裁解决的仲裁协议时，不得向法院起诉；申请强制执行涉外仲裁裁决的法院及不予执行此项仲裁裁决的条件等。

（三）《国际商事仲裁示范法》

由联合国国际贸易法委员会制定的《国际商事仲裁示范法》已成为调整国际商事仲裁的重要规范性文件。该示范法本身没有法律上的拘束力，其制定的目的并非要求各国共同加入，而是为各国国际商事仲裁立法提供参照，供各国立法机关单方面采纳为调整国际商事仲裁关系的国内法，国内立法机关在采纳该示范法时，还可以结合本国的具体情况作出这样或者那样的修订。目前，包括我国香港和澳门特别行政区在内的几十个国家和地区均以该示范法为蓝本，制定本国或本地区仲裁法。

第二节　国际商事仲裁机构及仲裁协议

一、国际商事仲裁机构

国际商事仲裁机构可分为国际性常设仲裁机构和各国常设仲裁机构。如前所述，常设仲裁机构是依据国际公约或一国的国内法设立的旨在通过仲裁方式解决国际商事争议的专门机构。常设仲裁机构与临时仲裁机构的主要区别在于由专门的组织实施对仲裁机构的管理。主要职能包括：（1）接受当事人提出的仲裁申请，对仲裁管辖权问题进行初步审理；（2）协助仲裁庭的组庭工作；（3）撤销对仲裁员的指定和指定替代仲裁员。

国际性常设仲裁机构，如：国际商会仲裁院、解决国家与他国国民间投资争端中心等。各国常设仲裁机构，如中国国际经济贸易仲裁委员会、瑞典斯德哥尔摩商会仲裁院、英国伦敦国际仲裁院等。这些仲裁机构有自己特定的名称、章程、仲裁规则、固定的办公地点、秘书处及工作人员，有供当事人选择的仲裁员名册、示范仲裁条款和仲裁协议。

二、仲裁协议

（一）仲裁协议的概念

仲裁协议是指当事人各方同意将他们之间将来可能发生的或已经发生的争议提交仲裁裁决的协议。仲裁协议具有以下特征：

1. 它是特定的法律关系的当事人同意将他们之间的争端提交仲裁解决的共同的意思表示。这些法律关系包括由于国际货物买卖、运输、保险、支付、投资、技术转让等方面的契约性法律关系，也包括由于海上船舶碰撞、产品责任、交通事故等侵权行为等非契约性的法律关系。

2. 它是使某一特定的仲裁机构取得对协议项下的案件的管辖权的依据，同时也是排除法院对该特定案件实施管辖的主要的抗辩理由。《纽约公约》第 2 条第 3 款规定："当事人就诉讼事项订有本条所称之仲裁协议者，缔约国法院受理诉讼时应依当事人一方之请求，令当事人提交仲裁，但仲裁协议经法院认定无效、失效或者不能施行者，不在此限。"

3. 一项有效的仲裁协议关系着仲裁裁决能否得到承认与执行，是仲裁裁决得到承认与执行的前提。法院如果认定该项裁决是根据无效的仲裁协议做出的，按照《纽约公约》第 5 条第 1 款的规定，被请求执行该裁决的法院也会拒绝承认与执行此项裁决。

（二）仲裁协议的类型及形式

仲裁协议的类型一般有两种：合同中的仲裁条款和专门的仲裁协议书。

1. 合同中的仲裁条款，是指合同双方当事人在争端发生前以条款的形式订立的将合同执行过程中可能发生的争端提交仲裁解决的协议。其特点是：它是当事人之间在争端发生前所达成的将争端提交仲裁解决的约定；它不是一个独立的文件而是主合同中的一个条款。

2. 专门的仲裁协议书，是指当事人以协议书的形式订立的将已发生的争议提交仲裁解决的协议。仲裁协议的特点有：第一，它是当事人之间在争端发生之后所达成的将争端提交仲裁解决的约定；第二，它是一个独立的文件，其内容是将特定的争端提交仲裁解决的一项单独的协议。

仲裁协议无论是合同中的仲裁条款，还是当事人之间的仲裁协议书，都必须包括如下内容：将争议提交仲裁的意思表示，即当事人同意以仲裁的方式解决争议的约定，这是最重要的内容；提交仲裁的事项，这是对仲裁庭的管辖权界定的依据，仲裁庭的裁决不能超出仲裁协议所约定的范围，否则，超出部分将得不到法院的承认与执行；进行仲裁的仲裁机构与仲裁庭的组成。此外，当事人还可就仲裁地点、仲裁应适用的规则等事项进行约定。

国际商事实践中，虽然有些国家承认通过口头形式达成仲裁协议，但大多数国家要求当事人以书面形式订立。《纽约公约》第 2 条和《国际商事仲裁示范法》第 7 条第 2 款规定仲裁协议必须以书面形式订立。我国《仲裁法》第 16 条规定："仲裁协议包括合同中订立的仲裁条款和以其他书面方式在纠纷发生前或者纠纷发生后达成的请求仲裁的协议。"可见，我国只承认仲裁协议以书面形式订立。

（三）国际商事仲裁协议的有效要件

一项有效的仲裁协议必须具备一定的有效要件，这些有效要件可以概括为：(1) 仲裁协议应是当事人真实的意思表示。当事人的意思表示应是自愿的、真实的；且该意思表示应当明确，不应含糊不清，模棱两可。(2) 仲裁协议应当采用书面形式。作为一项通例，《纽约公约》与《国际商事仲裁示范法》均作了相关规定；我国《民事诉讼法》与《仲裁法》也明确要求仲裁协议要用书面形式。(3) 订立协议的当事人应具备完全的民事行为能力。《纽约公约》第 5 条规定："如果当事人依对其适用之法律有某种无行为能力情形者"，缔约国可以拒绝承认和执行该项裁决。我国《仲裁法》第 17 条第 2 款也规定，无民事行为能力人或者限制民事行为能力人订立的仲裁协议无效。(4) 争议事项可通过仲裁解决。一般来说，只有商事性质且当事人可以自行和解的事项才可以通过仲裁的方法加以解决；并且，这些事项不能违反仲裁地国的强制性规定和公共政策。此外，根据我国《仲裁法》第 16 条的规定，有效的仲裁协议还必须有“选定的仲裁委员会”。

（四）国际商事仲裁条款的独立性

国际商事仲裁条款的独立性又称为国际商事仲裁条款的自治性。它是指仲裁协议应视为与合同的其他条款分离地存在，即当某一国际商事合同被确认为无效或失效时，包含在其中的仲裁条款并不必然无效或失效。按照这一理论，仲裁条款是独立于主合同的一个单独协议。目前，许多国家（包括我国在内）通过其国内立法将仲裁条款独立性原则固定了下来。仲裁条款独立性的依据有：首先，仲裁条款是独立于主合同的一项特殊协议；其次，依照《纽约公约》及大多数国家的国内立法，在承认与执行仲裁裁决时，只对程序性问题进行审核，不涉及实体问题，如果仲裁条款不具备独立性的话，将会导致对这一惯例的违反。我国《仲裁法》第 19 条规定“仲裁协议独立存在，合同的变更、解除、终止或者无效，不影响仲裁协议的效力。仲裁庭有权确认合同的效力。”

第三节　仲裁庭

一、仲裁庭的组成

根据组成仲裁庭的仲裁员人数的不同，仲裁庭可以分为由 1 位仲裁员组成的独任仲裁庭和由多位仲裁员组成的合议仲裁庭。比较常见的情况是独任仲裁庭和由 3 位仲裁员组成的合议仲裁庭。

当事人选择独任仲裁的，该独任仲裁员由双方当事人共同协商确定，或由仲裁机构指定；当事人选择 3 名仲裁员组成合议仲裁的，由双方当事人各指定一名仲裁员，再由双方当事人共同选出第 3 名首席仲裁员，或由仲裁机构指定首席仲裁员；当事人如选择 5 名或 7 名仲裁员组成合议仲裁的，仲裁员的选择办法与上述类似。我国《仲裁法》第 30 规定：“仲裁庭可以由三名仲裁员或者一名仲裁员组成。由三名仲裁员组成的，设首席仲裁员。”第 31 条规定：“当事人约定由三名仲裁员组成仲裁庭的，应当各自选定或者各自委托仲裁委员会主任指定一名仲裁员，第三名仲裁员由当事人共同选定或者共同委托仲裁委员会主任指定。第三名仲裁员是首席仲裁员。当事人约定由一名仲裁员成立仲裁庭的，应当由当事人共同选定或者共同委托仲裁委员会主任指定仲裁员。”

二、仲裁员的资格

仲裁员一般由自然人担任，有些国家也允许由法人担任。对仲裁员的资格普遍要求应具有以下条件：（1）具有完全民事行为能力和民事权利能力；（2）具有一定的专业能力、学历和资历；（3）具有公正无私的品德品质；（4）与特定案件无利害关系。

我国《仲裁法》第 13 条和第 67 条对仲裁员的资格做了比较详细的规定。该法第 13 条规定：“仲裁委员会应当从公道正派的人员中聘任仲裁员。仲裁员应当符合下列条件之一：（1）从事仲裁工作满八年的；（2）从事律师工作满八年的；（3）曾任审判员满八年的；（4）从事法律研究、教学工作并具有高级职称的；（5）具有法律知识、从事经济贸易等专业工作并具有高级职称或者具有同等专业水平的。仲裁委员会按照不同专业设仲裁员名册。”第67条规定：“涉外仲裁委员会可以从具有法律、经济贸易、科学技术等专门知识的外籍人士中聘任仲裁员。”

三、仲裁员的回避

为了仲裁员能够公正处理案件，当事人可以申请仲裁员回避，仲裁员也可以自行回避。仲裁员的回避是指仲裁员具有可能影响案件公正裁决的情形后，依照法律的规定，自行申请退出仲裁庭，或者根据当事人的申请退出仲裁庭。回避制度是仲裁的基本制度之一，仲裁机构实行回避制度，是保障当事人平等行使权利，避免仲裁员处理案件徇私舞弊、枉法裁决，对此各国仲裁法和仲裁规则都有明确的规定。我国《仲裁法》第34条对回避的情形作了明确规定：“仲裁员有下列情形之一的，必须回避，当事人也有权提出回避申请：是本案当事人或者当事人、代理人的近亲属；与本案有利害关系；与本案当事人、代理人有其他关系，可能影响公正仲裁的；私自会见当事人、代理人，或者接受当事人、代理人的请客送礼的。”

四、仲裁庭的管辖权

仲裁庭的管辖权源自于当事人之间已达成的将他们之间将要发生或已经发生的争议提交仲裁解决的仲裁协议。也就是说，如果这项仲裁协议是有效的，仲裁庭即获得了对该案件的管辖权；反之，仲裁协议无效，仲裁庭则不能根据该仲裁协议获得管辖权。因此，如果当事人间存在有效的仲裁协议，仲裁庭就获得了对特定争议的管辖权。

仲裁实践中有时会出现一方当事人将仲裁协议项下的争议依据仲裁协议的约定提交到仲裁庭进行裁决，而另一方当事人则对仲裁庭的管辖权和仲裁协议的有效性提出异议。此时，仲裁庭能否就仲裁协议的有效性作出认定是仲裁庭面临的首要问题。这个问题不解决，仲裁程序就无法进行。按照各国的仲裁立法与实践，如果一方当事人采用欺诈的手段使对方与其订立仲裁协议，或者一方当事人不具备订立此项协议的行为能力，都会导致仲裁协议的无效，而根据无效的仲裁协议，仲裁庭是不能取得管辖权的。

实践中还有另一种情况，即一方当事人将仲裁协议项下的争议依据仲裁协议的约定提交到仲裁庭进行裁决，而另一方当事人将争议提交到法院进行诉讼且在此过程中，双方均对仲裁庭和法院的管辖权提出异议。这种情况，依各国立法和实践看，仲裁庭和法院均有权决定仲裁庭的管辖权。我国《仲裁法》第24条和第25条规定：“仲裁委员会收到仲裁申请书之日起五日内，认为符合受理条件的，应当受理，并通知当事人；认为不符合受理条件的，应当书面通知当事人不予受理，并说明理由。”“仲裁委员会受理仲裁申请后，应当在仲裁规则规定的期限内将仲裁规则和仲裁员名册送达申请人，并将仲裁申请书副本和仲裁规则、仲裁员名册送达被申请人。”

五、仲裁庭的权力和义务

（一）仲裁庭的权力

仲裁庭的权力主要来源于三个方面：一是当事人之间订立的有效的仲裁协议。二是仲裁所适用的仲裁规则。三是仲裁应当适用的法律。据此，仲裁庭的权力主要包括以下内容：（1）决定其管辖权限。（2）决定仲裁程序和证据事项。（3）作出保全措施和令一方当事人提供费用担保的决定。(4) 决定仲裁应当适用的法律。(5) 作出仲裁裁决的权力。

(二) 仲裁庭的义务

仲裁庭的义务主要包括以下内容:(1) 确定仲裁审理的范围。(2) 独立、公正的审理仲裁案件。(3) 在当事人约定或仲裁规则规定的期限内作出裁决。

第四节 国际商事仲裁的法律适用

国际商事仲裁的法律适用,是指在仲裁过程中发生的有关法律适用的问题,包括国际商事仲裁协议的法律适用、国际商事仲裁程序的法律适用、国际商事仲裁实体问题的法律适用三个方面。

一、国际商事仲裁协议的法律适用

如前所述,仲裁协议是仲裁的基石。仲裁协议的有效性至关重要,有效的仲裁协议具有强制执行效力,并排除法院管辖。由于各国法律对仲裁协议有效要件的规定不尽相同,对于同一仲裁协议而言,适用不同国家的法律,对其有效性问题会得出不同结论。因此,对于国际商事仲裁协议来说,存在着依何种法律对其效力进行审查的问题,也就是国际商事仲裁协议的法律适用问题。

作为合同的一种,仲裁协议的法律适用在理论上应与一般合同的法律适用一致。首先根据意思自治原则由当事人自己选择,如果当事人没有作出选择,则依据最密切联系原则确定。实践中,支配仲裁协议的准据法在多数情况下都是仲裁地法。这主要是因为,当事人单独约定仲裁协议准据法的情况较少发生,而仲裁地法由于能有效控制仲裁的进行,因此得到了大多数国家的支持。

我国《仲裁法》未对仲裁协议的准据法作出规定。2006 年最高人民法院《关于适用〈中华人民共和国仲裁法〉若干问题的解释》第 16 条规定:“对涉外仲裁协议的效力审查,适用当事人约定的法律;当事人没有约定适用的法律但约定了仲裁地的,适用仲裁地法律;没有约定适用的法律也没有约定仲裁地或者仲裁地约定不明的,适用法院地法律。”2011 年《涉外民事关系法律适用法》第 18 条规定:“当事人可以协议选择仲裁协议适用的法律。当事人没有选择的,适用仲裁机构所在地法律或者仲裁地法律。”该条规定同上述最高人民法院的司法解释存在明显冲突,后者因此而失效。

根据《涉外民事关系法律适用法》第 18 条的规定,仲裁协议首先适用当事人选择的法律。需要注意适用于仲裁协议的法律必须是当事人针对仲裁协议所约定的法律,换言之,当事人对主合同争议约定的法律并不当然适用于仲裁协议。当事人未约定法律适用的情况下,有两种法律可以适用于仲裁协议:仲裁机构所在地法律或者仲裁地法律。对仲裁协议适用仲裁机构所在地法,在国际上尚无先例。在国际商事仲裁的实践中,很多情况当事人既未约定仲裁协议的法律适用,也未约定仲裁地,但约定了仲裁机构。在这种情况下,基于仲裁机构所在地具有较高的确定性,适用仲裁机构所在地法,可以解决法律适用的难题,有其合理性和可行性。

二、国际商事仲裁程序问题的法律适用

（一）适用于国际商事仲裁程序问题的规则

在国际商事仲裁中，仲裁规则和仲裁程序法都是调整国际商事仲裁活动的程序性规则。

仲裁规则通常由仲裁机构制定或由当事人自己拟定。前者如国际商会国际仲裁院仲裁规则、斯德哥尔摩商会仲裁院仲裁规则、中国国际经济贸易仲裁委员会仲裁规则、北京仲裁委员会仲裁规则等。鉴于仲裁是当事人自愿解决争议的方法，对于如何进行仲裁程序当事人有权做出约定，也可以委托仲裁庭做出决定。一些国际组织制定的仲裁规则，如联合国国际贸易法委员会仲裁规则、联合国欧洲经济委员会仲裁规则，就是为临时仲裁提供便利，供当事人或仲裁庭选择适用；当事人对其选择适用的仲裁规则，还可以在不违反相关国家法律的情况下做出修订。可见，仲裁规则的适用有两个特点：(1) 仲裁规则的适用是选择性的，只有当事人选择适用了某一特定的仲裁规则，该规则才能对特定当事人有拘束力；(2) 当事人所选择适用的仲裁规则不得与应当适用的仲裁法的规则相抵触。

仲裁程序法是一国立法机关制定的规范如何进行仲裁的程序规范的总称，通常它包含在各国仲裁法、民事诉讼法等程序法中。相较于仲裁规则，仲裁程序法所涉及的范围更加广泛。仲裁规则主要涉及的是仲裁内部程序规则，如仲裁程序的启动、仲裁庭的组成、仲裁审理、证据的提供与认定、仲裁裁决的作出等；仲裁程序法则还确立起进行仲裁程序的外部标准，如仲裁过程中证据或财产的保全，撤销仲裁裁决或拒绝执行仲裁裁决等。

（二）有关国际商事仲裁程序的法律适用问题

仲裁庭在国际商事仲裁中，究竟应适用何国程序法或哪种程序规则，从各国的立法和实践来看：首先，普遍允许当事人合意选择支配仲裁程序的法律。因为仲裁本身是一种受各国法律保护的当事人自愿选择的争议解决方式，当事人既然可以选择仲裁作为解决争议的方式，当然可以选择规范如何进行仲裁的程序法。如法国《民事诉讼法典》第1494条第1款就明确规定了当事人可以选择适用他国的仲裁法；英国的立法也认为仲裁程序法可以独立于合同准据法和仲裁协议的支配法律。其次，当事人未作选择的，仲裁程序由仲裁庭确定。例如，联合国《国际商事仲裁示范法》在第19条“程序规则的确定”中规定：“(1) 以服从本法的规定为准，当事各方可以自由地就仲裁庭进行仲裁所应遵循的程序达成协议。(2) 如未达成这种协议，仲裁庭可以在本法规定的限制下，按照它认为适当的方式进行仲裁”。

当事人未对国际商事仲裁程序做法律选择的情况下，传统上仲裁庭通常都会适用仲裁地法，认为正如诉讼程序适用法院地法一样具有理所当然的正当性。但从20世纪50、60年代开始，出现了所谓国际商事仲裁的“非仲裁地化”或“非内国化”倾向。这种理论认为，国际商事仲裁可以不受仲裁地法的限制，仲裁裁决的法律效力也不必由仲裁地法赋予，裁决在申请强制执行之前不受任何国家法院的监督，任何国家的法院均不能行使撤销此项裁决的权力。按照这一理论，当事人和仲裁庭可以使仲裁不依赖于任何国家的程序法，仲裁程序可由其自行确定。目前已有部分国际公约、国家立法和国际

商事仲裁规则接受了“非仲裁地化”理论。例如，《瑞士联邦国际私法法规》第 182 条规定：“（1）双方当事人可自行或参照仲裁规定确定仲裁程序，亦可使仲裁程序受其所选择的程序法支配。（2）如果当事人未自行确定仲裁程序，在必要时，仲裁程序可由仲裁庭直接规定或参照法律或仲裁规则予以规定。”

我国《仲裁法》没有对仲裁程序的法律适用作专门规定。在中国仲裁机构的实践中，2012 年《中国国际经济贸易仲裁委员会仲裁规则》和 2007 年《北京仲裁委员会仲裁规则》都允许当事人约定适用其他仲裁规则，但约定无法实施或与仲裁地强制性法律规定相抵触者除外。

三、国际商事仲裁实体问题的法律适用

在国际商事仲裁中，对于实体问题的法律适用，在基本的方面与法院确定涉外合同的法律适用相类似，但由于国际商事仲裁的民间性与自治性，二者仍存在许多不同的地方。如前所述，从法律适用的角度看，国际商事仲裁分为友好仲裁和依法仲裁。“友好仲裁”允许仲裁庭不适用任何国家的法律，而是依据公允及善良原则或衡平观念对实体问题作出裁决。无疑，法官是不能这样判案的。大多数情况下，友好仲裁的进行需要依照当事人的明示授权。“依法仲裁”与民事诉讼在实体问题的法律适用上最为接近，但其灵活性却是后者无法企及的。

（一）适用当事人合意选择的法律

国际商事仲裁所适用的实体法，首先应由当事人通过协议来确定，这是意思自治原则在国际商事仲裁领域的具体表现，也是各国法律的普遍规定和实践的通行做法。例如，1965 年《解决国家与他国国民之间投资争端公约》第 42 条第 1 款、1976 年《联合国国际贸易法委员会仲裁规则》第 33 条、联合国《国际商事仲裁示范法》第 28 条，都规定了仲裁庭应当适用当事人双方预先指定的适用于争端实体的法律。

（二）当事人未选择法律时的法律适用

当事人未对争议的实质问题选择应适用的法律，在国际民事诉讼中，法官一般会根据法院地的冲突规则确定实体问题的准据法。而在国际商事仲裁中，至少存在以下四种做法：

1. 依仲裁地的冲突规则确定。传统上仲裁员也像法官一样，依据一定的冲突规则来确定准据法，实践中通常是依仲裁地的冲突规范。例如，1975 年之前，国际商会的仲裁员即是适用仲裁地的冲突规范确定实体问题的准据法。国际法学会 1957 年的一个决议也明确提到“争议实体问题准据法的确定必须依据仲裁庭所在地的冲突法规则。”

2. 依仲裁庭认为适当的冲突规范确定。随着国际商事仲裁的契约性、国际性日益彰显，仲裁员在确定争议实体问题的准据法时，虽然还是“两步走”，但不必再受制于仲裁地的冲突规范，而是适用其认为适当的冲突规范。如 1976 年《联合国国际贸易法委员会仲裁规则》第 33 条第 1 款规定：“仲裁庭应适用当事人双方预先约定的适用于争端实体的法律，当事人未有约定时，仲裁庭应按照其认为可适用的冲突法规则决定应适用的法律。”此外，1961 年《欧洲国际商事仲裁公约》第 7 条、1985 年《联合国国际商事仲裁示范法》第 28 条都有类似规定。

3. 依最密切联系原则来确定。例如，1987 年《瑞士联邦国际私法法规》第 187 条

第1款规定："仲裁庭应依照当事人所选择的法律对争议事项做出裁决，或者，在当事人未选择法律时，依照与争议有最密切联系的法律做出裁决。"1994年《意大利仲裁协会国际仲裁规则》第22条、1998年《德国仲裁协会仲裁规则》第23条等也做了类似规定。

4. 直接适用仲裁庭认为适当的法律。20世纪80年代以来尤其是近十年，国际商事仲裁实体问题的法律适用出现了一种实体化趋向，仲裁庭在当事人没有选择准据法时，适用其认为适当的法律。这种做法虽然没有排除冲突法的作用，但为仲裁庭绕过冲突法打开了方便之门。例如，2010年修订的《联合国国际贸易法委员会仲裁规则》改变了之前由仲裁庭适用其认为适当的冲突规范确定准据法的做法，而在第35条第1款规定，各方当事人未指定适用于实体争议的法律规则时，仲裁庭"应适用其认为适当的法律。"这一实体化趋向明显地超过了前述三种实践。1981年法国《民事诉讼法典》第1496条、1986年荷兰《民事诉讼法典》第1054条、1998年《比利时司法法典》第1700条、1998年《伦敦国际仲裁院仲裁规则》第22条、1998年《荷兰仲裁协会仲裁规则》第46条、1999年《斯德哥尔摩商会仲裁院仲裁规则》第24条、1998年《国际商会仲裁规则》第17条都有类似规定。2003年《美国仲裁协会国际仲裁规则》第28条更是直接肯定了实体方法，明确规定："仲裁庭应适用当事人选定的适用于争议的实体法或法律规则。如当事人未作此项选择，仲裁庭应适用其认为适当的实体法或法律规则。"

对于国际商事仲裁实体问题的处理，无论何种情形，仲裁员作出裁决的时候，都应该按照有效的合同条款并考虑到适用于该项交易的贸易惯例。

我国《仲裁法》并未对国际商事仲裁应适用的法律作出规定。在中国仲裁机构的实践中，2012年修订的《中国国际经济贸易仲裁委员会仲裁规则》第47条规定："仲裁庭应当根据事实和合同约定，依照规定，参考国际惯例，公平合理、独立公正地作出裁决。""当事人对于案件实体适用法有约定的，从其约定。当事人没有约定或其约定与法律强制性规定相抵触的，由仲裁庭决定案件实体的法律适用。"2007年《北京仲裁委员会仲裁规则》第60条规定："（1）仲裁庭应当根据当事人选择适用的法律对争议作出裁决。除非当事人另有约定，选择适用的法律系指实体法，而非法律冲突法。（2）当事人未选择的，仲裁庭应当适用与争议事项有最密切联系的法律。（3）在任何情况下，仲裁庭均应当根据有效的合同条款并考虑有关国际商事惯例作出裁决。"

第五节　国际商事仲裁裁决的承认与执行

一、国际商事仲裁裁决的作出和撤销

仲裁裁决是仲裁庭对有关的程序事项或当事人提出的实体请求所做的书面裁定。仲裁庭作出最终裁决后，整个仲裁程序即告终结。仲裁裁决可以分为先决裁决、中间裁决、部分裁决、最终裁决和追加裁决。先决裁决（Preliminary Award），指仲裁庭为了确定对其审理的案件的管辖权所作出的裁决。中间裁决（Interim Award），指仲裁庭认为有必要或当事人提出请求并经仲裁庭同意，对案件的程序性事项所作出的一种裁决。

部分裁决（Partial Award），指在仲裁程序中其中一部分事项已审理清楚，仲裁庭对于已经清楚的部分先行作出的裁决。最终裁决（Final Award），又称终局性裁决，指在仲裁程序进行的最后阶段，仲裁庭在实体上对当事人提交的全部仲裁请求和反请求争议事项所作出的终局性决定。最终裁决一经作出，仲裁庭与当事人之间的法律关系即告终止，当事人可以据最终裁决向法院申请强制执行。追加裁决（Additional Award），指当仲裁程序结束后，如果仲裁庭在裁决中漏裁了当事人请求中的某些事项，在应予适用的法律或仲裁规则规定的期限内，无论是当事人提出请求，还是仲裁庭自行发现，仲裁庭如果认为情况属实，就这些漏裁的事项作出的裁决。

仲裁裁决按照多数仲裁员的意见以书面形式作出，并经仲裁员签署，具有终局效力，当事人任何一方原则上不得向法院提起诉讼。但是，如果当某些事由出现时，也允许当事人提请法院对仲裁裁决进行司法审查，以求撤销该裁决。联合国《国际商事仲裁示范法》规定，以下情况当事人可以申请法院撤销仲裁裁决：（1）仲裁裁决所依据的仲裁协议无效；（2）仲裁程序不当；（3）仲裁庭越权；（4）仲裁庭的组成与当事人的约定不符；（5）仲裁员行为失当；（6）裁决不符合法定要求；（7）裁决违反仲裁地国的公共秩序。

二、国际商事仲裁裁决的承认与执行

国际商事仲裁作出之后，当事人即应自觉履行，如有关当事人不履行，另一方当事人可向有管辖权的法院申请强制执行。需要一国法院执行的国际商事仲裁裁决有两类：一类是执行本国的涉外仲裁裁决；另一类是执行外国的仲裁裁决。此种裁决在执行之前，还存在着承认其效力的问题。

（一）对外国仲裁裁决的承认与执行

一国对在其境外做成的仲裁裁决予以承认和执行，一般以有关条约或国内立法的规定为前提。前者以联合国1958年《承认与执行外国仲裁裁决公约》（《纽约公约》）影响最大；后者主要规定在这些国家的民事诉讼法和仲裁法中。如果缔约国的国内法与它所缔结或参加的国际公约的规定发生冲突，缔约国对公约的规定未作保留的，该缔约国所承担的国际公约项下的义务优先适用。

1. 承认与执行外国仲裁裁决的条件

《纽约公约》第5条第1款以反面排除的方式规定了承认和执行外国仲裁裁决的条件。如果被请求承认和执行的裁决具有公约规定的下列情形时，被请求执行的国家有权拒绝承认和执行该裁决：（1）仲裁协议的当事人依对其适用的法律为无行为能力者；或根据仲裁协议选择的准据法，或在未指明准据法时依裁决作出地国家的法律，该仲裁协议无效。（2）被执行人未得到有关指定仲裁员或进行仲裁的通知，或由于其他原因不能对案件提出申辩。（3）裁决所处理的争议事项超出仲裁协议所规定的范围，但如果交付仲裁事项的裁决可与未交付仲裁的事项明确划分时，裁决中关于交付仲裁事项的部分可以得到承认和执行。（4）仲裁庭的组成或仲裁程序与当事人的仲裁协议不符；或者当事人之间无此种协议时，仲裁庭的组成或仲裁程序与仲裁地国家的法律不符。（5）仲裁裁决对当事人尚未发生约束力，或仲裁裁决已由仲裁作出地国或裁决所依据的法律所在国的主管机关撤销或停止执行。以上5项均为程序性事项，由被申请执行人举证主张对该外国仲裁裁决应不予承认和执行，被请求国法院对于是否拒绝承认与执行享有自由裁量权。对于事实不清或法律适用不当等问题，被请求国法院不能以此为由拒绝承认和执行外国裁决。

此外，《纽约公约》第 5 条第 2 款还规定，根据被请求国的法律，裁决所处理的争议属于不可以用仲裁方式解决的事项；或者承认与执行裁决将违反被请求国的公共秩序，则被请求法院可拒绝承认和执行该裁决。

2. 中国对承认与执行外国仲裁裁决的相关规定

根据我国 2012 年《民事诉讼法》第 283 条的规定："国外仲裁机构的裁决，需要中华人民共和国人民法院承认和执行的，应当由当事人直接向被执行人住所地或者其财产所在地的中级人民法院申请，人民法院应当依照中华人民共和国缔结或者参加的国际条约，或者按照互惠原则办理。"据此，外国仲裁裁决在我国的承认和执行有以下三种情况：

(1) 中外双方均为 1958 年《纽约公约》的成员国，仲裁裁决的相互承认与执行依条约进行，当事人可依据《纽约公约》的规定直接向我国有管辖权的人民法院申请承认和执行。但人民法院在审查时应注意我国加入《纽约公约》时的两项保留声明：第一，"互惠保留"申明，即我国只在互惠基础上对另一缔约国领土内做出的仲裁裁决的承认和执行适用该公约；第二，"商事保留"申明，即我国只对根据我国法律认定属于契约性和非契约性商事法律关系引起的争议适用该公约。

(2) 外国仲裁裁决在非《纽约公约》成员国境内作出，但双方存在互惠关系或双边条约关系，需要我国法院承认和执行的，当事人一方可以向我国法院提出申请。我国有管辖权的法院在接到申请后，应依照双边条约或互惠原则对外国仲裁裁决进行审查。认为不违反我国缔结或参加的国际条约的有关规定和《民事诉讼法》有关规定的，应当裁定承认其效力，并依照《民事诉讼法》规定的程序执行；否则，裁定驳回申请，拒绝承认和执行。

(3) 仲裁机构所在的外国与我国既无共同缔结或参加的国际条约，也无互惠关系，当事人一方向我国人民法院提出申请，要求承认与执行外国仲裁裁决的，则当事人只能以仲裁裁决为依据向人民法院起诉，由有管辖权的人民法院作出判决，予以执行。

（二）本国涉外仲裁裁决的执行

我国《民事诉讼法》第 273 条规定："经中华人民共和国涉外仲裁机构裁决的，当事人不得向人民法院起诉。一方当事人不履行仲裁裁决的，对方当事人可以向被申请人住所地或者财产所在地的中级人民法院申请执行。"

《民事诉讼法》第 274 条规定："对中华人民共和国涉外仲裁机构作出的裁决，被申请人提出证据证明仲裁裁决有下列情形之一的，经人民法院组成合议庭审查核实，裁定不予执行：(1) 当事人在合同中没有订有仲裁条款或者事后没有达成书面仲裁协议的；(2) 被申请人没有得到指定仲裁员或者进行仲裁程序的通知，或者由于其他不属于被申请人负责的原因未能陈述意见的；(3) 仲裁庭的组成或者仲裁的程序与仲裁规则不符的；(4) 裁决的事项不属于仲裁协议的范围或者仲裁机构无权仲裁的。人民法院认定执行该裁决违背社会公共利益的，裁定不予执行。"

思考题

1. 什么是国际商事仲裁？它有哪些特点？
2. 国际商事仲裁中，对仲裁协议、仲裁中的程序问题、实体问题应如何适用法律？
3. 试述我国关于承认与执行国际商事仲裁裁决的法律制度。

新编版后记

国际私法学是一门研究国际民商事交往规则的学问。这门学问的建立非常久远，但国际社会的历史变迁，使它的内容也在不断丰富、变化和更新。为了适应当今高等教育改革的需要，我们在过去的教材的基础上，重新组织编写了这本《新编国际私法教程》，作为高等院校本科法学专业的必修课教材。

最近几年，国际民商事交往的立法与实践发生了许多变化，特别是我国相关立法进程更是达到一个新的阶段。例如，2010 年新版《国际贸易术语解释通则》面世，2011 年我国《涉外民事关系法律适用法》颁布实施，2012 年的配套司法解释出台，我国《民事诉讼法》的涉外程序部分也有修订等，都为本专业课程的教学提供了新的素材。有鉴于此，我们结合国际私法领域最新的发展变化，在教材中作了阐述。

本教材的编写坚持以下几点原则：(1) 简明性。本书希望用尽可能少的语言来讲明国际私法的基本概念、基本原理和基本原则；选用的案例也是最能够说明问题的，避免凑材料。(2) 新颖性。本书各部分和各章节的内容是按一种观念结合在一起的，它们之间有一种内在联系，这种联系是基于编者对国际私法作为一个部门法律的目的和任务的认识而建立；对于一些理论上的争论，我们采取将不同观点列出并仅给予少量评论的方法，以期鼓励学生自己运用原理去分析、判断并得出自己的结论。(3) 实践性。本书比其他教材减少了纯理论探讨的篇幅，而增加了对现行立法和司法实践的阐释，所以对法律实务工作者也有参考价值。

本教材的编写由金明组织并制定编写计划，王晓媛负责统稿和最后的文字修订，参加编写人员以四川大学法学院国际法教研室具有多年高校教学经验的教师为主干。教材吸取了各撰写人平时教学科研的经验和成果，也借鉴了其他同类教材的成功之处。各章撰写人员分工如下：

第一、二章：金　明；

第三、十五章：樊英杰；

第四、五、六、七、八、十二、十四章：王晓媛；

第九、十章：黄力华；

第十一、十六章：王军杰；

第十三、十七章：杜玉琼。

本书的修订出版，承四川大学法学院和出版社给予大力支持，谨此表示感谢！

编　者

2014 年 12 月